ITALIA
(Carta Politica)

SCALA DI CHILOMETRI
0 40 80 120 160

SCALA DI MIGLIA
0 20 40 60 80 100

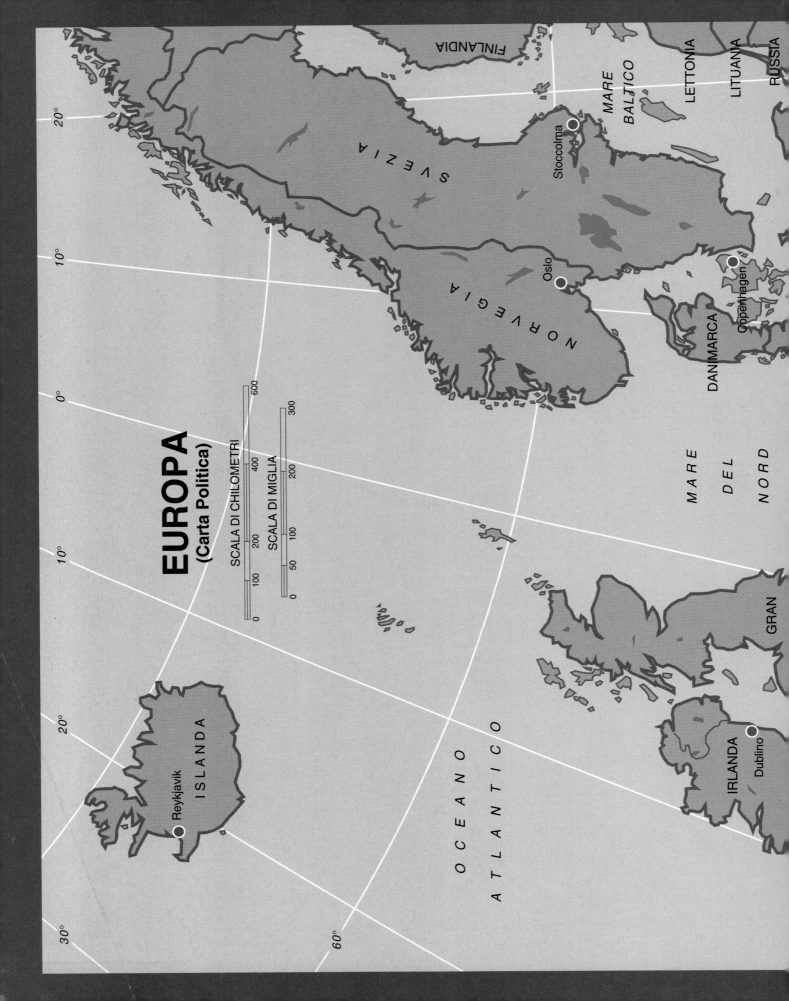

EUROPA
(Carta Politica)

SCALA DI CHILOMETRI

0 100 200 400 600

SCALA DI MIGLIA

0 50 100 200 300

FINLANDIA

LETTONIA

LITUANIA

RUSSIA

MARE
BALTICO

S V E Z I A

Stoccolma

N O R V E G I A

Oslo

Copenhagen

DANIMARCA

MARE

DEL

NORD

GRAN

IRLANDA

Dublino

O C E A N O

A T L A N T I C O

ISLANDA

Reykjavik

20°

10°

0°

10°

20°

30°

60°

Ciao!

To Mario
C. F.

To my daughters, Liliana and Roberta
C.L.R.

Ciao!

FIFTH EDITION

Carla Federici
San Jose State University

Carla Larese Riga
Santa Clara University

Contributing Writer

Chiara Lage
Arizona State University

THOMSON ™

HEINLE

AUSTRALIA • CANADA • MEXICO • SINGAPORE • SPAIN • UNITED KINGDOM • UNITED STATES

Ciao!, Fifth Edition

Federici / Riga

Acquisitions Editor: *Sean Ketchem*
Developmental Editor: *Barbara Lyons*
Senior Production Editor: *Sally Cogliano*
Marketing Manager: *Jill Garrett*
Manufacturing Coordinator:
  Mary Beth Hennebury
Cover image: *David R. Frazier, Photolibrary, Inc.*

Compositor: *UG / GGS Information Services, Inc.*
Project Management:
  UG / GGS Information Services, Inc.
Photography Manager: *Sheri Blaney*
Photo Researcher: *Lauretta Suprenant*
Cover/Text Designer: *Julie Gecha*
Printer: *Transcontinental*

For permission to use material from this text or product contact us:

Tel	1-800-730-2214
Fax	1-800-730-2215
Web	www.thomsonrights.com

0-8384-5179-9 (Student Book)
0-8384-5175-6 (Student Book + Student Audio CD)
0-8384-5181-0 (Instructor's Annotated Edition)

Library of Congress Cataloging-in-Publication Data

Federici, Carla.
  Ciao!/Carla Federici, Carla Larese Riga.—5th ed.
    p. cm.
  English and Italian.
  Includes index.
  ISBN 0-8384-5175-6 (student)—ISBN 0-8384-5181-0 (instruct.)

    1. Italian language—Textbooks for foreign speakers—English. I. Riga, Carla Larese. II. Title.

PC1128 .F43 2002
458.2'421—dc21
                                      2002032108

Preface

Ciao!, now appearing in its fifth edition, continues to emphasize active and practical use of Italian, while teaching the four language skills. The Fifth Edition gives greater emphasis to communicative use of Italian, and also adds new cultural and contemporary dimensions to its portrait of Italy.

In the new edition, interactive activities have been increased throughout the chapters and more focus is given to the acquisition of useful contemporary vocabulary. Readings have been updated substantially or rewritten. Grammatical points have been streamlined, and some chapters have been resequenced. Interesting new visuals offer a more vivid image of modern Italy and provide yet another springboard for conversation and discussion. A new cultural spread, **Vedute d'Italia**, presents current Italian culture through authentic readings.

At the same time, *Ciao!*, Fifth Edition, has remained faithful to the principles that have distinguished it from the beginning. Each chapter is easily identifiable both by its theme and by its related grammar content. The theme, announced by the chapter title, is introduced and amplified in the opening **Punti di vista** section, then reflected and expanded upon throughout the chapter. This emphasis allows you to assimilate the vocabulary gradually, proceeding from practical and limited situations to broader and more abstract ones. A similar crescendo pattern distinguishes the presentation of grammatical structures, which are presented in a graded sequence throughout the program. This allows you to feel comfortable while mastering the new concepts gradually and encourages you to express yourselves with confidence from the start. Whenever possible, the presentation of important topics has been confined to a single chapter in order to avoid dispersion and to facilitate the task of reviewing a given structure.

Chapter Organization

Each of the 18 chapters of *Ciao!*, Fifth Edition, includes the following sections:

Punti di vista

An opening dialogue presents the chapter's theme in a simple, realistic manner. The dialogue provides practice of previously learned concepts while introducing new ones. The difficulty of the latter is minimized through judicious use of marginal glosses. The **Studio di parole** introduces related theme vocabulary, which is in turn amplified by a variety of cultural notes of a practical nature in the **Informazioni** section. The concluding **Ascoltiamo!** section, based on a second dialogue recorded on the student audio CD, and accompanied by related activities, develops the listening comprehension skill.

Punti grammaticali

The **Punti grammaticali** focuses on the grammar topics informally introduced in the **Punti di vista**. A sustained effort is made to concentrate on the essential, and to explain grammar points in a clear, concise way. Each **Punto grammaticale** is introduced in a light vein by a captioned drawing or photo. Abundant charts and examples enhance the presentation. In the related **Pratica** section, there is a wide variety of graduated exercises, many of which are situational and interactive.

Per finire

This section includes a more advanced narrative dialogue or reading that recombines chapter structures and vocabulary. It is accompanied by comprehension and personal questions that encourage students to use their imagination and to talk about their own opinions, experiences, and feelings. The same group of characters reappears throughout the book to maintain students' interest. The **Per finire** readings and dialogues are followed by the **Adesso scriviamo!** sequence of activities that develop the writing skill within a realistic context. A process approach guides students through completion of an authentic writing task that is personally meaningful.

Attività supplementari

Follow-up interactive activities, such as role-plays, interviews, discussion topics, directed conversations, descriptions and narrations, provide additional opportunities for self-expression and writing practice, while recombining chapter structures and themes.

Vedute d'Italia

This beautifully designed new concluding section enables students to explore aspects of the chapter thematic and cultural content in depth and provides structured reading practice. Each **Vedute d'Italia** section features an authentic text introduced by a pre-reading section that teaches a relevant reading strategy. The reading selection is complemented by extensive related cultural information and accompanying comprehension questions and activities with an explicitly cross-cultural focus.

Vocabolario

This vocabulary list contains all new words appearing in the chapter that are not presented in the **Studio di parole** section.

The 18 chapters are preceded by a preliminary chapter, **Capitolo preliminare**, which deals with Italian pronunciation and cognates, and by a short section, **Primo incontro**, which focuses on common expressions of courtesy and expressions useful in class. The chapters are followed by appendixes (*futuro anteriore; trapassato remoto;* passive and causative constructions; verbs and expressions requiring a preposition before an infinitive; conjugation of verbs); vocabularies (Italian-English; English-Italian); and an Index.

Program Components

— The **Workbook** provides supplementary reading, writing, and comprehension practice coordinated with *Ciao!*, Fifth Edition, and with the laboratory program. Answer keys to the Workbook section and the lab audioscript are available in the **Audioscript and Answer Key.**

— The *Ciao!* CD-ROM provides essential grammar practice and help in vocabulary building.

— The *Ciao!* Web Site, at **http://ciao.heinle.com**, includes supplementary activities and resources for you to explore Italian culture on your own.

Acknowledgments

We would like especially to express our appreciation to Chiara Dal-Martello-Lage of Arizona State University, who prepared for the Fifth Edition the new **Adesso scriviamo** and **Vedute d'Italia** sections and assisted generally with the updating of the chapters.

We would also like to acknowledge the many people at Heinle who have contributed their expertise to publishing *Ciao!*, Fifth Edition. We would like to thank Wendy Nelson, who helped initiate the new edition, and Sean Ketchem, Senior Editor, who picked it up and followed it through. We are also indebted to Melissa Goodrum, who handled permissions requests, and to Sally Cogliano for her expertise in coordinating the production stages.

Finally, we extend our thanks to Juliann Vitullo, Arizona State University, for her meticulous reading of the entire manuscript and for her numerous useful comments and suggestions, and to the following reviewers who helped to shape this edition of *Ciao!* with their constructive comments: Nadia Ceccacci, University of Oregon; Patricia F. Di Silvio, Tufts University; Erasmo Gerato, Florida State University; Louis Kibler, Wayne State University; Dana Renga, Colorado College; Louise Rozier, University of Arkansas; Albert Sbragia, University of Washington; Alessandro Vettori, Rutgers University.

Table of contents

Capitolo 2   Persone e personalità

Capitolo 3   All'università

Capitolo 4   A tavola

Capitolo 8   Soldi e tempo

Capitolo 9   Mezzi di diffusione

Capitolo 10   La moda

Capitolo 11 In la cucina

Capitolo 12 Le vacanze

Capitolo 13 La casa

Capitolo 14   Il mondo del lavoro

Capitolo 15   Paesi e paesaggi

Capitolo 16   Gli sport

Capitolo 17   Salute e ecologia

Capitolo 18   Arte e teatro

Appendices

Capitolo preliminare

La pronuncia italiana

Parole affini per origine (*cognates*)

Venezia. Basilica di Santa Maria della Salute, sul Canal Grande.

La pronuncia italiana (CD 1, TRACK 1)

There are 21 letters in the Italian alphabet. The written forms and names are:

a	**a**	g	**gi**	o	**o**	u	**u**
b	**bi**	h	**acca**	p	**pi**	v	**vu** (or **vi**)
c	**ci**	i	**i**	q	**qu**	z	**zeta**
d	**di**	l	**elle**	r	**erre**		
e	**e**	m	**emme**	s	**esse**		
f	**effe**	n	**enne**	t	**ti**		

Five additional letters appear in words of foreign origin:

j	**i lunga**	w	**doppia vu**	y	**ipsilon** (or **i greca**)
k	**cappa**	x	**ics**		

    The following sections deal primarily with spelling-sound correspondences in Italian and their English equivalents. Listen carefully to your instructor and then repeat the examples. Practice the pronunciation exercises recorded on the CD that corresponds to the **Capitolo preliminare;** they have been devised to help you acquire good pronunciation. In describing Italian sounds, we will make use of the international phonetic symbols (shown between slash marks). You will notice that pronunciation in Italian corresponds very closely to spelling. This is particularly true of vowel sounds.

1. VOCALI (VOWELS) (CD 1, TRACK 2)

The five basic vowel sounds in Italian correspond to the five letters **a, e, i, o, u.** The pronunciation of **e** and **o** may vary slightly (closed or open sound).* Unlike English vowels, each Italian vowel represents only one sound. Vowels are never slurred or glided; when pronouncing them, the lips, jaws, and tongue must be kept in the same tense position to avoid offglide. The vowels will be presented according to their point of articulation, **i** being the first of the front vowels and **u** the last of the back vowels, as illustrated in the following diagram:

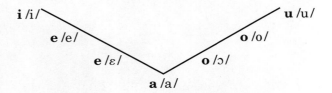

i	/i/	is like *i* in *marine.*	i vini di Rịmini
e	/e/	is like *a* (without glide) in *late.*	Se Ebe vede te
e	/ɛ/	is like *e* in *let.*	Ecco sette fratelli
a	/a/	is like *a* in *father.*	La mia cara mamma
o	/ɔ/	is like *o* in *soft.*	Oggi no
o	/o/	is like *o* in *oh.*	Nome e cognome
u	/u/	is like *u* in *rule.*	Una mụsica pura

---

*Closed and open pronunciation of **e** and **o** are illustrated by the following words: **e** (and), **è** (is); **o** (or), **ho** (I have). The pronunciation of these two vowels often varies regionally.

2. DITTONGHI (*DIPHTHONGS*) (CD 1, TRACK 3)

When **i** and **u** are unstressed and precede or follow another vowel, they form with this vowel a diphthong and acquire the semivowel sounds /j/ and /w/.

i	/j/	is like *y* in *yet*.	Più piano Lei e lui
u	/w/	is like the *w* in *wet*.	Un uomo buono

When two semivowels combine with a vowel, they form a triphthong (**miei, tuoi, guai**).

The vowels that form a diphthong or a triphthong are pronounced with just one emission of voice and correspond to just one syllable.

3. CONSONANTI (*CONSONANTS*) (CD 1, TRACK 4)

Many single consonants are pronounced in Italian as they are in English. The sounds of the consonants **b, f, m, n,** and **v** present no difference in the two languages. Several consonant sounds, however, need special attention because of the manner in which they are pronounced or the way they are spelled. In general, Italian consonants are clear-cut and without aspiration.

h is always silent:

ha	hanno	ahi!	oh!	hotel

d /d/ and **t** /t/ are similar to English but more dentalized:

due	denti	vado	grande	modo
tre	Tịvoli	alto	tempo	molto

p /p/ is as in English but less plosive:

papa	Pạdova	dopo	piano	parola

q /kw/ is always followed by the letter **u** and is pronounced like *qu* in *quest:*

qui	quando	Pạsqua	quale	quaderno

l /l/ is produced more forward in the mouth than in English:

la	lira	lei	libro	lịngua

r /r/ is trilled. It is pronounced by pointing the tip of the tongue toward the gum of the upper front teeth:

Roma	caro	treno	amore	vero

s /z/ is pronounced as in *rose* when it is between vowels or when it begins a word in combination with the voiced consonants **b, d, g, l, m, n, r,** and **v:**

rosa	paese	esame	snob	sviluppo

s is voiceless /s/ as in *sell* in all other cases:

sto	studio	destino	rosso	sera

z is sometimes voiced /dz/ as in *beds,* sometimes voiceless /ts/ as in *bets:*

/dz/		/ts/	
zero	romanzo	marzo	Venẹzia
zeta	mezzo	pizza	grạzie

c and **g** before **i** or **e** are soft /č/, /ǧ/ as in *chill* and *gentle:*

cento	baci	ciao	Cẹsare	cịnema
gesto	gentile	giorno	viạggio	pạgina

c and **g** in all other cases are hard /k/, /g/ as in *call* and *go:*

poco	caffè	caro	amico	cura	classe	scrịvere
pago	guida	lungo	guerra	gusto	grosso	dogma

ch and **gh** (found only before **e** or **i**) are also hard /k/, /g/:

che	chi	pochi	perché	cuochi
aghi	righe	laghi	ghetto	paghiamo

gli /ʎ/ sounds approximately like *lli* in *million:*

gli	fọglio	fịglio	famịglia	vọglio

gn/ɲ/ sounds approximately like *ni* in *onion:*

ogni	signora	lavagna	cognome	insegnare

sc before **i** or **e** has a soft sound /š/ as in *shell:*

sciare	pesce	scienza	scena	scemo

sch before **i** or **e** sounds hard /sk/ as in *skill:*

schiavo	schema	dischi	mosche	mạschio

4. CONSONANTI DOPPIE *(DOUBLE CONSONANTS)*

Double consonants are a characteristic of Italian. The sound of a double consonant is longer than the sound of a single consonant. To pronounce it correctly, it is necessary to shorten the sound of the preceding vowel and hold the sound of the double consonant twice as long. (A similar phenomenon may also be observed in English when pronouncing pairs of words such as *miss school; met Tim.*) The reverse happens when pronouncing a single consonant. In this case one should keep the sound of the preceding vowel longer, especially if the vowel is stressed. Compare:

sono / sonno	sera / serra
casa / cassa	sano / sanno
rosa / rossa	camino / cammino
speso / spesso	lego / leggo

5. SILLABAZIONE *(SYLLABICATION)*   (CD 1, TRACK 5)

Phonetically, the tendency in Italian is, whenever possible, to begin the syllable with a consonant sound and to end it with a vowel sound. Grammatically, the separation of a word into syllables follows these rules:

a. A single consonant between two vowels belongs with the following vowel or diphthong:

a-ma-re   no-me   i-ta-lia-no   be-ne   le-zio-ne

b. Double consonants are always divided:

bel-lo   mez-zo   sil-la-ba   mam-ma   ra-gaz-za

c. A combination of two different consonants belongs with the following vowel, unless the first consonant is **l, m, n,** or **r.** In this case, the two consonants are divided:

pre-sto   so-pra   si-gno-ra   ba-sta   li-bro
but: pron-to   gior-no   El-vi-ra   par-to   dor-mi   lam-po

d. In a combination of three consonants, the first belongs with the preceding syllable, but **s** always belongs with the following syllable:

al-tro   sem-pre   en-tra-re   im-pres-sio-ne   in-gle-se
but: fi-ne-stra   gio-stra   e-sper-to

e. Unstressed **i** and **u** are not divided from the vowel they combine with:

uo-mo   **pia**-no   **pie**-de   Gio-**van**-ni   Eu-**ro**-pa
but: **mi**-o   **zi**-i   po-e-**si**-a   pa-**u**-ra   far-ma-**ci**-a

6. ACCENTO TONICO *(STRESS)*   (CD 1, TRACK 6)

The great majority of Italian words are stressed on the next-to-the-last syllable:

sign**o**ra   bam**bi**no   rag**az**zo   can**ta**re   ve**ni**re

Several words are stressed on the last syllable; these words have a written accent on the last vowel. The accent mark can be grave (`` ` ``) or acute (´). Most words have the grave accent. A few words take the acute accent; the list that follows includes the most common:

perché	*why; because*
affinché	*so that*
né...né	*neither . . . nor*
macché	*no way*
benché	*although*
purché	*provided that*

A few monosyllabic words carry an accent mark to distinguish two words that are spelled the same but have different meanings:

e *(and)* vs. **è** *(is)*   **da** *(from)* vs. **dà** *(gives)*   **te** *(you)* vs. **tè** *(tea)*
si *(oneself)* vs. **sì** *(yes)*   **se** *(if)* vs. **sé** *(self)*   **la** *(the)* vs. **là** *(there)*

Some words have the stress on the third-from-the-last syllable, and a few verbs form on the fourth-from-the-last syllable:

sabato   compito   tavola   difficile   dimenticano

NOTE: When the stress does not fall on the next-to-the-last syllable, or when the word ends in a diphthong, the stress is indicated with a dot under the stressed syllable in **Capitoli 1–10:**

facile   spiaggia   praticano

7. INTONAZIONE *(INTONATION)*   (CD 1, TRACK 7)

In general, the Italian sentence follows a homogeneous rhythm. Each syllable is important in determining its tempo. Pronounce the following sentence maintaining smooth, even timing:

Sono Marcello Scotti.   So - no - Mar - cel - lo - Scot - ti.
                              1   2   3   4   5   6   7

The voice normally follows a gently undulating movement, usually dropping toward the end when the meaning is completed. In a question, however, the voice rises on the last syllable:

Declarative sentence: I signori Bettini sono di Milano.

Interrogative sentence: Sono di Milano i signori Bettini?

Parole affini per origine (*cognates*)

While studying Italian, you will encounter many cognates. A cognate is an Italian word that looks like an English word and has a similar meaning because the words have a common origin. The following are a few tips that should help you recognize and use cognates.

1. NOUNS ENDING IN:

-ia in Italian and *-y* in English.

biologia	*biology*	**filosofia**	*philosophy*
sociologia	*sociology*	**anatomia**	*anatomy*

-ica in Italian and *-ic(s)* in English.

musica	*music*	**politica**	*politics*
repubblica	*republic*	**matematica**	*mathematics*

-tà in Italian and *-ty* in English.

città	*city*	**identità**	*identity*
società	*society*	**università**	*university*

-za in Italian and *-ce* in English.

importanza	*importance*	**eleganza**	*elegance*
violenza	*violence*	**pazienza**	*patience*

-zione in Italian and *-tion* in English.

nazione	*nation*	**attenzione**	*attention*
educazione	*education*	**situazione**	*situation*

-ore in Italian and *-or* in English.

attore	*actor*	**dottore**	*doctor*
professore	*professor*	**motore**	*motor*

-ario in Italian and *-ary* in English.

segretario	*secretary*	**vocabolario**	*vocabulary*
salario	*salary*	**funzionario**	*functionary*

-ista in Italian and *-ist* in English.

artista	*artist*	**violinista**	*violinist*
pianista	*pianist*	**ottimista**	*optimist*

2. ADJECTIVES ENDING IN:

-ale in Italian and *-al* in English.

speciale	*special*	**personale**	*personal*
originale	*original*	**sentimentale**	*sentimental*

-etto in Italian and *-ect* in English.

perfetto	*perfect*	**corretto**	*correct*
eretto	*erect*	**diretto**	*direct*

-ico in Italian and *-ical* in English.

tipico	*typical*	**classico**	*classical*
politico	*political*	**geografico**	*geographical*

-oso in Italian and *-ous* in English.

generoso	*generous*	**curioso**	*curious*
nervoso	*nervous*	**ambizioso**	*ambitious*

3. VERBS ENDING IN:

-**care** in Italian and -*cate* in English.

educare	*educate*	**indicare**	*indicate*
complicare	*complicate*	**implicare**	*to imply, implicate*

-**izzare** in Italian and -*ize* in English.

organizzare	*organize*	**simpatizzare**	*sympathize*
analizzare	*analyze*	**minimizzare**	*minimize*

-**ire** in Italian and -*ish* in English.

finire	*to finish*	**abolire**	*to abolish*
punire	*to punish*	**stabilire**	*to establish*

Primo incontro

Firenze. Il fume Arno e il Ponte Vecchio.

Punti di vista

Un gruppo di studenti universitari.

Ciao, come stai?   (CD 1, TRACK 8)

Filippo **incontra** Marcello. Marcello è **con** Mary, una ragazza americana.   *meets/with*

MARCELLO	Ciao, Filippo, come va?
FILIPPO	Bene, grazie, e tu come stai?
MARCELLO	**Non c'è male**, grazie. **Ti presento** Mary, un'**amica**.
FILIPPO	Buongiorno.
MARY	Buongiorno.
FILIPPO	Mi chiamo Filippo Pini. (Si danno la mano.)
MARY	Molto piacere.
FILIPPO	Piacere mio. **Di dove sei, Mary?**
MARY	**Sono di** New York, e tu?
FILIPPO	Io sono di Pisa.
MARCELLO	Mary è studentessa **qui** a Milano.
FILIPPO	**Anch'io** sono studente a Milano.
MARCELLO	Scusa, Filippo, **dobbiamo andare**. **A domani.**

Not bad/Let me introduce you to/ friend

Where are you from?
I'm from

here
I also
we must go/I'll see you tomorrow.

Buon giorno, come sta?

Il professor Tempesti incontra il professor Candela e presenta la professoressa Fanti.

PROF. TEMPESTI	Buon giorno professor Candela, come sta?
PROF. CANDELA	Bene, grazie, e Lei?
PROF. TEMPESTI	Non c'è male, grazie. **Conosce** la professoressa Fanti?
PROF. CANDELA	**Non ho il piacere...**
PROF. TEMPESTI	Professor Candella, la professoressa Fanti
PROF. FANTI	Molto piacere (**Si danno la mano.**)
PROF. CANDELA	Piacere mio.

Do you know

I have not had the pleasure . . .

They shake hands.

Studio di parole   Saluti e espressioni di cortesia

Ciao! Hello. Good-bye.

Salve! Hello. (more formal than **Ciao!**)

Buon giorno, signore. Good morning (Good day), Sir.

Buona sera, signora. Good evening, Madam.

Buona notte, signorina. Good night, Miss.

Arrivederci. ⎫
ArriverderLa. ⎬ Good-bye.
(formal sing.)

A domani. I'll see you tomorrow.

A presto. I'll see you soon.

Come si chiama? What is your name? *(formal sing.)*

Come ti chiami? What is your name? *(familiar sing.)*

Mi chiamo Marcello Scotti. My name is Marcello Scotti.

(Molto) piacere. Nice to meet you.

Piacere mio. My pleasure.

Per favore. Per piacere. Please.

Grazie. Thank you.

Grazie mille. Thanks a million.

Prego. You're welcome. That's quite all right.

Scusi. *(formal sing.)* **Scusa.** *(familiar sing.)* Excuse me.

Come sta? *(formal sing.)* **Come stai?** *(familiar sing.)* How are you?

Come va? How's it going? *(familiar sing.)*

Bene, grazie, e Lei? *(formal sing.)* **Bene, grazie, e tu?** *(familiar sing.)* Fine, thank you, and you?

Molto bene. Very well.

Non c'è male. Not bad.

Così-così. So-so.

Ti presento... Let me introduce . . . to you. *(familiar sing.; lit., I introduce to you . . .)*

Vi presento... Let me introduce . . . to you *(familiar pl.).*

Di dove sei tu? *(familiar sing.)* ⎫
Di dov'è Lei? *(formal sing.)* ⎬ Where are you from?

NOTE: Tu *(you, singular)* is the familiar form used by young people, close friends, family members, and with children. **Lei** *(you, singular),* the formal form, is used in all other cases.

*I*nformazioni | Saluti

Italians tend to be more formal than Americans when greeting and addressing each other. Among adults, acquaintances are addressed as **Signore, Signora,** or **Signorina** or by their titles: **Professore(-ssa), Dottore, Ingegnere,** etc. The greeting **Ciao!,** which has become so popular abroad, is reserved in Italy only for very close friends, members of the family, relatives, and young people. When meeting either friends or acquaintances, as well as in introductions, Italians customarily shake hands, without distinction between sexes.

A. Saluti. Complete each dialogue with a classmate, then act it out.

1. —Buon _____, signore (signora, signorina). Come _____?
—Bene, _____, e Lei?
—_____, grazie.

2. —_____, Luisa, come va?
—Bene, grazie, e _____?
—Non c'è _____, grazie.

3. — Mi chiamo _____, e tu?
—_____
—Di dove sei?
—_____, e tu?
—_____
—Io sono studente.
—Anch'io _____
—A domani!
—_____

B. E tu? Imagine that an Italian student has said the following. How would you respond?

1. Come stai?
2. Come ti chiami?
3. Ti presento Marisa Bellini.
4. Scusa, Carlo, dobbiamo andare.
5. A domani.

C. Incontri. How would you:

1. greet and introduce yourself to your professor?
2. ask your professor how he/she is?
3. ask another student how he/she is?
4. ask another student what his/her name is?
5. say good-bye to a classmate, adding that you will see him/her soon?

D. Presentazioni. Greet and introduce yourself to a student sitting nearby, indicating where you are from. Ask your classmate about himself/herself, and then introduce him/her to the class.

E. Conversazioni. Create and act out with a classmate dialogues appropriate to the following situations.

1. You meet one of your parents' friends whom you haven't seen in a long time.
2. It is the first day of school and you introduce a student you already know to some of your classmates.

 **In classe**

In un'aula ci sono *(In a classroom there are)*:

uno studente · una penna · una studentessa · una finestra · una porta · un dizionario · una carta geografica · una lavagna · un poster · un gesso · un computer · un dischetto · un foglio · una professoressa · una cattedra · un libro · una sedia · un tavolo · una matita · un quaderno

---

Espressioni utili

Il professore: **Attenzione!** Attention!
Tutti insieme! All together!
Ancora una volta! Once more!
Di nuovo! Again!
Ascoltate! Listen!
Guardate! Look!
Ripetete! Repeat!
Che cos'è? What is it?
A pagina... On page . . .
Compito per domani (per lunedì) Homework for tomorrow (for Monday)

Adesso... Now . . .
Aprite i libri! Open your books!
Chiudete i libri! Close your books!
Capite? Do you understand?

Gli studenti: (Sì), capisco. (Yes), I understand.
(No), non capisco. (No), I don't understand.
Ripeta, per favore. Repeat, please.
Come si dice...in italiano? How do you say . . . in Italian?
Come si scrive...? How do you write (spell) . . . ?
Che cosa vuol dire...? Che cosa significa...? What does . . . mean?

A. Che cos'è? Point to various objects in the classroom and ask another student to identify them, following the example.

ESEMPIO   Che cos'è?
          È una sedia.

B. Situazioni. What would you say in the following situations?

1. You want to ask the meaning of the word **benissimo.**
2. You don't understand what your instructor has said.
3. You want to ask how to say "You're welcome" in Italian.
4. You are not sure how to spell your instructor's name.
5. You would like your instructor to repeat something.

Studio di parole   I numeri da 0 a 49

I numeri da 0 a 49

0 zero	10 dieci	20 venti	30 trenta	40 quaranta
1 uno	11 undici	21 ventuno	31 trentuno	41 quarantuno
2 due	12 dodici	22 ventidue	32 trentadue	42 quarantadue
3 tre	13 tredici	23 ventitrè	33 trentatrè	43 quarantatrè
4 quattro	14 quattordici	24 ventiquattro	34 trentaquattro	44 quarantaquattro
5 cinque	15 quindici	25 venticinque	35 trentacinque	45 quarantacinque
6 sei	16 sedici	26 ventisei	36 trentasei	46 quarantasei
7 sette	17 diciassette	27 ventisette	37 trentasette	47 quarantasette
8 otto	18 diciotto	28 ventotto	38 trentotto	48 quarantotto
9 nove	19 diciannove	29 ventinove	39 trentanove	49 quarantanove

1. Note that the numbers **venti, trenta,** and **quaranta** drop the final vowel before adding **uno** and **otto.**
2. **Tre** takes an accent when it is added to **venti, trenta,** and **quaranta.**

A. Giochiamo con i numeri. With a classmate, take turns reading aloud each series of numbers and adding the missing number.

ESEMPIO   2, 4, 6, ...
             —*due, quattro, sei, ...*
             —*due, quattro, sei, otto.*

1. 3, 6, 9, ...
2. 1, 3, 5, ...
3. 12, 14, 16, ...
4. 5, 10, 15, ...
5. 10, 8, 6, ...
6. 42, 44, 46, ...
7. 41, 40, 39, ...

Now it is your turn: test your classmates with a couple of number series of your own.

B. I prefissi delle città italiane (*Area codes for Italian cities*). Look at the table below and take turns with a classmate asking and giving the area codes of some of the cities shown.

ESEMPIO   —Qual è il prefisso di Milano?
             —*Il prefisso di Milano è zero due (02). Qual è il prefisso di Napoli?*
             —*Il prefisso di Napoli è zero otto uno (081). Qual è il prefisso di ...?*

Città	Preffiso	Città	Prefisso
Ancona	071	Genova	010
Bari	080	Milano	02
Bergamo	035	Napoli	081
Bologna	051	Padova	049
Brescia	030	Palermo	091

x

Studio di parole Il calendario

Agosto

lunedì	martedì	mercoledì	giovedì	venerdì	sabato	domenica
			1 s Alfonso de'Liguori	**2** s Eusebio di Vercelli	**3** s Lidia v.	**4** s Giov. M. Vianney
5 s Sisto II. p.	**6** Trasfig. N. Signore	**7** s Gaetano Thiene	**8** s Domenico cf.	**9** ss Fermo e Rustico	**10** s Lorenzo	**11** s Chiara v.
12 s Macario v.	**13** ss Ippolito e Ponziano	**14** s Alfredo m.	**15** Assunzione Maria Vergine	**16** s Rocco cf.	**17** s Giacinto sac.	**18** s Elena imp.
19 s Giovanni Eudes	**(20)** s Bernardo ab.	**21** s Pio X. p.	**22** Maria SS Regina	**23** s Rosa da Lima	**24** s Bartolomeo ap.	**25** s Ludovico re
26 s Alessandro m.	**27** s Monica v.	**28** s Agostino v.	**29** Martirio s Giov. Batt.	**30** s Gaudenzia m.	**31** s Aristide m.	

Qual è la data di oggi? È il 20 (di) agosto.

In che mese siamo? Siamo in agosto.

Che giorno è oggi? Oggi è martedì.

Che giorno è domani? Domani è mercoledì.

Note that *cardinal* numbers are used to express days of the month except for the first of the month, which is indicated by the ordinal number **primo.**

Oggi è il **primo** (di) aprile.	*Today is April first.*
È il **quattordici** (di) luglio.	*It is July fourteenth.*
È l'otto (di) agosto.	*It is August eighth.*

I mesi sono:

gennaio	aprile	luglio	ottobre
febbraio	maggio	agosto	novembre
marzo	giugno	settembre	dicembre

A. Il calendario. Look at the calendar for the month of August on the preceding page. With a classmate, take turns pointing to different dates and asking what day of the week it is, and what the date is.

ESEMPI

12 s Macario v.	13 ss Ippolito e Ponziano	14 s Alfredo m.	15 Assunzione Maria Vergine	16 s Rocco cf.	17 s Giacinto sac.	18 s Elena imp.

—Che giorno è?
—*È mercoledì.*
—Qual è la data?
—*È il 14 agosto.*

B. La data? With a classmate, take turns reading the dates below.

ESEMPIO   15/8
È il quindici di agosto.

1. 13/4
2. 23/2
3. 5/5
4. 1/1
5. 31/7
6. 11/6
7. 8/9
8. 28/12

C. Qual è la data? Using the cues provided, take turns with a classmate asking and giving the date.

ESEMPIO

—Qual è la data?
—*È il trentuno di dicembre.*

1.

2.

3.

4.

5.

GUARDIAMO!

Come stai?

In the first video sequence, Fabio, a university student, is sketching in a classroom. He is interrupted by a friend, Alesandra, who happens to pass by with her new friend, Daniela.

SITO WEB

For more practice with the cultural and linguistic topics in **Primo incontro,** visit the *Ciao!* Web site at *http://ciao.heinle.com.*

D. I compleanni *(Birthdays).* Ask several classmates when their birthdays are, and note down their responses.

> **ESEMPIO** Robert, quand'è il tuo compleanno?
> —*È il cinque dicembre.*

Then, report to the class. Do any students have the same birthday?

> **ESEMPIO** Il compleanno di Robert è il cinque dicembre. Il compleanno di Julie è ...

The Italian language and its dialects

The Italian language stems directly from Latin. As the authority of ancient Rome fragmented, its language, Latin, also broke apart and formed several national European idioms. In the same way, numerous linguistic varieties, or dialects, took form within the Italian peninsula. They were the expressions of different centers of civilization within the larger Italian world.

The dialect of Tuscany was assured linguistic supremacy by the political importance and geographic position of its principal city, Florence, and above all by the authority of the thirteenth-century Tuscan writers Dante, Petrarca, and Boccaccio. Each of these men wrote works of major literary significance in their native Tuscan dialect. Eventually, the Tuscan dialect became recognized as the official Italian language.

For many centuries, however, the Italian language remained an exclusively literary mode of expression, used only by learned people. The different dialects continued to be spoken, a situation favored by the historical and political fragmentation of Italy, which remained divided into many separate city-states until the second half of the nineteenth century. The local dialect was often the official language of the court of that particular city-state. This was the case in Venice, a republic renowned for the skill of its diplomats. The eighteenth-century playwright Carlo Goldoni, who has been called by critics the Italian Molière, wrote many of his plays in Venetian. For example, in his dialect we find the word *schiao,* meaning "your servant," which is derived from the Latin word for "slave," *esclavum.* This is the origin of the international greeting *ciao.*

Today Italy has achieved political as well as linguistic unity, and with few exceptions everyone speaks Italian. The dialects, however, remain very much alive. Indeed, most Italians may be considered bilingual because, in addition to speaking Italian, they also speak or at least understand the dialect of their own region or city.

Verona (Veneto). The statue of Dante in piazza dei Signori. Dante is considered the father of the Italian language and one of the greatest poets of the western world. His major work is *La divina commedia.*

La città

Milano. Il Duomo e la piazza.

Punti di vista

Conversazione tra due amiche.

In centro

(CD 2, TRACK 1) — **Downtown**

Oggi Liliana e Lucia sono in centro. — **Today**

LILIANA	Ciao, Lucia, come va?	
LUCIA	Non c'è male, grazie, e tu?	
LILIANA	Oggi, **così-così. Domani ho** un esame di matematica con il professor Perfetti.	**so-so/Tomorrow I have**
LUCIA	È un professore **severo**?	**strict**
LILIANA	Sì, molto.	
LUCIA	Dov'è Marcello oggi? È **a casa?**	**at home**
LILIANA	No, Marcello non è a casa. È con un'amica di New York.	
LUCIA	Dove sono?	
LILIANA	Marcello e l'amica **visitano** la chiesa di Santa Maria delle Grazie, dove **c'è l'affresco** di Leonardo, **L'Ultima Cena,** e il Castello Sforzesco.	**visit** / **there is/fresco** / **the Last Supper**
LUCIA	Come si chiama l'amica di Marcello?	
LILIANA	Si chiama Mary Clark. È una studentessa **simpatica** e intelligente. **Parla** italiano **molto bene.**	**nice/She speaks very well**

COMPRENSIONE

1. Dove *(Where)* sono Liliana e Lucia? **2.** Domani Liliana ha *(has)* un esame di matematica o un esame d'inglese? **3.** Il professore di matematica è severo? **4.** Con chi *(whom)* è Marcello oggi? **5.** Di dov'è l'amica di Marcello? **6.** Perché *(Why)* la chiesa di Santa Maria delle Grazie è famosa? **7.** Chi *(Who)* è la signorina Clark?

Studio di parole   La città

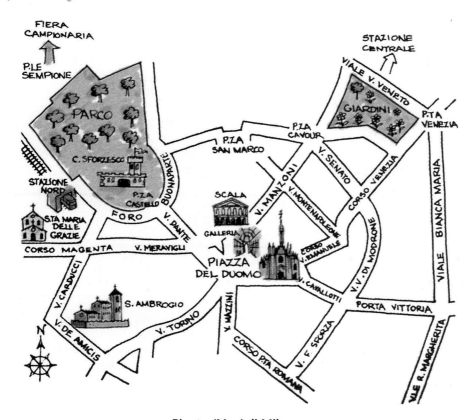

Pianta *(Map)* di Milano.

---

una strada* street, road
una via* street, way
una piazza square
una fontana fountain
un monumento monument
una chiesa church
un museo museum
una scuola school
un'università university
un edificio building
un albergo hotel
un bar coffee shop
un ristorante restaurant
un negozio store, shop
un aeroporto airport
un supermercato supermarket
un ufficio office

un ufficio postale post office
un ufficio turistico tourist office
una banca *(pl.* **-che)** bank
una farmacia pharmacy
un ospedale hospital
un cinema(tografo) movie theater
un teatro theater
uno stadio stadium
un parco *(pl.* **-chi)** park
uno zoo zoo
una stazione station
un treno train
un autobus bus
un tram streetcar
un'auto(mobile) *(f.),* **una macchina** car

*****Strada** is a more general term; **via** is used before the name of a street: **via Mazzini, via Torino.**

una moto(cicletta)
  motorcycle
una bici(cletta) bicycle
un aereo, un aeroplano
  plane, airplane
un motorino, uno scooter
  moped, motorscooter

Altre espressioni

lontano far
vicino, qui vicino near, nearby

C'è un tour, per favore? Is there a tour, please?
Sì, c'è. Ecco le informazioni. Yes, there is. Here is the information.
a destra, a sinistra to the right, to the left
avanti diritto straight ahead
Scusi, dov'è un ufficio postale? Pardon, where is a post office?
A destra, signora. To the right, madam.

𝒪nformazioni | In cittá

Most cities and towns have a tourist office called the A.P.T. (**Azienda di Promozione Turistica**), which provides information about hotels, **pensioni**, transportation, tours, and reservations.

Cities' main train stations have an **Ufficio Informazioni**, which provides tourists with lists of available accommodations (hotels, **pensioni**) and assists in making reservations.

Tickets for city buses, streetcars, and the **metropolitana** (the subway in Rome, Milan, and Naples) must be purchased at a **Tabacchi** store or a newsstand before boarding. The tickets can be used interchangeably on all three means of transportation.

APPLICAZIONE

A. **La pianta di Milano.** Using the map of Milan, take turns with a classmate asking each other the following questions.

1. Santa Maria delle Grazie è una chiesa o un teatro?
2. Il teatro La Scala è in via Manzoni o in via Dante?
3. Il Duomo è in un parco o in una piazza?
4. Dov'è il Castello Sforzesco?
5. Che cos'è via Dante?
6. Il Castello Sforzesco è vicino a *(near)* Piazza del Duomo?

B. **Dov'è...?** Take turns with a partner asking and answering questions about where the things and people listed in column A are found. Select your response from column B, and follow the example.

ESEMPIO un aereo
  —*Dov'è un aereo?*
  —*Un aereo è in un aeroporto.*

A	B
1. una tigre	un ospedale
2. un motorino	una strada
3. un caffè	un aeroporto
4. un turista	un'università
5. un dottore	una piazza
6. un film	una stazione
7. una fontana	uno zoo
8. uno studente	un bar
9. un treno	un ufficio informazioni
10. un aereo	un cinema

C. Che cos'è...? Luigino does not know much about the world outside his hometown. With a classmate, recreate his questions and the responses of his friend Pierino, following the example.

ESEMPIO   l'Empire State Building/a New York
—*Che cos'è l'Empire State Building?*
—*È un edificio, a New York.*

1. San Pietro/a Roma   **2.** il Louvre/a Parigi   **3.** Trafalgar Square/a Londra   **4.** il Golden Gate Park/a San Francisco   **5.** Napoli/in Italia
6. la Fifth Avenue/in America

D. Cosa c'è in una città? With a partner, take turns asking each other questions about the cities you are from or the city in which your university is located. Use vocabulary you have learned, and follow the example.

ESEMPIO   —Di dove sei?
—*Sono di San Diego. E tu?*
—*Sono di Denver. C'è un'università a San Diego?*
—*Sì, c'è un'università....*

In un ufficio turistico. Anna Verri, a visitor to Milan, has stopped by the tourist office to make an inquiry. Listen to her conversation with the clerk and then answer the following questions.

Comprensione
1. Dov'è la turista Anna Verri?
2. La turista desidera *(wishes)* visitare la città di Roma o la città di Milano?
3. Che cosa *(What)* include il tour?
4. L'impiegato *(The clerk)* ha le informazioni?
5. Che cosa dice la turista per ringraziare *(to say thanks)*?

Dialogo
With another student, play the roles of a tourist and an employee in the tourist office. After greeting each other, the tourist asks if there is a tour of Rome. The employee answers affirmatively and provides information. The tourist thanks him/her and both say good-bye.

Punti grammaticali

1.1 *Essere* (To be)

Ẹssere *(To be)* is an irregular verb **(verbo)**. It is conjugated in the present tense **(presente)** as follows:

Person	Singular	Plural
1st	io **sono** *(I am)*	noi **siamo** *(we are)*
2nd	tu **sei** *(you are, familiar)*	voi **siete** *(you are, familiar)*
3rd	lui **è** *(he is)* lei **è** *(she is)* Lei **è** *(you are, formal)*	loro **sono** *(they are)* Loro **sono** *(you are, formal)*

Luigi **è** italiano.	*Luigi is Italian.*
Marco e io **siamo** studenti.	*Marco and I are students.*
Lisa e Gino **sono** di Roma.	*Lisa and Gino are from Rome.*
Tu e Piero **siete** buoni amici.	*You and Piero are good friends.*

Marcello è in classe con Gabriella.

1. There are many rules regarding verbs and their usage:

   a. Unlike English verbs, Italian verbs have a different ending for each person.

   b. The negative of a verb is formed by placing **non** before the verb.

Non siamo a teatro.	*We are not at the theater.*
Filippo **non è** in classe.	*Filippo is not in class.*

   c. The interrogative of a verb is formed either by placing the subject at the end of the sentence or by leaving it at the beginning of the sentence. In both cases, there is a change in intonation, and the pitch rises at the last word:

   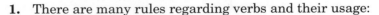
   È studentessa Gabriella?
   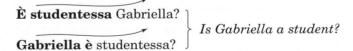
   Gabriella è studentessa? } *Is Gabriella a student?*

2. The subject pronouns **(pronomi soggetto)** in Italian are:

io	*I*	**noi**	*we*
tu	*you (familiar sing.)*	**voi**	*you (familiar pl.)*
lui, lei	*he, she*	**loro**	*they*
Lei	*you (formal sing.)*	**Loro**	*you (formal pl.)*

   a. The subject pronoun *you* is expressed in Italian in several ways: **tu** (singular) and **voi** (plural) are the familiar forms. They are used to address relatives, close friends, and children; young people also use them to address each other.

Io sono di Pisa, e **tu**?	*I am from Pisa, and you?*
Siete a scuola **voi** oggi?	*Are you in school today?*

Lei (singular) and **Loro** (plural) are formal forms and are used among persons who are not well acquainted. **Lei** and **Loro** are used for both men and women. They take, respectively, the third person singular and the third person plural of the verb and are often capitalized to distinguish them from **lei** *(she)* and **loro** *(they)*.

Buona sera, signore. Come sta **Lei** oggi?	*Good evening, sir. How are you today?*
Maria è a casa; **lei** non sta bene.	*Maria is at home; she does not feel well.*
Sono a casa **Loro** stasera?	*Are you at home tonight?*

NOTE: In contemporary Italian the familiar plural form **voi** is used more frequently than **Loro,** particularly when addressing young people.

b. In Italian, the subject pronouns are often omitted since the subject of the sentence is indicated by the verb ending. However, the subject pronouns are used for emphasis and to avoid ambiguities.*

Sono Marcello.	*I am Marcello.*
Io sono Marcello.	***I** am Marcello.* (emphatic).
Pio e Lina non sono a casa: **lui** è a Napoli, **lei** è a Pisa.	*Pio and Lina are not at home: **he** is in Naples, **she** is in Pisa.* (for clarification)

—Io sono di Pisa, e Lei?
—Io sono di Bagdad.

PRATICA

A. Essere o non essere? Complete each sentence with the correct present tense form of **ẹssere.**

ESEMPIO   Los Angeles _____ in America.
Los Angeles è in America.

1. Gabriella e io non _____ a Firenze. **2.** Tu e lei _____ in California. **3.** San Francisco e Chicago _____ in America. **4.** Piazza San Marco _____ a Venezia. **5.** Tu _____ a scuola.

B. Dove siamo? With a classmate, take turns asking and answering these questions. Choose the answer you prefer.

ESEMPIO   —Dove sei tu oggi? a casa/a scuola
—*Oggi io sono a casa.* o *Oggi io sono a scuola.*

1. Quando sei a casa tu? oggi/domani/stasera
2. Dove siete tu e gli amici *(your friends)* domenica? a un museo/al *(at the)* parco/a un concerto/al cinema/a un bar
3. Dove siamo tu e io adesso? in classe/alla *(at the)* lezione d'italiano/all'università

———————

*The pronouns *it* and *they,* when referring to animals and things, are usually not expressed in Italian.

C. Siamo curiosi. Take turns asking and answering each other's questions based on the information given. Follow the example.

ESEMPIO   professoressa, Lucia
           —*È professoressa Lucia?*
           —*No, non è professoressa, è studentessa.*

1. di New York, tu   **2.** in classe domani sera, il professore/la professoressa   **3.** a Roma, l'Ultima Cena di Leonardo   **4.** a Milano, tu e il professore   **5.** a Firenze, il professore e gli studenti

D. E tu? Tell a classmate who you are, what you are (a student), and where you are from. Then ask him/her to tell you about himself/herself.

1.2 Il nome

Ecco una piazza con un monumento. A destra e a sinistra ci sono edifici.

1. **Gender of nouns.** A noun **(nome)** is either masculine or feminine. Usually, nouns ending in **-o** are masculine and nouns ending in **-a** are feminine. There is also a class of nouns that end in **-e.** These nouns can be *either* masculine *or* feminine.

   treno *(m.)*   **casa** *(f.)*
   ristorante *(m.)*   **stazione** *(f.)*

NOTE:

   a. To remember the gender of a noun ending in **-e,** it is advisable to memorize it with the article.

      un ristorante   *una* stazione

   b. Nouns ending in **-ore** or in a *consonant* are masculine.

      fi**ore**   dott**ore**   scult**ore**   autobu**s**   spor**t**   ba**r**

   c. Nouns ending in **-ione** are generally feminine.

      lez**ione**   presentaz**ione**   conversaz**ione**

2. **Plural of nouns.** In Italian, the plural is usually formed by changing the final vowel of the noun. The chart below shows the most common changes.

Nouns ending in
$\begin{cases} \textbf{-o} & \textbf{-i} \\ \textbf{-a} & \textbf{-e} \\ \textbf{-e} & \textbf{-i} \end{cases}$
un libr**o**	due libr**i**
una cas**a**	due cas**e**
un dottor**e** *(m.)*	due dottor**i**
una stazion**e** *(f.)*	due stazion**i**

NOTE:

a. Some nouns are invariable and thus do not change in the plural.

   ◆ nouns ending in accented vowels
   una citt**à**   due citt**à**   un caff**è**   due caff**è**

   ◆ nouns ending in a consonant
   un ba**r**   due ba**r**   un fil**m**   due fil**m**

   ◆ nouns that are abbreviated
   un c**i**nema(tografo)   due c**i**nema
   una foto(grafia)   due fot**o**

b. Nouns that end in **-ca** and **-ga** change to **-che** and **-ghe**.

   un'ami**ca**   due ami**che**
   una ri**ga** *(line)*   due ri**ghe**

c. Most nouns ending in **-io** change to **-i**.

   un neg**o**z**io**   due negoz**i**
   uff**i**c**io**   due uffic**i**

PRATICA

A. **Singolare e plurale.** Give the plural of each of the following nouns, following the example.

   ESEMPIO   *stazione*
                  stazioni

   1. bambino
   2. studente
   3. casa
   4. amico
   5. bar
   6. ospedale
   7. conversazione
   8. piazza
   9. professoressa
   10. classe
   11. amica
   12. cinema
   13. città
   14. banca
   15. studio
   16. edificio
   17. ristorante
   18. autobus
   19. negozio
   20. sport
   21. università

B. **Plurali.** Complete the following statements with the plural of the nouns in parentheses.

   1. Oggi ci sono ventidue (studente) _____ in classe.
   2. Io e... *(name a student)* siamo (amico) _____.
   3. Venezia e Vicenza sono due belle (città) _____.
   4. Lungo *(Along)* la strada ci sono (autobus) _____, (automobile) _____ e (bicicletta) _____.
   5. In Piazza del Duomo ci sono (edificio) _____, (negozio) _____, (bar) _____, (caffè) _____, (banca) _____ e (ristorante) _____. Non ci sono (supermercato) _____.

1.3 Gli articoli

Ecco una strada con il bar, la banca, i negozi, gli alberi e le automobili.

1. **Artịcolo indeterminativo.** The *indefinite article (a, an)* has the masculine forms **un, uno** and the feminine forms **una, un',** depending on the first letter of the noun that the article precedes.

		Masculine	Feminine
before	*consonant*	**un** libro	**una** casa
	vowel	**un** amico	**un'**amica
	z	**uno** zoo	**una** zebra
	s + *consonant*	**uno** studente	**una** studentessa

La Sicịlia è **un'**ịsola.	*Sicily is an island.*
Dov'è **una** banca, per favore?	*Where is a bank, please?*
Ecco **un** ristorante!	*Here is a restaurant!*
C'è **uno** zoo in questa città?	*Is there a zoo in this city?*

NOTE:

When a noun indicates a profession, the indefinite article is usually omitted.

Paolo è dottore, ed io sono professore.	*Paolo is a doctor, and I am a professor.*

2. **Articolo determinativo.** The *definite article (the)* agrees with the noun it precedes in gender (masculine or feminine) and in number (singular or plural). The masculine forms are **il, l', lo, i, gli,** and the feminine forms are **la, l', le,** according to the initial letter and the number of the word the definite article precedes.

			Singular	Plural
Masculine	*before*	*consonant*	**il** libro	**i** libri
		vowel	**l'**ospedale	**gli** ospedali
		z	**lo** zero	**gli** zeri
		s + consonant	**lo** stạdio	**gli** stadi
Feminine	*before*	*consonant*	**la** casa	**le** case
		vowel	**l'**autostrada *(freeway)*	**le** autostrade

Ecco l'autobus!   *Here is the bus!*
Dove sono **gli** studenti?   *Where are the students?*
Gina è l'amica di Maria.   *Gina is Maria's friend.*
Ecco **le** informazioni, signora.   *Here is the information, Madam.*

If a noun ending in **-e** is masculine, it will have the appropriate masculine article **(il, l', lo, i, gli)**, depending on its initial letter. If a noun ending in **-e** is feminine, it will have the appropriate feminine article **(la, l', le)**, depending on its initial letter.

il fiore *(m.) (flower)*   **i** fiori
l'automobile *(f.)*   **le** automobili

NOTE:

a. When using a title to address someone, omit the article. When you are speaking *about* someone, use the appropriate definite article *before* the title.

    Buon giorno, signor Neri.   *Good morning, Mr. Neri.*
    Buona sera, dottor Lisi.   *Good evening, Dr. Lisi.*
    Il professor Rossi non è in casa.   *Professor Rossi is not home.*
    I signori Bianchi sono a teatro.   *Mr. and Mrs. Bianchi are at the theater.*

b. Such titles as **signore, professore,** and **dottore** drop the final **-e** in front of a proper name.

—**Buon giorno, dottor Lisi.**
—**Buon giorno, professore.**

PRATICA

A. In una piccola *(small)* città. Provide the indefinite articles in the following list of buildings or locations found in a small town.

1. _una_ scuola.   **2.** _____ farmacia   **3.** _____ ufficio postale
4. _____ ristorante   **5.** _____ cinema   **6.** _____ bar
7. _____ chiesa   **8.** _____ stazione   **9.** _____ supermercato
10. _____ piazza   **11.** _____ stadio.

B. Chi sono? Cosa sono? With a partner, take turns asking each other to identify the following people and things. Use the definite article in your responses.

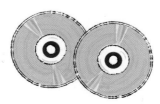

ESEMPIO   —*Cosa sono?*
              —*Sono i dischetti.*

C. È...? Imagine you and a classmate are looking at pictures in an Italian magazine. Take turns asking and answering questions, following the example.

ESEMPIO monumento/a Garibaldi
—*È un monumento?*
—*Sì, è il monumento a Garibaldi.*

1. chiesa/di San Pietro **2.** ufficio/di Francesca Rovati **3.** stazione/di Firenze **4.** università/di Milano **5.** affresco/di Leonardo **6.** parco/di Genova **7.** caffè/«Sport» **8.** zoo/di San Diego **9.** automobile/di un amico **10.** studio/di un pittore **11.** treno/Milano-Roma **12.** banca/d'Italia **13.** negozio/«Lui e Lei»

D. In un caffè. Here are fragments of conversations overheard in an Italian cafe. Supply the definite article where necessary; then practice the dialogue with a classmate.

1. Buon giorno, _____ dottor Bianchi! Come sta?
2. Oh! Ecco _____ signor Rossi.
3. Scusi, dov'è _____ professor Marini oggi?
4. Quando è in ufficio _____ professoressa Rovati?
5. _____ signori Verdi sono a Parigi.
6. ArrivederLa, _____ dottore!

1.4 *C'è, ci sono* e *Ecco!*

Ecco la chiesa dove c'è l'affresco di Leonardo. (Milano, Santa Maria delle Grazie.)

1. **C'è** *(there is)* and **ci sono** *(there are)* are used to indicate the existence of someone or something (in sight or not). Their negative forms are **non c'è** and **non ci sono,** respectively.

C'è la metropolitana a Roma?	*Is there a subway in Rome?*
Oggi **ci sono** diciotto studenti.	*Today there are eighteen students.*
Non ci sono fiori in giardino.	*There are no flowers in the garden.*

2. **Ecco** is invariable and is used to *point out* someone or something *in sight.* It has several meanings: *look!, here is . . . !, here are . . . !, there is . . . !, there are . . . !*

Ecco l'autobus!	*Here (There) is the bus!*
Ecco i signori Parini!	*There are Mr. and Mrs. Parini!*

PRATICA

A. Per piacere, dove...? Using the map on page 23, take turns with another student asking and answering questions about places in Milan.

> **ESEMPIO**   Duomo
> —*Per piacere, dov'è il Duomo?*
> —*Ecco il Duomo!*

1. Scala
2. giardini
3. Castello Sforzesco
4. chiesa di Santa Maria delle Grazie
5. Galleria
6. stazione centrale

B. C'è...? Ci sono...? With a classmate, take turns asking each other about your hometowns, following the example.

> **ESEMPIO**   parchi
> —*Ci sono parchi a... (your city)?*
> —*Sì, ci sono. o: No, non ci sono.*

1. un'università
2. autobus *(pl.)*
3. musei
4. una piazza
5. treni
6. ristoranti italiani
7. un monumento a Cristoforo Colombo

1.5 Espressioni interrogative

—Che cos'è? È un castello.
—Com'è? È grande e bello.
—Dov'è? È a Milano.

Arte nel cortile del Castello Sforzesco.

Some interrogative words and expressions are:

Chi?	*Who?* *Whom?*	**Chi** è Marcello?	*Who is Marcello?*
Che cosa? **Cosa?** **Che?**	*What?*	**Cos'**è un pronome?	*What is a pronoun?*
Come?	*How? Like what?*	**Com'**è Firenze?	*What is Florence like?*
Dove?	*Where?*	**Dov'**è Palermo?	*Where is Palermo?*
Quando?	*When?*	**Quando** sei a casa?	*When are you at home?*

Cosa, come, and **dove** are elided before **è.**

Cos'è?	*What is it?* or *What is he / she?*
Dov'è?	*Where is it?* or *Where is he / she?*

PRATICA

A. Quiz. With a classmate, take turns asking and answering questions, following the example.

> ESEMPIO   Filippo/studente   *—Chi è Filippo?   —È uno studente.*
> Venęzia/città   *—Che cos'è Venęzia?   —È una città.*

1. *Il Davide*/scultura *(sculpture)* di Michelangelo   **2.** *Giulietta e Romeo*/tragędia di Shakespeare   **3.** Harvard/università   **4.** Leonardo da Vinci/pittore   **5.** Il Duomo di Milano/chiesa   **6.** La Scala/teatro   **7.** Marcello/ragazzo italiano   **8.** Luciano Pavarotti/tenore

B. **Qual è la domanda?** Ask questions that would elicit the following answers, using **chi, che (che cosa, cosa), come, dove,** or **quando.**

ESEMPIO — Io sono a casa stasera.
— *Dove sei stasera?*

1. Io sono un amico di Francesca. **2.** Tokio è in Giappone. **3.** Genova è un porto in Italia. **4.** Piazza San Marco è a Venezia. **5.** Bene, grazie. **6.** Oggi Francesca Rovati è all'università. **7.** Capri è un'isola *(island).* **8.** Dante Alighieri è un poeta. **9.** Siamo a casa domani. **10.** Sono Loredana.

Per finire

Traffico lungo una strada di Milano.

Cosa c'è in una città?

Ecco una conversazione **fra** due **ragazzi.**   between/boys

ALBERTO	Dove **abiti?**	do you live
PAOLO	Abito a Milano, e tu?	
ALBERTO	Io abito a Rapallo. **Com'è** Milano?	What is . . . like?
PAOLO	Milano è una grande città, con **molti** edifici: i negozi, le banche, i ristoranti, i caffè, i cinematografi, i monumenti, le chiese, i musei, le scuole e un teatro famoso, La Scala.	many
ALBERTO	C'è uno zoo?	
PAOLO	Sì, c'è. Con gli animali feroci. C'è **anche** un **castello,** in un grande parco, con gli alberi, i fiori e le fontane.	also castle
ALBERTO	Ci sono molte automobili? Ci sono le Ferrari?	
PAOLO	Sì, ci sono molte automobili e anche le Ferrari. Ci sono gli autobus, i tram e le stazioni **dei** treni. Com'è Rapallo?	of the
ALBERTO	Rapallo è una **piccola** città, **però** è una città **molto bella.**	small/but very beautiful

COMPRENSIONE

1. Dove abita Paolo?
2. Milano è una città piccola o grande?
3. Cosa c'è a Milano?
4. Come si chiama il famoso teatro di Milano?
5. C'è o non c'è uno zoo?
6. Cosa c'è in un parco?
7. A Milano ci sono molte automobili?
8. Com'è Rapallo, secondo *(according to)* Alberto?

Un incontro tra due studenti

Find a partner to role-play a conversation between an Italian exchange student and a person in your city. During the conversation, you should introduce yourself to each other, chat briefly about where you live, and then say good-bye. Make notes on the conversation so you can write out the dialogue on paper. Here is an example:

NOME	Paolo
DOVE	Milano
COM'È LA CITTÀ?	grande, molti edifici, un teatro famoso, uno zoo

NOME	Lisa
DOVE	Los Angeles
COM'È LA CITTÀ?	molte automobili, grande, lontano di San Francisco, vicino di San Diego

You may want to refer to the first *Punti di vista* dialogue in the *Primo incontro* and the immediately preceding dialogue in this chapter, *Cosa c'è in una città?* as models for your conversation.

A. Begin by greeting each other and introducing yourselves.

B. Tell each other from which cities you come.

C. Your new Italian friend then asks a couple of questions about your town, which you answer.

D. Conclude by saying good-bye.

E. Now that your dialogue is complete, write out your conversation (8–10 lines), using words and phrases you have already learned. Then, double-check it and make sure you have spelled all words correctly. Consider acting out the dialogue in front of the class.

Attività supplementari

A. Descrizione. Working with another student, describe what you see in the photograph on page 35.

B. Conversazione. With another student, take turns asking about and describing the cities from which you come. You can ask each other such questions as: **Dove abiti? Com'è la città? Com'è il traffico? C'è uno zoo?** etc.

Come si dice in italiano?

1. Excuse me, where is the university?
2. There is the university!
3. Is professor Pini there?
4. Who? Doctor Pini? Today he is not in. **(Non c'è.)** He is at home.
5. Please, where is the Bank of Italy?
6. It is downtown.
7. Are there restaurants, too?
8. Yes. The restaurants and the shops are downtown.
9. Thank you. Good-bye.
10. You are welcome, Madam. Good-bye.
11. What's your name?
12. My name is Lisa. I'm a student of Italian.

GUARDIAMO!

In centro

In this sequence, Daniela and Alessandra are at a café enjoying ice cream. They are talking about their day and their plans to meet with friends at a nearby restaurant.

SITO WEB

For more practice with the cultural and linguistic topics in **Capitolo 1,** visit the *Ciao!* Web site at *http://ciao.heinle.com.*

Vedute d'Italia

Prima di leggere

As you look at the cover of the brochure about Milan on the next page, you will find that it is very helpful to watch for the many cognates among the words that describe Milan. Cognates, as you will recall, are Italian words that look very much like English words. It is easy to see, for example, that the Italian word **arte** and the English word *art* are cognates. On the other hand, it is important to be alert as you encounter false cognates: **spettacolo** does not mean *spectacle,* here, as you might expect, but rather, *show,* and **storia** is not *story,* but rather, *history.* What cognates can you identify readily as you look at this text for the first time?

Milano

Lombardy, **la Lombardia,** in Italian, is the most densely populated region in Italy. Milan is the capital of the region and Italy's chief industrial and commercial center. Major banking, insurance, media, and fashion enterprises are based in Milan, and the **Fiera di Milano,** a center for important trade shows and conferences, is well known internationally. There are six universities in Milan, among them Bocconi, whose business school is considered one of the best in Europe.

Milan and the surrounding region have a long and significant history. Lombardy's bankers were already famous by the Middle Ages, and during the Renaissance, Milan became a major artistic center because of the patronage of important families and artists such as Leonardo da Vinci who were active there. Its cultural institutions and artistic treasures are still world renowned.

Culture a confronto

1. Can you think of a North American city that seems similar to Milan? How are the cities alike and how do they differ?
2. How would a timeline of a typical North American city differ from the timeline of Milan?

Storia di Milano

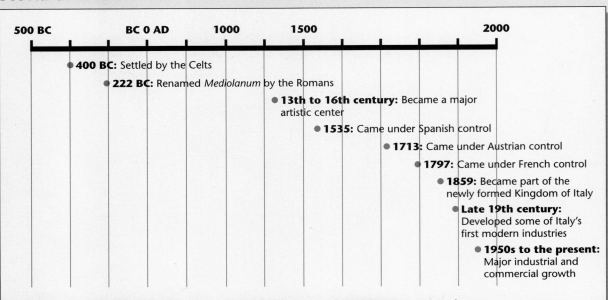

| 500 BC | | BC 0 AD | 1000 | 1500 | | 2000 |

- **400 BC:** Settled by the Celts
- **222 BC:** Renamed *Mediolanum* by the Romans
- **13th to 16th century:** Became a major artistic center
- **1535:** Came under Spanish control
- **1713:** Came under Austrian control
- **1797:** Came under French control
- **1859:** Became part of the newly formed Kingdom of Italy
- **Late 19th century:** Developed some of Italy's first modern industries
- **1950s to the present:** Major industrial and commercial growth

Alla lettura

Una descrizione di Milano. Look again at the brochure, considering both the photos and the list of words that are used to describe the city. Indicate which words seem especially applicable to each photo.

> ESEMPIO   Il Museo Nazionale della Scienza e della Tęcnica Leonardo da Vinci: **Tecnologia, Novità,...**

1. Il Teatro alla Scala: _____

2. Il Castello Sforzesco: _____

3. I negozi di moda: _____

4. Il Museo Nazionale della Scienza e della Tęcnica Leonardo da Vinci: _____
   _____

5. Il Duomo: _____

6. L'*Ultima Cena* di Leonardo da Vinci: _____

Milano è
Dinamismo
Vitalità
Arte
Architettura
 Musica
Spettacolo
Storia
Scienza
Tecnologia
Progresso
Novità
Eleganza
Moda

Una Città
Giovane
che piace
ai Giovani

Vocabolario

Nomi

l'affresco	fresco
l'albero	tree
l'amico, l'amica	friend
l'animale *(m.)*	animal
la casa	house, home
il castello	castle
la città	city, town
la classe	class
la conversazione	conversation
il dottore, la dottoressa	doctor; university graduate
l'esame *(m.)*	examination
il fiore	flower
la fontana	fountain
il giardino	garden
l'impiegato	clerk
l'informazione *(f.)*	information
l'inglese *(m.)*	English (language)
l'Italia	Italy
l'italiano	Italian language
la lezione	lesson
il professore, la professoressa	professor
il ragazzo, la ragazza	boy, girl; boyfriend, girlfriend
lo studio	study
il traffico	traffic
il (la) turista	tourist
l'università	university
lo zoo	zoo

Aggettivi

americano(a)	American
bello(a)	beautiful, handsome
famoso(a)	famous
grande	big, large, wide; great
intelligente	intelligent
italiano(a)	Italian
molti, molte	many
piccolo(a)	small, little
severo(a)	strict
simpatico(a)	nice, charming

Verbi

essere	to be

Altre espressioni

a	in, at, to
anche	also, too, as well
bene	well
benissimo	very well
c'è, ci sono	there is, there are
che?, che cosa?, cosa?	what?
chi?	who, whom?
come? com'è?	how? What is . . . like?
con	with
così-così	so-so
di, d'	of, from
domani	tomorrow
dove?	where?
e, ed *(often before a vowel)*	and
ecco!	here (there) is (are)!
in	in
in centro	downtown
male	badly
molto (inv.)	very
molto bene	very well
no	no
oggi	today
per	for
perché	why?; because
quando?	when?
stasera	tonight

Persone e personalità

Alcuni italiani nella piazza.

Punti di vista

Due amici s'incontrano nella Piazza di Santa Maria di Trastavere.

Com'è il tuo compagno di stanza? (CD 2, TRACK 8)

What is your roommate like?

Rita e Luciano sono compagni di classe. Oggi **s'incontrano dopo** le lezioni.

they meet after

RITA Ciao, Luciano. Come va?

LUCIANO Non c'è male, e tu?

RITA **Abbastanza bene. Quanti** compagni di stanza hai **quest'**anno?

Quite well./How many/this

LUCIANO Ho **solo** un compagno di stanza. Si chiama Claudio. È romano.

only

RITA Com'è? È un ragazzo simpatico?

LUCIANO Sì, è un ragazzo molto simpatico. È anche un bel ragazzo—alto, biondo, con gli occhi verdi.

RITA È un bravo studente?

LUCIANO Sì, è molto studioso e **parla** quattro lingue.

he speaks

RITA Sono curiosa di **conoscerlo.**

to meet him

LUCIANO Bene. Domani sera c'è una **festa** a casa di Marco. Sei **invitata.**

party
invited

RITA Grazie. A domani sera.

COMPRENSIONE

1. Chi è Rita? **2.** Quando s'incontrano Rita e Luciano? **3.** Quanti compagni di stanza ha Luciano quest'anno? **4.** Come si chiama? **5.** Di che città è? **6.** È uno studente mediocre? **7.** Quante lingue parla? **8.** Che cosa c'è domani sera? **9.** È invitata Rita?

Studio di parole La descrizione

bello forte magro vecchio

Come sei tu?

biondo(a) blond
bruno(a) dark-haired
alto(a) tall
basso(a) short
grasso(a) fat
magro(a) thin
snello(a) slender
giovane young
vecchio(a) old
bello(a) beautiful
brutto(a) ugly
ricco(a) (*pl.* **ricchi**) rich
povero(a) poor
fortunato(a) lucky
sfortunato(a) unlucky
buono(a) good
cattivo(a) bad
bravo(a) good, talented
intelligente intelligent
sportivo(a) active
stupido(a) stupid
studioso(a) studious
pigro(a) lazy
simpatico(a) nice,
   charming
antipatico(a) unpleasant

generoso(a) generous
avaro(a) stingy
interessante interesting
divertente amusing
noioso(a) boring
contento(a) content, pleased
felice happy
triste sad

Hai i capelli...?

neri black
biondi blond
bianchi white
castani brown
rossi red
corti short
lunghi long

Hai gli occhi...?

neri black
castani brown
azzurri blue
verdi green
grigi gray
chiari light
scuri dark

𝒥nformazioni | Complimenti

Italians tend to minimize a compliment instead of thanking the person who pays it. For instance, when a visitor says, "What a beautiful house you have!" the response of the owner is likely to be, "It is not too bad, but . . . , " followed by an account of the house's shortcomings.

The adjective **bravo,** widely used to express appreciation at the end of a performance, should be **brava** when the performer is a woman. Although the adjectives **bravo** and **buono** are both translated in English as *good,* **bravo** should be used when *good* means *talented.*

Basso and **corto** are both translated as *short.* However, basso refers to someone's height, while **corto** refers to the length of inanimate objects: **capelli corti.**

Marrone and **castano** both translate as *brown,* but **castano** refers only to eyes and hair: **capelli castani.**

APPLICAZIONE

A. Domande. Answer the following questions using an appropriate adjective.

1. Come sono i capelli di Babbo Natale (*Santa Claus*)?
2. È generoso Scrooge?
3. Com'è Miss America?
4. Ha gli occhi neri Nicolas Cage?
5. Com'è un topo di biblioteca (*bookworm*)?
6. È noioso in genere un film di Jim Carrey?
7. È brutto Brad Pitt?
8. Com'è Popeye?

B. Conversazione. With a classmate, take turns asking each other about a roommate or good friend (**amico/amica**).

1. Hai un compagno (una compagna) di stanza o un amico (un'amica)?
2. Come si chiama? (*What is her / his name?*)
3. Di dov'è?
4. È bruno(a) o biondo(a)? alto(a) o basso(a)? Ha gli occhi neri o az-zurri?
5. È simpatico(a)?
6. È intelligente? È studioso(a) o pigro(a)?
7. È avaro(a) o generoso(a)?
8. Quante lingue parla? una? due? tre?

C. Personalità. With a classmate, discuss the qualities of an ideal friend and the personality flaws that you cannot stand. Share your thoughts with the class as a whole.

ESEMPIO   *L'amico (L'amica) ideale è...*
           L'amico (L'amica) ideale non è...

D. Descrizione. Introduce yourself to the class. Start with **Mi chiamo...,** and then describe your personality briefly using appropriate adjectives.

La sera della festa. It is the evening of Marco's party. Marco is greeting Rita and introducing her to Luca. Listen to the exchange and then answer the following questions.

Comprensione

1. Dove sono Luca e Rita?
2. Di dov'è Luca?
3. Come si chiama l'amica di Luca? È inglese?
4. Di quale *(which)* città è Marilyn?
5. Come sono, in generale, i giovani americani?

Dialogo

Imagine that you are at a discotheque and are describing to your best friend a person you have just met. Your friend wants to know where your new acquaintance is from, if he/she is a student and where, and what he/she is like. Act out this conversation with a classmate. You can begin by saying: **Ho conosciuto** *(I met)*... Your friend can then ask questions.

Punti grammaticali

2.1 L'aggettivo

1. An adjective **(aggettivo)** must agree in gender and number with the noun it modifies. When an adjective ends in **-o,** it has four endings: **-o** *(m. sing.),* **-i** *(m. pl.),* **-a** *(f. sing.),* and **-e** *(f. pl.).*

	Singular	Plural
Masculine	il bambino biond**o**	i bambini biond**i**
Feminine	la bambina biond**a**	le bambine biond**e**

È brutta o carina Roberta? Ha i capelli lunghi o corti? Ha gli occhi verdi o castani?

Luigi è alto e biondo. *Luigi is tall and blond.*
Maria è bassa e bruna. *Maria is short and brunette.*
Maria e Carlo sono generosi.* *Maria and Carlo are generous.*

---

*If an adjective modifies two nouns of different gender, the masculine plural ending is used:
Lisa e Paolo sono simpatici. *Lisa and Paolo are nice.*

When an adjective ends in **-e,** it has two endings: **-e** *(m. & f. sing.)* and **-i** *(m. & f. pl.).*

	Singular	**Plural**
Masculine	il ragazzo intelligent**e**	i ragazzi intelligent**i**
Feminine	la ragazza intelligent**e**	le ragazze intelligent**i**

Luigi è felice.	*Luigi is happy.*
Maria è felice.	*Maria is happy.*
Maria e Luigi sono felici.*	*Maria and Luigi are happy.*

2. An adjective usually follows the noun it modifies. However, the following common adjectives usually precede the noun:

bello	*beautiful, handsome, fine*	**piccolo**	*small, short*
brutto	*ugly, plain*	**stesso**	*same*
buono	*good*	**nuovo**	*new*
bravo	*good, talented*	**altro****	*other*
cattivo	*bad, mean, naughty*	**caro**†	*dear*
giovane	*young*	**vero**	*true*
vecchio	*old*	**primo****	*first*
grande	*big, large; great*	**ultimo****	*last*

l'**altro** giorno	*the other day*
un **caro** amico	*a dear friend*
una **grande** casa	*a big house*
un **grande** artista	*a great artist*
gli **stessi** ragazzi	*the same boys*

When an adjective precedes the noun, the form of the article depends on the first letter of the adjective.

    gli studenti   BUT: **i** bravi studenti

NOTE: All adjectives follow the noun when they are modified by the adverb **molto** *(very),* **poco** *(little, not very),* **abbastanza** *(enough, rather),* **un po'** *(a little).*

un amico **molto** bello	*a very handsome (male) friend*
una casa **abbastanza** grande	*a rather big house*

È la bandiera...

italiana	tedesca	francese	inglese	europea

---

*If an adjective modifies two nouns of different genders, the masculine plural ending is used.

Altro, primo, and **ultimo** always precede the noun.

†**Caro,** after the noun, means *expensive:* **un'automobile cara,** *an expensive car.*

Adjectives denoting *nationality* or *color* always follow the noun:

italiano*	*Italian*	**tedesco** (*pl.* **tedeschi**)	*German*
svizzero	*Swiss*	**spagnolo**	*Spanish*
francese	*French*	**greco**	*Greek*
irlandese	*Irish*	**russo**	*Russian*
inglese	*English*	**cinese**	*Chinese*
canadese	*Canadian*	**giapponese**	*Japanese*
messicano	*Mexican*	**europeo**	*European*
americano	*American*	**africano**	*African*

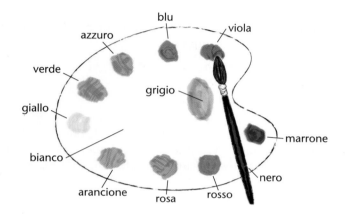

Altri colori:	**bianco** (*pl.* **bianchi**)	*white*
	grigio	*gray*
	marrone	*brown*
	rosa	*pink*

una signora **inglese**	*an English lady*
la lingua **cinese**	*the Chinese language*
una macchina **tedesca**	*a German car*
due belle donne **americane**	*two beautiful American women*
un fiore **giallo**	*a yellow flower*
due case **bianche**	*two white houses*
due strade **lunghe**	*two long streets*

NOTE:

a. Like nouns ending in **-ca** and **-ga,** adjectives ending in **-ca** and **-ga** change in the plural to **-che** and **-ghe.**

b. The adjectives **rosa, blu, viola,** and **marrone** are invariable.

    due biciclette **blu**   *two blue bicycles*

---

*In Italian, adjectives denoting nationality are not capitalized, while nouns often are: gli Italiani, gli Americani, etc.

PRATICA

A. Contraddizione. In pairs, take turns asking and answering questions, as in the example.

ESEMPIO   gli edifici in centro (basso)
            —*Gli edifici in centro sono bassi?*
            —*No, sono alti.*

1. la Fifth Avenue (corto)   **2.** i negozi in centro (brutto)   **3.** il Central Park di New York (piccolo)   **4.** le automobili Fiat (spagnolo)   **5.** la BMW (americano)   **6.** l'aereo Concord (tedesco)   **7.** le lezioni d'italiano (noioso)

B. Com'è? Come sono? In pairs, ask each other about the following people and things, as in the example.

ESEMPIO   ragazzi/sportivo
            —*Come sono i ragazzi?*
            —*Sono sportivi.*

1. città di Firenze/bello   **2.** ragazze italiane/bruno   **3.** compagne di classe/simpatico   **4.** gelati italiani/buono   **5.** lezioni d'italiano/interessante   **6.** professore(ssa) d'italiano/buono, bello, bravo   **7.** Bill Gates/ricco   **8.** macchine tedesche/caro   **9.** studenti d'italiano/intelligente   **10.** film di Jim Carrey/divertente

C. Intervista. Ask an American student studying in Siena what the experience is like. Imagine the conversation, with a classmate, using the cues as in the example.

ESEMPIO   facile, gli esami
            —*Sono facili gli esami?*
            —*Sono abbastanza (o molto) facili.*

1. paziente, i professori   **2.** divertente, la classe d'italiano   **3.** interessante, i corsi   **4.** bravo, i compagni   **5.** simpatico, gli amici   **6.** cordiale, gli Italiani   **7.** bello, la città di Siena   **8.** contento, tu

D. Affermazione. In pairs, take turns asking and answering the following questions, as in the example.

ESEMPIO   È una buona ragazza Lisa?
            —*Sì, è una ragazza molto buona.*

1. È una lingua difficile il cinese?   **2.** È una bella città Perugia?   **3.** Sono due bravi tenori Pavarotti e Domingo?   **4.** È un aereo veloce *(fast)* il Concord?   **5.** È una vecchia città Siena?   **6.** È una persona ricca il signor Bill Gates?

E. Che fortuna! Explain why Donata Belli, an Italian businesswoman, is a lucky person. Complete each sentence with the suggested adjective(s).

ESEMPIO   (tedesco) Donata Belli lavora per una compagnia.
            —*Donata Belli lavora per una compagnia tedesca.*

1. (intelligente) Donata Belli è una persona.   **2.** (grande) Lavora in un ufficio.   **3.** (bravo) Ha una segretaria.   **4.** (simpatico) Lavora con colleghi *(colleagues)*.   **5.** (giovane, dinamico) Ha impiegati.   **6.** (interessante) Ha un lavoro.   **7.** (nuovo, rosso) Ha anche una Ferrari.   **8.** (fortunato) È davvero *(really)* una persona.

F. Di che colore è (sono)...? *(What color is, are . . . ?)* In pairs, ask each other questions, following the example.

ESEMPIO   gli alberi
—*Di che colore sono gli alberi* (trees)?
—*Sono verdi.*

1. i tassí *(taxis)* di New York   **2.** la bandiera americana   **3.** la bandiera italiana   **4.** la neve *(snow)*   **5.** gli occhi della compagna di classe vicino a te *(near you)*   **6.** i capelli del compagno di classe vicino a te   **7.** il cielo *(sky)* quando piove *(it rains)*   **8.** il cielo quando è sereno *(it is clear)*

G. Una villa in Toscana. Friends have rented a villa and a car in Tuscany and have invited you to go with them. Working in groups of three, exchange information about the villa and the arrangements.

ESEMPI   la villa/piccolo   i mobili *(furniture)*/elegante
—*Com'è la villa?*   —*Come sono i mobili?*
—*È una piccola villa.*   —*Sono mobili eleganti.*

1. il giardino/grande   **2.** le stanze *(rooms)*/bello/luminoso   **3.** il parco/fiorito   **4.** gli alberi/alto   **5.** il cane/vecchio/nero   **6.** i vicini *(neighbors)*/simpatico   **7.** la città/vecchio/medievale   **8.** la macchina/nuovo/tedesco   **9.** l'affitto *(rent)*/caro

H. Domande personali. Find out how your classmates would describe themselves. Ask each other questions using the following adjectives and respond using **molto, poco,** and **abbastanza.**

ESEMPIO   generoso
—*Mary, sei generosa?*
—*Sì, sono abbastanza generosa.*

1. studioso   **5.** timido
2. pigro   **6.** socievole
3. fortunato   **7.** calmo
4. felice

2.2 *Buono* e *bello*

1. When the adjective **buono** *(good)* precedes a singular noun, it has the same endings as the indefinite article **un.**

un libro, un **buon** libro   *a book, a good book*
un'amica, una **buon**'amica   *a friend, a good friend*

NOTE:

Buono in its plural forms has regular endings:

due **buoni** amici   *two good friends*
due **buone** ragazze   *two good girls*

2. When the adjective **bello** *(beautiful, handsome)* precedes a noun, it has the same endings as the definite article **il**.

il ragazzo, il **bel** ragazzo	*the boy, the handsome boy*
i fiori, i **bei** fiori	*the flowers, the beautiful flowers*
l'albero, il **bell'**albero	*the tree, the beautiful tree*
la casa, la **bella** casa	*the house, the beautiful house*
l'amica, la **bell'**amica	*the friend, the beautiful friend*
gli occhi, i **begli** occhi	*the eyes, the beautiful eyes*
le parole, le **belle** parole	*the words, the beautiful words*
lo stato, il **bello** stato	*the state, the beautiful state*

PRATICA

A. Buono. In pairs, ask each other questions, following the examples.

ESEMPIO   caffè
    —*Com'è il caffè?*
    —*È un buon caffè.*

    compagni
    —*Come sono i compagni?*
    —*Sono buoni compagni.*

1. ristorante **2.** lezione **3.** automobile **4.** libro **5.** idea **6.** amici **7.** cane **8.** consigli *(advice)* **9.** ragazze

B. Bello. You are showing a friend some photos. Your friend comments on each one, using **bello.**

ESEMPIO   casa di Anna
    —*Ecco la casa di Anna.*
    —*Che bella casa!*

1. fontana di Trevi **2.** negozio Gucci **3.** ufficio del dottor Sarzi **4.** automobile di Marcello **5.** ragazzo di Gabriella **6.** zoo di San Diego **7.** studio di un architetto **8.** chiesa di San Marco **9.** giardini di Tivoli

C. Ecco un bel...! Bring one or two photos to class, and describe them using the correct form of **bello**.

ESEMPIO *Ecco una bella fontana!*

2.3 *Avere* (To have)

The present tense (**presente**) of **avere** is conjugated as follows:

Person	Singular	Plural
1st	io **ho** (*I have*)	noi **abbiamo** (*we have*)
2nd	tu **hai** (*you have, familiar*)	voi **avete** (*you have, familiar*)
3rd	lui **ha** (*he has*)	loro **hanno** (*they have*)
	lei **ha** (*she has*)	Loro **hanno** (*you have, formal*)
	Lei **ha** (*you have, formal*)	

—Che naso ha Pinocchio?
—Ha un naso lungo.

Io **ho** un cane. E tu?	*I have a dog. And you?*
Gianni non **ha** i capelli neri.	*Gianni does not have black hair.*
Voi non **avete** il libro.	*You don't have the book.*
Ha una macchina americana Lei?	*Do you have an American car?*
I signori Scotti **hanno** una bella casa?	*Do Mr. and Mrs. Scotti have a nice house?*
Hai una bicicletta, (non è) vero?	*You have a bicycle, don't you?*
Marcello **ha** gli occhi verdi, (non è) vero?	*Marcello has green eyes, doesn't he?*

NOTE:

a. To use the verb **avere** in the negative or interrogative form, follow the general rules presented for the verb *essere* in **Capitolo 1,** pages 26 and 34.

b. Another way to ask a question of fact or to request confirmation is to add **(non è) vero?** at the end of a statement.

PRATICA

A. Scambi rapidi. With a classmate, complete the dialogues with the correct forms of **avere.** Then act them out.

1. —Marcello _____ un bel cane nero. E tu?
   —Io _____ un vecchio bassotto (*dachshund*).

2. —Noi medici non _____ una professione facile.
   —È vero, ma voi _____ molti soldi (*money*).

3. —_____ un compagno di stanza tu?
   —No, ma _____ un gatto siamese come (*as*) compagno.

4. —Signora, _____ un computer Lei?
   —Io no, ma i miei figli (*my children*) _____ un personal computer.

B. Contraddizione. In pairs, ask each other questions and respond in a contradictory way, following the example.

ESEMPIO Fabio, cane stupido
—*Fabio ha un cane stupido?*
—*No, non ha un cane stupido. Ha un cane intelligente.*

1. voi, amici poco generosi **2.** tu, compagni pigri **3.** i professori, una professione noiosa **4.** una persona povera, una vita facile **5.** tu, un grande appartamento

C. Non è vero? A classmate asks you to confirm his/her statements. Respond by providing the correct information, following the example.

ESEMPIO tu, una macchina tedesca/americano
—*Tu hai una macchina tedesca, non è vero?*
—*No, ho una macchina americana.*

1. gli studenti, corsi noiosi/interessante **2.** voi, una vecchia Honda/nuovo **3.** tu, due compagni francesi/canadese **4.** tu, una grande stanza/piccolo **5.** il tuo amico, una ragazza messicana/argentino

D. Un'intervista. With a classmate, take turns asking each other the following questions. Then, report to the class what you have learned.

ESEMPIO —David, hai un grande appartamento?
—*No, ho un piccolo appartamento...*
—*David ha un piccolo appartamento...*

1. Hai una macchina o una bicicletta? Di che colore è? È italiana? **2.** Hai un cane o un gatto? Ha un nome? Come si chiama? **3.** Hai un lavoro? È un buon lavoro? Hai un buono stipendio? **4.** Hai un compagno di stanza (una compagna) di stanza? Ha i capelli biondi? Ha gli occhi azzurri? È studioso(a)?

2.4 *Quanto?* (How much?) e i numeri cardinali

Quante stelle ci sono sulla bandiera americana? È quante strisce?

1. **Quanto (Quanta, Quanti, Quante)** used as an interrogative adjective agrees in gender and number with the noun it modifies.

Quante lezioni hai oggi? *How many classes do you have today?*
Quanto tempo hai? *How much time do you have?*

2. **Quanto** is invariable when it precedes a verb and is used as an indefinite interrogative expression.

Quanto costa la torta? ⎱ *How much is the cake?*
Quant'è la torta? ⎰
Sette dollari. *Seven dollars.*

Quanto fa quaranta meno sette? — *How much is forty minus seven?*

Fa trentatrè. — *It is thirty-three.*

To express age, Italian uses **avere** + *number* + **anni.**

Quanti **anni ha** Pietro? — *How old is Pietro?*

Pietro **ha diciannove anni.** — *Pietro is 19 (years old).*

3. You have already learned the cardinal numbers from zero to 49. Here is a more complete list, showing the cardinal numbers from zero to 100:

0	zero	10	dieci	20	venti	30	trenta
1	uno	11	undici	21	ventuno	31	trentuno
2	due	12	dodici	22	ventidue	40	quaranta
3	tre	13	tredici	23	ventitrè	50	cinquanta
4	quattro	14	quattordici	24	ventiquattro	60	sessanta
5	cinque	15	quindici	25	venticinque	70	settanta
6	sei	16	sedici	26	ventisei	80	ottanta
7	sette	17	diciassette	27	ventisette	90	novanta
8	otto	18	diciotto	28	ventotto	100	cento
9	nove	19	diciannove	29	ventinove		

a. All these numbers are invariable except **zero** and **uno. Uno** has the same forms (**un, uno, una, un'**) as the indefinite article **un** when it precedes a noun. (**Un amico** translates as *a friend* or *one friend.*)

C'è **una** fontana in Piazza Navona? — *Is there **one** fountain in Piazza Navona?*

No, ci sono **tre** fontane. — *No, there are **three** fountains.*

In 100 (cento), ci sono **due zeri.** — *In 100, there are **two zeros.***

b. The numbers **venti, trenta, quaranta,** up to **novanta,** drop the final vowel before adding **uno** and **otto.**

trentun giorni — *thiry-one days*

quarantotto minuti — *forty-eight minutes*

c. The numbers **ventuno, trentuno, quarantuno,** up to **novantuno,** drop the final **o** before a noun.

Lisa ha **ventun** anni. — *Lisa is twenty-one years old.*

d. The numbers **venti, trenta, quaranta,** up to **cento,** usually drop the final vowel before the word **anni.**

La nonna ha **ottant'anni.** — *Grandma is eighty.*

e. **Tre** takes an accent when it is added to **venti, trenta,** and so on: **ventitrè, trentatrè,** etc.

Ecco due topi di biblioteca!

NOTE:

In decimal numbers, Italian uses a comma (**virgola**) where English uses a period (**punto**). $3,25 = **tre dollari e venticinque centesimi.**

𝒪nformazioni | L'euro

On January 1, 2002, euro coins and banknotes replaced the lira as the national currency of Italy, as well as that of the other participating countries in the European Union. While euro banknotes have the same appearance everywhere, euro coins have a **faccia comune** ("common face") and also a **faccia nazionale** ("national face") with a design specific to each country. For the one-euro coin, Italy chose the well-known image of the *Uomo di Vitruvio* by Leonardo da Vinci. The tiny state of San Marino, surrounded by Italy, also has its own **facce nazionali** on its euro coins.

La faccia comune.   **La faccia nazionale.**

4. The numbers above 100 are:

101	centouno	2.000	duemila
200	duecento	3.000	tremila
300	trecento	100.000	centomila
1.000*	mille	1.000.000	un milione
1.001	milleuno	2.000.000	due milioni
1.100	millecento	1.000.000.000	un miliardo

NOTE:

The plural of **mille** is **mila.**

duemila chilometri   *two thousand kilometers*

In Italian, **cento** and **mille** are not preceded by the indefinite article **un.**

cento euro   *a hundred euros*
mille persone   *a thousand people*

When **milione** (*pl.* **milioni**) and **miliardo** (*pl.* **miliardi**) are immediately followed by a noun, they take the preposition **di.**

Ci sono **due milioni di** abitanti   *Are there two million inhabitants in*
  a Roma?   *Rome?*

PRATICA

A. Nomi, indirizzi e numeri telefonici. Read aloud the following names, addresses, and phone numbers from Marcello's address book.

1.	Cinzia Solari	Via Garibaldi, 16	25.33.89
2.	Claudia Muti	Corso Italia, 57 bis	67.41.74
3.	Elena Bini	Viale della Repubblica, 13	55.62.78
4.	Ombretta Toschi	Via Dante, 17	61.28.96

*Note that in writing numbers of four or more digits, Italian uses a period instead of a comma.

B. Quanto fa...? With a classmate, take turns dictating and solving these math problems.

1. 11 + (**più**) 30 = (**fa**) _____   **3.** 10 × (**per**) 7 = _____
2. 80 − (**meno**) 22 = _____   **4.** 100 ÷ (**diviso**) 4 = _____

Then, test each other with problems of your own.

C. Quiz. Answer the following questions.

1. Quanti minuti ci sono in un'ora *(hour)*?   **2.** Quante ore ci sono in un giorno?   **3.** Quanti giorni ci sono nel mese di aprile?   **4.** Quanti anni ci sono in un secolo *(century)*?   **5.** Quante stelle ci sono sulla bandiera americana?   **6.** Quante libbre *(pounds)* ci sono, approssimativamente, in un chilogrammo?   **7.** Quanti zeri ci sono in 1.000 dollari?   **8.** Quanti studenti ci sono nella classe d'italiano?   **9.** Quante sillabe ci sono nella parola più lunga *(longest)* della lingua italiana: «precipitevolissimevolmente» *(very fast)?*

D. Quanto costa? Your family has won the lottery and is making some luxurious purchases. A relative asks how much everything costs. Recreate the questions and answers with a classmate, following the example.

ESEMPIO   bicicletta/450
—*Quanto costa la bicicletta?*
—*Costa quattrocentocinquanta dollari.*

1. motocicletta/4.300   **4.** casa/ 650.000
2. computer/3.700   **5.** Ferrari/100.000
3. frigorifero/1.170   **6.** televisore/990

Per finire

Due amici differenti

Marcello Scotti e Antonio Catalano sono buoni amici. Marcello è giovane, alto, snello e biondo. Ha gli occhi verdi, il **naso** greco e la **bocca** regolare. È un bel ragazzo? Sí, un vero Adone! Ha anche una nuova Ferrari rossa. È un ragazzo fortunato, **un po'** superficiale, ma generoso.

E Antonio? Anche lui è giovane, ha la stessa **età** di Marcello, ma non è molto bello. È un po' basso e **grassottello.** Ha i capelli neri e il naso un po' **storto,** ma ha due begli occhi azzurri ed è molto simpatico. Non ha la macchina, ma ha la **chitarra** e Fido, un vecchio cane, basso e grasso, con le **gambe** storte.

E in classe, come sono i due amici? Be', in classe è un'altra cosa, perché Marcello è mediocre, ma Antonio è molto bravo. Sì, Antonio è un vero **campione.**

nose/mouth

a little

age

chubby

crooked

guitar

legs

champion

COMPRENSIONE

1. Chi sono Marcello e Antonio?
2. Sono vecchi?
3. È vero che Marcello è un brutto ragazzo?
4. Di che colore sono gli occhi di Marcello?
5. Che macchina ha?
6. È un amico avaro?
7. È un bel ragazzo Antonio?
8. È alto?
9. Di che colore sono gli occhi di Antonio?
10. Ha la macchina? Che cos'ha?
11. Com'è Antonio in classe?
12. È un bravo studente Marcello?

La descrizione di una persona

Write a brief paragraph (6–8 sentences) describing a friend. Use the descriptions of Marcello and Antonio in **Due amici differenti** as models.

A. Before you begin to write, organize your information by completing the chart below with appropriate words and phrases that you have learned.

    Nome:
    Descrizione fisica:
    La personalità:
    Ha la macchina?
    È un buon amico/una buon'amica?

B. Next, write your description based on the information in your chart. Begin by telling your friend's name: **Si chiama** _____.
Then, describe his/her appearance and personality and indicate whether he/she has a car. Conclude by answering the question, **È un buon amico/una buon'amica?**

C. Make sure that you have spelled all words correctly in your completed description and double check subject-verb agreement and noun-adjective agreement. Consider illustrating your description with a photo and sharing it with a classmate.

Attività supplementari

A. **Presentazioni.** You are the host/hostess at a reception for new students at the Università per Stranieri (*Foreigners*) di Siena. With a classmate, take turns making introductions by referring to the students' nametags.

ESEMPIO   Philippe Dulac, Parigi
—*Vi presento Philippe Dulac. È francese. Ạbita* (He lives)
a Parigi.

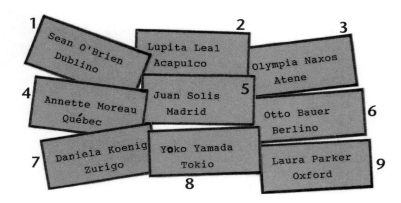

B. **Descrivete le persone.** *(Describe the people.)* With another student, imagine who the people shown are, what their names are, and what each person is like.

C. **Mi descrivo.** Imagine that you must describe yourself to someone you will be meeting later in the day on a blind date. Write out your description. Then, with a group of classmates, exchange the descriptions you each have written and take turns reading them aloud. Can you guess who is describing himself/herself in each case?

Come si dice in italiano?
1. Lisa and Graziella are two good friends.
2. They have brown eyes, but Lisa is blond and tall whereas **(mentre)** Graziella is short and dark-haired.
3. They are very pretty and young.
4. Lisa is rich and has a small car.
5. Graziella has an old bicycle.
6. They have the same German professor.
7. It is a difficult course.
8. But today they have a very easy exam.

GUARDIAMO!

Persone e personalità
Daniela and Alessandra get to class early and start looking at photos. Their instructor overhears their conversation.

SITO WEB

For more practice with the cultural and linguistic topics in **Capitolo 2,** visit the *Ciao!* Web site at *http://ciao.heinle.com.*

Vedute d'Italia

Prima di leggere

These paragraphs give statistics about tourism in different regions of Italy, followed by descriptions of some of these regions. Before you read them, take a few minutes to look at the photos and captions across the bottom of these pages. Are you already familiar with any of the regions or sites shown? Can you locate them on the map of Italy at the front of this book? By thinking about the illustrations in this way, you will find the reading itself—and the regional references—easier to follow and to understand.

Il turismo nelle regioni d'Italia

Il turismo è molto importante per l'economia italiana. Al primo posto è il Veneto (10.240.359), **seguito dalla** Toscana (7.849.917), dal Lazio (7.335.044), dalla Lombardia (7.030.432), dall'Emilia Romagna (6.336.268) e dal Trentino Alto Adige (6.278.621). **Complessivamente** le regioni del centro-nord **recevono** il maggior numero di turisti. La prima delle regioni **meridionali** è la Campania (3.555.582). Il **capoluogo** del Veneto è Venezia, città romantica per eccellenza. È una città sull'acqua: i canali, **i ponti**, le gondole e piazza San Marco **conferiscono** alla città un'atmosfera magica. La Toscana è la regione più amata dagli Americani. A Firenze, capoluogo della Toscana, ci sono numerose università americane dove gli studenti studiano le **opere** di grandi artisti **rinascimentali**. La città **più** importante d'Italia è Roma, capoluogo del Lazio e **dal** 1870 (milleottocento settanta) capitale d'Italia. La città più moderna ed industrializzata d'Italia è Milano. Milano è il capoluogo della regione Lombardia ed è famosa per la **borsa** e per le sfilate di **moda.** Anche Bologna è nel nord d'Italia ed è il capoluogo dell'Emilia Romagna. Questa regione è famosa per il parmigiano, il prosciutto e i tortellini. La pizza **invece** è di Napoli, il capoluogo della Campania ed anche il più importante porto meridionale. Trento, il capoluogo del Trentino Alto Adige, è una città tra le **Alpi,** dove gli Italiani amano molto andare a **sciare.**

followed by

In total
receive
southern
regional capital
bridges
bestow

masterpieces/Renaissance/more
since

stock market/fashion shows

instead

Alps/to ski

Venezia. Il palazzo Ducale e il Campanile di fronte al Canal Grande.

Firenze. Veduta parziale della città. Sullo sfondo, le colline toscane.

Informazioni geografiche

Italians speak of their country in terms of four geographical divisions referring to the northern, central, and southern parts of the country, as well, as the islands: **Italia settentrionale (del nord), centrale (del centro), meridionale (del sud),** and **insulare (delle isole).** Politically, Italy is divided into 20 regions, which are responsible for local administration. Each region has cities, towns, and villages. The most important city is the region's capital. The regions themselves are divided into provinces. There are two independent states within Italy: the **Repubblica di San Marino,** located between Emilia Romagna and Marche, which is the smallest independent state in the world, and the **Città del Vaticano,** within Rome.

Culture a confronto

1. Do any of the statistics about tourism in Italy surprise you? Why or why not?
2. With which regions illustrated below are you least familiar? Are there some you would like to learn more about? Why?
3. Italy is a small country: the greatest distance from north to south is about 708 miles and the greatest distance from east to west is about 320 miles. Are you surprised by its regional diversity?
4. What geographical aspects of North America do you think would be especially striking to Italian tourists?

Alla lettura

1. La regione al primo posto per arrivi turistici è _____
2. Il capoluogo di questa regione è _____
3. L'Italia del sud è chiamata anche_____
4. Ci sono molte università americane a _____
5. La città famosa per la pizza è _____
6. Trento è una città tra _____
7. Il capoluogo del Lazio e la capitale d'Italia è_____
8. La città famosa per il prosciutto è _____

Roma. Piazza Navona e la fontana di Nettuno, una delle tre fontane di questa grande piazza.

Napoli. Veduta del porto e il golfo.

Vocabolario

Nomi

l'abitante *(m.)*	inhabitant
l'anno	year
la bandiera	flag
la bicicletta	bicycle
il cane	dog
il cognome	surname
il colore	color
il compagno (la compagna) di stanza, di scuola	roommate, classmate
il corso	class, (academic) course
la cosa	thing
il dollaro	dollar
l'euro *(inv.)*	euro
la festa	party
il film	movie
il gelato	ice cream
il giorno	day
l'indirizzo	address
la lingua	language
la macchina	car
il medico	doctor
il mese	month
il minuto	minute
il numero	number
l'occhio *(pl.* gli occhi)	eye(s)
l'ora	hour
la parola	word
la persona	person
la professione	profession
la sera	evening
la sillaba	syllable
la stanza	room
il tempo	time
la vita	life

Aggettivi

africano	African
altro	other
bianco *(pl.* bianchi)	white
blu *(inv.)*	dark blue
bravo	good, talented
canadese	Canadian
carino	pretty, cute
caro	dear; expensive
castano	brown (for eyes and hair)
che...?	what . . . ?

cinese	Chinese
corto	short (for objects)
curioso	curious
differente	different
difficile	difficult
europeo	European
facile	easy
francese	French
giallo	yellow
giapponese	Japanese
greco	Greek
grigio	gray
inglese	English
irlandese	Irish
marrone *(inv.)*	brown (for objects)
messicano	Mexican
nero	black
nuovo	new
quale...?	which . . . ?
quanti? quante?	how many?
romano	Roman
rosa *(inv.)*	pink
rosso	red
russo	Russian
spagnolo	Spanish
stesso	same
svizzero	Swiss
tedesco *(pl.* tedeschi)	German
verde	green
vero	true
viola *(inv.)*	purple

Verbi

avere	to have

Altre espressioni

abbastanza	quite, rather
avere...anni	to be . . . years old
be'	well
Buona fortuna!	Good luck!
in generale	generally
Mi chiamo...	My name is . . .
o	or
poco *(adv.)*	little
Quanti anni hai?	How old are you?
quanto fa...?	how much is . . . ?
solo *(inv.)*	only
un topo di biblioteca	bookworm
vicino a	near

All'università

Università di Catania (Sicilia). Alla conclusione della difesa della tesi di laurea.

Punti di vista

Gina e Pietro ripassano
(*review*) gli appunti di un
corso. Il professore spiega un
punto difficile.

Oggi **studio** per gli esami

I study

(CD 2, TRACK 14)

Gina e Pietro parlano **davanti** alla biblioteca.   in front of

GINA	Pietro, quante lezioni hai oggi?	
PIETRO	Ho una lezione di biologia e un'altra di fisica. E tu?	
GINA	Io ho un esame di chimica e **ho bisogno di** studi-are perché gli esami **del** professor Riva sono sempre difficili.	I need to of (the)
PIETRO	Non hai gli **appunti**?	notes
GINA	No, ma Franca, **la mia** compagna di classe, è una ragazza studiosa e ha molte pagine di appunti.	my
PIETRO	Gina, **io ho fame,** e tu?	I am hungry
GINA	Anch'io. C'è una paninoteca vicino alla biblioteca. Perché non mangiamo **lì**?	there
PIETRO	Sì, **va bene,** perché non ho molto tempo. **Dopo** le lezioni **lavoro** in biblioteca.	it's OK/After I work
GINA	La vita **dei** poveri studenti non è facile!	of the

COMPRENSIONE

1. Quante lezioni ha Pietro oggi? **2.** Che cosa studia Gina oggi? Perché?
3. Chi è Franca? **4.** Com'è? **5.** Perché Gina e Pietro mangiano vicino alla biblioteca? **6.** Dove lavora oggi Pietro? **7.** Com'è la vita degli studenti?

Studio di parole Il sistema italiano degli studi

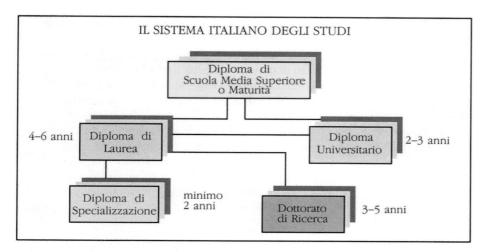

Il diploma universitario, also called **la minilaurea,** may be compared to an American B.A. or B.S. **La laurea** is equivalent to an American M.A. The last two degrees correspond approximately to a Ph.D.

la biologia biology
la psicologia psychology
la sociologia sociology
la chimica chemistry
la fisica physics
l'informatica computer science
l'economia economics
la letteratura literature
la musica music
la storia history
la storia dell'arte art history
la filosofia philosophy
le lingue straniere foreign languages
le relazioni internazionali international relations
le scienze naturali natural sciences
le scienze politiche political sciences
la facoltà di scienze (legge, medicina, ingegneria, economia e commercio) School of Science (Law, Medicine, Engineering, Business)

il titolo di studio degree
la borsa di studio scholarship
il corso course/class
la materia subject
la conferenza lecture
la biblioteca library
gli appunti notes
la lettura reading
il compito homework
l'esame orale, scritto oral, written exam
il voto grade
il trimestre quarter
il semestre semester
studiare to study
frequentare to attend
insegnare to teach
l'insegnante teacher
il maestro, la maestra elementary school teacher
attento attentive, careful
distratto distracted
presente present
assente absent

𝓘nformazioni | L'università

Every year over half a million students in Italy take **l'esame di maturità.** Those who pass receive **il diploma di maturità,** the culmination of their years of schooling. Those who receive the diploma are eligible to enroll in a **facoltà**: currently, about 75 percent do so. Only about 35 percent of Italian university students actually receive a degree, however.

University life can be very stressful. Almost all universities are located in big cities and are very crowded. Contacts between students and professors are minimal. Only a very few newer institutions have campuses similar to those in North America. The various buildings, instead, are often widely separated from each other. Most do not have dormitories, although some big-city universities have **case dello studente,** which are limited to low-income students who usually are from out of town. Most students live with their families and attend local universities. Those who can afford to study in a different town rent a room or an apartment with other students.

Even students who graduate face challenges finding jobs. Within 3 years of receiving their degree, 78 percent are employed, but only half have secure positions.

FACOLTÀ E DIPLOMI DI LAUREA

AGRARIA

Scienze e tecnologie alimentari
3 anni

ECONOMIA

Economia aziendale
3 anni

Economia
finanza
3 anni

FARMACIA

Informazione Scientifica
sul farmaco
3 anni

Farmacia
Corso di Laurea
Specialistica a Ciclo
Unico

GIURISPRUDENZA

Scienze Giuridiche
3 anni

INGEGNERIA

Ingegneria civile
3 anni

Ingegneria delle
telecomunicazioni
3 anni

Ingegneria elettronica
3 anni

Ingegneria gestionale
3 anni

Ingegneria informatica
3 anni

Ingegneria meccanica
3/5 anni

**LETTERE
E FILOSOFIA**

Studi Filosofici
3 anni

Civiltà Letterarie
3 anni

Civiltà e Lingue
Straniere Moderne
3 anni

Psicologia
3 anni/telematico

**MEDICINA
E CHIRURGIA**

Scienze delle
attività motorie
3 anni

Medicina e chirurgia
6 anni
Laurea Specialistica

Fisioterapista
Infermiere Logopedista
4 anni

**MEDICINA
VETERINARIA**

Medicina veterinaria
5 anni
Laurea Specialistica

**SCIENZE
MM. FF. NN.**

Chimica industriale
3 anni

Fisica
3 anni

Matematica
3 anni

Scienze e tecnologie
ambientali
3 anni

Scienze geologiche
3 anni

Scienze naturali
3 anni

This listing from L'Università degli Studi di Parma (Emilia) indicates the variety of **facoltà, dipartimenti,** and **corsi di laurea** characteristic of an Italian university.

APPLICATION

A. Che cosa insegnano? The people listed below teach the courses indicated. What subject does each one teach? Choose your response from among these possibilities: **lingue straniere, musica, biologia, storia, economia, informatica, sociologia, scienze.**

ESEMPIO   Il signor Cavalca: Mozart, pianoforte
Il signor Cavalca insegna musica.

1. La signora Dovara: programmi di computer
2. Il dottor Mattei: energia, atomo
3. La dottoressa Cattaneo: vita di piante e di animali
4. Il professor Piccoli: produzione, mercato
5. La professoressa Raineri: impero romano, rivoluzione francese
6. La signorina Forti: francese, spagnolo

B. Studenti. Complete the following sentences, which describe several Italian students.

1. In un anno accademico, ci sono due _____ o tre _____.
2. Marisa studia il tedesco e il russo: frequenta la facoltà di _____.
3. In un trimestre, ci sono esami _____ e _____.
4. Gianni non ha bei voti perché è spesso _____ (= non è in classe).
5. Quando la lezione è noiosa, gli studenti sono _____.

C. Conversazione. In pairs, ask each other these questions.

1. Quanti corsi hai questo trimestre/semestre? Quali (*Which*) sono?
2. Quale corso è interessante?
3. Quali compiti sono noiosi?
4. Hai bisogno di un computer per i compiti d'italiano?
5. Hai un computer?
6. Che cosa studi oggi?
7. Hai molto tempo libero (*free*)?

In classe. A teacher is greeting his students in a **liceo** in Rome and asking and answering a variety of questions at the beginning of class. Listen to the exchanges, then answer the following questions.

Comprensione

1. Che (*What*) scuola frequentano gli studenti?
2. Hanno un esame d'informatica oggi?
3. Sono tutti presenti?
4. Quanti minuti hanno gli studenti per l'esame?
5. Gli studenti hanno tre esami orali questo (*this*) trimestre?
6. Secondo (*According to*) il professore, è difficile l'esame?
7. Gli studenti hanno bisogno di concentrazione. Una studentessa ha bisogno di un miracolo. Secondo voi, è preparata per l'esame?

Dialogo

Act out the following exchange with a classmate: You are thinking of signing up for a class but want to know more about it. Ask the professor questions to obtain the following—and related—information: Is the class difficult? How many exams are there? Are the exams written or oral? Is there a lot of homework?

Punti grammaticali

3.1 Verbi regolari in *-are: il presente*

Mamma e Nino suonano; il papà canta.

I tre ragazzi giocano: a golf, a tennis, a pallone.

1. Chi suona la chitarra?
2. Anche il papà suona?
3. A che cosa giocano i tre ragazzi?

cantare *(to sing)*			
io	cant **o**	noi	cant **iamo**
tu	cant **i**	voi	cant **ate**
lui/lei/Lei	cant **a**	loro	cant **ano**

1. Verbs that end in **-are,** known as first conjugation verbs, are the most frequently used. With few exceptions, they are regular. The infinitive of a regular verb such as **cantare** consists of the stem **cant-** (invariable) and the ending **-are.** To conjugate the present tense **(presente)** of **cantare,** we replace **-are** with a different ending for each person: **-o, -i, -a, -iamo, -ate, -ano.**

2. The present tense in Italian is rendered in English in different ways:

Io canto.

> *I sing.*
> *I am singing.*
> *I do sing.*

Canta Maria?

> *Does Maria sing?*
> *Is Maria singing?*

Maria non canta.

> *Maria does not sing.*
> *Maria is not singing.*

Aspetti un amico?	*Are you waiting for a friend?*
Desidero guardare la TV.	*I want to watch TV.*
Quante lingue **parli?**	*How many languages do you speak?*
(Loro) **Abitano** in una piccola città.	*They live in a small city.*

3. The present tense is often used to express the future tense.

Le classi **cominciano** domani.   *Classes will begin tomorrow.*

4. Here is a list of some common **-are** verbs:

abitare	*to live*	**imparare**	*to learn*
ascoltare	*to listen (to)*	**(in)cominciare**	*to begin*
aspettare	*to wait (for)*	**lavorare**	*to work*
cantare	*to sing*	**mangiare**	*to eat*
comprare	*to buy*	**parlare (a)/(di)**	*to speak (to)/(about)*
desiderare	*to wish, to want*	**pensare (a)/(di)**	*to think (about)*
domandare	*to ask*	**spiegare**	*to explain*
giocare (a)	*to play (a game)*	**suonare**	*to play (an instrument)*
guardare	*to watch, to look at*		

Giochiamo a tennis oggi?	*Are we playing tennis today?*
Quando parli a Franco?	*When are you speaking to Franco?*
Non **parliamo** di politica.	*We don't talk about politics.*

a. Verbs ending in **-iare** drop the **i** of the infinitive stem before adding the endings **-i** and **-iamo.**

   stud**iare:** stud**i,** stud**iamo**   incominc**iare:** incominc**i,** incominc**iamo**

b. Verbs ending in **-care** and **-gare** add an **h** before the endings **-i** and **-iamo** to preserve the hard sounds of /k/ and /g/.

   gio**care:** gio**chi,** gio**chi**amo
   spie**gare:** spie**ghi,** spie**ghi**amo

5. Unlike their English equivalents, the verbs **ascoltare, aspettare,** and **guardare** take a direct object and therefore are *not* followed by a preposition.

Aspettiamo l'autobus.	*We are waiting for the bus.*
Perché non **ascolti** la radio?	*Why don't you listen to the radio?*
Guardate le foto?	*Are you looking at the photographs?*

6. **Imparare, (in)cominciare,** and **insegnare** take the preposition **a** before an infinitive.

Incomincio a parlare in italiano.	*I'm beginning to speak Italian.*

For a list of verbs that take a preposition (**a** or **di**) before an infinitive, see Appendix 2.

7. **Pensare** takes the preposition **a** or **di** depending on the meaning of the clause that follows.

a. **Pensare a** means "to think about something" or "to think about someone."

Penso alla mamma.	*I think about my mom.*
Pensiamo agli esami.	*We think about our exams.*

b. **Pensare di** is always followed by an infinitive and means "to think about doing something."

Penso di studiare oggi.	*I am thinking about studying today.*
Pensiamo di giocare a calcio stasera.	*We are thinking about playing soccer tonight.*

8. To express purpose *(in order to)*, Italian uses **per** + *infinitive.*

Studio **per imparare.**	*I study (in order) to learn.*

Vetrina di una libreria.

PRATICA

A. **In una libreria–cartoleria.** Say who is buying the following things.

> **ESEMPIO** Io, il libro di storia
> *Io compro il libro di storia.*

1. noi, un dizionario di sinonimi **2.** tu, due quaderni per i compiti
3. Gina e Franca, la rivista *(magazine)* Espresso **4.** una signora, un libro
di Hemingway **5.** i turisti, una carta geografica **6.** io, una calcolatrice *(calculator)* **7.** voi, due poster di città americane

B. **Attività.** Tell what Lucio is doing today by matching a verb from column A with an expression from column B.

> **ESEMPIO** suonare   il violino
> *Lucio suona il violino.*

A	**B**
1. ascoltare	**a.** l'autobus
2. pensare	**b.** a pallavolo *(volleyball)*
3. aspettare	**c.** alla sua ragazza
4. mangiare	**d.** il professore di scienze
5. giocare	**e.** al ristorante
6. guardare	**f.** un vecchio film

C. **Scambi rapidi.** Complete and then act out each dialogue with a classmate.

> **ESEMPIO** —*Dove (abitare) abiti tu?*
> —*Io (abitare) abito in via Mazzini.*

1. —(giocare) _____ a tennis noi oggi?
  —No, oggi noi (studiare) _____ per l'esame di letteratura
  inglese.

2. —Tu e Pietro (guardare) _____ la TV stasera?
  —No, stasera noi (suonare) _____ con il gruppo «I Pop
  di Bari».

3. —Cosa (desiderare) _____ comprare Lisa?
  —Lisa (pensare) _____ di comprare una calcolatrice.

D. **No!** With a classmate, take turns asking and answering questions using the cues provided and following the example.

> **ESEMPIO** abitare in Italia/...
> —*Abiti in Italia?*
> —*No, non abito in Italia, abito in America.*

1. studiare fisica/... **2.** desiderare un CD di Elvis Presley/... **3.** imparare
la lingua giapponese/... **4.** giocare a golf/... **5.** ascoltare i compagni/...
6. parlare tre lingue/... **7.** mangiare all'università/... **8.** comprare
un'Alfa Romeo/...

E. Dove pensi di...? Ask a classmate where he/she is thinking of performing the activities listed.

ESEMPIO   andare stasera
            Dove pensi di andare *(to go)* stasera?
            Penso di andare a teatro.

Risposte possibili: al ristorante, in libreria, in biblioteca, a Boston, a casa...,?

1. mangiare stasera **2.** giocare a carte **3.** studiare **4.** comprare il romanzo *(novel) I Miserabili* **5.** abitare alla fine *(at the end)* degli studi

3.2 Le preposizioni

—Oggi siamo all'università.
Il professore è alla lavagna.
—Nella biblioteca i libri sono
sugli scaffali.

1. Dove siamo oggi?
2. Dov'è il professore?
3. Cosa c'è sugli scaffali?

1. Simple prepositions. You have already learned the simple prepositions **(preposizioni semplici) a, di, in,** and **per.** The following chart lists all the simple prepositions and their usual meanings.

di (d')	*of*	**con**	*with*	*
a	*at, to, in*	**su**	*on, over, above*	
da	*from, by*	**per**	*for, in order to*	
in	*in*	**tra (fra)**	*between, among*	

Ecco il professore **d'**inglese.	*There is the English professor (the professor of English).*
Abitiamo **a** New York.	*We live in New York.*
Il treno arriva **da** Roma.	*The train is arriving from Rome.*
Siamo **in** America.	*We are in America.*
Giochi **con** Gino?	*Are you playing with Gino?*
Il dizionario è **su** uno scaffale.	*The dictionary is on a shelf.*
La bicicletta è **per** Lia.	*The bicycle is for Lia.*
Il quaderno è **tra** due libri.	*The notebook is between two books.*

---

*For idiomatic uses of the simple prepositions **a, da,** and **in,** see **Capitolo 7,** page 160.

Note that **di** is used to express:

a. **possession:**

> **Di chi** è il dizionario?   *Whose dictionary is it?*
> È **di** Antonio.   *It is Antonio's.*

b. **place of origin:**

> **Di dov'è** il signor Smith?   *Where is Mr. Smith from?*
> È **di** Londra.   *He is from London.*

2. When the prepositions **a, da, di, in,** and **su** are used with a definite article, the preposition and the article combine to form one word (**preposizione articolata**), as follows:

	il	lo	l'(m.)	la	l'(f.)	i	gli	le
a	al	allo	all'	alla	all'	ai	agli	alle
da	dal	dallo	dall'	dalla	dall'	dai	dagli	dalle
di	del	dello	dell'	della	dell'	dei	degli	delle
in	nel	nello	nell'	nella	nell'	nei	negli	nelle
su	sul	sullo	sull'	sulla	sull'	sui	sugli	sulle

Quali studenti domandano informazioni sull'anno scolastico? Chi chiede informazioni sull'anno accademico?

Studiamo **all'**università.   *We are studying at the university.*
Parto **dalla** stazione alle 5.   *I'll leave from the station at 5:00.*
Ecco l'ufficio **del** professore.   *Here is the office of the professor.*
Lavorano **negli** Stati Uniti.   *They work in the United States.*
Lisa aspetta **nello** studio.   *Lisa is waiting in the study.*
La penna è **sul** tavolo.   *The pen is on the table.*

The preposition **con** is seldom contracted. Its most common contractions are **col** and **coi; con i (coi) bambini.**

NOTE:

Contraction with the definite article occurs when a noun is preceded by the definite article. First names and names of cities do not have an article.

È il libro **di** Luca?   *Is it Luca's book?*
No, è il libro **della**   *No, it is the professor's book.*
   professoressa.
Loro abitano **a** Verona.   *They live in Verona.*

PRATICA

A. Fulvio studia. Describe what is going on as Fulvio studies for a biology exam by completing each sentence with an appropriate preposition: **a, da, in, con, su, per, tra.**

1. Oggi Fulvio è _____ biblioteca. **2.** La biblioteca è _____ due alti edifici. **3.** Fulvio studia _____ un compagno. **4.** Studia _____ l'esame di biologia. **5.** Mentre *(while)* Fulvio pensa _____ una ragazza bruna, il libro è _____ una sedia. **6.** È mezzogiorno *(noon);* Fulvio mangia un panino *(sandwich)* _____ un piccolo bar. **7.** Dov'è il libro _____ biologia?

B. Contrazioni. Provide the article and combine it with the preposition given, following the example.

ESEMPIO   È il libro (di)/_____ studente.
             È il libro (di) __lo__ studente
             È il libro dello studente.

1. Il professore spiega (a)/studenti **2.** Siamo (a)/lezione d'italiano **3.** Il dizionario è (su)/tavolo **4.** Ho bisogno (di)/appunti di storia **5.** Oggi parliamo (a)/impiegato **6.** I quaderni sono (su)/scaffale *(shelf)* **7.** Ci sono molti fiori (su)/alberi **8.** La conferenza è (in)/edificio di lingue straniere **9.** Pietro lavora (in)/ristorante vicino (a)/università **10.** Ecco la macchina (di)/ragazzo di Gabriella **11.** Ci sono due semestri (in)/anno accademico **12.** C'è un virus (in)/computer (di)/mio compagno di stanza.

C. Sostituzioni. Form new sentences by replacing the italicized expressions with the words indicated and the correct prepositions.

1. Sandra va *(goes) al parco.* (museo, concerti rock, feste, cinema)
2. Ho bisogno *del dizionario.* (spiegazione del professore, macchina, appunti, computer)
3. I libri di Francesco sono *sul letto.* (tavolo, scrivania, sedie, televisore = *TV set*)
4. Oggi Franco e Luisa sono *nell'aula di fisica.* (negozio di biciclette, studio, libreria dell'università, edificio di lingue straniere)

D. Non ricordo! Lisa doesn't remember where she is supposed to go and asks her friend to remind her.

ESEMPIO   lezione di filosofia/aula numero 27
—*Dov'è la lezione di filosofia?*
—*È nell'aula numero 27.*

1. conferenza su Dante/aula magna *(auditorium)*   **2.** appuntamento con la dottoressa Venturi/ufficio della dottoressa   **3.** corsi di calcolo/edifici d'ingegneria   **4.** riunione con i compagni/giardino dell' università

E. Di chi *(Whose)* è...? With a classmate, take turns asking and answering to whom various things belong.

ESEMPIO   libro/bambino
—*Di chi è il libro?*
—*È del bambino.*

1. casa con il bel giardino/signori Giusti   **2.** edificio rosso/dottor Galli   **3** orologio/Antonio   **4.** quaderno nero/studentessa di medicina   **5.** due computer/ingegner Scotti   **6.** belle fotografie di Venezia/Lucia

3.3 Frasi idiomatiche con *avere*

1. In Italian, the following idiomatic expressions (**espressioni idiomatiche**) are formed using **avere** + *noun*. In English, by contrast, they are formed in most cases using *to be* + *adjective*.

avere fame	*to be hungry*	**avere caldo**	*to be hot*
avere sete	*to be thirsty*	**avere freddo**	*to be cold*
avere sonno	*to be sleepy*	**avere ragione**	*to be right*
avere paura (di)	*to be afraid (of)*	**avere torto**	*to be wrong*
avere bisogno (di)	*to need*	**avere fretta**	*to be in a*
avere voglia (di)	*to feel like*		*hurry*

Hai paura di un esame difficile?	*Are you afraid of a difficult exam?*
Ha bisogno di un quaderno?	*Do you need a notebook?*
Ho caldo e **ho** anche **sete.**	*I am hot and I am also thirsty.*
Hai ragione: è un corso interessante.	*You are right: it is an interesting course.*
Hai voglia di mangiare un buon gelato?	*Do you feel like eating a good ice cream?*

—Cara, non hai paura, vero?

NOTE:

When referring to an object as hot or cold, use **essere: Il caffè è caldo.** *The coffee is hot.*

> **PRATICA**

A. Cosa desideri...? With a classmate, take turns asking and answering the following questions by choosing among the cues provided.

Cosa desideri quando hai fame/sete/sonno/caldo/freddo/paura/non hai voglia di studiare?

ESEMPIO —Cosa desideri quando hai fame?
—*Vorrei (I would like) una pizza.*

Risposte possibili: una Coca-Cola, un tè freddo, un piatto di spaghetti, un'acqua minerale fresca, un bel letto *(bed),* un gelato alla panna, andare *(to go)* al cinema, un caffè caldo, essere alle Bahamas, parlare con gli amici, essere in Alaska, avere un po' di coraggio

B. Io, no. Complete the sentences with the appropriate **preposizioni articolate.**

1. Io ho paura degli esami, e Lei? Io no, ma ho paura _____ professori severi, _____ lezioni difficili, _____ dentista *(m.),* _____ cattivi dottori, _____ cani feroci e _____ amici disonesti. **2.** Noi abbiamo bisogno del quaderno per *(in order to)* studiare, e tu? Io no, ma ho bisogno _____ libro, _____ fogli, _____ tavolo, _____ lampada, _____ penna, _____ caffè e _____ appunti di chimica. **3.** Maurizio ha vent'anni: pensa _____ cinema, _____ ragazze, _____ musica rock e _____ sport; non pensa _____ studio, _____ compiti, _____ università, _____ professori.

C. Hanno ragione o hanno torto? Indicate whether you think that the people making the following statements are correct or mistaken.

ESEMPIO Il tuo *(your)* compagno di stanza dice che tu guardi sempre la TV.
Ha torto. o *Ha ragione.*

1. Il professore d'italiano pensa che tu studi molto.
2. I dietologhi dicono: «Mangiate molta frutta e poca carne *(meat)*».
3. Noi non studiamo per gli esami e contiamo sulla fortuna.
4. Il tuo *(Your)* amico dice che tu sei pigro(a) e disordinato(a).
5. I compagni di classe dicono che è una buon'idea studiare insieme *(together)* per gli esami.

D. Perché? Perché... With a classmate, take turns asking and answering the following questions. Use idioms with **avere.**

1. È mezzogiorno e i compagni di corso desiderano mangiare. Perché?
2. Stasera tu non guardi la televisione. Perché?
3. Il tuo *(Your)* compagno di stanza è in una cartoleria. Perché?
4. Questa mattina tu non hai tempo di parlare con gli amici. Perché?
5. È un giorno caldo d'agosto e noi desideriamo bere *(to drink)* una Coca-Cola. Perché?

Now, for practice, ask and answer these questions again, using the formal **Lei** form.

3.4 *Quale?* e *che?* (Which? and what?)

—Qual è il mezzo *(means of transportation)* preferito degli Italiani?

Quale and **che** are interrogative adjectives. **Quale,** like *which,* implies a choice among alternatives. It usually drops the **-e** before **è** and, like other adjectives ending in **-e,** has only two forms: **quale** and **quali.**

Ho bisogno di un libro.	*I need a book.*
Quale libro?	*Which book?*
Il libro di biologia.	*The biology book.*

Hai gli appunti?	*Do you have the notes?*
Quali appunti?	*Which notes?*
Gli appunti di chimica.	*The chemistry notes.*

Che indicates *what kind* and is an invariable adjective.

Che macchina hai?	*What (kind of) car do you have?*
Che musica suoni?	*What (kind of) music do you play?*

NOTE:

1. The expression **che** is also used in exclamations. In this case, it means *What . . . !* or *What a . . . !*

Che bravo studente!	*What a good student!*
Che bei bambini!	*What beautiful children!*

2. **Che** is also a relative pronoun, translating as *that / which* or *who / whom.* In Italian it must *always* be expressed, even if it is omitted in English.

Ecco la rivista **che** leggo.	*Here is the magazine (that) I am reading.*
Ecco i due ragazzi **che** abitano in Campania.	*Here are the two boys who live in Campania.*

PRATICA

A. Quale...? Ask a friend where some places and things are located. He or she will ask you to specify which place or thing you mean. Follow the example.

ESEMPIO　libro/Giancarlo
　　　　　—*Dov'è il libro?*
　　　　　—*Quale libro?*
　　　　　—*Il libro di Giancarlo.*

1. compiti/altro giorno　**2.** fotografie/ragazzi　**3.** orologio (*watch*)/Maria　**4.** negozio/frutta　**5.** aula/corso di letteratura inglese　**6.** indirizzo/Marisa

B. Che...? A friend is thinking of making several purchases today. Request more specifics by asking **Che...?,** following the example.

ESEMPIO　macchina/Fiat
　　　　　—*Oggi compro una macchina.*
　　　　　—*Che macchina?*
　　　　　—*Una (macchina) Fiat.*

1. motocicletta/Honda　**2.** libro/di storia　**3.** bicicletta/Bianchi　**4.** cane/setter　**5.** orologio (*watch*)/Gucci　**6.** penna/biro (*ballpoint*) nera　**7.** computer/Macintosh

C. Che...! React to the following statements with an exclamation, as in the example.

ESEMPIO　—La signora Maria ha due *belle* bambine.
　　　　　—*Che* belle *bambine!*

1. Lucia ha una stanza *disordinata*.　**2.** Marco non studia perché è un ragazzo *pigro*.　**3.** Il (La) professore(ssa) è *paziente* quando spiega.　**4.** Questa *(This)* pizza è molto *buona*.　**5.** Stefano è un ragazzo molto *generoso* con gli amici.　**6.** I film di... non sono interessanti, sono *stupidi*.　**7.** Marisa è una studentessa molto *brava* a scuola.

D. Ecco... che... Imagine that you are pointing out people and objects. Construct statements, following the example.

ESEMPIO　Ecco la signorina/(studiare) lingue straniere
　　　　　Ecco la signorina che studia lingue straniere.

1. Ecco l'autobus/noi (aspettare)　**2.** Ecco gli amici/(abitare) a Reggio Calabria　**3.** Ecco la calcolatrice/io (desiderare) comprare　**4.** Ecco il professore/(insegnare) all'Università di Palermo　**5.** Ecco gli studenti/(frequentare) l'Istituto Orientale di Napoli

Per finire

La stanza di Lucia

Lucia abita in un vecchio edificio in via Senato. La
stanza di Lucia non è molto grande, ma ha una bella
finestra che dà sul giardino. Nella stanza ci sono un
letto, due sedie e un tavolo. Sul tavolo ci sono molti
oggetti: carte, matite, libri, quaderni e una **lampada.**
Alle pareti e sulla porta ci sono fotografie di bei
paesaggi perché Lucia ha l'hobby della fotografia. Sul
pavimento ci sono molti fogli di carta. La stanza è disordinata perché Lucia è molto occupata: è studentessa di
lingue all'università di Milano e, quando è **libera,** lavora
nel negozio di un amico di famiglia.

    Oggi Lucia e Liliana studiano **insieme** perché do-
mani mattina hanno un esame orale. Le due ragazze
desiderano guardare la TV o ascoltare **della** musica, ma
hanno bisogno di studiare perché hanno paura dell'e-
same.

    Dopo due **ore** di studio, Lucia ha fame.

    —Liliana, quando ho fame, io non imparo **anche se**
studio.

    —Hai ragione. Perché non **andiamo** in pizzeria?

    —Sì, **andiamo** e ordiniamo una bella pizza **alla
napoletana.**

window that
* overlooks the*

lamp

landscapes

free

together

some

After/hours

even if

we go

let's go/with
* anchovies and*
* capers*

COMPRENSIONE

1. È in un nuovo edificio la stanza di Lucia? **2.** Com'è la stanza? **3.** Che mobili (*furniture*) ci sono nella stanza? **4.** Quali oggetti ci sono sul tavolo? **5.** Perché Lucia ha molte foto alle pareti? **6.** È ordinata la stanza? Perché? **7.** Con chi studia oggi Lucia? **8.** Perché hanno bisogno di studiare? **9.** Perché ordinano una pizza? **10** Che pizza mangiano?

CONVERSAZIONE

Take turns with a classmate asking about your rooms and study habits.

1. Hai una grande stanza tu? È ordinata? **2.** Cosa c'è nella tua (*in your*) stanza? Ci sono poster alle pareti? **3.** Studi solo(a) o con un compagno (una compagna) di classe quando hai un esame? Dove studi? **4.** Quando sei stanco(a) (*tired*) di studiare, guardi la TV, telefoni (*call*) a un amico o mangi qualcosa (*something*)?

Cerco una stanza

Read this advertisement for student housing downloaded from an Italian university Web site. Notice that it offers, as is typical in Italy, **posti letto,** beds in shared rooms. Students, in other words, usually have roommates. Write an e-mail in response, expressing interest in a **posto letto** and introducing yourself.

A. Begin your e-mail response with the phrase: **Sono uno studente (una studentessa) universitario(a);** then express interest in a place in one of the two apartments:

    ESEMPIO   Sono interessato(a) a un posto letto in un appartamento.

B. Now, introduce yourself briefly by providing the following information about yourself:

    1. Come ti chiami? **2.** Quanti anni hai? **3.** Che cosa studi? **4.** Quando studi (la mattina, la sera)? **5.** Dove studi (a casa, in biblioteca)? **6.** Frequenti molti corsi? **7.** Hai bisogno di concentrazione quando studi? **8.** Ascolti la musica? **9.** Hai un computer? **10.** Hai un lavoro?

C. End your e-mail with the phrase **In attesa di una gradita risposta porgo cordiali saluti,** and sign your name.

D. Make sure that you have spelled all words correctly in your completed e-mail, and double check subject-verb agreement and noun-adjective agreement. Share your e-mail with a classmate. Does he/she think your chances of getting a response to your e-mail look good?

Attività supplementari

A. La stanza di una studentessa universitaria. With another student, describe the photo on page 77. What furniture and other objects can you see?

B. Di cosa ho bisogno? Imagine that you are thinking of moving into your own room or apartment at school. Ask your classmates what they think you will need.

C. Cerco un(a) compagno(a) di stanza. *(I'm looking for a roommate.)* Working in pairs, interview each other as possible roommates. (You may want to ask what the other person's name is, if he/she studies at home or in the library, if he/she is neat or messy, if he/she smokes or listens to music a lot, if he/she works part-time, or if he/she has a lot of furniture.)

ANNUNCI

Cerco alloggio

Studente universitario cerca una stanza in famiglia, con possibilità di uso cucina. Non fumatore. Referenze. Scrivete a: Luciano Ghilardi, presso famiglia Filon, via Unione 6, Vicenza.

cerco

studentessa per condividere piccolo appartamento vicinanze università. Metà affitto più metà spese. Contratto scade fine agosto. Requisiti: non fumatrice e non avere animali domestici. Telefonate la sera dopo le 8 allo 02/99351

Offro

Signora sola offre camera ammobiliata a studente o studentessa per il periodo settembre-luglio. 10 minuti dall'università, secondo piano, zona tranquilla. Se siete interessati telefonate la mattina al 47 12 78.

Come si dice in italiano?

1. Here is a conversation between two roommates, Nina and Lori.
2. You are very messy, Nina. You have books, paper, and other things on the floor.
3. You're right. I am afraid because Professor Riva's exams are always difficult.
4. Are you studying today?
5. Yes, in the library.
6. If you wish, we (will) study together *(insieme)*.
7. Yes, but now I am hungry, and you?
8. No, I am thirsty. I need a cup *(tazza)* of coffee.
9. I do too, because I am sleepy.

GUARDIAMO!

All'università

Daniela discusses her study plans with Signora de Roberti, who gives her some reassuring advice.

SITO WEB

For more practice with the cultural and linguistic topics in **Capitolo 3,** visit the *Ciao!* Web site at *http://ciao.heinle.com.*

Vedute d'Italia

Prima di leggere

Una pagella

This is the first page of a report card for an Italian student who attends a **scuola media.** To grasp the basic content, without being distracted by what you do not know, focus on looking for the essential information contained in a school report: the student's name, address, and birth date, for example. Looking for such basic, essential information will help focus and guide your reading—and help you not to spend too much time on details that are less important or distractingly difficult.

MINISTERO DELLA PUBBLICA ISTRUZIONE

SCUOLA MEDIA

SCUOLA STATALE
CONTRA RIALE VICENZA

ISTITUTO COMPRENSIVO VICENZA 5
Strda Cappuccini, 65 - VICENZA
(DENOMINAZIONE)

VICENZA
(COMUNE – FRAZIONE)

VI
(PROVINCIA)

CONTRA' RIALE
(VIA O PIAZZA)
(N.)

SCHEDA PERSONALE

PER L'ANNO SCOLASTICO 2000/2001

dell'alunn o ARZENTON IVO

nat o a VICENZA (prov. VI) il 07/11/1989

indirizzo VIA LUSSEMBURGO, 29 - VICENZA

iscritt alla classe I^ sezione D

ATTESTATO

Visti la valutazione e il giudizio finale deliberati dal Consiglio di classe

l'alunn o è stato *ammesso alla classe* II^

VICENZA , li 8-6-2001

TIMBRO

FIRMA DIRIGENTE SCOLASTICO
Federica Favaron

Informazioni scholastiche

The chart shown presents the traditional structure of Italian schooling from the primary grades through the university level. Children begin elementary school, which they attend for five years, at the age of six. They usually refer to their grade level as **prima, seconda,** and so on. After elementary school they go to middle school, **scuola media,** for three years, where grade levels are referred to as **prima media, seconda media,** and **terza media.** After middle school, under a new law, all students must attend high school for at least one year, and many attend for four to five years. There are many different choices, all rigorously controlled by the state. Students who want to study humanities or the sciences choose a **liceo classico** or **scientifico.** Those who hope to start a career very soon, without going on to a university, usually go to a more specialized institution such as an **istituto tecnico** where they can earn a practical degree in a field such as accounting or electronics. In high school, grade levels are called **primo liceo/superiore, secondo liceo/superiore,** and so on.

Culture a confronto

A. Thinking further about the **pagella,** consider the following questions:
1. To which grade in an American school does the Italian **prima media** probably correspond? How do the classes this student is taking compare to those an American student would take at this level?
2. How does the grading system differ from that in the middle school you attended? What are the advantages and disadvantages of the two systems?

B. Look closely again at the chart illustrating the progression of Italian schooling from elementary school to the university level, noting the many options among the **scuole superiori.** Would you have liked to have such options following completion of middle school? Why, or why not?

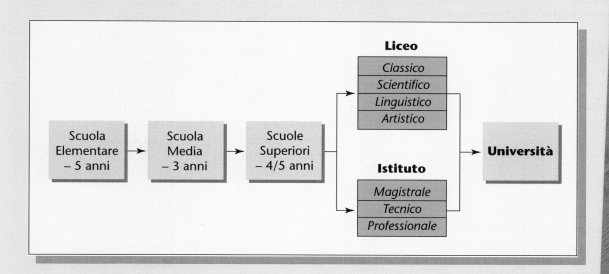

Alla lettura

A. Read the **pagella** at least twice, looking for and focusing on the essential information.

B. Now, check your comprehension of the basic facts by answering the following questions:

1. Che scuola frequenta lo studente della pagella? _____

2. La scuola si trova nella città di Milano? _____

3. Quando è nato lo studente? Dove abita? _____

Vocabolario

Nomi

la calcolatrice	calculator
la carta	paper
la cartoleria	stationery store
la chitarra	guitar
il foglio	sheet (of paper)
la fotografia	photo, picture
la frutta	fruit
la lampada	lamp
il letto	bed
la libreria	bookstore
la mattina	morning
il mezzogiorno	noon
i mobili (la mobilia)	furniture
l'oggetto	object
l'orologio	watch, clock
la pagina	page
la parete	wall
il pavimento	floor
lo scaffale	shelf
la spiegazione	explanation
la TV (televisione)	television

Aggettivi

caldo	warm
che	what kind of
disordinato	messy
freddo	cold
libero	free
il mio, la mia	my
molto	much, a lot of (*pl.* many)
occupato	busy
ordinato	neat
paziente	patient
preoccupato	worried
pronto	ready
quale	which
stanco (*pl.* stanchi)	tired

Verbi

abitare	to live
ascoltare	to listen to
aspettare	to wait for
cantare	to sing
comprare	to buy
desiderare	to wish
domandare	to ask
giocare (a)	to play (a game)
guardare	to look at, to watch
imparare	to learn
(in)cominciare	to begin
lavorare	to work
mangiare	to eat
parlare (a)/(di)	to speak (to)/(about)
pensare (a)/(di)	to think (about)/(of)
spiegare	to explain
suonare	to play (an instrument); to ring (a bell, etc.)

Altre espressioni

adesso	now
avere... anni	to be . . . years old
avere bisogno (di)	to need
avere caldo	to be hot
avere fame	to be hungry
avere freddo	to be cold
avere fretta	to be in a hurry
avere paura (di)	to be afraid (of)
avere ragione	to be right
avere sete	to be thirsty
avere sonno	to be sleepy
avere torto	to be wrong
avere voglia (di)	to feel like; to want
che (*pronoun*)	who/whom; that/which
da	from, by
dopo	after
la mattina	in the morning
per (+ *inf.*)	in order to
se	if
sempre	always
spesso	often
su	on, over, above
tra (*or* fra)	between, among
va bene	OK

A tavola

Firenze. Ristorante all'aperto in piazza della Signoria.

Punti di vista

Ristorante piccolo.

Al ristorante (CD 3, TRACK 1)

Linda e Gianni sono al ristorante.

LINDA	È un **locale** piccolo ma carino, no? Io non ho molta fame, e tu?	place
GIANNI	**Ho una fame da lupo.** Ma che menù povero! Non ci sono **né** lasagne **né** scaloppine!	I'm as hungry as a wolf. neither . . . nor
LINDA	Per piacere, Gianni! Non sei stanco di mangiare sempre le stesse cose? Sst! Ecco il cameriere!	
CAMERIERE	**Desiderano** un antipasto? Abbiamo del prosciutto **squisito.**	Would you like delicious
GIANNI	Non per me, grazie. **Non mi piace** il prosciutto. **Io vorrei** degli spaghetti **al pomodoro.** Anche tu, Linda?	I don't like I would like with tomato sauce
LINDA	**Scherzi?** Ho bisogno di vitamine, io, non di calorie. Per me, una zuppa di verdura.	Are you joking?
CAMERIERE	E come secondo, che cosa **ordinano?** Oggi abbiamo un arrosto di vitello molto buono, con piselli.	are you ordering
GIANNI	**D'accordo.**	OK.
CAMERIERE	E Lei, signorina?	
LINDA	Io vorrei una bistecca con insalata verde.	
CAMERIERE	Vino bianco o vino rosso?	
GIANNI	Vino rosso, per favore. **Mezzo litro.**	A half-liter.
LINDA	Per me acqua minerale, per favore.	

COMPRENSIONE

1. Sono in un grande ristorante lussuoso Linda e Gianni? **2.** Chi desidera mangiare molto? Perché? **3.** Che cosa raccomanda il cameriere come antipasto? **4.** Che primo e secondo ordina Gianni? E Linda? Perché? **5.** Che cosa ordina Gianni? Acqua minerale?

Studio di parole Pasti e piatti

il pollo · le patate · l'insalata mista · l'arrosto di vitello · i funghi · gli spaghetti · il risotto · la bistecca · il salmone · la trota · la minestra · lo spumante · gli gnocchi · il pane · i grissini

Al bar un panino al prosciutto *(ham sandwich)* o al formaggio, con salame o mozzarella e pomodoro, una pizzetta, una brioche, un succo di frutta, un caffè, una Coca-Cola, un'aranciata, un aperitivo, un gelato
Il cameriere *(waiter)*, **la cameriera** *(waitress)*; **i clienti** *(customers)*; **il conto** *(check, bill)*; **la mancia** *(tip)*.

I pasti *Meals*

la colazione, il pranzo, la cena *(breakfast, lunch, dinner);* **pranzare** *(to eat lunch),* **cenare** *(to eat dinner)*

A colazione **Il caffè espresso, il caffelatte, il cappuccino, il tè, il latte** *(milk),* **il succo d'arancia o di pompelmo** *(orange* *or grapefruit juice);* **i cereali, le uova strapazzate** *(scrambled eggs),* **il toast, il pane** *(bread);* **il burro** *(butter),* **la marmellata** *(jam)*

A pranzo o a cena **L'antipasto** *(appetizer):* **prosciutto e melone** *(ham and cantaloupe),* **il cocktail di gamberetti** *(shrimp),* **avocado con olio e limone**

Il primo piatto *First course*	**Il secondo piatto** *Second course*
la zuppa di verdura vegetable soup	**le scaloppine** veal cutlets
gli spaghetti al pomodoro . . . with tomato sauce	**il pesce fritto** fried fish
i ravioli alla panna . . . with cream sauce	**la sogliola ai ferri** grilled sole
le lasagne alla bolognese . . . with tomato, meat, and white sauce	**Il contorno (le verdure)**
	le carote
i cannelloni alla napoletana stuffed pasta with tomato sauce	**i piselli** peas
	gli spinaci
	le zucchine/gli zucchini
	le patate fritte fried potatoes
	le melanzane eggplant
	i broccoli
	i peperoni bell peppers

Le Bevande   *Drinks*

la birra   beer
il vino
l'acqua minerale
il ghiaccio   ice

Il dessert   **Il dolce: la torta al cioccolato** *(chocolate cake),* **la torta di mele** *(apple pie),* **le paste** *(pastries),* **il gelato (al cioccolato, alla panna** *[whipped cream],* **al limone** *[lemon])*
La frutta: la mela *(apple),* **la pera** *(pear),* **l'arancia, la banana, la fragola** *(strawberry),* **la pesca** *(peach),* **l'uva** *(grapes),* **la macedonia di frutta** *(fruit cup)*
Il formaggio *(cheese)*

Informazioni | Ristoranti e bar

Al ristorante il servizio è solitamente compreso *(included)* nel conto. Se nel conto non c'è la parola «coperto» il cliente lascia *(leaves)* la mancia *(tip)* sul tavolo per il cameriere.

Se c'è poco tempo, panini, pizzette e piccoli piatti pronti sono disponibili *(available)* in una tavola calda, una rosticceria o un bar. Quando un cliente entra, prima paga alla cassa *(cashier)* e riceve uno scontrino *(receipt).* Con lo scontrino, poi, chiede al banco *(counter)* il panino, la pizzetta o l'insalata e la bibita. I clienti ricevono lo scontrino o la ricevuta fiscale in tutti i negozi e ristoranti. In generale, i vari tipi di locali dove si mangia *(one eats)* non aprono prima di mezzogiorno per il pranzo e non prima delle 7.30 per la cena.

APPLICAZIONE

A. A tavola. In pairs, take turns asking and answering the following questions.

1. Quanti e quali sono i pasti del giorno?
2. Con che cosa incomincia un pranzo elegante?
3. In Italia il pasto principale è il pranzo. Negli Stati Uniti è la stessa cosa?
4. Gli spaghetti sono un primo o un secondo piatto?
5. Cos'è la prima cosa che il cameriere porta in un ristorante?
6. Se abbiamo ancora *(still)* fame dopo la carne, che cosa ordiniamo?
7. Che cosa porta il cameriere alla fine *(at the end)* del pranzo?

B. Mi piace. Non mi piace. Recreate an exchange in a restaurant, with one student portraying a waiter, the other the customer. The waiter will suggest items from the menu; the customer will respond **Mi piace** or **Non mi piace** (+ *singular noun*)..., **Mi piacciono** or **Non mi piacciono** (+ *plural noun*)...

ESEMPIO   —*Oggi, come primo, abbiamo spaghetti alle vongole.*
                      —*Sì, mi piacciono. (o: No, non mi piacciono).*

RISTORANTE da Luigi

Menù del giorno · Prezzo fisso € 20,00

Antipasti
avocado con olio e limone
prosciutto e melone
insalata di frutti di mare

Primi
zuppa di verdura
spaghetti alle vongole
ravioli della casa
risotto alla milanese
gnocchi al pomodoro e basilico

Secondi
pollo alla cacciatora
braciola alla griglia
trota al burro

Contorni
spinaci
patatine fritte
insalata mista

Dolci
tiramisù
torta al cioccolato
macedonia di frutta
gelati misti

Bevande
(non incluse)

C. Al bar. With two classmates, play the roles of a waiter/waitress and two customers. Order different drinks or snacks.

ESEMPIO Cameriere —*I signori desiderano?*
Cliente —*Un cappuccino e una brioche, per favore.*
Cameriere —*Benissimo, e Lei?*
2° Cliente —*Vorrei una birra e una pizzetta.*
1° Cliente —*Cameriere, il conto, per favore.*
Cameriere —*Ecco il conto, signore.*

D. Conversazione

1. Incontri gli amici a un ristorante elegante o alla mensa *(cafeteria)* dell'università?
2. Che cosa ordini spesso?
3. Che cosa non mangiamo quando siamo a dieta: il formaggio, il pane, la verdura, la frutta, il pesce fritto, le paste? E quando fa molto caldo *(it's very hot)*? E quando siamo occupati e non abbiamo molto tempo?
4. Sei vegetariano(a)? Che cosa mangi spesso?
5. A colazione, cosa bevi *(do you drink)*? una tazza di caffè, una tazza di tè, un bicchiere di latte, un succo di frutta?

Una colazione. Mr. Wilson is staying at an elegant **pensione** in Florence. After admiring the view of the city from his window, he has come down to have breakfast. Listen to his conversation with the waitress who takes his order; then answer the following questions.

Comprensione

1. Per che cosa è pronto il signor Wilson?
2. È in un albergo?
3. Sono freddi i panini e le brioche? Perché?
4. Che cosa desidera mangiare il signor Wilson?
5. Che succo di frutta ordina? Ordina anche caffè e latte?
6. Di che frutta sono le marmellate sul tavolo?
7. È contento il signor Wilson? Perché?

Dialogo

Colazione alla pensione. In groups of three, play the roles of two customers and a waiter/waitress. It's 8 A.M., and you are ordering breakfast at your inn.

Punti grammaticali

4.1 Verbi regolari in -ere e -ire: il presente

Gabriella scrive a Filippo. Papà legge il giornale.

La mattina il signor Brambilla dorme troppo e perde l'autobus.

1. A chi scrive Gabriella?
2. Cosa legge il papà?
3. Perché il signor Brambilla perde l'autobus?

scrivere *(to write)*				dormire *(to sleep)*			
io	scriv **o**	noi	scriv **iamo**	io	dorm **o**	noi	dorm **iamo**
tu	scriv **i**	voi	scriv **ete**	tu	dorm **i**	voi	dorm **ite**
lei/lui/Lei	scriv **e**	loro	scriv **ono**	lui/lei/Lei	dorm **e**	loro	dorm **ono**

1. Verbs ending in **-ere** (second conjugation) and verbs ending in **-ire** (third conjugation) differ only in the ending of the **voi** form: **scriv*ete*, part*ite***. Both **-ere** and **-ire** verbs differ from **-are** verbs in the endings of the **lui, voi,** and **loro** forms: **parlare** → **parl*a*, parl*ate*, p*a*rl*ano***.

   Scrivo una lettera a Gino.
   {
   I write a letter to Gino.
   I am writing a letter to Gino.
   I do write a letter to Gino.

   Dormi in classe?
   {
   Do you sleep in class?
   Are you sleeping in class?

2. Some common verbs ending in **-ere** are:

chiędere	to ask	**ricęvere**	to receive
chiụdere	to close	**ripętere**	to repeat
credere	to believe	**rispọndere (a)**	to answer
lęggere	to read	**scrịvere**	to write
pęrdere	to lose; to miss (the bus, etc.)	**vedere**	to see
		vịvere	to live
pręndere	to take		

Che voti **ricevete** a scuola? *What grades do you receive in school?*

Oggi **prendo** l'ạutobus. *Today I'm taking the bus.*
Gli studenti non **rispọndono** alla domanda. *The students don't answer the question.*

3. Some common verbs ending in **-ire** are:

aprire	to open	**seguire**	to follow; to take a course
dormire	to sleep	**sentire**	to hear
offrire	to offer	**servire**	to serve
partire (da)	to leave (a place)		

Quanti corsi **sęgui?** *How many courses are you taking?*
Dorme soltanto cinque ore. *He sleeps only five hours.*
Sentite il telẹfono? *Do you hear the phone?*
Parto da Roma in treno. *I leave Rome by train.*

PRATICA

A. Che cosa fanno? What are the following people doing?

ESEMPIO   la cameriera, ricẹvere la mạncia
           La cameriera riceve la mạncia.

1. la signora Rossi, scrịvere una lęttera **2.** noi, lęggere il giornale
3. il cameriere, servire i clienti **4.** voi, partire per Roma **5.** i ragazzi, seguire le spiegazioni del professore **6.** Alberto, dormire molte ore
7. tu e Marisa, chiụdere le finestre **8.** tu e Fạbio, rispọndere all'invito

B. Scambi rapidi. Complete the following sentences as in the example.

ESEMPIO   il professore —Ragazzi, che cosa (vedere) _____
           dalla finestra?
           —*Ragazzi, che cosa vedete dalla finestra?*

1. Al bar —Signori, cosa (prẹndere) _____ Loro?
   —Io _____ una birra e la signora _____
   un'ạcqua minerale.
2. Al ristorante —Ragazzi, (lęggere) _____ il menù. Oggi io
   (offrire) _____ il pranzo.
   Grạzie. Noi (prẹndere) _____ solo il secondo
   piatto.
   Voi non (vedere) _____ che ci sono dei buoni
   dolci?
   Allora *(Then)* io (seguire) _____ il tuo consiglio
   (advice) e (prẹndere) _____ il tiramisù.

C. Ask each other questions using the verbs listed below. You can begin your questions with interrogative words or expressions you have learned, such as **quando, che cosa, a chi,** or **quanti.**

> **ESEMPIO** offrire
> *Cosa offri (agli amici)?*
> *Offro della Coca-Cola, o ...*

1. vedere **2.** leggere **3.** rispondere **4.** scrivere **5.** servire
6. seguire corsi

4.2 Il partitivo *(some, any):*
alcuni, qualche, un po' di

il tè	del tè	la torta

della torta	le paste	delle paste

1. The partitive **(partitivo)** is used to indicate a part of a whole or an undetermined quantity or number. In English, it is expressed by *some* or *any.* In Italian, it is expressed by the contraction of **di** and the definite article in all its forms **(del, dello, dell'; della, dell'; dei, degli; delle).**

Vorrei **dell'**acqua minerale.	*I would like some mineral water.*
Abbiamo **del** vino francese.	*We have some French wine.*
Ho **degli** amici simpatici.	*I have some nice friends.*

NOTE:

a. The plural forms of the partitive may be thought of as plural forms of the indefinite article **un, uno, una.**

Ho **un** amico a Roma e **degli** amici a Napoli.	*I have a friend in Rome and some friends in Naples.*

b. The partitive is omitted in negative statements and is frequently omitted in interrogative sentences.

Comprate **(delle)** mele?	*Are you buying (some) apples?*

No, non compriamo frutta, compriamo **del** gelato.	*No, we are not buying (any) fruit, we're buying (some) ice cream.*

2. **Alcuni, qualche,** and **un po' di** are other forms that translate as *some.* The adjective **alcuni (alcune)** is *always followed by a plural noun.* The adjective **qualche** is invariable and is *always followed by a singular noun.* Both may replace the partitive when *some* means *a few.*

Invitiamo	**alcuni** amici. **qualche** amico. **degli** amici.	*We invite some (a few) friends.*
Pio porta	**alcune** bottiglie. **qualche** bottiglia. **delle** bottiglie.	*Pio brings some (a few) bottles.*

NOTE:

With nouns that designate substances that can be measured but not counted such as **pane, latte, carne, caffè, minestra,** etc., the partitive article **del, della, dello** cannot be replaced by **qualche** or **alcuni.**

—Cosa desideri?
 Ci sono alcune mele.
 C'è anche un po' di torta.

3. **Un po' di (Un poco di)** may replace the partitive only when *some* means *a little, a bit of.*

Desidero	**un po' di** latte. **del** latte.	*I would like some milk.*
Mangio	**un po' di** pollo. **del** pollo.	*I eat some chicken.*

PRATICA

A. Che cosa desideri? Imagine that you are deciding what to order in a restaurant. In pairs, take turns asking and answering these questions as in the example.

ESEMPIO   ạcqua minerale/latte
—*Desịderi dell'ạcqua minerale?*
—*No, desịdero del latte.*

1. gelato/torta   **2.** spinaci/zucchine   **3.** pane e formạggio/frutta   **4.** tè/Coca-Cola   **5.** spaghetti/pizza   **6.** vino/birra   **7.** arrosto di vitello/scaloppine   **8.** insalata verde/pomodori   **9.** biscotti *(cookies)*/paste

B.   Al supermercato. What are the following people buying? Answer with **alcuni/alcune,** following the example.

ESEMPIO   Anna, panino
Anna compra alcuni panini.

1. Marcello e Filippo, bottịglia di ọlio d'oliva   **2.** i signori Rizzi, scạtola *(box)* di spaghetti   **3.** la signora Marini, etto (= 100 grammi)* di prosciutto   **4.** voi, lattina *(can)* di Coca-Cola   **5.** noi, vasetto *(jar)* di marmellata   **6.** tu, kilo di patate

C.   Che cosa compri? With a classmate, take turns asking and answering questions about what you are buying at the grocery. Use **qualche** in your answers, following the example.

ESEMPIO   patate
—*Compri delle patate?*
—*Sì, compro qualche patata.*

1. panini   **2.** bistecche   **3.** mele   **4.** biscotti   **5.** bottịglie di ạcqua minerale   **6.** scạtole di spaghetti

D.   Hai fame? Desịderi...? You and a friend are thinking about dinner. Ask each other questions, following the example.

ESEMPIO   pane   —*Desịderi del pane?*
—*Sì, desịdero un po' di pane.*

1. formạggio Bel Paese   **2.** insalata di pomodori   **3.** pollo ai ferri   **4.** spinaci al burro   **5.** pesce fritto   **6.** macedọnia di frutta   **7.** minestra di verdura

Supermercato a Torino.

---

*1 **chilo (grammo)** corresponds to 2.2 pounds (**libbre**); 1 **etto (grammo)** ($^1/_{10}$ of a **chilo**) is approximately $^1/_4$ of a pound.

E. Di cosa hai bisogno? With a classmate talk about what you need to buy at the supermarket. Use the suggestions on **la lista della spesa,** and answer each others' questions using an appropriate form of the partitive, following the example.

ESEMPIO —Cosa compri al supermercato?
—*Compro della pasta, alcune mele,... e tu?*

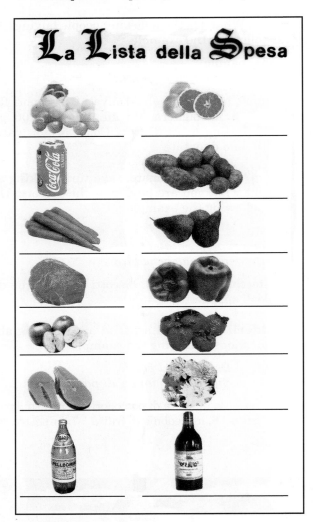

4.3 *Molto, tanto, troppo, poco, tutto, ogni*

—Hai molta fame?
—Sí, ma ho pochi soldi.

1. The following adjectives express quantity:

molto, molta; molti, molte	*much, a lot of; many*
tanto, tanta; tanti, tante	*much, so much; so many*
troppo, troppa; troppi, troppe	*too much; too many*
poco, poca; pochi, poche	*little; few*

Lavorate **molte** ore?	*Do you work many hours?*
Pensiamo a **tante** cose.	*We are thinking about (so) many things.*

I bambini mạngiano **troppo** gelato.

Children eat too much ice cream.

Lui invita **pochi** amici.

He invites few friends.

2. When **molto, tanto, troppo,** and **poco** modify an adjective or a verb, *they are adverbs* (**avverbi**). As adverbs, they are invariable.

L'Itạlia è **molto** bella.

Italy is very beautiful.

Gli studenti sono **tanto** bravi!

The students are so good!

Tu parli **troppo.**

You talk too much.

3. **Tutto, tutta; tutti, tutte** *(the whole; all, every).* When the adjective **tutto** is used in the singular, it means *the whole;* when it is used in the plural, it means *all, every.* The adjective **tutto** is followed by the definite article.

Studi **tutto il** giorno?

Are you studying the whole day?

Tutti i ragazzi sono là.

All the boys are there.

Stụdio **tutti i** giorni.

I study every day.

4. **Ogni** *(Each, Every)* is an *invariable* adjective. It is *always* followed by a singular noun.

Lavoriamo **ogni** giorno.

We work every day.

Ogni settimana gioco a tennis.

Every week I play tennis.

NOTE:

Tutto and **ogni** are often used interchangeably.

tutti i giorni
ogni giorno } *every day*

PRATICA

A. Quanto? Complete the following sentences with the correct form of **quanto, molto, poco, tutto, tanto,** or **troppo.**

1. (troppo) Tu mangi _____ lasagne. **2.** (molto) Cọmprano _____ birra. **3.** (tutto) Guardiamo _____ i regali *(gifts).* **4.** (tutto) _____ le ragazze pạrlano inglese. **5.** (poco) Ci sono _____ camerieri. **6.** (quanto) _____ pane mangi! **7.** (tutto) Nino suona la chitarra _____ il giorno. **8.** (poco) Desịdero _____ cose.

B. Scambi rapidi. Complete each sentence using **molto** as an adverb or the correct form of **molto** as an adjective. Then act out the exchanges with a classmate.

1. Fra compagni: —Scrivi _____ cartoline *(postcards)* agli amici quando sei in viaggio?
   —Affatto *(not at all),* perché non mi piace _____ scrivere.

2. Fra amiche: —Paola, oggi ti vedo *(you look)* _____ preoccupata *(worried).* Perché?
   —Cara mia, ho _____ carte di credito, ma ho anche _____ debiti *(debts).*

3. Fra colleghi: —Come mai *(How come)* dormi in ufficio? Non dormi _____ di solito la notte?
   —No, dormo poche ore la notte, e di giorno ho _____ sonno.

4. Fra conoscenti: —Ingegnere, desidero invitare Lei e la signora a un ristorante cinese _____ buono.
   —Grazie, accetto volentieri *(with pleasure).* Mi piace _____ il cibo cinese.

C. La dieta personale. Using **molto** and **poco,** and referring to **la piramide della salute,** exchange information with a classmate about your eating habits.

ESEMPIO —*Quanta pasta mangi?*
—*Mangio poca (molta) pasta.*

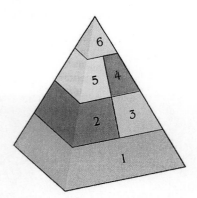

La piramide della salute
1. pane, pasta, riso...
2. verdura
3. frutta
4. carni
5. latte, formaggi
6. zucchero, dolci

D. Tutti(e)–Ogni. Take turns with your classmates asking each other about everyday activities. Follow the example.

ESEMPIO studiare, sere —*Studiate tutte le sere?*
—*Sì, studiamo ogni sera.* o
—*No, non studiamo ogni sera.*

1. lavorare, giorni **2.** ascoltare, spiegazioni dei professori **3.** mangiare a casa, giorni **4.** preparare la colazione, mattine **5.** imparare, parole del vocabolario **6.** studiare, lezioni **7.** parlare con, compagni di classe **8.** guardare la televisione, sere

E. Conversazione

1. Ti piace mangiare al ristorante? **2.** Quanto tempo libero hai?
3. Quanti soldi hanno, in generale, gli studenti? **4.** Quanto pane mangi a cena? **5.** Ti piacciono le verdure? **6.** Compri dei gelati?
7. Ti piace organizzare un picnic? Quali cose porti?

4.4 Le preposizioni avverbiali

The following adverbs are often used as prepositions:

sopra	*above, on (top of)*	**davanti (a)**	*in front (of), before*
sotto	*under, below*	**dietro**	*behind, after*
dentro	*in, inside*	**vicino (a)**	*near, beside, next to*
fuori	*out, outside*	**lontano (da)**	*far (from)*

Sopra il letto c'è una foto.	*Above the bed there is a picture.*
Il giardino è **dietro** l'edificio.	*The garden is behind the building.*
Non è **lontano dal** centro.	*It is not far from downtown.*
Abito **fuori** la città.	*I live outside the city.*

A Firenze.
—Scusi, il Davide davanti al Palazzo Vecchio è l'originale?
—No, è una copia. L'originale è nel museo dell'Accademia delle Belle Arte.
—Dov'è? È lontano da qui?
—No, è vicino al Museo di San Marco.

PRATICA

A. Dov'è...? With a classmate, look at the drawings and then take turns asking each other the related questions. Use **sotto, sopra, dentro, davanti (a), dietro, vicino (a), lontano (da),** or other prepositions in your responses.

1. Dov'è la lampada? E il cane?
2. Dov'è la fotografia? E il gatto?
3. Dov'è la sedia? E la ragazza?
4. Dov'è il tavolo? E la tazza *(cup)*? E il caffè?

1.   2.

3.   4.

B. Un po' di geografia. With a classmate, look at the maps of Italy at the beginning of the book and take turns asking each other the following questions.

1. Bari si trova *(is located)* vicino all'isola di Capri?
2. Torino si trova lontano dal fiume *(river)* Po?
3. Napoli si trova lontano dal vulcano Vesuvio?
4. La Sardegna si trova sotto la Corsica o sopra la Corsica?

5. Pisa si trova vicino al mare Ligure o al mare Adriatico?
6. Quale regione si trova vicino all'isola d'Elba?
7. Quale regione si trova vicino alla Sicilia?

Per finire

Una festa di compleanno

Domani Gabriella **compie** ventun anni. Lucia organizza una festa e invita Filippo, il ragazzo di Gabriella, e tutti gli altri amici.

		turns

LUCIA   Marcello, tu **che** hai sempre **un sacco di soldi,** che cosa porti?   **who/a lot of money**

MARCELLO   **Macché** un sacco di soldi! Se aspetto i soldi di papà... Io compro alcune bottiglie di spumante Asti. E porto Liliana e Antonio con me nella Ferrari.   **No way**

LUCIA   E loro, cosa portano?

MARCELLO   Liliana ha intenzione di portare dei panini al prosciutto perché non ama cucinare. Antonio, sempre **al verde,** porta Fido e la chitarra.   **broke**

LUCIA   Filippo, che cosa porti tu?

FILIPPO   Del vino rosso e una torta Motta.* Va bene?

MARCELLO   Molto bene. Con ventun **candeline,** vero? E tu, Lucia, che sei una **cuoca** molto brava, che cosa prepari?   **small candles** **cook**

---

*A popular brand of pastries and cakes.

LUCIA   Vorrei preparare un arrosto con delle patate fritte.

MARCELLO   Perché non offriamo un regalo **insieme**?   **together**
Qualche CD, per esempio, **dato che** a   **since**
Gabriella piace la musica.

LUCIA   D'accordo. E tu, Filippo, **che cosa regali?**   **what present are you**
Che cos'è? Siamo curiosi.   **bringing?**

FILIPPO   Ho due **biglietti** per l'opera, ma **silenzio**,   **tickets / silence**
per piacere. È una sorpresa! Ho anche il
biglietto di auguri. Perché non scrivete   **birthday card**
qualche parola anche voi?

La sera della festa tutti gli amici sono a casa di Lucia
e aspettano Gabriella e Filippo. Quando i due aprono
la porta gli amici **augurano**: «Buon compleanno,   **wish her**
Gabriella!»

COMPRENSIONE

1. Perché organizza una festa Lucia? **2.** Chi invita Lucia? **3.** Chi è Filippo? **4.** È ricco o povero il padre di Marcello? **5.** Che cosa porta Marcello? E Antonio? **6.** Come arriva alla festa Marcello? Con chi? **7.** Perché Liliana porta dei panini? **8.** Che cosa porta Filippo? **9.** Quante candeline ci sono sulla torta? **10.** Che piatto prepara Lucia? **11.** Che cosa regala Filippo? Perché? **12.** Che cosa augurano tutti gli amici quando Gabriella e Filippo aprono la porta?

CONVERSAZIONE

1. Che regalo desideri per il tuo *(your)* compleanno?
2. Di solito, dove festeggi *(do you celebrate)* il tuo compleanno? Che cosa desideri mangiare in questo *(this)* giorno?
3. Organizzi molte o poche feste per gli amici?
4. Che cosa portano gli amici?
5. Dimentichi il compleanno di un amico (un'amica) o compri sempre un regalo?

Il compleanno di un amico/un'amica

Make and describe plans for the birthday celebration at a nice restaurant for one of your close friends.

A. To begin to organize your thoughts, make notes in response to the following questions.

1. Chi compie gli anni? **2.** Qual è la data del compleanno? **3.** Chi sono gli ospiti? **4.** In quale ristorante è la festa di compleanno? **5.** Cosa c'è sul menù? **6.** Che cosa regali all'ospite d'onore? **7.** È una festa a sorpresa?

B. Now, on the basis of your notes, write a paragraph describing your plans for the birthday celebration.

C. Make sure that you have spelled all words correctly in your completed paragraph and double check subject-verb agreement and noun-adjective agreement. Share your description with a classmate. Would you like to be the guest of honor at each other's parties? Why or why not?

Attività supplementari

A. **Al ristorante.** You are in the restaurant «Al Ponte». One student portrays the waiter and brings the menu. Two or three others order **un pranzo all'italiana** *(Italian style):* **antipasto, primo piatto, secondo piatto, ecc.**

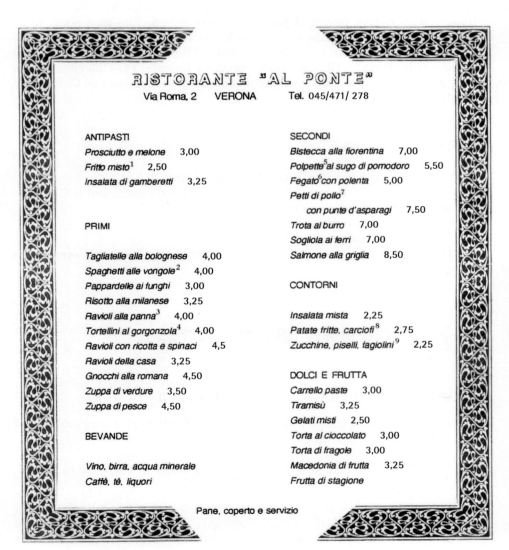

RISTORANTE "AL PONTE"
Via Roma, 2   VERONA   Tel. 045/471/278

ANTIPASTI

Prosciutto e melone   3,00
Fritto misto[1]   2,50
Insalata di gamberetti   3,25

PRIMI

Tagliatelle alla bolognese   4,00
Spaghetti alle vongole[2]   4,00
Pappardelle ai funghi   3,00
Risotto alla milanese   3,25
Ravioli alla panna[3]   4,00
Tortellini al gorgonzola[4]   4,00
Ravioli con ricotta e spinaci   4,5
Ravioli della casa   3,25
Gnocchi alla romana   4,50
Zuppa di verdure   3,50
Zuppa di pesce   4,50

BEVANDE

Vino, birra, acqua minerale
Caffè, tè, liquori

SECONDI

Bistecca alla fiorentina   7,00
Polpette[5] al sugo di pomodoro   5,50
Fegato[6] con polenta   5,00
Petti di pollo[7]
     con punte d'asparagi   7,50
Trota al burro   7,00
Sogliola ai ferri   7,00
Salmone alla griglia   8,50

CONTORNI

Insalata mista   2,25
Patate fritte, carciofi[8]   2,75
Zucchine, piselli, fagiolini[9]   2,25

DOLCI E FRUTTA

Carrello paste   3,00
Tiramisù   3,25
Gelati misti   2,50
Torta al cioccolato   3,00
Torta di fragole   3,00
Macedonia di frutta   3,25
Frutta di stagione

Pane, coperto e servizio

1. mixed fried fish or meat
2. clams   3. cream   4. a creamy Italian blue cheese   5. meatballs
6. liver   7. chicken breast
8. artichokes   9. green beans

B. «**Il Pino**». You and a friend are at «il Pino» to celebrate your birthday. Decide what to order for **primo e secondo piatti, dolce e bevande**. Choose items that correspond to those shown on the bill

RIPOSO SETTIMANALE IL GIOVEDI			

RISTORANTE IL PINO
S.N.C. di Tamburini Gabriella & C.
Via S. Matteo, 102
Tel. (0577) 940415
53037 SAN GIMIGNANO (SI)
P. IVA 00654100528
dal 1929

☐ FATTURA - RICEVUTA FISCALE
☐ RICEVUTA FISCALE
Legge 30/12/91, n. 413 DM 30/3/92

XRF   8652

Li   27 5 03

N.   2702

S. _____

Quantità	Natura e qualità dei servizi		CORRISPETTIVO IVA INCLUSA
2	Coperto	€	3,00
1	Vino	»	30,000
1	Acqua minerale	»	1,50
1	Antipasti	»	7,00
2	Minestre	»	18,000
2	Secondi Piatti	»	21,00
1	Contorni	»	5,00
	Formaggi	»	
	Frutta	»	
	Dessert	»	
2	Caffè	»	3,00
		»	

CONTEGGIO			
IVA _____ %		TOTALE (IVA compresa)	88,50
IMPONIBILE			
IMPOSTA	Servizio _____		
		TOTALE	

TIPOLITOGRAFIA M M s n c di Manetti Mario & C. - Via di Fugnano,12 - Tel. (0577) 941478
Fax 941890 - C.F. e P. IVA 00869230524 - Aut. Min. Finanze n. VI-12/313295 del 25/09/1995

Corrispettivo non pagato

C. **Un picnic.** With a classmate, invent a story about the people seated on the grass: who they are and what their names are, why they are celebrating, and what the circumstances are. Be sure to describe the various elements in the celebration, and where the items are located.

GUARDIAMO!

Al ristorante

Everyone's enjoying a night out at Alessandra's favorite restaurant. While they wait for Luigi to turn up, they talk about what they'd like to eat for dinner.

SITO WEB

For more practice with the cultural and linguistic topics in **Capitolo 4,** visit the *Ciao!* Web site at *http://ciao.heinle.com.*

Come si dice in italiano?

1. Today Mr. and Mrs. Buongusto are eating in a restaurant.
2. The waiter brings the menu and says **(dice),** "Today we don't have roast veal, but we have very good **scaloppine al marsala.**"
3. They order spaghetti with tomato sauce, two steaks, green salad, and a bottle of red wine.
4. While **(Mentre)** they are waiting, Mr. and Mrs. Buongusto talk about (parlare **di)** some friends.
5. We don't have many friends, but we do have good friends.
6. Why don't we invite Ornella and Paolo to **(a)** play tennis with us **(noi)** tomorrow? They are very good because they play every day.
7. Mr. Buongusto is very hungry and he eats a lot.
8. At the end Mr. Buongusto pays the bill.
9. "Are you forgetting the tip for the **(al)** waiter?" asks Mrs. Buongusto.

Prima di leggere

Dove andiamo a mangiare?

You are about to read descriptions of different types of restaurants that are common in Italy. You should determine what the main characteristics of each type of restaurant are and make comparisons. You might want to consider especially, for example, how formal or informal each type of restaurant is and what kind of food each typically serves.

Al ristorante

Un ristorante è un **locale** elegante, dove gli Italiani ordinano un pasto completo: un primo piatto, un secondo piatto con uno o due contorni, della frutta, del dolce e un caffè. Ci sono molti ristoranti in Italia e sono divisi in categorie di qualità e **prezzi**.

place

prices

In trattoria

Questo è un locale dove lavora tutta la famiglia. Gli Italiani vanno in una trattoria per mangiare i piatti tipici della regione. Non è necessario ordinare un pranzo completo ma anche solo un primo piatto o un secondo piatto e il dolce. L'atmosfera è di solito **meno** formale e i prezzi sono **inferiori di quelli** di un ristorante.

less

lower than those

In pizzeria

Questo è un locale dove gli Italiani mangiano di solito solo la pizza. La pizza è molto più **sottile** della pizza americana, ed è **cucinata** in un **forno** di **pietra a legna.** L'atmosfera è molto informale e gli Italiani bevono una Coca-Cola o una birra quando mangiano la pizza. Ci sono molte pizzerie in Italia e sono tutte diverse **l'una dall'altra.** Non ci sono compagnie di **pizzerie a catena** come in America e gli Italiani scelgono il locale dove la pizza è più buona o dove **conoscono** il **proprietario.**

thinner/cooked
oven/stone/wood-burning

one from another/pizzeria chains
know/the owner

Alla tavola calda

Questo è un locale dove gli Italiani vanno quando hanno fretta. C'è molta **varietà di cibi** che sono **già pronti** e i clienti **scelgono** i piatti che preferiscono. Quando un cliente ha il **vassoio** pronto va alla **cassa** dove paga i piatti **scelti.** Poi va a sedersi a un tavolo; non ci sono camerieri. Una tavola calda **di solito** è in centro, vicino alle banche e ad altri uffici dove gli Italiani che lavorano possono andare a mangiare durante l'ora **libera** per il pranzo.

choice of dishes/already prepared/choose/tray

cash register/chosen

usually

the hour free

In paninoteca

Questo è un locale che serve una grande varietà di panini: caldi o freddi, ma anche pizzette o insalate. Gli Italiani, soprattutto i giovani, mangiano in una paninoteca quando hanno fretta o non hanno molti soldi. Ci sono molte paninoteche vicino alle università dove gli studenti vanno durante **l'intervallo** del pranzo o **prima di** andare a casa nel pomeriggio. In una paninoteca gli studenti parlano **dei** corsi, dei professori e studiano insieme.

break/before

about

Alla lettura

A. Read the description of each restaurant a couple of times. With a partner, choose two **risposte possibli** that best describe each of the following types of restaurants: **ristorante**, **trattoria**, **pizzeria**, **tavola calda**, **paninoteca**.

Risposte possibili

una scelta di cibi
non ci sono camerieri
una grande varietà di panini
pizze cucinate in un forno a legna
l'atmosfera è di solito meno formale
l'atmosfera è molto informale
i piatti tipici della regione
gli Italiani mangiano in questo locale
un pasto completo

B. Dove andiamo a mangiare? On the basis of the information you have gathered, suggest where the following people are likely to go for a meal.

ESEMPIO I signori Bianchi hanno tre bambini e non hanno molti soldi. *Mangiano in una trattoria.*

1. Il signor Rossi lavora in centro a Milano in una banca.
2. Giorgio e Alessandra sono studenti universitari e le lezioni sono finite.
3. L'architetto Moretti porta fuori *(is taking out)* la moglie per il suo compleanno.
4. Marco e Alessia hanno voglia di un piatto tipico e di un buon dolce.
5. È domenica sera, Paolo vede gli amici per andare al cinema, ma prima mangiano insieme.

I pasti degli Italiani

La mattina gli Italiani **fanno una leggera** colazione: un espresso o un cappuccino o un caffelatte con una **brioche** o un panino. Se uno non ha tempo di preparare la colazione a casa, **si ferma brevemente** a uno dei molti bar della città.

have a light
croissant
he (she) stops briefly

A mezzogiorno molti Italiani ritornano a casa per il pasto principale, che consiste **quasi sempre** in **pastasciutta,** carne, verdura e frutta. Chi lavora lontano da casa va a un ristorante, a una trattoria o a una **tavola calda.** Molti giovani, per **mancanza** di soldi o di tempo, comprano un **tramezzino** o un panino in una paninoteca o in una **salumeria.** Oggi è molto popolare fra i giovani il «fast food» all'americana, specialmente gli hamburger e le patatine fritte.

almost always/pasta with sauce
cafeteria/lack
crustless sandwich
delicatessen

La sera **si cena verso** le otto, a casa, con un pasto più o meno leggero; o **si va** ad una pizzeria. Per finire la **giornata** di lavoro con **qualcosa di dolce,** c'è la gelateria/pasticceria che offre una grande varietà di gelati e di paste.

people have supper at about
people go/day
something sweet

COMPRENSIONE

1. La colazione degli Italiani è abbondante? In che cosa consiste?
2. A mezzogiorno che cosa mangiano gli Italiani che hanno la fortuna di ritornare a casa?
3. Oltre ai *(Besides)* ristoranti, in quali altri luoghi *(places)* è possibile mangiare?
4. Che cos'è una paninoteca?
5. A quale ristorante americano corrisponde la tavola calda?

Culture a confronto

1. Compare the three main meals of the day eaten by Italians with those of North Americans. What are the similarities and differences? How do you explain them?
2. Think again about the many options Italians have for dining out. Do North Americans have similar options? How do they compare?
3. Do you notice differences in Italian and North American attitudes toward eating and dining out?
4. Which of the Italian restaurants shown in the advertisements below would most appeal to you? Why?

Vocabolario

Nomi

il bicchiere	glass
il biscotto	cookie
la bottiglia	bottle
la candelina	little candle
la carne	meat
il chilo(grammo)	kilo
il cibo	food
il compleanno	birthday
la cucina	kitchen; cooking, cuisine
il cuoco, la cuoca	cook
il dollaro	dollar
l'etto(grammo)	hectogram
i generi alimentari	groceries
il giornale	newspaper
la lettera	letter
la pagina	page
il piatto	dish, course
il regalo	gift, present
i soldi	money
la sorpresa	surprise
la tazza	cup
lo zucchero	sugar

Aggettivi

alcuni(e)	some, a few
ogni (inv.)	each, every
poco (pl. pochi)	little; few
qualche (sing.)	some
squisito	delicious
tanto	much, so much
troppo	too much
tutto	the whole; all, every
vegetariano	vegetarian

Verbi

amare	to love
aprire	to open
arrivare	to arrive
augurare	to wish (somebody)
chiedere	to ask
chiudere	to close
compiere	to have a birthday
costare	to cost
credere	to believe
cucinare	to cook
dimenticare	to forget
dormire	to sleep
festeggiare	to celebrate
invitare	to invite
leggere	to read
offrire	to offer
ordinare	to order
organizzare	to organize
pagare	to pay
partire (da)	to leave (a place)
perdere	to lose
portare	to bring, to carry; to wear
prendere	to take, to catch
preparare	to prepare
regalare	to give a present
ricevere	to receive
ripetere	to repeat
rispondere	to answer
scrivere	to write
seguire	to follow
sentire	to hear
servire	to serve
vedere	to see
vivere	to live

Altre espressioni

avere intenzione (di)	to intend
Buon compleanno!	Happy birthday!
d'accordo	OK, agreed
davanti (a)	in front (of)
dentro	in, inside
dietro	behind
di solito	usually, generally
essere a dieta	to be on a diet
fuori	out, outside
là	there, over there
lontano (da)	far (from)
sopra	on, on top of
sotto	under
Ti piace (piacciono)...?	Do you like . . . ? (informal)
Le piace (piacciono)...?	Do you like . . . ? (formal)
Mi piace (piacciono)...	I like . . .
un po' di (un poco di)	some, a bit of
un sacco di	a lot of
senza	without
volentieri	with pleasure
vorrei	I would like

Attività e passatempi

Cosa facciamo sabato sera? Andiamo al cinema?

Punti di vista

Una signora a un telefono pubblico.

Pronto? Chi parla?   (CD 3, TRACK 7)

Gianna telefona all'amica Marisa. La mamma di Marisa, la signora Pini, risponde al telefono.

SIGNORA PINI	Pronto?	
GIANNA	Buon giorno, signora. Sono Gianna. C'è Marisa, per favore?	
SIGNORA PINI	Sì, un momento, è qui.	
MARISA	Pronto? Ciao, Gianna!	
GIANNA	**Finalmente! Il tuo** telefono è sempre occupato!	**Finally!/Your**
MARISA	Da dove telefoni?	
GIANNA	Sono a un telefono pubblico vicino alla farmacia, e **faccio** una telefonata breve perché la mia carta telefonica **sta per finire.**	**I am making** **is about to end**
MARISA	**Allora, andiamo** al cinema oggi **pomeriggio?**	**So, are we going** **afternoon**
GIANNA	**Veramente io preferisco** giocare a tennis.	**Actually I prefer**
MARISA	Va bene. Perché non andiamo in bicicletta al **campo da tennis?** E quando ritorniamo, andiamo a prendere un gelato.	**tennis court**
GIANNA	Perfetto. Sono a casa tua **per le due.**	**by two (o'clock)**

COMPRENSIONE

1. A chi telefona Gianna?   **2.** Chi risponde al telefono?   **3.** Perché Gianna dice *(says)* «Finalmente»?   **4.** Da dove telefona Gianna?   **5.** Dov'è il telefono pubblico?   **6.** È lunga la telefonata?   **7.** Cosa desidera fare Marisa? E Gianna?

Studio di parole Il telefono

—Pronto. Chi parla?
—Sono Filippo. C'è Gabriella, per favore?

---

il telefono pubblico public phone
l'elenco telefonico phone book
il numero di telefono phone number
il prefisso area code
formare il numero to dial
fare una telefonata ⎱
telefonare ⎰ to make a phone call, to phone
chiamare ⎰
parlare al telefono to talk on the phone
rispondere al telefono to answer the phone

libero free
occupato busy
il (la) centralinista operator
la telefonata interurbana long-distance phone call
la carta telefonica prepaid phone card
la segreteria telefonica answering machine
il telefono cellulare (telefonino) cellular phone

una telefonata personale a personal call
una telefonata d'affari a business call
una telefonata a carico del destinatario a collect call

—**Pronto? Sono...** Hello. This is . . .
—**Vorrei parlare con...** I would like to speak with . . .
—**C'è...?** Is . . . in?
—**Mi dispiace, non c'è.** I'm sorry, he/she is not in.
—**Vorrei lasciare un messaggio.** I would like to leave a message.
—**Qual è il numero di telefono di...?** What is the phone number of . . .?

Informazioni | Il telefono

Per telefonare, è normale usare una carta telefonica. Le carte telefoniche si vendono *(are sold)* in un bar con l'insegna *(sign)* «T» (tabacchi) o nelle edicoli *(newstand)*. È possibile fare una telefonata urbana, interurbana o internazionale anche da un telefono pubblico. Per chiamare gli Stati Uniti, è necessario formare il prefisso internazionale 001, poi il prefisso della città e il numero.

Per fare una telefonata all'estero a carico del destinatario *(an international collect call)* si chiama *(one calls)* il numero 172 e il/la centralinista internazionale risponde. In caso di emergenza si chiama il numero 113. Per informazioni il numero è 12.

APPLICAZIONE

A. Domande

1. Dove cerchiamo *(do we look for)* un numero di telefono?
2. Se un numero non è nell'elenco, chi chiami tu?
3. Quando abbiamo bisogno del prefisso?
4. Negli Stati Uniti, di cosa abbiamo bisogno per telefonare da un telefono pubblico?

B. La telefonata di Filippo.
Answer the following questions about Filippo's phone conversation, shown on page 111.

1. Da dove telefona Filippo? A chi?
2. Il telefono di Gabriella è occupato?
3. Chi risponde al telefono, Gabriella o un'altra persona?
4. Cosa dice Filippo?
5. La telefonata di Filippo è una telefonata personale o una telefonata d'affari?

C. Conversazione

1. Fai molte telefonate tu? (Faccio...) Sono brevi o lunghe? Chi chiami più *(more)* spesso? Perché?
2. Telefoni o scrivi un biglietto *(write a card)* a un amico (un'amica) per il suo compleanno?

3. Fai molte telefonate interurbane? Perché? (Perché no?) Fai telefonate a carico del destinatario?

4. Hai una segreteria telefonica? una carta telefonica? un telefono cellulare (telefonino)?

D. Il tuo numero di telefono? E il prefisso? Take turns with a classmate asking for each other's phone numbers and area codes.

E. Pronto? Act out the following brief telephone exchanges with a classmate.

ESEMPIO   You telephone a friend to make plans for tomorrow.
—*Pronto! Sono Dino.*
—*Oh, ciao, Dino.*
—*Cosa facciamo domani?*
—*Perché non andiamo in piscina?*
—*D'accordo. A domani.*
—*Ciao.*

1. You telephone a friend. His/her mother answers and tells you your friend is not home.
2. You make a surprise call to a friend to wish him/her a happy birthday.
3. You call a classmate to ask what is the homework for Tuesday.
4. You telephone the Italian department of your university and ask to speak with your instructor. He/she is not in so you ask to leave a message. Indicate that you do not understand the homework assignment and will telephone again tomorrow.

Una telefonata d'affari.   An architect, Gino Paoli, is making a business phone call to an engineer, Rusconi (**l'ingegner Rusconi**), about an appointment. Listen to his conversation with Rusconi's secretary; then answer the following questions.

Comprensione

1. L'architetto Paoli telefona a casa o all'ufficio dell'ingegner Rusconi? **2.** C'è l'ingegnere? **3.** Che cosa lascia Paoli? **4.** Per quand'è l'appuntamento? **5.** L'ufficio di Rusconi è nella stessa città da dove telefona Paoli? Perché no? **6.** La telefonata di Paoli è una telefonata personale o d'affari?

Dialogo

You are calling your doctor's office for an appointment. His secretary answers. You say **Pronto. Sono...** and ask if the doctor is in. The secretary answers that she is sorry, but the doctor is not in. Tell her you would like to leave a message: Is it possible (**È possibile**) to see the doctor tomorrow? Then give her your phone number and say good-bye. In pairs, play the roles of the secretary and the patient.

Punti grammaticali

—No, caro, preferisco
la macchina!

5.1 Verbi in -ire con il suffisso -isc-

Many **-ire** verbs add **-isc-** between the stem and the endings of the **io, tu, lui,** and **loro** forms. In the vocabulary lists of this book and in some dictionaries, these verbs are indicated in this way: **finire (-isc-).**

finire* (to finish)			
fin	**isc** o	fin	**iamo**
fin	**isc** i	fin	**ite**
fin	**isc** e	fin	**isc** ono

Some common verbs that follow this pattern are:

capire	to understand	**preferire**	to prefer
costruire	to build	**pulire**	to clean
finire	to finish	**restituire**	to give back

Quando **finisci** di studiare?
Preferiamo un esame facile.
Pulisco la casa il sabato.

When do you finish studying?
We prefer an easy exam.
I clean the house on Saturdays.

PRATICA

A. Preferenze. What does everyone prefer for dessert? Follow the example.

    ESEMPIO   Ornella, un gelato alla panna
                    Ornella preferisce un gelato alla panna.

    1. i signori Golosi, della torta al cioccolato
    2. tu e la tua amica, delle fragole al marsala *(in sweet wine)*

*****Finire** takes **di** before an infinitive.

3. noi, una macedonia di frutta
4. il signor Agrumi, un'arancia
5. io, del gorgonzola *(a kind of blue cheese)* e una pera
6. e tu?

B. Quale verbo? Complete the following sentences with the proper form of one of the following verbs: **restituire, pulire, preferire, finire, capire, costruire.**

1. Tu _____ sempre quando il professore spiega la grammatica?
2. Voi _____ vedere un film o giocare a tennis?
3. Quando _____ di studiare loro?
4. Oggi io _____ la mia stanza.
5. La studentessa _____ il dizionario alla professoressa.
6. Quando _____ i compiti voi?
7. Loro _____ una bella casa in montagna.

C. Intervista. With a classmate, take turns asking each other questions, using the following verbs: **preferire, pulire, capire, finire, costruire, restituire.** You can begin each question with an interrogative word such as **quando, cosa,** or **dove.**

ESEMPIO —Quando restituisci i libri alla biblioteca?
—*Restituisco i libri alla biblioteca domani.*

5.2 I giorni della settimana

13	lunedì	☽
	s. Ilario vescovo	
14	martedì	
	Battesimo del Signore	
15	mercoledì	
	s. Mauro abate	
16	giovedì	
	s. Marcello papa	
17	venerdì	
	s. Antonio abate	
18	sabato	
	s. Liberata vergine	
19	domenica	☺
	ss. Mario, Marta e compagni	

—Quando lavori?
—Lavoro il lunedì e il mercoledì.

The days of the week, which you learned in the **Primo incontro,** are masculine except **domenica,** which is feminine. **Sabato** and **domenica** are the only two days whose plural form differs from the singular (**ogni sabato, tutti i sabati; ogni domenica, tutte le domeniche; ogni lunedì, tutti i lunedì**).

1. The preposition *on* is not expressed in Italian when used in expressions such as *on Monday, on Tuesday,* and so on.

Lunedì il Prof. Bini dà una conferenza.

On Monday Prof. Bini is giving a lecture.

2. The singular definite article is used before the days of the week to express a habitual event.

Il sạbato gioco al golf.   *On Saturdays (Every Saturday) I play golf.*

BUT
Sạbato invito degli amici.   *(This) Saturday I am inviting some friends.*

3. The expressions **una volta a, due volte a,** etc., + *definite article* translate into English as *once a, twice a,* etc.

Vado al cịnema **una volta alla settimana.**   *I go to the movies once a week.*
Mangiamo **due volte al giorno.**   *We eat twice a day.*
Andiamo a teatro **quattro volte all'anno.**   *We go to the theater four times a year.*

PRATICA

A. Abitudini. Restate what the following people do at the times given, as in the example.

    ESEMPIO   La domẹnica telẹfono a mia madre.
                Tutte le domẹniche telẹfono a mia madre.

1. Il lunedì Marco va a scuola in ạutobus.   **2.** Il mercoledì e il giovedì Lella lavora in un negọzio del centro.   **3.** Il venerdì noi andiamo al supermercato.   **4.** Il sạbato il signor Galli dorme davanti al televisore. **5.** La domẹnica i signori Santi vanno in chiesa.

B. Una volta o molte volte? Take turns asking each other how often **(al giorno, alla settimana, al mese, all'anno)** you do the things listed below.

    ESEMPIO   studiare in biblioteca
                —*Quante volte alla settimana (al mese, o...) studi in biblioteca?*
                —*Stụdio in biblioteca tre o quattro volte alla settimana.*

1. mangiare la carne   **2.** scrịvere a un amico lontano   **3.** comprare un regalo ad un amico/un'amica   **4.** lẹggere un libro non scolạstico **5.** vedere un film al cịnema   **6.** avere ụn esame d'italiano

C. Conversazione

1. Quali giorni della settimana hai lezione?   **2.** Quale giorno preferisci? Perché?   **3.** Quante volte al mese vai al cinema?   **4.** Che cosa fai *(do you do)* il sabato?   **5.** In quale giorno vedi gli amici?   **6.** Cosa fai *(are you doing)* domenica?

5.3 Verbi irregolari in -are

Che cosa fa Gino? Va al parco in bicicletta. Sta a casa Gino? Come va al parco?

1. The following **-are** verbs are irregular in the present tense:

andare* *(to go)*		fare *(to do; to make)*		dare *(to give)*		stare *(to stay; to feel)*	
vado	andiamo	faccio	facciamo	do	diamo	sto	stiamo
vai	andate	fai	fate	dai	date	stai	state
va	vanno	fa	fanno	dà	danno	sta	stanno

Cosa **fai** stasera?	*What are you doing tonight?*
Faccio una telefonata interurbana.	*I am making a long-distance phone call.*
Vado a vedere un film.	*I am going to see a movie.*
Quando **danno** una festa?	*When are they giving a party?*
Come **sta** Maria?	*How is Maria?*
Maria **sta** a casa perché **sta** male.	*Maria stays (is staying) home because she feels ill.*

2. **Fare** is used in many idiomatic expressions, some of which are listed below:

fare attenzione	*to pay attention*
fare il bagno, la doccia	*to take a bath, a shower*
fare colazione	*to have breakfast*
fare una domanda	*to ask a question*
fare una foto	*to take a picture*
fare una gita	*to take a short trip*
fare un giro	*to take a walk or a ride*
fare una passeggiata	*to take a walk*
fare una pausa	*to take a break*
fare un regalo	*to give a present*
fare la spesa	*to buy groceries*
fare le spese	*to go shopping*
fare un viaggio	*to take a trip*

---

*__Andare__ is followed by the preposition **a** before an infinitive.

Facciamo un viaggio in Italia. *We are taking a trip to Italy.*
Faccio una passeggiata *I take a walk before eating.*
   prima di mangiare.
Lui non **fa domande**. *He does not ask questions.*
Perché non **fate attenzione**? *Why don't you pay attention?*

3. **Dare** is used in the following idiomatic expressions:

dare del «tu» *to address someone informally*
dare del «Lei» *to address someone formally*
dare la mano *to shake hands*
Diamo del «tu» agli amici, *We use "tu" with friends, but we use*
   ma **diamo del «Lei»** ai   *"Lei" with professors.*
   professori.

4. **Stare** is used in the following idiomatic expressions:

stare bene (male) *to feel well (badly, ill)*
stare attento(a) *to be careful; to pay attention*
stare zitto *to be quiet*

Stare per + *infinitive* translates as *to be about to (do something).*

I corsi **stanno per** finire. *Classes are about to end.*

5. Unlike in English, **andare** is not used to express the immediate future. To convey this idea, Italian uses the present (or future) tense: **Parto.** = *I am going to leave.* **Andare a** + *infinitive* expresses motion:

Di solito **vado a mangiare** *Usually I go to the cafeteria to eat.*
   alla mensa.

—Facciamo con l'anestesia o senza?

PRATICA

A. Persone in movimento. Complete the sentences with the correct forms of the verbs indicated.

1. *andare* Papà _____ in ufficio; la mamma e Tina _____ a una conferenza; Piero e io _____ in banca; e tu _____ a scuola.
2. *fare* I signori Profumo _____ la doccia; Antonella _____ una passeggiata; tu e Marco _____ alcune fotografie del giardino; io _____ colazione e, dopo, tu ed io _____ la spesa.
3. *dare* Io _____ la mancia alla cameriera; i signori Allegri _____ la mano al dottor Piccoli; Flavio _____ una festa per gli amici.

B. Buon viaggio! Indicate what cities various students will visit this summer, and what attractions they will go to see.

ESEMPIO   Marco (Roma, il Foro romano)
          Marco va a Roma.
          Va a visitare il Foro romano.

1. Tiziana (Parigi, il museo del Louvre) **2.** Gina e Piero (Madrid, il museo del Prado) **3.** Federico (Londra, l'abbazia di Westminster) **4.** Noi (New York, la statua della Libertà) **5.** Mario ed io (Washington, il monumento a Lincoln)

C. Come e dove stanno? Complete with the correct form of **stare.**

1. Stamattina il signor Neri è a letto perché _____ male, ma i bambini _____ benissimo e cantano. **2.** Tu non _____ molto bene, ma hai un esame e non _____ a casa. **3.** Gli studenti _____ attenti alle domande del professore. **4.** Voi _____ zitti quando la professoressa parla.

D. Descrizione. With a classmate, describe what the people shown are doing. Use expressions with **fare** and your imagination to elaborate as much as you can.

1.

2.

3.

4.

5.

E. Quale verbo? Take turns asking and answering these questions, using a form of **andare, fare, dare,** and **stare.**

ESEMPIO   Dove _____ voi stasera?   —*Dove andate voi stasera?*
                                                  —*Andiamo al cinema. o...*

1. Come _____ tua mamma? **2.** Quando _____ una festa, tu? **3.** Dove _____ gli studenti quando non stanno bene? **4.** Tu _____ i compiti solo(a) o con dei compagni? **5.** Preferite _____ una passeggiata o giocare a tennis? **6.** Tu _____ a casa oggi o _____ fuori? **7.** Dopo le lezioni tu ed io _____ a comprare un gelato? **8.** A chi _____ del «tu»? **9.** Voi _____ a letto presto o tardi *(early or late)* la sera?

F. Conversazione

1. Cosa fai quando hai bisogno di frutta, verdura o carne? **2.** La mattina fai il bagno o la doccia? **3.** Io vorrei fare un viaggio in Oriente, e tu? **4.** La sera ceni, e la mattina? **5.** Tu preferisci fare una passeggiata o fare il footing *(jogging)*? **6.** Che cosa fai il sabato? **7.** Cosa fai quando il tuo *(your)* telefono non funziona?

—L'amo, non l'amo; l'amo, non l'amo.

5.4 I pronomi diretti *lo, la, li, le**

The direct object pronouns **lo, la, li,** and **le** are used to replace direct object nouns. The direct object of a sentence answers the questions *whom?* or *what?*

(I call: whom? him, her, them)

Chiamo **il cameriere.**	**Lo** chiamo.
Chiamo **la signora.**	**La** chiamo.
Chiamo **gli amici.**	**Li** chiamo.
Chiamo **le ragazze.**	**Le** chiamo.

(I visit: what? it, them)

Visito **il museo.**	**Lo** visito.
Visito **la chiesa.**	**La** visito.
Visito **i giardini.**	**Li** visito.
Visito **le città.**	**Le** visito.

NOTE:

1. A direct object pronoun immediately precedes the conjugated verb even in the negative form.

Vedi **Gina?**	Comprate **i giornali?**
No, non **la** vedo.	No, non **li** compriamo.

2. Usually the singular pronouns **lo** and **la** drop the final vowel before a verb beginning with a vowel sound.

Inviti **Lucia?**	Ascolti **la radio?**
Sì, **l'**invito.	No, non **l'**ascolto.

▶ PRATICA

A. **Sostituzione.** Answer each question, replacing the noun with the correct direct object pronoun.

ESEMPIO   Aspetti il treno?   *Sì, l'aspetto.*
No, non l'aspetto.

Cosa fai la domenica?

1. Incontri gli amici? **2.** Guardi la TV? **3.** Vedi la tua famiglia?
4. Fai i compiti? **5.** Pulisci l'appartamento?

Cosa mangi a pranzo?

1. Mangi la pastasciutta? **2.** Preferisci la carne con la verdura?
3. Mangi spesso le lasagne? **4.** Prendi il caffè alla fine del pranzo?
5. Ordini i ravioli al ristorante?

B. **Quando?** A friend wants to know if you plan to do the following things on a certain day. Answer in the negative, specifying when you will do them.

ESEMPIO   fare la spesa
—*Fai la spesa sabato?*
—*No, non la faccio sabato, la faccio venerdì. o...*

1. visitare il museo della città
2. vedere la professoressa d'informatica

---

*This chapter covers only the most common object pronouns. All the direct and indirect object pronouns are presented in **Capitolo 11.**

3. comprare i nuovi CD di Bocelli
4. fare alcune spese
5. scrivere la lettera ai nonni
6. invitare Mara e Cristina a pranzo

C. Un'intervista. With a classmate take turns asking each other questions based on the cues; then report your findings to the class.

ESEMPIO   la carne
         —*Mangi la carne, Robert?*
         —*No, non la mangio.*
         —*Roberto, la carne, non la mangia.*

1. le lasagne **2.** gli spinaci **3.** la pizza alle melanzane **4.** il pesce
5. i funghi **6.** la pasta

Per finire

La settimana di Filippo

LUNEDÌ   Filippo va all'università. Dopo le lezioni vede
         Gabriella e **litigano.** Gioca a tennis per   **they quarrel**
         un'ora. Va a casa e fa la doccia. **Prima di**   **Before**
         cena va in Galleria e prende un aperitivo con
         Marcello e Liliana.

MARTEDÌ	Filippo finisce il lavoro in ufficio. Nel pomeriggio fa il footing e nuota in **piscina**. La sera vede gli amici al bar «Sport»: parlano di politica. Compra una carta telefonica e fa una telefonata a Gabriella: Gabriella non risponde. La **cassiera** del bar è molto simpatica; si chiama Milva. Filippo le chiede il suo numero di telefono.	swimming pool cashier
MERCOLEDÌ	Filippo sta alcune ore in ufficio. Poi va in biblioteca. Legge e studia molto perché domani ha un esame difficile. La sera telefona a Gabriella. Il telefono è sempre occupato.	
GIOVEDÌ	Filippo fa l'esame. L'esame è **un osso duro**. Non capisce alcune domande e non finisce. Da un telefono pubblico telefona a Milva. Vanno insieme al cinema, ma lui pensa a Gabriella.	tough
VENERDÌ	Filippo ha grandi progetti per il weekend, ma **è al verde**. **Manda** un fax al padre: «Caro papà, sono senza soldi. Ti prego di mandare **subito** centocinquanta euro. **Baci**, Filippo».	he is broke/He sends immediately/ Kisses
SABATO	Filippo riceve una risposta: «Caro Filippo, capisco la situazione e **mi dispiace**. **Spendi meno** o **lavora di più**. Baci, Papà». Filippo telefona a Marcello per chiedere un **prestito**. Marcello non c'è.	I am sorry/Spend less/work more loan
DOMENICA	**Addio** progetti. Filippo è solo. Fa una passeggiata al parco. Pensa a Gabriella.	Good-bye

COMPRENSIONE

1. Cosa fanno Filippo e Gabriella dopo le lezioni all'università?
2. Perché Filippo va in Galleria prima di cena?
3. A chi telefona la sera di martedì e di mercoledì?
4. Perché Filippo va in biblioteca mercoledì?
5. È facile l'esame? Filippo lo finisce?
6. Dove va giovedì sera Filippo? Con chi?
7. Perché Filippo manda un fax al padre venerdì?
8. Che cosa fa Filippo domenica sera? È con Gabriella?

CONVERSAZIONE

1. Vai all'università tutti i giorni della settimana? Quali?
2. Dove vai dopo le lezioni?
3. Che cosa fai dopo cena?
4. Cosa fai il sabato sera? Vedi gli amici?
5. Stai a casa la domenica? Cosa fai?
6. Che cosa desideri fare questo fine-settimana?
7. Quando sei al verde, chiedi soldi ai tuoi genitori (*your parents*)?
8. Cosa fai il fine-settimana quando sei al verde?

Una settimana molto occupata

Imagine that an old friend is going to be in town next week. Bring your appointment calendar up to date so that you can figure out when you will be able to spend time with him/her. Then write an e-mail to your friend explaining your schedule and suggesting when you can get together.

13 lunedì s. Ilario vescovo	
14 martedì Battesimo del Signore	
15 mercoledì s. Mauro abate	
16 giovedì s. Marcello papa	
17 venerdì s. Antonio abate	
18 sabato s. liberata vergine	
19 domenica ss. Mario, Marta e compagni	

A. Begin by making notes on your calendar to show what you are scheduled to do each day next week.

ESEMPIO

B. Looking at your completed calendar, list the times when you will be able to see your friend and the activities you can suggest.

ESEMPIO *lunedì, dopo le lezioni: prendiamo un caffè al bar?*
martedì, la sera: andiamo al cinema?

C. Now, draft your e-mail, telling your friend about your schedule and suggesting what you might do when you are not tied up.

ESEMPIO   *Ciao..., grazie del messaggio. Quando ci vediamo?*
           Quando sei libero(a) tu? Ecco la mia settimana.
           Lunedì vado all'università. Dopo le lezioni ci vediamo al caffè?
           Martedì lavoro in ufficio, poi vado in biblioteca. Andiamo
           al cinema la sera?...

D. Conclude your e-mail by saying goodbye and signing your name.

ESEMPIO   *Ci vediamo,...*

Make sure that you have spelled all words correctly, and double check subject-verb agreement and noun-adjective agreement. Share your e-mail with a classmate. Does he/she think you and your friend are going to have an enjoyable week?

Attività supplementari

A. **Alcuni giorni in paradiso.** Nicola and his girlfriend are spending a long weekend in the Cinque Terre, on the Italian Riviera. In small groups, describe their weekend activities, referring to the illustration.

Possibilità: venerdì, sabato, domenica, lunedì

arrivare, stare, visitare, andare, fare, comprare, nuotare, mangiare, partire

ristorante, trattoria, pensione, picnic, mare *(m.)*, albergo «Porto Roca», spese

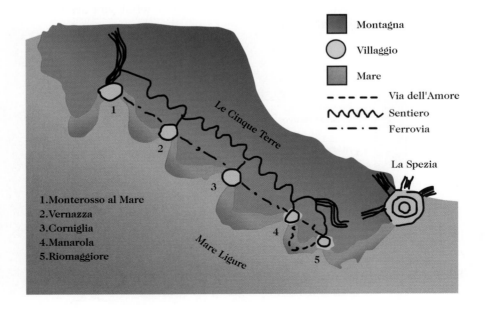

■ Montagna
◯ Villaggio
▮ Mare
- - - - Via dell'Amore
∿∿∿ Sentiero
-·-·- Ferrovia

Le Cinque Terre

La Spezia

Mare Ligure

1. Monterosso al Mare
2. Vernazza
3. Corniglia
4. Manarola
5. Riomaggiore

B. È il compleanno di... It is your friend's birthday. Call a mutual friend to invite him/her to the party. He/she then asks you when and where the party is to be, and what present to bring.

ESEMPIO   —*Pronto? Ciao... sono...*
            —*Ciao, come va?*
            —*Bene. C'è una festa a casa mia per... Sei invitato(a) anche tu...*

C. La mia giornata. In small groups, talk about your own typical daily activities.

Come si dice in italiano?

1. On Fridays Giulia walks to the university with Maria.
2. Today, however, Maria is staying home because she is not well; so Giulia prefers to take the bus.
3. At the library she sees a friend: "Hi Paola. What are you doing here?"
4. I am reading a book on **(sull')** Italian art.
5. How many classes are you taking this **(questo)** quarter?
6. Three: a psychology class, an English class, and an art history class.
7. When Giulia finishes studying **(di studiare),** she takes a walk and then makes a phone call to Maria.
8. Maria answers: "Hello? Who is speaking?"
9. This is (I am) Giulia. How are you?
10. I am fine now, thank you.
11. Are we going to Gianni's party on Sunday?
12. Sorry, but on Sunday I am going to the movies with Cristina.

Uno dei villaggi delle Cinque Terre.

GUARDIAMO!

Pronto?

Daniela and Alessandra have just returned from a shopping trip. Alessandra suddenly remembers that she has to make an important phone call.

SITO WEB

For more practice with the cultural and linguistic topics in **Capitolo 5,** visit the *Ciao!* Web site at *http://ciao.heinle.com.*

Vedute d'Italia

Prima di leggere

La vita degli studenti

You are about to read the text of an interview between a **giornalista** (*reporter*) and three Italian students studying in Milan: Leonardo (from Milan), Daniele (from Rome), and Vincenzo (from Naples). The reporter is interested primarily in talking to them about their leisure-time activities. Can you anticipate some of the topics they are likely to discuss?

GIORNALISTA:	Buon giorno ragazzi, grazie per essere così **disponibili. Potete dirmi** i **vostri** nomi e di dove siete?	available Can you tell me/your
DANIELE:	**Certo!** Io mi chiamo Daniele e sono di Roma. Lui è Leonardo ed è di Milano, lui invece è Vincenzo ed è di Napoli.	Sure
GIORNALISTA:	Benissimo, grazie. Adesso **ditemi** che cosa studiate all'università.	tell me
LEONARDO:	Va bene, io studio economia e commercio.	
DANIELE:	Io invece sono qui perché mio padre fa il training per sei mesi in una **ditta** di Milano; così frequento due corsi di lingue straniere per imparare l'inglese e il tedesco.	firm
VINCENZO:	Io studio l'informatica così, con **questo** diploma, **posso** trovare **facilmente** un lavoro.	this I can/easily
GIORNALISTA:	Allora, ditemi cosa fate durante il tempo libero?	
DANIELE:	Noi andiamo al pub o in discoteca.	
LEONARDO:	Anche noi andiamo in discoteca.	
VINCENZO:	Noi andiamo a fare un giro in centro, guardiamo i negozi e incontriamo altri ragazzi e ragazze. **Diciamo** che andiamo a fare un giro in centro.	we say
GIORNALISTA:	Bene, grazie ragazzi! Leggete l'articolo sul «Giornalino dei giovani»!	
DANIELE, LEONARDO, VINCENZO:	Certo! Prego, arrivederci!	

Alla lettura

A. Re-read the interview a second time, focusing especially on the students' descriptions of their leisure activities. How accurately did you anticipate the topics of discussion?

B. List the particular activities that each student mentions.

C. Next, write a short paragraph about each student.

La vita degli studenti

Nella maggior parte dei casi, le attività giovanili **hanno luogo** lontano dagli istituti d'insegnamento. Gli studenti **possono** partecipare al CUS (Centro Universitario Sportivo) e ad altre organizzazioni per giovani, frequentare **campi** sportivi e **palestre,** coltivare vecchie amicizie e creare nuovi rapporti con compagni di corso o di stanza.

Il costo **attuale** della vita obbliga molti studenti a cercare lavoro fuori dell'università o a dare lezioni private ad **allievi** della scuola secondaria. **Purtroppo,** molti universitari abbandonano gli studi per insufficienza di mezzi economici e prendono nuove strade.

take place

can

fields/fitness centers

present
pupils
Unfortunately

COMPRENSIONE

Completate le seguenti frasi con le parole corrette.

1. Le attività giovanili hanno luogo...
   a. in un campus b. nei dormitori c. lontano dagli istituti d'insegnamento

2. Durante l'anno accademico, gli studenti hanno la possibilità di partecipare ad attività sociali e sportive organizzate principalmente...
   a. dall'università b. dai professori c. da società indipendenti

3. Il costo della vita obbliga molti studenti a...
   a. coltivare vecchie amicizie b. partecipare al CUS c. cercare lavoro fuori dell'università

Culture a confronto

1. How do your leisure-time activities compare to those described by the three Italian students? How do you explain any similarities or differences? Do you think you would enjoy spending time as they do?

2. Now look at the photos across the bottom of these two pages. They represent typical leisure-time activities available to Italian young people. Are there any leisure-time activities available to American young people that are not represented here?

Vocabolario

Nomi

l'appuntamento	appointment, date
la domenica	Sunday
l'euro	euro
la farmacia	pharmacy
il fine-settimana	weekend
il giovedì	Thursday
l'ingegnere	engineer
il lunedì	Monday
la mamma	mom
il martedì	Tuesday
la mensa	cafeteria
il mercoledì	Wednesday
la montagna	mountain
il padre	father
il papà	dad
la piscina	swimming pool
il pomeriggio	afternoon
il progetto	project
la risposta	answer
il sabato	Saturday
la settimana	week
il venerdì	Friday

Aggettivi

breve	brief, short
primo	first
pubblico	public
solo	alone, only
ultimo	last

Verbi

andare	to go
camminare	to walk
capire (-isc)	to understand
cercare	to look for
chiamare	to call, to phone
costruire (-isc)	to build
dare	to give
fare	to do; to make
finire (-isc-)	to finish
incontrare	to meet
mandare	to send
nuotare	to swim
preferire (-isc-)	to prefer
pulire (-isc-)	to clean
restituire (-isc-)	to give back, to return (something)
ricordare	to remember
ritornare	to return
stare	to stay; to feel
usare	to use

Altre espressioni

allora	so, then
andare a piedi	to go on foot
così	so
dare del «tu»	to address somebody in the «tu» form
dare del «Lei»	to address somebody in the «Lei» form
dare la mano	to shake hands
essere al verde	to be broke
fare attenzione	to pay attention
fare il bagno	to take a bath
fare colazione	to have breakfast
fare la doccia	to take a shower
fare una domanda	to ask a question
fare una foto	to take a picture
fare una gita	to take a short trip
fare una passeggiata	to take a walk
fare una pausa	to take a break
fare un regalo	to give a present
fare la spesa	to go shopping (for groceries)
fare le spese	to go shopping
fare un viaggio	to take a trip
finalmente	finally
insieme	together
mi dispiace	I'm sorry
ora	now
però	however, but
poi	then
quante volte...?	how many times . . .?
una volta, due volte	once, twice
qui	here
stamattina	this morning
stare attento(a)	to be careful, to pay attention
stasera	tonight
stare bene (male)	to feel well (badly, ill)
stare per...	to be about to . . .
stare zitto(a)	to be quiet
veramente	actually, truly

La famiglia

Padre, madre e bambini a passeggio nel parco.

Punti di vista

La famiglia italiana di ieri: il padre, la madre, nove figli, due nipoti.

La famiglia italiana di oggi.

Una famiglia numerosa (CD 3, TRACK 13)

È sabato, e Ornella **va a trovare** gli zii che abitano **in campagna.** Va in macchina, e la sua amica va con lei.

		goes to visit/in the country

BIANCA   Quante persone ci sono nella tua famiglia?
ORNELLA   Mio padre, mia madre, mio fratello, le mie due sorelle ed io.
BIANCA   Hai una famiglia numerosa.
ORNELLA   **Abbastanza.**   *Quite.*
BIANCA   Come si chiama tuo fratello e quanti anni ha?
ORNELLA   Marco ha venticinque anni, e **fa l'ultimo anno di medicina** all'Università di Bologna. È un bel ragazzo, intelligente. I suoi professori hanno un'opinione eccellente di lui. **Vuoi conoscerlo?**   *he is in his last year of medical school*

Do you want to meet him?/with pleasure
BIANCA   Sì, **volentieri!** Quando?
ORNELLA   Domani sera. **Possiamo uscire** insieme; tu con mio fratello e io con il mio ragazzo.   *We can go out*
BIANCA   Splendido!

▶ COMPRENSIONE

1. Che giorno è?   **2.** Con chi va a trovare gli zii Ornella?   **3.** Quanti figli (*children*) ci sono nella famiglia di Ornella?   **4.** Come si chiama suo fratello?   **5.** Che opinione hanno i suoi professori?   **6.** Bianca vuole conoscere Marco?   **7.** Secondo te, Bianca ha un ragazzo?   **8.** Con chi esce (*goes out*) Bianca domani sera?

Studio di parole   Albero genealogico

i genitori parents	**il genero** son-in-law
il marito husband	**la nuora** daughter-in-law
la moglie wife	**il cognato, la cognata**
il fratello brother	brother-in-law, sister-in-law
la sorella sister	**nubile, single** unmarried,
lo zio, la zia uncle, aunt	single female
il cugino, la cugina cousin	**celibe, single** unmarried,
il nipote grandson; nephew	single male
la nipote granddaughter;	**fidanzato(a)** fiancé(e)
niece	**sposato(a)** married
il (la) parente relative	**separato(a)** separated
i parenti relatives	**divorziato(a)** divorced
i figli children	**vedovo(a)** widower, widow
il suocero father-in-law	**il mio ragazzo** my boyfriend
la suocera mother-in-law	**la mia ragazza** my girlfriend

Informazioni | La parentela

Stepfather, stepmother, stepson e *stepdaughter* esistono nella lingua italiana come **patrigno, matrigna, figliastro** e **figliastra**. Gli Italiani, però, non usano questi termini, perché hanno un significato negativo. Usano invece il nome della persona o a volte **mio padre** e **mia madre**. I bambini dicono «il mio

nuovo papà» o «la mia nuova mamma.» Per *stepson* o *stepdaughter* usano dire «il figlio (la figlia) di mio marito (di mia moglie)». Il termine per una persona non sposata è celibe per gli uomini e nubile per le donne. Oggigiorno la parola inglese *single* è anche molto usata.

APPLICATION

APPLICAZIONE

A. Chi è? Completate le seguenti frasi con l'espressione appropriata.

1. Il fratello di mio padre è mio _____.
2. La madre di mia madre è mia _____.
3. I nonni hanno un debole *(a weak spot)* per i loro _____.
4. La moglie di mio fratello è mia _____.
5. Rina non ha marito; è _____.
6. La figlia dello zio Piero è mia _____.

B. L'albero genealogico. Guardate l'albero genealogico a pagina 131 e rispondete con una frase completa.

1. Luigi e Maria sono marito e moglie. Chi sono i loro due figli? Chi è il loro genero? Chi sono i loro nipoti?
2. Anna è la moglie di Paolo. Chi è suo padre? Chi è suo fratello? Chi è sua cognata?
3. Chi è la suocera di Luisa? Chi sono i suoi due nipoti?
4. Enzo è il fratello di Marina. Chi è suo nonno? Chi è sua zia? Chi sono i suoi cugini?

C. Conversazione. In coppie, fatevi a turno domande sulle vostre famiglie.

1. Hai dei fratelli o delle sorelle?
2. Quante persone ci sono nella tua famiglia? (Nella mia..) Hai una famiglia numerosa?
3. Come si chiama tuo padre? e tua madre?
4. Vai spesso a trovare i parenti?
5. Dove abitano i genitori, in città o in campagna?
6. Hai molti cugini?

D. Presentazione. Portate una foto di qualche membro della vostra famiglia e dite brevemente chi sono e come si chiamano. Usate qualche aggettivo per descrivere la loro personalità.

A casa degli zii. Ornella and her friend Bianca have just arrived at the house of her aunt and uncle in the country. Listen as everyone exchanges greetings and a few words. Then answer the following questions.

Comprensione

1. Dove arrivano Ornella e la sua amica Bianca?
2. Dove abitano gli zii?
3. Cosa dice lo zio quando Ornella presenta la sua amica?
4. Come stanno i genitori di Ornella?
5. Dove lavora suo padre?
6. Qual è la professione di sua madre?
7. Cosa prepara la zia?

Dialogo

With another student, expand on the dialogue.

For example, one of you can play the role of Bianca, and the other that of Ornella's aunt or uncle. Ornella's aunt or uncle might ask Bianca if she is married or has a boyfriend, and if she works or goes to school.

Bianca might ask how many children there are in her hostess's (host's) family, and what their names and ages are.

Punti grammaticali

6.1 Aggettivi e pronomi possessivi

Ecco Antonio, con la sua famiglia: suo padre, sua madre, le sue sorelle, i suoi fratelli e il suo cane. Alla parete c'è il ritratto dei suoi nonni.

1. È con i suoi amici o con la sua famiglia Antonio?
2. Quante persone ci sono nella sua famiglia?
3. Cosa c'è alla parete?

Possessor		Singular		Plural	
		Masculine	Feminine	Masculine	Feminine
io	*my*	il mio	la mia	i miei	le mie
tu	*your (familiar sing.)*	il tuo	la tua	i tuoi	le tue
lui, lei	*his, her, its*	il suo	la sua	i suoi	le sue
Lei	*your (formal sing.)*	il Suo	la Sua	i Suoi	le Sue
noi	*our*	il nostro	la nostra	i nostri	le nostre
voi	*your (familiar pl.)*	il vostro	la vostra	i vostri	le vostre
loro	*their*	il loro	la loro	i loro	le loro
Loro	*your (formal pl.)*	il Loro	la Loro	i Loro	le Loro

1. *Possessive adjectives* express ownership or relationship (*my, your, his,* etc.). They agree in gender and number with the noun they modify, *not* with the possessor, and they are preceded by the article.

È **la famiglia** di Antonio?　　Sì, è **la sua** famiglia.
Sono **i fratelli** di Antonio?　　Sì, sono **i suoi** fratelli.
Sono **le sorelle** di Antonio?　　Sì, sono **le sue** sorelle.

—Mio figlio si chiama Luigi.
E i Loro?
—I nostri si chiamano Mina,
Lisa, Tino, Gino, Nino.

Il mio ragazzo, **la mia** ragazza	*My boyfriend, my girlfriend*
I nostri nonni	*Our grandparents*
Signor Riva, **la Sua** macchina è pronta.	*Mr. Riva, your car is ready.*

NOTE:

a. Remember that whenever certain prepositions precede a definite article, the two words contract (see **Capitolo 3**): *Nella mia famiglia ci sono sei persone.*

Telefona **dal Suo** ufficio?	*Are you calling from your office?*
Ritornano **dal loro** viaggio.	*They are returning from their trip.*

b. The article is *not* used when a possessive adjective precedes a singular noun that refers to a relative. The article is used, however, if the noun referring to relatives is plural or if it is modified by an adjective or a suffix.

mio zio Baldo	*my uncle Baldo*
nostra cugina Nella	*our cousin Nella*
suo fratello	*his (her) brother*

BUT:

i miei zii e **le mie** cugine	*my uncles and my cousins*
la mia bella cugina Lia	*my beautiful cousin Lia*
il tuo fratellino	*your little brother*

c. **Loro** is invariable and is *always* preceded by the article.

la loro sorella	*their sister*
i loro vicini	*their neighbors*

d. Phrases such as *a friend of mine* and *some books of yours* translate as **un mio amico** and **alcuni tuoi libri.**

e. The idiomatic constructions **a casa mia, a casa tua,** etc., mean *at (to) my house, at (to) your house,* etc.

2. The *possessive pronouns* have the same forms as the possessive adjectives. They are preceded by the article, even when they refer to relatives.

mia madre e **la sua**	*my mother and his (hers)*
la tua casa e **la nostra**	*your house and ours*
i suoi amici e **i miei**	*his/her friends and mine*
Ecco mio fratello; dov'è **il Suo?**	*There is my brother; where is yours?*

PRATICA

A. **Di chi è?** Domandate a un altro studente (un'altra studentessa) se i seguenti oggetti *(the following objects)* sono delle persone tra parentesi. La risposta è affermativa o negativa, secondo *(according to)* l'informazione e l'esempio.

ESEMPIO il quaderno (Lia/no)
     —*È il quaderno di Lia?*
     —*No, non è il suo quaderno.*

1. la macchina da scrivere (Filippo/sì)
2. i CD (Stefania/no)
3. la Mercedes (signor Giacomi/sì)
4. le cassette (professor Verdi/no)
5. la chitarra (Antonio/no)
6. gli esami (professoressa di filosofia/sì)

B. **Perché...?** Domandate perché le seguenti persone non fanno le azioni suggerite *(the actions suggested)*. Seguite l'esempio.

ESEMPIO Tu non fai i compiti.
     —*Perché non fai i tuoi compiti?*

1. Noi non invitiamo gli amici. **2.** Peppe e Maria non puliscono l'appartamento. **3.** Lui non scrive all' amico. **4.** Tu non prendi le vitamine. **5.** Voi oggi non ascoltate il professore. **6.** Tu non metti *(put)* la macchina in garage.

C. **Chi portate a cena?** L'insegnante invita i suoi studenti a cena. Ogni studente dice chi porta.

ESEMPIO amico —*Io porto il mio amico.*

1. genitori **2.** nonno **3.** sorella **4.** amiche **5.** cugino **6.** fratellino
7. compagne di classe **8.** professore di tedesco **9.** parenti italiani
10. cane **11.** fratelli

D. **Scambi rapidi.** Completate le seguenti frasi con la preposizione (con o senza articolo) + aggettivo possessivo.

1. —Se tu sei al verde, chiedi dei soldi _____ genitori?
  —No, io mando *(send)* un fax _____ zio Baldo: non ha figli ed è ricco e generoso.
2. —Signor Mauri, posso *(may I)* avere l'indirizzo _____ figlia?
  —Caro Giovanni, se Lei ha bisogno _____ indirizzo, deve *(you must)* parlare a mia figlia.
3. —Stasera aspettiamo i nostri amici _____ festa. Venite anche voi, non è vero?
  —Sì, volentieri, perché mio marito ritorna oggi (da) _____ viaggio in Svizzera.

E. Completate con il pronome possessivo corretto: **il tuo, la tua, i tuoi, le tue.** Usate la preposizione quando è necessaria.

ESEMPIO Io scrivo a mio padre e tu scrivi _____.
     Io scrivo a mio padre e tu scrivi al tuo.

1. Io faccio i miei compiti e tu fai _____.
2. Io parlo alla mia insegnante e tu parli _____.
3. Io vedo mio cugino e tu vedi _____.
4. Io invito le mie sorelle e tu inviti _____.
5. Io scrivo a mio fratello e tu scrivi _____.
6. Io pago i miei conti e tu paghi _____.
7. Io leggo il mio libro e tu leggi _____.

F. Come si chiama...? In coppie, fatevi a turno le seguenti domande. Seguite l'esempio.

ESEMPIO   la madre   —*Come si chiama tua madre?*
                       —*Mia madre si chiama..., e la tua?*
                       —*La mia si chiama...*

1. il cantante preferito **2.** il padre **3.** il liceo **4.** le attrici preferite
5. il migliore *(best)* amico (la migliore amica)

6.2 Verbi irregolari in -*ere*: il presente

—**Bevo alla tua salute!**
—**Cin cin!**

The following verbs ending in **-ere** are irregular in the present tense:

Io qui non posso entrare

Sulle porte dei negozi c'è spesso questo cartello. I padroni devono lasciare fuori il loro cane.

bere *(to drink)*		dovere *(to have to, must; to owe)*		potere *(can, may, to be able to)*		volere *(to want)*	
bevo	beviamo	devo	dobbiamo	posso	possiamo	voglio	vogliamo
bevi	bevete	devi	dovete	puoi	potete	vuoi	volete
beve	bevono	deve	devono	può	possono	vuole	vogliono

Dovere and **potere** are followed by an infinitive. **Volere** may be followed by an infinitive or a noun.

Oggi **beviamo** del Chianti.	*Today we are drinking Chianti.*
Stasera **devo** uscire.	*Tonight I have to go out.*
Possiamo fare molte cose.	*We can do many things.*
Cosa **vuoi** mangiare?	*What do you want to eat?*
Vuole un succo d'arancia?	*Do you want (a glass of) orange juice?*

NOTE:

Dovere, followed by a noun, corresponds to the English *to owe.*

Devo cento euro a mia zia.   *I owe my aunt one hundred euros.*

PRATICA

A. Preferenze. In due, fạtevi a turno le seguenti domande. Seguite l'esẹmpio.

> **ESEMPIO**   i bambini   —*Cosa preferịscono bere i bambini?*
>   —*Bẹvono del latte. (o...)*

1. Una ragazza di 15 anni   **2.** la nonna e il nonno   **3.** io e tu   **4.** una persona che *(who)* ha molta sete *(thirst)*   **5.** tu   **6.** uno zịo italiano

B. Cosa possiamo fare con 1.000 euro? Un compagno/Una compagna dice che cosa vọgliono fare le seguenti persone con mille euro. Tu rispondi se pọssono o non pọssono.

> **ESEMPIO**   i miei genitori, andare in Itạlia
>   —*I miei genitori vọgliono andare in Itạlia.*
>   —*I tuoi genitori non pọssono andare in Itạlia.*

1. io, comprare una mạcchina fotogrạfica   **2.** mio fratello, fare un viạggio a New York   **3.** mia sorella ed io, portare i nostri genitori all'ọpera   **4.** i miei cugini, comprare una barca *(boat)*   **5.** tu ed io, dare una festa per tutti gli studenti   **6.** io, affittare *(to rent)* una villa in Toscana per un mese *(month)*   **7.** mio marito ed io, fare una crociera *(cruise)* alle ịsole Hawaii   **8.** tu, comprare un computer Macintosh

C. Se... Completate le frasi con la forma corretta di **dovere** e con un po' d'immaginazione.

> **ESEMPIO**   Se ho sete,...   *Se ho sete, devo bere dell'ạcqua. (o...)*

1. Se gli studenti ricẹvono brutti voti,...   **2.** Se io ho fame la mattina,...   **3.** Se non stiamo bene,...   **4.** Se hai sonno,...   **5.** Se volete organizzare un picnic,...   **6.** Se uno studente non capisce la spiegazione,...   **7.** Se abbiamo bisogno di soldi,...   **8.** Se un nostro amico non arriva all'appuntamento,...

D. Che cosa devo a...? Le seguenti persone hanno dei dẹbiti *(debts).* Dite che cosa dẹvono e a chi.

> **ESEMPIO**   (io) 20 euro, nonno   *Io devo venti euro a mio nonno.*

1. (Filippo) molti soldi, padre   **2.** (Gabriella) 50.000 euro, cugina   **3.** (i signori Smith) 1.000 euro, un parente   **4.** (tu) 17 euro, fratello   **5.** (noi) mille ringraziamenti, genitori

6.3 Verbi irregolari in *-ire*: il presente

Un proverbio dice: «Dopo la pioggia viene il sole».

The following verbs ending in **-ire** are irregular in the present tense:

dire (to say, to tell)		uscire* (to go out)		venire (to come)	
dico	diciamo	esco	usciamo	vengo	veniamo
dici	dite	esci	uscite	vieni	venite
dice	dicono	esce	escono	viene	vengono

*The verb **riuscire** *(to succeed)* is conjugated like **uscire**.

I genitori **dicono** «Buon compleanno!»	*The parents are saying, "Happy birthday!"*
Veniamo domani.	*We'll come tomorrow.*
Esce tutte le sere.	*He (She) goes out every night.*
Lia **riesce** bene a scuola.	*Lia is very successful in school.*

NOTE: The expression **voler(e) dire** translates as *to mean* in English.

Non capisco. Che cosa **vuoi dire?**	*I don't understand. What do you mean?*

PRATICA

A. Cosa diciamo? Con un compagno/una compagna, fatevi a turno le seguenti domande. Seguite l'esempio.

> ESEMPIO   tu, quando arrivi in classe
> —*Cosa dici tu quando arrivi in classe?*
> —*Dico «Buon giorno.» (o...)*

1. voi, al compleanno di un amico
2. noi, quando rispondiamo al telefono
3. i tuoi genitori, quando vedono i tuoi voti
4. tu, quando un tuo parente o un tuo amico parte
5. tu, a un compagno prima di un esame difficile
6. voi, agli amici la sera tardi *(late)* dopo una festa
7. gli Italiani, quando fanno un brindisi *(they make a toast)*

B. Qual'è il verbo corretto? Completate con le forme corrette di **uscire** e **venire,** secondo il caso *(according to the context).*

1. Questa sera io non _____ perché i miei nonni _____ a cena.   **2.** Tu e il tuo compagno _____ tutte le sere! Dove andate?   **3.** Oggi mia madre non _____ di casa perché aspetta sua sorella che _____ dall'Italia. **4.** Se noi _____ presto *(early)* dall'ufficio, possiamo fare una passeggiata. **5.** Quando _____ a casa mia voi?   **6.** Se volete, possiamo _____ insieme stasera.

C. Conversazione

1. Esci domani sera?
2. Vieni a casa mia questo pomeriggio?
3. Dici sempre la verità o dici qualche bugia di convenienza *(white lie)*?
4. Uscite spesso, tu e il tuo ragazzo (la tua ragazza)?
5. Vieni a cena domenica sera?
6. Esci la sera prima di un esame importante?

6.4 *Sapere* e *conoscere*

In Italian there are two verbs that both translate as *to know* in English: **sapere** and **conoscere.** They are conjugated as follows:

sapere		conoscere	
so	sappiamo	conosco	conosciamo
sai	sapete	conosci	conoscete
sa	sanno	conosce	conoscono

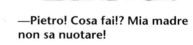

—Pietro! Cosa fai!? Mia madre non sa nuotare!

1. **Sapere** is an irregular verb. It means *to know how to do something, to know a fact.*

Sai la lezione?	*Do you know the lesson?*
Nino **sa** suonare il piano.	*Nino knows how to play the piano.*
Sai *che domani è vacanza?*	*Do you know that tomorrow is a holiday?*

NOTE:

Sapere takes the direct object pronoun **lo** to replace a dependent clause.

Sai **chi è Sophia Loren**?	*Do you know who Sophia Loren is?*
Sì, **lo** so. È un'attrice.	*Yes, I know (it). She is an actress.*
Sapete **quando è morto JFK?**	*Do you know when JFK died?*
No, non **lo** sappiamo.	*No, we do not know (it).*

2. **Conoscere** is a regular verb. It means *to be acquainted with a person or a place* and *to meet someone for the first time.*

Non **conosco** il sig. Paoli.	*I don't know Mr. Paoli.*
Conosciamo bene Venezia.	*We know Venice well.*
Desidero **conoscere** i tuoi genitori.	*I would like to meet your parents.*

PRATICA

A. Sapete...? Rispondete alle seguenti domande.

1. Sai che regalo desidera tuo padre? **2.** I tuoi amici sanno giocare a tennis? **3.** Tu sai suonare il piano? **4.** Tuo padre sa che voti ricevi a scuola? **5.** Sapete sempre quando c'è un esame di italiano, o qualche volta è una sorpresa? **6.** Chi sa cucinare meglio *(better)*, tu o tua madre? **7.** Sapete che giorno è oggi, per favore?

B. Un padre curioso. Il padre di Gabriella domanda informazioni a un conoscente *(acquaintance)* su *(about)* Filippo. Cominciate la domanda con **Sa...?** o **Conosce...?**

ESEMPIO   suo padre   **Conosce suo padre?**

1. dove abita **2.** con chi lavora **3.** la sua famiglia **4.** se è un ragazzo serio **5.** i suoi amici **6.** quanti corsi segue all'università **7.** i suoi genitori **8.** quanti anni ha **9.** sua madre **10.** quanti fratelli o quante sorelle ha **11.** quando finisce gli studi

C. Lo sai? Se sapete rispondere alle seguenti domande, dite «Lo so» e date la risposta esatta. Se non sapete rispondere, dite semplicemente «Non lo so.»

ESEMPIO   Sai chi ha inventato la radio?
           Lo so. È stato Marconi.

1. Sai dov'è Torino? **2.** Sai quante regioni ci sono in Italia? **3.** Sai in quale città si trova *(is found)* il Colosseo? **4.** Sai cos'è *La Divina Commedia?* **5.** Sai chi è l'autore? **6.** Sai in quale isola è Palermo? **7.** Sai cos'è il tiramisù?

Per finire

Chi viene a cena stasera?

Gabriella parla di una serata speciale.

Stasera c'è una grande riunione a casa mia. Vengono i miei nonni Bettini e mio zio Baldo con sua moglie. Viene anche Filippo, il mio ragazzo: vuole conoscere i miei genitori e i miei parenti.

Nella mia famiglia siamo solo in tre: mio padre, mia madre ed io. Mio padre è un uomo tranquillo e paziente, che ama fumare la pipa e leggere il giornale. Lavora in una **ditta di assicurazioni**. Mia madre è professoressa di musica; ama il teatro, ha molte amiche e sa cucinare meravigliosamente.

insurance company

Mio zio Baldo è il fratello di mio padre. È un vecchio **marinaio** e conosce **diversi** paesi del **mondo**. Quando beve un po' troppo, deve raccontare le sue avventure: parla allora di paesi **esotici** e di donne meravigliose. Mia zia Teresina sorride: sa **queste** storie a memoria e sa che suo marito è un **sognatore**. I miei zii hanno due figli, Nino e Luisa. Mio cugino Nino è un «punk» **appassionato di** musica rock e viene a casa solo quando è al verde. Sua sorella scrive **poesie** e ha sempre **la testa fra le nuvole**. I miei nonni dicono che sono «**un po' matti**» come il loro padre.

sailor/several/ world
exotic
these
dreamer

crazy about
poetry
her head in the clouds/a little crazy

Oggi è una giornata importante per me. Sono felice perché miei genitori dicono che Filippo è molto simpatico. Dicono anche che dobbiamo finire gli studi prima di pensare al matrimonio.

COMPRENSIONE

Rispondete usando gli aggettivi possessivi.

1. Chi viene a casa di Gabriella stasera? **2.** Chi è Filippo? **3.** Il padre di Gabriella esce la sera? **4.** La madre di Gabriella è una donna tranquilla come suo marito? **5.** Zio Baldo è il fratello della madre di Gabriella? **6.** Quando racconta storie interessanti lo zio di Gabriella? **7.** Quanti cugini ha Gabriella? **8.** Che musica preferisce Nino? **9.** Perché Gabriella è felice?

CONVERSAZIONE

1. Hai molti parenti tu?　**2.** I tuoi nonni materni o paterni sono ancora *(still)* in vita?　**3.** Quando incontri i tuoi parenti? Spesso o in occasioni speciali (festa del Thanksgiving, Natale, compleanni, anniversari,...)? **4.** Quale dei tuoi parenti è particolarmente simpạtico? Perché?

✒ Adesso scriviamo!

La descrizione di una famiglia

Con la tua immaginazione pensa a una descrizione della famiglia di Antonio illustrata nel disegno.

A. Prima descrivi tutta la famiglia insieme: È numerosa? Quante persone ci sono? Qual è la relazione tra loro *(among them)*?

B. Poi descrivi ogni membro da solo: Quanti anni ha? Qual è la sua professione o attività scolastica? Com'è il suo carattere? Quali sono i suoi passatempi preferiti?

C. Concludi con uno o due commenti: Passano *(Do they spend)* molto tempo insieme? Pranzano insieme? È una famiglia divertente? Unita? Affettuosa *(warm)*?

D. Adesso controlla la tua descrizione. Tutte le parole sono scritte correttamente? Hai controllato l'accordo tra l'aggettivo possessivo e il nome? Controlla in modo particolare la forma degli aggettivi possessivi con i termini di parentela: Hai sempre bisogno dell'articolo? Ora, con un compagno/una compagna leggete le vostre descrizioni: Sono divertenti? Sono interessanti?

Attività supplementari

A. Le nostre famiglie. A turno presentate e descrivete i membri delle vostre famiglie che vengono alla festa per le famiglie degli studenti all'università. Se volete, mostrate anche delle foto.

ESEMPIO   *La mia famiglia (non) è molto numerosa, siamo in cinque: mio padre, la moglie di mio padre...*

Rispondete alle seguenti domande per continuare la descrizione:

1. Come si chiama tuo padre/il marito di tua madre? **2.** Come si chiama tua madre/la moglie di tuo padre? **3.** Quanti anni ha tuo fratello/tua sorella? **4.** Va a scuola/lavora? È sposato(a)? Ha figli e figlie?

B. Un'occasione speciale. Un amico/Un'amica annuncia il suo fidanzamento. Voi volete sapere molte cose e domandate:

1. if you know his/her fiancé(e). **2.** if you may see his/her picture **3.** what he/she is like **4.** how old he/she is **5.** if he/she is a student or has a diploma or **laurea** (or is working, and where) **6.** where he/she lives. Add that you would like to meet the fiancé(e) and to be invited to the wedding (**nozze**, *f. pl.*).

C. Matrimoniali: Immagina di avere una cugina di 28 anni che cerca un marito. Tu e la tua amica (il tuo amico) leggete le inserzioni *(advertisements)* e decidete insieme a quale rispondere. Scrivete un'inserzione che descrive le qualità e la personalità di tua cugina. Incominciate con: **Ragazza nubile...**

Come si dice in italiano?

1. How many people are there in your *(fam. sing.)* family?
2. Only four: my father, my mother, my little brother, and myself (**io**).
3. Where do they live?
4. They live in Minneapolis.
5. If you are alone, why don't you come to my party tonight? It is at my house.
6. I'm sorry, but I can't because I have to meet a friend.
7. Do I know your friend?
8. No. He is a quiet young man, but always happy. He also knows how to play the guitar wonderfully.
9. Is he your fiancé?
10. Yes, and he wants to meet my family.
11. What do your parents say?
12. They say that we are too young and that we must wait.

MATRIMONIALI 11

ATTRAENTE, sportivo, 55enne, ottimo livello socio/culturale, sposerebbe bella signora/ina, snella, fine, pulita, 30/50enne, anche straniera. Scrivere: Publikompass 8549 - 10100 Torino.

CELIBE 36enne operaio, presenza, cerca signora/ina scopo matrimonio. Scrivere: Publikompass 7024 - 10100 Torino.

INCONTRI Agenzia Matrimoniale. requisiti richiesti: classe, cultura, serietà d'intenti. Via Vespucci 34 bis (To). Tel. 568.3242.

LIBERA 45enne laureata posizionata giovane attraente conoscerebbe scopo matrimonio, laureato, colto, solida posizione economica, bella presenza, moralità irreprensibile, senza figli, anonimi, telefono. Scrivere: Publikompass 1526 - 43100 Parma.

PENSIONATO 84enne cerca scopo matrimonio pensionata sensibile seria. Scrivere: Publikompass 5019 - 10100 Torino.

RAGAZZA nubile trentenne relazionerebbe scopo matrimonio con coetaneo. Scrivere: Publikompass 8548 - 10100 Torino.

30ENNE bella presenza alto 1,85, diplomato, cerca scopo matrimonio bella e diplomata. Scrivere: Publikompass 8601 - 10100 Torino.

30ENNE ex modella contatterebbe solo scopo matrimonio settentrionale laureato industriale professionista. Scrivere: Publikompass 5016 - 10100 Torino.

33ENNE bella presenza, romantico, buon lavoro, sposerebbe ragazza carina, affettuosa, lavoratrice, anche nullatenente massimo trentenne, possibilmente residente in Torino. Gradito tel. Scrivere: Publikompass 8602 - 10100 Torino.

42ENNE celibe, serio, conoscerebbe seria, carina, scopo matrimonio. Scrivere: Publikompass 8551 - 10100 Torino.

51ENNE vedovo cerca signora/ina o vedova 40/48enne seria scopo matrimonio max serietà, no perditempo. Scrivere: Publikompass 7022 - 10100 Torino.

58ENNE vedova indipendente cerca massimo 60enne alto, bella presenza, fumatore, indipendente, scopo matrimonio. Scrivere: Publikompass 8603 - 10100 Torino.

63ENNE pensionato solo casa propria conoscerebbe signora scopo matrimonio. Scrivere: Publikompass 7028 - 10100 Torino.

GUARDIAMO!

In famiglia

Fabio è nella sala computer della biblioteca. Parla con la signora De Roberti di una ricerca sulla sua famiglia. Alessandra e Daniela vanno a salutarlo.

SITO WEB

Per fare più pratica con gli argomenti culturali e i punti grammaticali del **Capitolo 6**, vai a vedere il sito *Ciao!* a *http://ciao.heinle.com.*

Vedute d'Italia

Prima di leggere

You are about to read a short children's story about a school crossing guard, **un vigile,** and a young schoolboy, **Paolo.** Focus on the plot as you read, so that you will be able to summarize it afterward in your own words. As you would expect, the narrative is very simple. It is worth focusing on, however, because it suggests some basic characteristics of contemporary Italian families.

Aspettare la mamma

All'ora di **uscita** dalla scuola un **vigile,** all'**incrocio,** con **gesti precisi** regola il traffico. — exit/traffic cop/intersection — with precise gestures

Ogni tanto interviene con il suo **fischietto** quando vede che qualche bambino vuol lasciare il **marciapiede** prima di avere «**via libera**». — once in a while whistle — sidewalk — "walk"

Il vigile ora ferma il traffico dei veicoli e fa segno ai bambini di **attraversare.** — to cross

Tutti passano **dall'altra parte,** eccetto Paolo. A lui il vigile dice: «Tu, **resta lì!**» — on the other side — stay there

Paolo **siede** sulla **cartella** e aspetta pazientemente. — sits/school bag

Ne ha combinata qualcuna delle sue? — has he misbahaved

No: Quel! vigile è la sua mamma!

Quando il traffico è **di nuovo** normale, Paolo ritorna a casa con lei. — again

• Famiglie italiane: 21 milioni 420 mila con un numero medio di componenti di 2,7

• Famiglie con più di 5 persone: 1 milione 639 mila, appena il 7,7%. Nel 1993 erano 18,8%

Alla lettura

A. Leggete la storia «Aspettare la mamma» un'altra volta e scrivete poche frasi di riassunto (*summary*).

B. Rispondete alle seguenti domande.

1. Che lavoro ha la mamma di Paolo?
2. Cosa fa un vigile?   3. Chi aspetta Paolo?
4. Perché Paolo non passa dall'altra parte?
5. Quando Paolo ritorna a casa?

La famiglia in Italia

La famiglia occupa **un posto** speciale nella società italiana. **I rapporti di parentela** sono sacri e offrono **l'aiuto** morale, fisico ed economico che lo stato molte volte non può offrire. Il referendum del 1970 **ha introdotto** in Italia il divorzio. Ma, il divorzio, non è facile da **ottenere** come in altri paesi: Gli sposi che vogliono divorziare devono vivere separati **legalmente per almeno** tre anni. Oggi la maggior parte delle famiglie sono piccole, con uno o due figli. Molto spesso anche la moglie lavora. **Nonostante** i tempi cambiati, la famiglia **si riunisce** la sera a tavola e i genitori **aiutano** i figli nei loro studi ed interessi. La solidarietà è **ancora** grande fra i parenti, e molti **si ritrovano** in occasione delle varie festività. Di solito i figli restano in famiglia fino al matrimonio. Quando si **sposano,** non è raro vedere i giovani sposi occupare un appartamento non molto distante dall'appartamento dei genitori. I nonni **diventano** spesso i baby-sitter dei nipotini e, a loro **volta,** i figli adulti aiutano i genitori nella loro vecchiaia.

place
family ties/help

introduced
obtain
legally
at least

in spite of/gathers
help
still/get together

they get married

become
in turn

COMPRENSIONE

1. La società italiana considera la famiglia...
   a. poco importante   b. molto importante
   c. senza importanza
2. In Italia...
   a. non è possibile divorziare   b. è molto facile divorziare   c. è possibile divorziare
3. I figli di solito stanno in famiglia fino...
   a. al matrimonio   b. alla fine della scuola superiore   c. dopo (*after*) il matrimonio
4. In generale la famiglia italiana di oggi è...
   a. patriarcale   b. piccola   c. numerosa

Culture a confronto

1. Una situazione come quella di Paolo esiste anche nell' America del Nord?
2. Ci sono nell' America del Nord mamme che fanno lo stesso lavoro della mamma di Paolo? È un lavoro comune?
3. I rapporti tra i parenti della famiglia italiana sono più forti di quelli della famiglia nordamericana?

• Coppie senza figli: 1993 = 26,5%; 1999 sono il 28,2%

• Figli tra i 18 e i 30 anni che vivono ancora con i genitori: 1993 = 68,5%; 1999 = 72,9%

Source: ISTAT, 1999.

Vocabolario

Nomi

l'appartamento	apartment
l'avventura	adventure
la campagna	countryside
il carattere	temperament
la donna	woman
la famiglia	family
il fidanzamento	engagement
il fratellino, la sorellina	little brother, little sister
la generazione	generation
la giornata	(the whole) day
i giovani	young people
il gruppo	group
il lavoro	work, job
il matrimonio	marriage, wedding
il mondo	world
le nozze	wedding ceremony
l'occasione (f.)	occasion
l'opinione (f.)	opinion
la persona	person
due o tre persone	two or three people
la pipa	pipe
la professione	profession
la riunione	reunion
la serata	(the whole) evening
la storia	story
l'uomo (pl. gli uomini)	man
il viaggio	trip

Aggettivi

eccellente	excellent
felice	happy
importante	important
matto	crazy
meraviglioso	wonderful
numeroso	numerous
preoccupato	worried
speciale	special
tranquillo	quiet

Verbi

annunciare	to announce
bere	to drink
conoscere	to know, to be acquainted with, to meet for the first time
descrivere	to describe
dire	to say, to tell
dovere	to have to, must; to owe
fumare	to smoke
potere	to be able to, can, may
presentare	to introduce
raccontare	to tell (a story)
riuscire	to succeed
sapere	to know, to know how
sorridere	to smile
uscire	to go out
venire	to come
volere	to want

Altre espressioni

a memoria	by heart
andare a trovare	to visit (people)
avere la testa fra le nuvole	to have one's head in the clouds
come	as, like
fare un brindisi	to propose a toast
meravigliosamente	wonderfully
qualche volta	sometimes
voler dire	to mean
Cosa vuole dire...?	What does...mean?

Buon viaggio

Firenze. La cattedrale di Santa Maria del Fiore.

Punti di vista

Milano. La stazione.

Alla stazione   (CD 4, TRACK 1)

La famiglia Betti, padre, madre e un ragazzo, sono alla stazione di Milano. I Betti vanno a **Rapallo** per il weekend. La stazione è **affollata.**   **(resort town on the Italian Riviera)/ crowded**

SIG.RA BETTI	Rodolfo, hai i biglietti, vero?	
SIG. BETTI	Sì, ho i biglietti, ma **non ho fatto** le prenotazioni.	**I didn't make**
SIG.RA BETTI	Oggi è venerdì. Ci sono molti viaggiatori. Perché **non hai comprato** i biglietti di prima classe?	**didn't you buy**
SIG. BETTI	Perché c'è una **bella** differenza di **prezzo** tra la prima e la seconda classe. E **poi,** non è un viaggio lungo.	**big/price** **besides**
SIG.RA BETTI	Ma l'impiegato dell'agenzia di viaggi **ha detto** che il venerdì i treni sono molto affollati.	**said**
SIG. BETTI	Sì, è vero, ma uno o due posti ci sono sempre.	
SIG.RA BETTI	Sì, ma io non voglio viaggiare in uno **scompartimento** per **fumatori...**	**compartment/smokers**
PIPPO	Mamma, **hai messo** la mia racchetta da tennis nella valigia?	**did you put**
SIG.RA BETTI	Sì, e anche il tuo libro di storia.	
PIPPO	Papà, il treno per Rapallo **è arrivato** sul **binario** 6.	**has arrived** **track**
SIG. BETTI	Presto, **andiamo**!	**let's go**

COMPRENSIONE

1. Dove vanno i Betti?
2. Da dove partono?
3. Perché il padre non ha comprato i biglietti di prima classe?
4. Come sono i treni il venerdì?
5. Perché la madre è preoccupata?
6. Che cosa desidera sapere Pippo? Perché?
7. Su quale binario è arrivato il treno?

Studio di parole — Arrivi e partenze *(Arrivals and departures)*

—A che ora parte il treno espresso per Roma?
—Parte alle 8.25.
—Non c'è un espresso che parte alle 9?
—No, signora, parte alle 9.15.

La stazione ferroviaria (a train station)

---

l'agenzia di viaggi travel agency
prenotare to reserve
la prenotazione reservation
fare il biglietto to buy the ticket
viaggiare to travel
il viaggio trip
la gita short trip, excursion
il pullman tour bus
la carta d'identità I.D. card
il passaporto passport
all'estero abroad
la nave ship
la crociera cruise
la dogana customs
la carrozza car

il biglietto di andata e ritorno round-trip ticket
confermare to confirm
annullare to cancel
la prima (seconda) classe first (second) class
il posto seat
salire to get on
scendere to get off
la coincidenza connection
in orario on time
perdere il treno (l'aereo, ecc.) to miss the train (plane, etc.)
il cartello sign

—**Scusi, sono liberi questi posti?** Excuse me, are these seats free?
—**No, sono occupati.** No, they are taken.
—**Dove scende Lei?** Where do you get off?

l'aereo

i passeggeri

L'aeroporto

la linea aerea airline
la classe turistica economy class
il volo flight
l'assistente di volo flight attendant
il pilota pilot
decollare to take off
atterrare to land
le cinture di sicurezza safety belts
l'entrata entrance
l'uscita exit

𝒥nformazioni | Aerei e treni

Alitalia, la linea aerea internazionale d'Italia, offre una varietà di voli tra l'Italia e gli Stati Uniti. Roma e Milano hanno i due principali aeroporti internazionali. Autobus e treni speciali collegano *(connect)* gli aeroporti alle stazioni dei treni; i biglietti si comprano *(are bought)* all'aeroporto.

Viaggiare in aereo Italia, e negli altri paesi dell'Europa, è costoso. È molto più economico viaggiare in treno; il sistema ferroviario *(railway system)* è efficiente e i treni arrivano frequentemente e in orario. Prima di salire in treno i viaggiatori devono obliterare *(validate)* il loro biglietto ad una macchina (di solito gialla) situata vicino ai binari del treno. I viaggiatori che partono senza timbrare il biglietto ricevono una multa *(fine)* dal controllore sul treno.

In questa foto, la macchina (gialla) per convalidare il biglietto ferroviario si trova alla destra dell'accesso ai binari.

APPLICATION

A. Guardate il disegno a pagina 149.

1. Cosa fanno le persone in fila *(in line)* davanti alla biglietteria?
2. Un viaggiatore guarda l'orologio e corre *(runs):* di cosa ha paura?
3. Se i viaggiatori vogliono essere sicuri *(sure)* di trovare un posto in treno (o in aereo), che cosa devono fare?
4. Per viaggiare comodamente *(comfortably),* in quale classe devono viaggiare?
5. Di quale documento hanno bisogno se vanno all'estero?

B. Conversazione

1. Come preferisci viaggiare: in treno, in macchina o in aereo? Perché?
2. Quando viaggi in aereo, viaggi in prima classe? Perché?
3. Di solito, viaggi con molte valigie?
4. Con chi viaggi di solito?
5. Quando sei in aereo, dormi, leggi, ascolti musica o parli con altri viaggiatori?
6. Hai paura di viaggiare in aereo?
7. Che cosa dicono i tuoi amici quando parti per un viaggio?

C. Lei è appena arrivato(a) *(You have just arrived)* all'aeroporto dopo un lungo viaggio in aereo. È stanco(a), e decide di fermarsi *(to stop)* una notte all'albergo prima di continuare il viaggio in treno. Telefoni all'albergo e chieda *(ask)* se hanno una camera libera per una notte e quanto costa. Uno studente (una studentessa) è l'impiegato(a) dell'albergo.

In treno. The Betti family has boarded the train for Rapallo. They are now in a compartment where there is already one other person, to whom they speak briefly. Listen to their conversation; then answer the following questions.

Comprensione

1. Di quanti posti hanno bisogno i Betti?
2. Dove scendono?
3. Con chi iniziano una conversazione?
4. Il loro compagno di viaggio va a Genova per un viaggio di piacere *(pleasure)* o per un viaggio d'affari *(business)*?
5. Che cosa domanda la signora Betti al viaggiatore?
6. Perché è contenta la signora Betti?

Dialogo

All'ufficio prenotazioni: una conversazione con l'impiegato della stazione. Dopo una notte in albergo, Lei è pronto(a) a continuare il viaggio, e prenota un biglietto sul treno Milano–Roma. (Osservi attentamente il biglietto.)

Lei comincia con: Vorrei prenotare un posto sul... Lo studente (la studentessa) che fa la parte *(plays the role)* dell'impiegato fa le seguenti domande:

(1) when you will be traveling and at what time,

(2) which class of ticket you want,

(3) if you want a seat in a smoking or nonsmoking car **(carrozza),**

(4) if you prefer a seat near the window or near the corridor **(corridoio).**
The clerk can conclude by giving the number of the car and seat and the ticket price. You then pay and thank the clerk.

Punti grammaticali

7.1 Il passato prossimo con *avere*

Jane ha comprato un biglietto per Roma.

A Roma ha ricevuto dei fiori da un amico romano.

Ha dormito in una pensione vicino a Piazza Navona.

1. Che cosa ha comprato Jane?
2. Che cosa ha ricevuto a Roma?
3. Dove ha dormito?

1. The **passato prossimo** *(present perfect)* indicates an action completed in the recent past. Today, however, many Italians also use it informally to indicate an action or an event that occurred in the recent or not-so-recent past. Like the present perfect tense in English, it is a compound tense. For most Italian verbs and all transitive verbs (verbs that take a direct object),* the **passato prossimo** is conjugated with the present of the auxiliary verb **avere** + the *past participle* (**participio passato**) of the main verb.

   The **participio passato** of regular verbs is formed by replacing the infinitive ending **-are, -ere,** and **-ire** with **-ato, -uto,** and **-ito,** respectively.

comprare	*comprato*
ricevere	*ricevuto*
dormire	*dormito*

comprare		ricevere		dormire	
ho		ho		ho	
hai		hai		hai	
ha	comprato	ha	ricevuto	ha	dormito
abbiamo		abbiamo		abbiamo	
avete		avete		avete	
hanno		hanno		hanno	

2. The **passato prossimo** is rendered in English in the following ways, depending on the context.

   Ho portato due valigie.
   - *I have carried two suitcases.*
   - *I carried two suitcases.*
   - *I did carry two suitcases.*

3. The *negative form* is expressed by placing **non** in front of the auxiliary verb.

Hai telefonato all'agenzia di viaggi?	*Did you call the travel agency?*
Non ho avuto tempo.	*I did not have time.*
Non hai viaggiato con l'Italia?	*Haven't you traveled with Alitalia?*
Non ha finito i suoi studi.	*He did not finish his studies.*
Non hanno ripetuto la domanda.	*They have not repeated the question.*

4. The past participle of a **passato prossimo** conjugated with the auxiliary **avere** must agree in gender and number with the direct object pronouns **lo, la, li,** and **le** that precede the verb.

   Hai comprato **il giornale**? Sì, **l'ho comprato.** No, non **l'ho comprato.**
   Hai comprato **la rivista**? Sì, **l'ho comprata.** No, non **l'ho comprata.**
   Hai comprato **i biglietti**? Sì, **li ho comprati.** No, non **li ho comprati.**
   Hai comprato **le vitamine**? Sì, **le ho comprate.** No, non **le ho comprate.**

---

*In the sentences **Mangio una mela** and **Saluto gli amici, mela** and **amici** are direct objects. (They answer the questions: *What?* and *Whom?*) Thus the verbs **mangiare** and **salutare** are transitive verbs.

La prenotazione? L'ho già **fatta**!   *The reservation? I already made it!*
Quando hai visto **i tuoi cugini**?   *When did you see your cousins?*
Li ho **visti** ieri.   *I saw them yesterday.*

5. Many verbs, especially those ending in **-ere,** have an irregular past participle. Here are some of the most common:

fare *(to make)*	*fatto*
bere *(to drink)*	*bevuto*
chiędere *(to ask)*	*chiesto*
chiųdere *(to close)*	*chiuso*
conọscere *(to know)*	*conosciuto*
lęggere *(to read)*	*letto*
męttere *(to put, to wear)*	*messo*
pęrdere* *(to lose)*	*perduto (perso)*
pręndere *(to take)*	*preso*
rispọndere *(to answer)*	*risposto*
scrịvere *(to write)*	*scritto*
spęndere *(to spend)*	*speso*
vedere* *(to see)*	*veduto (visto)*
aprire *(to open)*	*aperto*
dire *(to say, to tell)*	*detto*
offrire *(to offer)*	*offerto*

Hai letto il giornale di ieri?   *Did you read yesterday's newspaper?*

Abbiamo scritto ai nonni.   *We wrote to our grandparents.*
Hanno preso un tassì.   *They took a cab.*

NOTE:

Some verbs that are irregular in the present have a regular past participle: **dare:** *dato;* **avere:** *avuto;* **volere:** *voluto;* **potere:** *potuto;* **dovere:** *dovuto;* **sapere:** *saputo.*

Cartelli che possiamo leggere sulle porte dei negozi. Immaginate (con un po' di fantasia) e dite dove sono andati i negozianti *(store keepers)* che hanno chiuso i negozi. Quali sono i motivi *(reasons)* familiari? Un matrimonio? Un funerale? Una malattia *(illness)*? Una vincita *(win)* alla lotteria?

****Perdere** and **vedere** have a regular and an irregular past participle. The two forms are interchangeable, but the irregular ones, **perso** and **visto,** are more frequently used.

PRATICA

A. Scambi rapidi. Completate con la forma corretta del passato prossimo dei verbi seguenti.

1. regalare —Marco, che cosa _____ voi a Peppino per Natale?
   —Io _____ un orologio Swatch e i miei genitori _____ una bella enciclopedia per bambini e una biciclettina.
2. ricevere —Mirella, che regali _____ tu per il tuo compleanno?
   —_____ un profumo di Armani da mia madre e una macchina fotografica da mio padre.
3. dormire —Che festa divertente sabato sera! E anche lunga!
   —E vero! Ieri mattina noi _____ fino alle (until) undici.
   —Anche mio marito _____ tutta la mattinata, ma io _____ solo quattro ore.

B. Oggi/ieri. Il fratello fa domande a Paolo sulle sue attività di oggi. Paolo risponde che le ha già (already) fatte ieri. Con un compagno (una compagna), ricreate il loro scambio secondo l'esempio.

ESEMPIO parlare a papà
—*Parli a papà oggi?*
—*Ho parlato a papà ieri.*

1. telefonare all'agenzia 2. giocare a tennis 3. nuotare in piscina
4. lavorare in biblioteca 5. vendere (to sell) lo stereo 6. ricevere i soldi
7. finire tutti i compiti 8. restituire i libri 9. pulire lo studio

C. Ho organizzato un viaggio! Seguendo (Following) una sequenza logica, dite cosa avete fatto per organizzare un viaggio. Usate il passato prossimo.

1. salutare la mia famiglia 2. preparare la valigia 3. telefonare all'agenzia di viaggi 4. invitare un amico 5. chiedere dei soldi a papà 6. prendere l'aereo 7. fare le prenotazioni 8. comprare i biglietti

D. Quante scuse! Roberto ha sempre una giustificazione da dare a sua madre per le cose che non ha fatto. Con un compagno (una compagna), ricreate il loro scambio seguendo l'esempio.

ESEMPIO rispondere/non sentire la domanda
—*Perché non hai risposto?*
—*Perché non ho sentito la domanda.*

1. fare colazione/non avere tempo 2. bere un succo d'arancia/bere una Coca-Cola 3. comprare la verdura/dimenticare di comprarla 4. telefonare da scuola/perdere la carta telefonica 5. rispondere al messaggio della zia/non trovare il numero 6. riordinare la stanza/ non potere

E. Lei ha mai...? (Did you ever. . . ?) Usate i pronomi **lo, la, li** e **le** invece del nome oggetto diretto. (Attenzione all'accordo del participio passato.)

ESEMPIO   mangiare i tortellini alla bolognese
—*Lei ha mai mangiato i tortellini alla bolognese?*
—*Sì, li ho mangiati.*
—*No, non li ho mai mangiati.*

1. prendere il cappuccino **2.** cucinare gli spaghetti **3.** mangiare la bistecca alla fiorentina **4.** visitare la Toscana **5.** sentire il nome di Niccolò Machiavelli **6.** bere l'acqua delle terme di Montecatini *(famous spa in Toscana)*

F. Cosa avete fatto voi...? In gruppi di due, fatevi a turno le seguenti domande.

ESEMPIO   in cucina
—*Cosa avete fatto in cucina?*
—*Abbiamo preparato un'insalata mista.(o...)*

1. al supermercato **2.** all'agenzia di viaggi **3.** al ristorante **4.** in biblioteca **5.** alla stazione dei treni **6.** al telefono pubblico **7.** al caffè **8.** alla piscina **9.** alla conferenza del professore **10.** al cinema **11.** al campo da tennis

7.2 Il passato prossimo con *essere*

Jane è andata a Roma.
È partita dall'aeroporto
Kennedy ed è arrivata
all'aeroporto Leonardo
da Vinci (Roma).

1. Dov'è andata Jane?
2. Da quale città è partita?
3. A quale aeroporto è arrivata?

1. Most intransitive verbs (verbs that do not take a direct object) are conjugated with the auxiliary **essere**. In this case, the past participle *must agree with the subject* in gender and number.

andare			
sono sei è	} andato(a)	siamo siete sono	} andati(e)

2. Most verbs that take the auxiliary **ẹssere** are verbs of coming and going. Here is a list of the most common ones:

andare *(to go)*	**è andato(a)**
arrivare *(to arrive)*	**è arrivato(a)**
cadere *(to fall)*	**è caduto(a)**
diventare *(to become)*	**è diventato(a)**
entrare *(to enter)*	**è entrato(a)**
ẹssere *(to be)*	**è stato(a)**
morire *(to die)*	**è morto(a)**
nạscere *(to be born)*	**è nato(a)**
partire *(to leave)*	**è partito(a)**
restare *(to remain)*	**è restato(a)**
(ri)tornare *(to return)*	**è ritornato(a)**
salire* *(to go up, to climb)*	**è salito(a)**
scẹndere* *(to go down)*	**è sceso(a)**
stare *(to be, to stay)*	**è stato(a)**
uscire *(to go out)*	**è uscito(a)**
venire *(to come)*	**è venuto(a)**

3. Note that **ẹssere, morire, nạscere, scẹndire,** and **venire,** have irregular past participles.

Regular:

Ieri noi **siamo andati** al cịnema.	*Yesterday we went to the movies.*
Maria non **è uscita** con il suo ragazzo.	*Maria didn't go out with her boyfriend.*
Siete partiti in treno o in aẹreo?	*Did you leave by train or by plane?*

Irregular:

Dove **sei nata?**	*Where were you born?*
Giovanni **è stato** in Itạlia tre volte.	*Giovanni has been to Italy three times.*
Ieri **siamo stati** a Fiẹsole.	*Yesterday we were in Fiesole.*

PRATICA

A. **Scambi rạpidi.** Completate con la forma corretta del passato prọssimo dei verbi seguenti.

1. nạscere —Pạolo, tu e i tuoi genitori _____ in Toscana?
—Io _____ a Siena, ma mio padre e mia madre _____ in Calạbria, a Cosenza.

2. andare —Io _____ in montagna durante le vacanze di Natale. E tu, Graziella, dove _____?

 stare —Io purtroppo *(unfortunately)* _____ a casa perché ho avuto l'influenza.

3. uscire —Ieri sera io e Marco _____ e siamo andati alla pizzeria. E tu, Chiara?
—Anch'io _____. Io e Mara _____ dopo cena e siamo andate a prẹndere un cappuccino.

*****Salire** and **scẹndere** are conjugated with **avere** when they have a direct object: **Ho salito le scale.** *I climbed the stairs.*

B. **Un breve tour di Roma.** Ieri avete fatto il tour di Roma, in pullman con una guida. Immaginate di raccontare il tour agli amici.

ESEMPIO   la guida e l'autista *(driver)*, arrivare all'albergo alle 9
La guida e l'autista sono arrivati all'albergo alle 9.

1. io e gli altri turisti, uscire dall'albergo **2.** noi, salire in pullman **3.** il pullman, partire alle 9.20 **4.** noi, passare davanti al Colosseo **5.** noi, arrivare al Foro Romano alle 10.00 **6.** la guida, scendere con noi per visitare le rovine **7.** l'autista, restare sul pullman **8.** noi tutti, ritornare all'albergo alle 12.30 **9.** l'autista e la guida, andare a pranzare a una trattoria lì vicino

C. **Il primo giorno a Firenze.** Che cosa hanno fatto i giovani signori Jones dopo il loro arrivo all'aeroporto?

ESEMPIO   prendere un tassì
Hanno preso un tassì.

1. dare l'indirizzo della pensione al tassista
2. salire alla loro camera
3. fare la doccia
4. chiedere informazioni sulla città
5. mangiare in un buon ristorante
6. visitare Santa Maria del Fiore
7. ammirare le vetrine *(windows)* dei negozi sul Ponte Vecchio
8. passare alcune ore in piazza della Signoria
9. scrivere delle cartoline *(postcards)* ad alcuni amici
10. ritornare alla pensione
11. cenare nella loro camera

D. **La giornata di un'impiegata.** Un'amica curiosa vuole sapere molti particolari *(details)* sulla giornata di lavoro che Luisa Rossi ha avuto ieri. Create il loro dialogo seguendo l'esempio. Usate l'ausiliare **essere** o **avere,** secondo il verbo, e il pronome corretto.

ESEMPIO   fare colazione
—*Hai fatto colazione?*
—*L'ho fatta. o: No, perché non ho avuto tempo. (o...)*

1. quando partire da casa
2. dove prendere l'autobus
3. dove scendere
4. cosa fare in ufficio
5. la pausa di mezzogiorno essere lunga o breve
6. dove andare per la spesa
7. ritornare a casa stanca

E. **Un compagno curioso.** In gruppi di due, fatevi a turno le seguenti domande, seguendo l'esempio.

ESEMPIO   dove, essere ieri sera
—*Dove sei stato(a) ieri sera?*
—*Sono stato(a) al cinema. (o...)*

1. dove, nascere **2.** con chi, uscire sabato scorso **3.** come, ritornare a casa **4.** dove, essere domenica **5.** come, venire all'università **6.** in che giorno, andare in biblioteca **7.** quando, partire per una vacanza **8.** quando, andare al ristorante con i tuoi amici

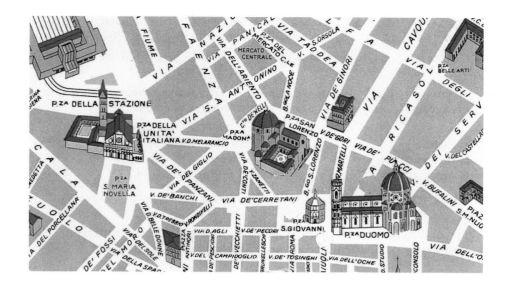

Che vie hanno preso i signori Jones per andare dalla stazione a piazza del Duomo?

F. Un'intervista. Fate le seguenti domande ad un altro studente (studentessa) e scrivete le risposte. Dovete poi essere pronti a descrivere la giornata dello studente/della studentessa alla classe.

A. Che cosa hai fatto ieri mattina?
1. Che cosa hai fatto prima di uscire? **2.** A che ora sei uscito(a) di casa? **3.** Sei venuto(a) all'università? Che lezioni hai avuto?

B. Che cosa hai fatto nel pomeriggio?
1. Hai studiato? Hai lavorato? **2.** Hai fatto spese? Che hai comprato? **3.** Hai telefonato o hai scritto a qualcuno *(someone)?* **4.** Hai letto, hai fatto, hai visto qualcosa *(something)* di speciale? **5.** Hai cenato in famiglia? Che hai mangiato? **6.** A che ora sei andato(a) a letto?

7.3 L'ora *(Time)*

1. The hour and its fractions are expressed in Italian as follows:

È l'una.

È l'una e dieci.

È l'una e un quarto
(*or* e quindici).

È l'una e mezzo
(*or* e trenta).

Sono le due meno
venti.

Sono le due meno
un quarto (*or*
meno quindici).

2. To ask what time it is, either of two expressions can be used:

Che ora è? *or* **Che ore sono?**

To answer, **è** is used in combination with **l'una, mezzogiorno,** and **mezzanotte. Sono le** is used to express all other hours.

È l'una.	*It is one o'clock.*
È mezzogiorno.	*It is noon.*
È mezzanotte.	*It is midnight.*
Sono le due, le tre, ecc.	*It is two o'clock, three o'clock, etc.*

To distinguish A.M. and P.M., the expressions **di mattina, del pomeriggio, di sera,** and **di notte** are added after the hour.

Sono le cinque **di mattina.**	*It is 5:00 A.M.*
Sono le tre **del pomeriggio.**	*It is 3:00 P.M.*
Sono le dieci **di sera.**	*It is 10:00 P.M.*
È l'una **di notte.**	*It is 1:00 A.M.*

3. The question **A che ora?** *(At what time?)* is answered as follows:

A mezzogiorno (o mezzanotte).	*At noon (or midnight).*
All'una e mezzo.	*At 1:30.*
Alle sette di sera.	*At 7:00 P.M.*

4. Italians use the 24-hour system for official times (travel schedules, museum hours, theater times).

La Galleria degli Uffizi apre **alle nove** e chiude **alle diciotto.**	*The Uffizi Gallery opens at 9:00 A.M. and closes at 6:00 P.M.*
L'aereo da Parigi arriva **alle diciassette.**	*The plane from Paris arrives at 5:00 P.M.*

5. The following expressions are associated with time:

la mattina	*in the morning*	**in anticipo**	*ahead of time, early*
il pomeriggio	*in the afternoon*	**in orario**	*on time*
la sera	*in the evening*	**in ritardo**	*late*
la notte	*at night*	**presto**	*early*
in punto	*sharp, precisely*	**tardi**	*late*

La mattina vado in biblioteca.	*In the morning I go to the library.*
La sera guardiamo la TV.	*In the evening we watch TV.*
Il treno è **in orario.**	*The train is on time.*
Sono le due **in punto.**	*It is two o'clock sharp.*
Franco è uscito **presto** ed è arrivato a scuola **in anticipo.**	*Franco left early and arrived at school ahead of time.*
Gina si è alzata **tardi** e ora è **in ritardo** all'appuntamento.	*Gina got up late and now she is late for her appointment.*

The adverbs **presto** and **tardi** are used with **ęssere** only in impersonal expressions.

È presto (tardi).   *It is early (late).*

BUT:

Lui è in antįcipo (in ritardo).   *He is early (late).*

6. The English word *time* is translated as **tempo, ora,** or **volta,** depending on context.

Non ho **tempo.**   *I don't have time.*
Che **ora** è?   *What time is it?*
Tre **volte** al giorno.   *Three times a day.*

PRATICA

A. I fusi orari *(Time zones).* In gruppi di due, confrontate *(compare)* l'ora di alcune città del mondo *(world).*

  ESEMPIO   —*Quando a New York sono le sette di sera, che ore sono a Roma?*
                —*È l'una di notte.*

LONDRA (A.M.)   ROMA (A.M.)   SAN PIETROBURGO (A.M.)   NAIROBI (A.M.)   PECHINO (A.M.)   TOKYO (A.M.)   SYDNEY (A.M.)   LOS ANGELES (P.M.)   CHICAGO (P.M.)   NEW YORK (P.M.)   BUENOS AIRES (P.M.)   RIO DE JANEIRO (P.M.)

B. Orari. Voi leggete l'orario ferroviario (dei treni) e delle linee aęree. Formate frasi complete, trasformando l'ora ufficiale in ora normale.

  ESEMPIO   aęreo Parigi–New York, 17.20
                L'aęreo Parigi–New York parte alle cinque e venti del pomeriggio.

  1. aęreo Milano–Roma, 13.30   **4.** aęreo Roma–New York, 11.45
  2. treno Bologna–Firenze, 21.50   **5.** aęreo Torino–Londra, 14.35
  3. treno Firenze–Nąpoli, 1.05

C. A che ora parte/arriva? Siete a Firenze per una conferenza. Nel pomeriggio siete liberi(e) e desiderate fare delle brevi gite vicino alla città. All'albergo dove alloggiate c'è una bacheca *(bulletin board)* con gli orari degli autobus che portano a varie destinazioni. Fątevi domande sugli orari degli autobus.

  ESEMPIO   —*A che ora parte l'autobus per Fiesole?*
                —*Alle tredici e trentadue.*
                —*A che ora arriva?*
                —*Alle quattordici e trentacinque.*

Autobus	Parte	Arriva
San Gimignano	12.30	14.45
Siena	13.00	14.00
Fiesole	13.32	14.30
Pisa	15.11	16.15
Viareggio	11.40	13.55

D. A che ora? Domandate a un compagno (una compagna) a che ora fa di solito le seguenti attività.

1. fare colazione **2.** uscire di casa **3.** arrivare al lavoro o a scuola **4.** ritornare a casa **5.** cenare **6.** andare a letto

E. La puntualità è un problema. Rispondete usando l'espressione appropriata.

1. La lezione di matematica comincia alle nove. Oggi Gianna è arrivata alle nove e un quarto. È arrivata in anticipo? **2.** Tu devi essere dal dentista alle tre del pomeriggio e arrivi alle tre in punto. Sei in ritardo? **3.** È sabato. Noi siamo a letto e guardiamo l'orologio: sono le sei di mattina. Restiamo ancora *(still)* a letto. Perché? **4.** Ieri sera Pippo è andato a cinema ed è ritornato alle due di mattina. È ritornato presto?

7.4 Usi di *a, in, da* e *per*

Marcello va a Firenze in macchina. Va da zia Rita.

1. The prepositions **a, in,** and **da** are used to indicate location or means of transportation. Each is used as follows:

The preposition **a:**

◆ before the names of cities and small islands;

◆ before nouns such as **casa, scuola, teatro, piedi** *(on foot),* **letto,** and **tavola:**

Abitano **a** Venezia.	*They live in Venice.*
Siamo andati **a** Capri.	*We went to Capri.*
Sei venuta **a** scuola ieri?	*Did you come to school yesterday?*

No, sono restata **a** casa.	*No, I stayed (at) home.*
Andiamo a casa **a** piedi?	*Are we going home on foot?*
Vado **a** letto.	*I'm going to bed.*

The preposition **in:**

◆ before the names of continents, countries, states, regions, and large islands;*

◆ before nouns such as **classe, biblioteca, uffịcio, chiesa, città, montagna, campagna, viạggio, crociera,** and **vacanza;**

◆ before nouns indicating means of transportation, such as **treno, aẹreo, mạcchina, bicicletta, ạutobus, tassì,** and **pullman** (*tour bus):*

Siete stati **in** Europa?	*Have you been to Europe?*
Vorrei abitare **in** Toscana.	*I would like to live in Tuscany.*
Vai **in** montagna?	*Are you going to the mountains?*
Vịvono **in** città o **in** campagna?	*Do they live in the city or in the country?*
Avete viaggiato **in** *treno o* **in** *aẹreo?*	Did you travel by train or by plane?
Siamo venuti **in** mạcchina	*We came by car.*
Sono andati **in** vacanza **in** Sicịlia.	*They went on vacation to Sicily.*

The preposition **da:**

◆ before a person's name, title, or profession to refer to that person's home or workplace;

◆ before a disjunctive pronoun to represent a person's home or workplace:

Stasera andiamo **da** Pietro.	*Tonight we are going to Pietro's.*
Vado **dalla** dottoressa Pini.	*I'm going to Doctor Pini's office.*
Mangiate **da** Maria stasera?	*Are you eating at Maria's house tonight?*
Venite **da** me domani?	*Are you coming to my house tomorrow?*

NOTE:

If the *definite article* is expressed, it contracts with **da.**

Vai **dal** tuo amico?	*Are you going to your friend's house?*

2. To indicate purpose, Italian uses **per** + *infinitive*. This construction corresponds to the English *(in order) to* + *infinitive*.

Stụdio **per** imparare.	*I study (in order) to learn.*
Lavoro **per** vịvere.	*I work (in order) to live.*

---

*For more on geographical names, see **Capitolo 15.**

PRATICA

A. Dove e come vanno le seguenti persone?

ESEMPIO   Pietro, scuola, bicicletta
Pietro va a scuola in bicicletta.

1. Gabriella e Filippo, teatro, tassì
2. la signora Giacomi, chiesa, piedi
3. suo marito, città, autobus
4. i signori Betti e il figlio, Rapallo, treno
5. il signor Agnelli, montagna, aereo
6. E Lei, dove e come è andato(a) stamattina?

B. Dove sono andate? L'anno scorso *(last year)* le seguenti persone hanno fatto un viaggio.

ESEMPIO   Liliana, Inghilterra
Liliana è andata in Inghilterra.

1. io, Austria
2. voi, Alaska
3. Gabriella e Filippo, Toscana, Roma, Napoli e Capri
4. i signori Betti, Liguria
5. la famiglia Catalano, Sicilia
6. Marcello e suo zio, Africa
7. E Lei...?

C. Da chi è andato Marcello la settimana scorsa?

ESEMPIO   lunedì mattina, signor Vari
Lunedì mattina è andato dal signor Vari.

1. martedì pomeriggio, Filippo
2. martedì sera, nonni
3. mercoledì, sua zia
4. giovedì pomeriggio, dottore
5. venerdì mattina, Lucia
6. sabato, agente di viaggi
7. E Lei, da chi è andato(a) la settimana scorsa?

D. In vacanza. Completate con le preposizioni corrette.

L'anno scorso sono andata _____ vacanza _____ Italia. Ho viaggiato _____ aereo. Sono arrivata _____ Milano. Sono andata _____ macchina _____ mia madre. Sono restata _____ mia madre per tre settimane. Ho visitato la città _____ piedi e _____ autobus. Sono andata _____ miei nonni che abitano _____ campagna, e sono andata _____ sciare _____ montagna. Dopo tre settimane sono ritornata _____ California _____ aereo.

E. Perché? Spiegate *(Explain)* il perché *(the reason)* delle seguenti azioni. Usate **per + l'infinito.**

ESEMPIO   Ho studiato per...
Ho studiato per dare l'esame di letteratura. (o...)

1. Ho telefonato all'agenzia di viaggi per...
2. Mia madre è ritornata a casa per...
3. Mia sorella ha comprato il giornale per...
4. I miei amici sono andati a una pizzeria per...
5. Io sono stato(a) a casa per...

F. Conversazione

1. Sei mai stato(a) in Inghilterra o in Francia?
2. Sei mai andato(a) a San Francisco o a San Diego?
3. Hai mai fatto una crociera? Dove sei andato(a)?
4. In quali città degli Stati Uniti hai abitato?
5. Come sei ritornato(a) a casa da scuola ieri?
6. Ieri sera sei uscito(a)? Dove sei andato(a)?

Per finire

Capri.

Un viaggio di nozze

Ieri Lucia ha ricevuto un e-mail da Gabriella. L'amica si è sposata alcuni giorni fa e ora è in viaggio di nozze.

Cara Lucia, ho scritto solo due giorni **fa** dal computer dell'albergo qui a Capri, ma oggi Filippo ha fatto una passeggiata nel pomeriggio e ha trovato questo posto

ago

che si chiama Internet Point, molto comodo, vicino al porto. Così ora **mentre** aspettiamo l'aliscafo per Napoli, scrivo le ultime notizie. Capri è bellissima, ieri pomeriggio abbiamo visitato la grotta azzurra e abbiamo conosciuto due turisti americani molto simpatici e abbiamo parlato inglese. È stata una conversazione un po' difficile perché abbiamo dimenticato molte delle espressioni che abbiamo studiato a scuola. **Ricordi?**

Ieri sera, **invece** di mangiare la solita pizza, siamo andati in un piccolo ristorante qui vicino al porto, molto romantico. Io ho mangiato una **zuppa** ai **frutti di mare** buonissima.

Filippo, invece, non ha voluto mangiare pesce e ha preso una bistecca con delle verdure. Ma! Forse non ha capito che a Capri il pesce è squisito. Poi abbiamo trovato una gelateria e io ho preso un gelato gigante con tanta frutta mentre Filippo ha bevuto solo un caffè. Dopo una settimana di matrimonio conosco **meglio** Filippo. Adesso so che prende troppi caffè e poi perde la pazienza perché è troppo nervoso. Scusa, **devo scappare** perché è arrivato l'aliscafo.

> while
>
> Do you remember?
>
> instead
>
> seafood
>
> better
>
> I must go

Scrivo di nuovo presto, baci
Gabriella

COMPRENSIONE

1. A chi ha scritto l'e-mail Gabriella?   **2.** Perché è in viaggio?   **3.** Da quale città scrive Gabriella?   **4.** Che cosa hanno visitato lei e Filippo ieri pomeriggio?   **5.** Chi hanno conosciuto?   **6.** Perché la loro conversazione in inglese è stata un po' difficile?   **7.** Che cosa hanno mangiato al ristorante ieri sera?   **8.** Dove sono andati dopo la cena? Che cosa hanno preso?   **9.** Come finisce il messaggio Gabriella? Perché ha fretta?

CONVERSAZIONE

1. Hai fatto un viaggio tu recentemente? Dove sei andato(a)? Come hai viaggiato?
2. Quale paese o quali paesi stranieri hai visitato?
3. Hai viaggiato in treno? Quando?
4. Quali sono, secondo te, le città più belle che hai visitato all'estero o nell'America del Nord?
5. Preferisci fare un viaggio in Europa o una crociera nel mare dei Caraibi (*Caribbean*)?
6. Dove vuoi andare in luna di miele (*honeymoon*)?

Adesso scriviamo!

Un viaggio interessante

Scrivi una cartolina ad un amico/un'amica. Descrivi un viaggio o una gita interessante che hai fatto recentemente.

A. Includi le seguenti informazioni nel tuo messaggio:

1. Dove sei andato(a) e con chi.
2. Alcune cose che hai fatto o visto.
3. Che cosa non hai fatto.

B. Adesso rileggi il tuo messaggio. Tutte le parole sono scritte correttamente? Hai controllato l'accordo tra il verbo e il soggetto e tra il nome e l'aggettivo? Controlla in modo particolare la forma del passato pro.ssimo: è un verbo con **avere** o **essere**? Il participio è regolare o no? Ora spedisci (*send*) la tua cartolina a un compagno/una compagna. Se sei fortunato(a) ricevi una risposta da lui o lei!

Attività supplementari

A. **Il viaggio di Marisa.** Guardate i seguenti disegni e dite dove è andata e cosa ha fatto Marisa. (Mettete i tempi al **passato prossimo).**

1.

2.

3.

4.

5.

6.

7.

8.

9.

10.

11.

B. Le conversazioni di Marisa. In gruppi di due, guardate i disegni dell'attività A e immaginate:

1. **la conversazione di Marisa con l'agente di viaggi** (disegno 2): (She tells him where she would like to go: «**Vorrei un biglietto per...**» She asks the times of departure and arrival, the time she must be at the airport, and the flight number. To conclude, she asks the cost of the ticket.)

2. **la conversazione di Marisa e di Gino al ristorante** (disegno 10): (Imagine what they order to eat and to drink. They discuss what time she has to leave the city and by what means of transportation. Marisa promises to write an e-mail or call: «**Prometto di...**» Her friend promises to visit her soon.)

Come si dice in italiano?

1. I'm very tired because I didn't sleep much last night.
2. Why? Did you work late (**fino a tardi**)?
3. No, I came home five hours ago from a one-week trip to New York with my Aunt Jane.
4. Did you travel by plane or train?
5. By plane. But I didn't have to buy a (**il**) ticket. My Aunt Jane bought two first-class tickets, and our trip was very comfortable.
6. Did she reserve a room in a hotel?
7. No, we stayed at my grandparents' house, as we often do.
8. I don't know New York. How is it?
9. It's a great city with theaters and elegant shops. However, there are too many people and life isn't very easy.

GUARDIAMO!

Arrivi e partenze

Alessandra e Fabio sono seduti in un'agenzia di viaggi. I due amici devono ritirare dei biglietti per Arezzo, dove hanno intenzione di andare a trovare la cugina di Alessandra.

SITO WEB

Per fare più pratica con gli argomenti culturali e i punti grammaticali del **Capitolo 7,** vai a vedere il sito *Ciao!* a *http://ciao.heinle.com.*

Vedute d'Italia

Prima di leggere

Tuscany is a place, as the reading title tells us, where living is a daily celebration of nature. By analyzing the title and its implications, you are already aware of the article's focus, which you can watch for as you read. Within this focus, the article presents local people and well-known foreigners who have all chosen to live in the Tuscan countryside.

Toscana, dove **vivere** è un **quotidiano elogio della natura**

Qui il solo **rumore che senti** è quello della natura. Vivere in **quest'isola di verde** in un piccolo **borgo scolpito** dalla storia e nella roccia, per alcuni è un regalo del destino. Perché in **questa terra** sono nati e **hanno scelto** di **viverci.** Perché qui hanno le residenze e le **tenute.** Sono gli Antinori, i della Gherardesca, gli Incisa della Rocchetta, i Tolomei, i Serristori e i Ruspoli.

Per altri **invece,** vivere in Toscana è una **scelta** di vita. A Figline Valdarno, Sting possiede una splendida tenuta, dove si è **trasferito** con l'intera e numerosa famiglia. Russell Crowe, **volto e corpo** del Gladiatore, ha recentemente comprato una casa vicino alla tenuta del popstar inglese. Richard Gere, **buddista di fede** e **toscano di adozione,** abita vicino all'istituto Lama Tzong Khapa. La **maremma** ha **sedotto** recentemente **due divi** come George Clooney e Julia Roberts, che hanno cercato e trovato casa in questa parte di mondo.

Per tutti, nativi o neo residenti, la Toscana è un posto dove trovare la pace che i tempi moderni, **altrove, hanno limitato.** Un luogo dove **unire** riti e costumi che l'avanzata del progresso **ha sfiorato, ma non intaccato.** Dove **la lentezza è un modus vivendi,** inutile cercare altrove gli stessi ritmi, i **medesimi** sapori. Chi ha scelto di vivere la Toscana sa di aver cercato e trovato un mondo unico. Dove il cibo ha un sapore **tutto suo,** come l'olio nuovo e i vini dei Bolgheri e Castagneto.

Side glossary:

living/a daily celebration

noise/you hear
this green island/village/ sculpted
this land/have chosen/live in it
estates

instead/choice

he moved
face and body
Buddhist by faith
Tuscan by adoption
Tuscan countryside/seduced/ two stars

elsewhere/have limited
unite
has touched, but not damaged/ slowness is a way of life/same

its own

Alla lettura

Leggi di nuovo la lettura. Poi, con un compagno/una compagna, rispondete alle seguenti domande:

1. Com'è la campagna toscana? Usate almeno tre aggettivi nella risposta.
2. Quali personaggi famosi hanno deciso di vivere in Toscana?
3. Cosa trovano i residenti? (Scrivete almeno tre frasi.)

La storia

La Toscana è una delle regioni più affascinanti d'Italia. L'antico nome «Tuscia», deriva dalla misteriosa **civiltà** etrusca, esistente prima di Roma. Fondata dai Romani sul **fiume** Arno, Firenze è il capoluogo della regione. Nel 1300 Firenze è uno dei centri principali d'Europa.

    civilization
    river

Anche il **Rinascimento** è nato in Toscana: Donatello, Brunelleschi, Botticelli, Michelangelo e Leonardo da Vinci sono solo alcuni dei grandi artisti del Rinascimento toscano. Il contributo filosofico, politico e scientifico rinascimentale non è stato inferiore, se pensiamo, per esempio, a Niccolò Machiavelli e a Galileo Galilei.

    Renaissance

COMPRENSIONE

1. Il nome «Toscana» deriva dalla civiltà...
   a. romana   b. rinascimentale
   c. etrusca
2. Il capoluogo della Toscana è...
   a. Siena   b. Firenze   c. Pisa
3. Il Rinascimento ha avuto origine...
   a. in Lombardia   b. in Sicilia   c. in Toscana
4. Galileo Galilei, uno dei grandi nomi del Rinascimento toscano, ha contribuito...
   a. all'arte   b. alle scienze   c. alla politica

Culture a confronto

1. Capisci perché molte persone hanno deciso di abitare in Toscana? 2. Desideri visitare la Toscana? Perché sì o perché no? 3. I nordamericani amano molto la Toscana. Perché? 4. Riconosci le opere d'arte illustrate nella pagina? Dove le hai viste?

Vocabolario

Nomi

l'agente (m.)	agent
l'albergo	hotel
la camera	room
la cartolina	postcard
il chilometro	kilometer
il documento	document
il fumatore, la fumatrice	smoker
il gatto	cat
la mezzanotte	midnight
la pensione	inn
il posto	place; seat
il prezzo	price
il pullman	tour bus
la racchetta da tennis	tennis racket
lo sposo, la sposa	groom; bride
il tassì	taxi
il tassista	taxi driver
la trattoria	restaurant
la vacanza	vacation

Aggettivi

affollato	crowded
comodo	comfortable
impossibile	impossible
lento	slow
magnifico	magnificent
rapido	fast
scorso	last
sicuro	sure

Verbi

ammirare	to admire
cadere	to fall
correre (p.p. corso)	to run
depositare	to deposit
(di)scendere (p.p. [di]sceso)	to descend, to go down, to get off
diventare	to become
entrare	to enter
lasciare	to leave (someone, something)
mettere (p.p. messo)	to put; to wear
morire (p.p. morto)	to die
mostrare	to show
nascere (p.p. nato)	to be born
restare	to remain
ricordare	to remember
salire	to climb, to go up, to get on
salutare	to greet; to say good-bye
sciare	to ski
spendere (p.p. speso)	to spend (money)
trovare	to find
vendere	to sell
visitare	to visit

Altre espressioni

Buon viaggio!	Have a nice trip!
comodamente	comfortably
durante	during
fa	ago
facilmente	easily
ieri	yesterday
in anticipo	early, ahead of time
in orario	on time
in punto	sharp, precisely (time)
in ritardo	late
presto/Presto!	early, fast, soon; Hurry up!
Quanto tempo fa?	How long ago?
recentemente	recently
solamente	only
tardi	late
viaggio d'affari	business trip
di nozze	honeymoon trip
di piacere	pleasure trip

Soldi e tempo

Una banca in un edificio rinascimentale.

Punti di vista

Roma. Veduta del Tevere. Sullo sfondo, la maestosa cupola di San Pietro.

Un viaggio d'affari (CD 4, TRACK 7)

John White è un uomo d'affari americano. È arrivato a Roma e **soggiorna** all'albergo «Excelsior», in via Veneto,* dove ha prenotato una **camera singola** con doccia. Dall'albergo telefona a Davide, un collega che lavora alla **filiale** di Roma.

		stays
		single room
		branch

JOHN	Pronto, Davide? Sono John White. Come stai?	
DAVIDE	**Salve,** John! Come va? Hai fatto un buon viaggio?	Hello
JOHN	Sì, **abbastanza,** però è stato un viaggio lungo e **mi sono annoiato parecchio.**	good enough I got bored a lot
DAVIDE	In che albergo stai? Hai una macchina?	
JOHN	Sono all'«Excelsior». No, **non ho noleggiato** la macchina. A Roma preferisco prendere il tassì.	I haven't rented
DAVIDE	**Allora, ci vediamo** per il pranzo? Al «Gladiatore»?	Well, shall we meet
JOHN	Sì, certo, però prima devo **lavarmi, vestirmi** e andare in banca per cambiare dei dollari.	to wash to get dressed
DAVIDE	Allora, **ci incontriamo** al ristorante al l'una. Va bene?	we will meet
JOHN	D'accordo. A presto.	

*Street with luxury hotels and chic shops.

COMPRENSIONE

1. Chi è John White?
2. È venuto a Roma per un viaggio di piacere?
3. Cos'ha prenotato all'albergo?
4. Perché John si lamenta (complain) del viaggio?
5. Ha noleggiato una macchina? Perché?
6. Prima di vedere Davide, John deve lavarsi, vestirsi e...

Studio di parole   Albergo e banca

Sr. White: Vorrei cambiare un traveler's cheque di mille dollari.
Impiegato: Ha il passaporto, per favore?

prenotare   to reserve
alloggiare/soggiornare   to lodge, to stay
un albergo   hotel
  di lusso   deluxe
  economico   moderately priced
una pensione   boardinghouse
un ostello della gioventù   youth hostel
una camera singola   single room
  doppia   double room
  a due letti   with twin beds
  con bagno   with bath
  con doccia   with shower
  con servizi   with bath
  con televisione   with TV
  con aria condizionata   with air conditioning
l'ufficio cambio   currency exchange office
cambiare un traveler's check   to cash a traveler's check
Qual è il cambio del dollaro oggi?   What is the rate of exchange for the dollar today?

noleggiare una macchina   to rent a car
il denaro, i soldi   money
pagare in contanti   to pay cash
  con carta di credito   with credit card
  con un assegno   with a check
depositare/riscuotere un assegno   to deposit/to cash a check
lo sportello N. 1(2...)   window number 1(2...)
il Bancomat   ATM machine
la valuta   currency
prelevare   to withdraw (money)
prelievo   withdrawal
cambiare   to change, to exchange
il cambio   rate of exchange
mostrare un documento d'identità   to show an ID
la firma   signature
firmare   to sign
la ricevuta   receipt
Si accomodi alla cassa.   Please go to the cashier.

Informazioni | Alberghi e banche

Gli alberghi in Italia sono classificati in categorie: da una a cinque stelle *(stars)*. Una pensione è generalmente più piccola e più economica di un albergo; e spesso gestita *(run)* da una famiglia. Gli alberghi e le pensioni possono offrire la scelta: pensione completa *(full board)* con i tre pasti, o mezza pensione: solo colazione e cena (o pranzo). Per i giovani viaggiatori che non vogliono spendere molto, gli ostelli per la gioventù offrono alloggio a prezzi modici *(low cost)*, però sono molto affollati durante l'estate.

La maggior parte *(most)* delle automobili hanno la trasmissione a mano. Per avere un'automobile con la trasmissione automatica, bisogna *(one must)* prenotarla in anticipo *(in advance)*.

Gli orari *(hours)* delle banche, di solito, sono dalle 8.30 del mattino alle 12.30 del pomeriggio, e dalle 2.45 alle 4 del pomeriggio, da lunedì a venerdì. Però questi orari possono variare da banca a banca e da città a città.

Il Bancomat.

APPLICAZIONE

A. Domande. In due, fatevi a turno le seguenti domande.

1. Quando uno studente (una studentessa) che non ha molti soldi viaggia all'estero, dove alloggia?
2. Una coppia prenota una camera singola?
3. In una banca, a quale sportello andiamo per cambiare i soldi?
4. Quant'è il cambio del dollaro in Italia adesso? Più o meno di 1 euro?

B. Dialogo. In due, fate il seguente dialogo: Immaginate di fare una telefonata intercontinentale per prenotare una camera a Roma per tre giorni. Vi risponde un impiegato dell'albergo Excelsior di Roma.

C. Conversazione

1. Che cosa prenoti quando vai all'estero: una camera in un albergo di due o quattro stelle?
2. Quando è una buon'idea prenotare una camera con aria condizionata?
3. Quando vuoi prenotare una camera in un albergo all'estero, telefoni all'albergo o mandi un fax?
4. Quando sei in un paese straniero, noleggi una macchina o usi i mezzi di trasporto *(means of transportation)* pubblici?
5. Quando compri qualcosa *(something)* in un negozio, come paghi?

A che ora riapre la banca nel pomeriggio? Il sabato è aperta tutto il giorno o mezza giornata? A che ora chiude?

In banca, allo sportello del cambio. John White has arrived at the bank to change some American traveler's checks into **euro**. He is talking with the clerk at the exchange window. Listen to their conversation, then answer the following questions.

Comprensione

1. Perché è andato in banca il signor White?
2. Quanti dollari vuole cambiare?
3. Secondo l'impiegato, è una settimana fortunata per il dollaro? Perché?
4. Quale documento ha voluto vedere l'impiegato?
5. Che cosa vuole sapere?
6. Come si chiama l'impiegato?

Dialogo

Immaginate di essere in una banca italiana per cambiare dei dollari. Domandate quant'è il cambio del dollaro e decidete quanti dollari volete cambiare. L'impiegato vi chiederà *(will ask you)* prima un documento di identità e poi vi chiederà di firmare la ricevuta.

Punti grammaticali

8.1 I verbi riflessivi e reciproci

Mi chiamo Gino; sono impiegato di banca.

Mi alzo alle sette.

Mi lavo e mi vesto.

Mi riposo la sera.

1. Come si chiama l'impiegato di banca?
2. A che ora si alza?
3. Poi *(Then)* che cosa fa?
4. Quando si riposa?

1. **I verbi riflessivi**
   a. A verb is reflexive when the action expressed by the verb refers back to the subject. Only transitive verbs (verbs that take a direct object) may be used in the reflexive construction.

Lavo la macchina.	*I wash the car.* (transitive)
Mi lavo.	*I wash myself.* (reflexive)
Vedo la ragazza.	*I see the girl.* (transitive)
Mi vedo nello specchio.	*I see myself in the mirror.* (reflexive)

The infinitive of a reflexive verb is formed using the infinitive of the non-reflexive form without the final **-e** + the reflexive pronoun **si** *(oneself)*: **lavar-si, metter-si, vestir-si.**

lavarsi	*to wash oneself*
mi lavo	*I wash myself*
ti lavi	*you wash yourself*
si lava	*he / she / it washes himself / herself / itself*
Si lava	*you wash yourself (formal sing.)*
ci laviamo	*we wash ourselves*
vi lavate	*you wash yourselves*
si lavano	*they wash themselves*
Si lavano	*you wash yourselves (formal pl.)*

The reflexive pronouns are **mi, ti, ci, vi,** and **si.** They must always be expressed and must agree with the subject, since the object and subject are the same. Usually the pronoun precedes the reflexive verb. Some common reflexive verbs are:

chiamarsi	*to be called*	**sentirsi**	*to feel*
svegliarsi	*to wake up*	**fermarsi**	*to stop (oneself)*
alzarsi	*to get up*	**riposarsi**	*to rest*
lavarsi	*to wash (oneself)*	**addormentarsi**	*to fall asleep*
vestirsi	*to get dressed*	**arrabbiarsi**	*to get angry*
mẹttersi	*to put on*	**scusarsi**	*to apologize*
prepararsi	*to get ready*	**innamorarsi**	*to fall in love*
divertirsi	*to have fun, to enjoy oneself*	**sposarsi**	*to get married*
		laurearsi	*to graduate from a university*
annoiarsi	*to get bored*		

(Noi) **ci alziamo** presto.	*We get up early.*
(Lei) **si veste** bene.	*She dresses well.*
Come **ti chiami**?	*What's your name?*
Mi svẹglio tutti i giorni alle otto.	*I wake up every day at eight.*

NOTE:

Many Italian reflexive verbs are idiomatic and do not translate literally into English. Some verbs change their meaning when they are reflexive.

Teresa **chiama** Rosa.	*Teresa calls Rosa.*
Mi chiamo Rosa.	*My name is Rosa.*
Sento la mụsica.	*I hear the music.*
Mi sento male.	*I feel sick.*

b. If a reflexive verb is used in an infinitive form, the appropriate reflexive pronoun is attached to the infinitive after dropping the final **-e.**

Desịdero divertir**mi.**	*I want to enjoy myself (have a good time).*
Non dobbiamo alzar**ci** presto.	*We do not have to get (ourselves) up early.*
Oggi preferisce riposar**si.**	*Today she prefers to rest (herself).*

NOTE:

With **dovere, potere,** and **volere,** the reflexive pronoun may be placed *before* the conjugated verb:

Vọglio alzar**mi.**
Mi vọglio alzare. } *I want to get (myself) up.*

c. When an action involves parts of the body or clothing, Italian uses the reflexive construction and the definite article instead of the possessive adjective.

Mi lavo **le** mani. *I wash my hands.*
Mi metto **il** vestito rosso. *I put on my red dress.*

d. **Sedersi** *(To sit down)* has an irregular conjugation.

mi siedo	**ci sediamo**
ti siedi	**vi sedete**
si siede	**si siedono**

Passato prossimo: *mi sono seduto(a)*

Carlo e Maria si telefonano.

2. **I verbi reciproci.**
    When a verb expresses reciprocal action (we know *one another,* you love *each other*), it follows the pattern of a reflexive verb. In this case, however, only the plural pronouns **ci, vi,** and **si** are used.

Lia e Gino **si salụtano.** (Lia saluta Gino e Gino saluta Lia.) *Lia and Gino greet each other.*

Noi **ci scriviamo** spesso, ma voi non **vi scrivete** mai. *We write to each other often, but you never write to each other.*

PRATICA

A. Divertimenti. Dove si divertono le seguenti persone?

ESEMPIO   mio zio, in montagna
Mio zio si diverte in montagna.

1. io, al caffè con gli amici **2.** Mirella e Luisa, al campo da tennis
3. noi, alla discoteca **4.** mia madre, a teatro **5.** voi, al cinema **6.** mio
padre e i suoi amici, davanti alla televisione **7.** E tu, dove ti diverti?

B. Una questione di abitudini *(habits).* Completate il paragrafo.

Io _____ (chiamarsi) Alberto e il mio compagno di stanza _____ (chiamarsi) Stefano. Lui _____ (svegliarsi) molto presto la mattina, ma io _____ (svegliarsi) tardi. Lui _____ (lavarsi) e _____ (vestirsi) rapidamente e io _____ (lavarsi) e _____ (vestirsi) lentamente *(slowly).* Io non _____ (prepararsi) la colazione perché non ho tempo, ma Stefano _____ (prepararsi) una colazione abbondante. Io _____ (divertirsi) quando gioco a tennis, ma Stefano non _____ (divertirsi). Io _____ (annoiarsi) quando guardo la TV e lui _____ (annoiarsi) quando è solo. Io _____ (innamorarsi) delle ragazze bionde e lui _____ (innamorarsi) delle ragazze brune. Io _____ (arrabbiarsi) perché Stefano è sempre in ritardo, e lui _____ (arrabbiarsi) perché io dimentico sempre i miei appuntamenti. A mezzogiorno Stefano ed io _____ (fermarsi) al caffè e mangiamo insieme. Poi noi _____ (riposarsi) al parco prima di ritornare in banca. La sera noi _____ (addormentarsi) presto perché siamo stanchi morti *(dead tired).*

C. Che cosa fate quando...? Rispondete alle domande con il verbo riflessivo appropriato.

ESEMPIO   la sveglia suona *(rings)?* svegliarsi
—*Cosa fate quando la sveglia suona?*
—*Ci svegliamo.*

1. un amico è in ritardo?	mettersi un golf *(sweater)*
2. avete freddo?	addormentarsi
3. andate a una festa?	divertirsi
4. ascoltate un discorso *(speech)* noioso?	arrabbiarsi
	annoiarsi
5. siete stanchi(e) di camminare?	fermarsi a salutare
6. avete sonno?	sedersi
7. vedete un amico (un'amica)?	

D. Preferenze. In coppie, dite in quali situazioni fate le seguenti cose.

ESEMPIO   divertirsi
—*Io mi diverto quando faccio un viaggio.*
—*Io invece, mi diverto quando vado al cinema.*

1. vestirsi elegantemente **2.** alzarsi tardi **3.** sentirsi felice **4.** fermarsi
a un caffè **5.** arrabbiarsi **6.** riposarsi **7.** scusarsi

E. **Scambi rapidi.** Completate con la forma corretta del verbo in parentesi.

1. (sposarsi)   —Allora *(So),* Lisa, quando _____ tu e Piero?
                       —Se tutto va bene, _____ fra due mesi.

2. (vedersi)   —Franco, è tardi e io devo partire. (Noi)
                       _____ domenica?
                       —No, domenica noi non possiamo _____, ma
                       io sono libero sabato sera.

3. (scriversi)   —Laura e Davide _____ spesso?
    (telefonarsi)   —No, ma loro _____ ogni settimana.

F. **Conversazione.** Rispondete usando la costruzione reciproca.

1. Dove vi incontrate, tu e i tuoi compagni?   **2.** Dove vi vedete, tu e il tuo ragazzo (la tua ragazza)?   **3.** Quante volte all'anno vi scrivete, tu e i tuoi genitori?   **4.** Quando vi telefonate, tu e tua madre?   **5.** Quando sei arrabbiato(a) *(mad)* con il tuo compagno (la tua compagna) di stanza, vi parlate o non vi parlate?   **6.** Quando tu e i tuoi amici vi vedete, vi abbracciate o vi date la mano?

G. **Conosciamoci.** Hai una nuova compagna/un nuovo compagno di stanza e desiderate conoscervi meglio *(better).* Create delle domande con i verbi della lista e poi praticate con un compagno/una compagna di classe.

Lista di verbi: alzarsi, prepararsi, divertirsi, riposarsi, addormentarsi, arrabbiarsi, laurearsi.

ESEMPIO   svegliarsi
                 —*A che ora ti alzi di solito?*
                 —*Mi alzo alle otto.*

8.2 Il passato prossimo con i verbi riflessivi e reciproci

Pippo l'astuto si è seduto.

All reflexive and reciprocal verbs are conjugated with the auxiliary **essere** in the **passato prossimo.** The past participle must agree with the subject in gender and number.

lavarsi	*to wash oneself*
mi sono lavato(a)	*I washed myself*
ti sei lavato(a)	*you washed yourself*
si è lavato(a)	*he (she) washed himself (herself)*
ci siamo lavati(e)	*we washed ourselves*
vi siete lavati(e)	*you washed yourselves*
si sono lavati(e)	*they washed themselves*

Verbi reciproci:

Ci siamo incontrati(e).	*We met each other.*
Vi siete incontrati(e).	*You (plural) met each other.*
Si sono incontrati(e).	*They met each other.*

Lia, **ti sei divertita** ieri?	*Lia, did you have fun yesterday?**
Ci siamo alzati alle sei.	*We got up at six.*
Il treno **si è fermato** a Parma.	*The train stopped in Parma.*
Le due ragazze **si sono salutate** e **si sono baciate.**	*The two girls greeted each other, and they kissed each other.*

PRATICA

A. Sì, ma... Completate con il verbo riflessivo al **passato prossimo.**

> ESEMPIO   Ti alzi presto?
> *Sì, ma questa mattina (alzarsi) mi sono alzato(a) tardi.*

1. Vi fermate a salutare i nonni?/Di solito sì, ma questa volta non (fermarsi) _____.
2. Ti annoi alle conferenze?/Di solito sì, ma alla conferenza di ieri io non (annoiarsi) _____ affatto *(at all)*.
3. Ti svegli presto la mattina?/Sì, ma questa mattina io (svegliarsi) _____ tardi.
4. Vi scrivete spesso tu e la tua famiglia?/Sì, ma quest'anno (scriversi) _____ poco.

B. Una storia d'amore. Raccontate la storia di Laura e Francesco al **passato prossimo.**

Un bel giorno Laura e Francesco s'incontrano. Si guardano e si parlano: s'innamorano a prima vista *(at first sight)*. Si scrivono e si rivedono spesso. Finalmente si fidanzano e, dopo pochi mesi, si sposano.

---

*For expressions of time, see **Punti grammaticali 8.3** and **8.4.**

C. Vacanze romane. Completate le seguenti frasi usando il **passato prossimo.**

Raffaella _____ (arrivare) a Roma ieri sera per incontrare l'amica Marina. Stamattina Raffaella _____ (svegliarsi) presto, _____ (alzarsi) e _____ (telefonare) all'amica. Poi _____ (lavarsi) e _____ (vestirsi). Quando le due ragazze _____ (incontrarsi), _____ (salutarsi) con molto affetto e _____ (uscire) dall'albergo. Marina e Raffaella _____ (visitare) la città e _____ (divertirsi) molto. A mezzogiorno le due ragazze _____ (sentirsi) stanche e _____ (fermarsi) a una tavola calda *(snack bar),* dove _____ (riposarsi) per un'ora. Dopo il pranzo, Marina e Raffaella _____ (fare) le spese nei negozi e _____ (comprare) delle cartoline e dei francobolli *(postage stamps).* Poi le due amiche _____ (sedersi) a un caffè e _____ (scrivere) le cartoline ai loro parenti e amici.

D. Ecco una cartolina di Raffaella. Completate con il verbo al **passato prossimo.**

Roma, 3 luglio 2001
Carissimi genitori, come state?
Io sto bene. Ieri sera io
(arrivare) _____ a Roma.
È una bellissima città. Lisa
ed io (visitare) _____ la
città e (divertirsi) _____
molto. Noi (comprare) _____
dei regalini per tutti.
Tanti baci e abbracci e
arrivederci a presto.
Raffaella

Cordiali saluti Lisa

Alla famiglia Ronzon
via Senato 15
Bologna
20146

E. Conversazione

1. A che ora ti sei alzato(a) stamattina?
2. Hai avuto il tempo di prepararti la colazione?
3. Ti arrabbi spesso? Quando ti sei arrabbiato(a) l'ultima volta? Perché?
4. Ti sei divertito(a) il fine-settimana scorso? Come?
5. A che ora ti sei addormentato(a) ieri sera?
6. Quand'è stata l'ultima volta che ti sei vestito(a) molto elegantemente? In quale occasione?

8.3 Espressioni di tempo nel passato

—L'anno scorso ho dovuto
   pagare un anno di studi per
   i miei due figli.

Here are some expressions that may be used to refer to actions or events that occurred recently or some time ago.

Quando?	When?
stamattina	*this morning*
ieri	*yesterday*
ieri mattina	*yesterday morning*
ieri pomeriggio	*yesterday afternoon*
ieri sera	*yesterday evening / last night*
l'altro ieri	*the day before yesterday*
la notte scorsa	*last night*
domenica scorsa	*last Sunday*
la settimana scorsa	*last week*
il mese scorso	*last month*
l'anno scorso	*last year*

Quanto tempo fa?	How long ago?
poco tempo fa	*a little while ago, not long ago*
alcuni minuti fa	*a few minutes ago*
due ore fa	*two hours ago*
tre giorni fa	*three days ago*
quattro settimane fa	*four weeks ago*
molti mesi fa	*many months ago*
dieci anni fa	*ten years ago*

> **PRATICA**

A. Quando...? Rispondete alle seguenti domande, usando un'espressione di tempo al passato.

ESEMPIO —*Quando ha fatto colazione Lei?*
—*Stamattina. (o...)*

1. Quando è stato(a) in un ostello della gioventù?
2. Quando è entrato(a) in un'agenzia di cambio?
3. Quando è andato(a) a un Bancomat?
4. Quando ha noleggiato una macchina?
5. Quando ha preso un tassì?
6. Quando ha mangiato in un ristorante cinese?
7. Quando si è comprato(a) un bel regalo?

B. Quanto tempo fa...? In gruppi di due, formulate cinque domande che vi chiedete a turno per sapere quando avete fatto alcune cose.

ESEMPIO andare in biblioteca
—*Quanto tempo fa sei andato(a) in biblioteca?*
—*Sono andato(a) in biblioteca due ore fa. (o...)*

8.4 Avverbi

La tartaruga e la lepre (hare) fanno una gara (race): la tartaruga cammina lentamente, l'altra corre velocemente.

1. You have learned several adverbs (**molto, troppo, ora, presto,** etc.) in earlier chapters. In Italian, many adverbs are formed by adding **-mente** to the feminine form of the adjective. The suffix **-mente** corresponds to the English adverbial suffix *-ly*.

attento	attenta	**attentamente** *(carefully)*
fortunato	fortunata	**fortunatamente** *(fortunately)*
lento	lenta	**lentamente** *(slowly)*
rapido	rapida	**rapidamente** *(rapidly)*

Adjectives ending in **-e** add **-mente** without changing the final vowel.

paziente	**pazientemente** *(patiently)*
semplice	**semplicemente** *(simply)*
veloce	**velocemente** *(fast, quickly)*

Adjectives ending in **-le** and **-re** drop the final **-e** before **-mente.**

facile	**facilmente** *(easily)*
particolare	**particolarmente** *(particularly)*
probabile	**probabilmente** *(probably)*

2. The following are some useful **adverbs of time:**

adesso, ora	*now*	≠	**dopo**	*later*	
prima	*first, before*	≠	**poi**	*then*	
presto	*early, soon*	≠	**tardi, più tardi**	*late, later*	
spesso	*often*	≠	{ **raramente**	*seldom*	
		≠	{ **qualche volta**	*sometimes*	
già	*already*	≠	**non... ancora**	*not... yet*	
ancora	*still, more, again*	≠	**non... più**	*not... any longer, not... anymore*	
sempre	*always*	≠	**non... mai***	*never*	

3. Adverbs generally follow the verb.

Viaggio **spesso** per affari.	*I often travel on business.*
Vado **sempre** in aereo.	*I always go by plane.*
Scrivono **raramente**.	*They seldom write.*

With *compound tenses,* however, the following adverbs of time are placed *between* the auxiliary verb and the past participle: **già, non...ancora, non...più, non... mai,** and **sempre.**

Non sono **mai** andata in treno.	*I've never gone by train.*
Non ho **ancora** fatto colazione.	*I have not had breakfast yet.*
Sei **già** stata in banca?	*Have you already been to the bank?*
Tina **non** è **più** ritornata a Perugia.	*Tina didn't return to Perugia anymore.*

PRATICA

A. Come...? Rispondete con un avverbio, seguendo l'esempio.

ESEMPIO   —Sei una persona cordiale: come saluti?
                     —*Saluto cordialmente.*

1. Sei molto rapido a leggere: come leggi?   **2.** Stai attento quando il professore spiega: come ascolti?   **3.** Fai una vita tranquilla: come vivi?
4. Per te *(you)* è facile scrivere: come scrivi?   **5.** Sei sempre pronto a rispondere: come rispondi?   **6.** I tuoi vestiti *(clothes)* sono sempre eleganti: come ti vesti?

B. Conversazione. Rispondete usando uno dei seguenti avverbi: **non...mai, spesso, raramente, qualche volta, già, non...ancora, non...più.**

1. Hai visitato Roma?   **2.** Sei mai andato(a) in metropolitana?   **3.** Sei già salito(a) sulla torre *(tower)* di Pisa?   **4.** Hai viaggiato spesso quest'anno?   **5.** Hai già festeggiato il tuo compleanno quest'anno?
6. Hai mangiato qualche volta in una trattoria romana?   **7.** Sei già stato(a) a Capri?

*****Mai** in an affirmative question means *ever:* **Hai *mai* visto Roma?**

Per finire

Impiegati bancari al lavoro.

La giornata di un impiegato

L'ingegner Scotti ha dato un ultimatum al figlio che non si è ancora laureato: Marcello deve pensare seriamente a una **carriera.** Così, Marcello incomincia oggi la sua prima giornata di lavoro.

    Stamattina si sveglia molto presto. Guarda la sveglia: sono **appena** le sette e un quarto. Non è **abituato** a svegliarsi così presto, ma oggi non può dormire. Non si sente molto bene. Marcello si alza, si lava e si veste: si mette un **completo** elegante. Di solito Marcello **ha una fame da lupo** e fa una colazione abbondante, ma oggi non ha fame e beve solo un espresso. Guarda l'orologio: sono le otto ed è ora di andare al lavoro.

    In banca Marcello **fa la conoscenza** del **capoufficio** e dei **colleghi,** poi si siede e incomincia a lavorare. Alle dieci e mezzo fa una pausa e prende un caffè con un collega, poi **ricomincia** a lavorare. È nervoso e fa degli errori. Ma il suo capoufficio è gentile e i suoi colleghi sono cordiali e lo incoraggiano. Marcello guarda l'orologio: oggi il tempo non passa mai! Finalmente arriva l'una del pomeriggio e Marcello esce dalla banca.

career

only
accustomed

suit
is as hungry as a wolf

meets
boss/colleagues

he starts again

(A casa, durante la cena.)
PAPÀ   Allora, come è andata oggi?
MARCELLO   Non molto bene, ma tutti mi hanno trattato cordialmente.

PAPÀ Caro ragazzo, incominci a capire che cosa vuol dire **guadagnarsi il pane.** **Finora** ti sei divertito; adesso è ora di **mettere la testa a posto** e di lavorare.   to earn one's living / Until now / to settle down

MARCELLO Eh sì, papà, hai ragione, ma ho fatto bene a divertirmi prima, perché il lavoro è una cosa seria.

COMPRENSIONE

1. Perché oggi è una giornata importante per Marcello?
2. A che ora si è svegliato?
3. Si sveglia sempre così presto?
4. Quando si è alzato, che cosa ha fatto?
5. Come si è vestito?
6. A che ora è uscito di casa?
7. Che cosa guarda Marcello impazientemente mentre *(while)* lavora? È contento del suo lavoro? Perché?
8. Che cosa pensa suo padre? e Marcello?

CONVERSAZIONE

1. Tu hai incominciato a pensare seriamente alla tua carriera?
2. Hai già lavorato? Dove? Lavori adesso?
3. Per il momento, preferisci un lavoro a tempo pieno *(full-time)* o un lavoro part time?
4. Preferisci un lavoro in un ufficio o un lavoro all'aria aperta *(outdoors)*?
5. Vuoi cercare un lavoro immediatamente quando finisci i tuoi studi, o preferisci divertirti e viaggiare per qualche tempo?

Adesso scriviamo!

Il primo giorno

Racconta il tuo primo giorno di lavoro per una nuova **compagnia.** O, se preferisci, racconta il tuo primo giorno di lezioni all'università.   tell / firm

A. Leggi e rispondi alle seguenti domande per organizzare il tuo **tema:**   composition

1. È stato un giorno diverso dal solito? Perché?
2. A che ora ti sei svegliato(a)? A che ora ti sei alzato(a)?
3. A che ora sei uscito(a) di casa?
4. Che cosa hai fatto al lavoro/scuola?
5. Il tuo primo giorno di lavoro—o di lezioni—è stato interessante o noioso?

B. Adesso, scrivi un paragrafo sulla tua giornata.

ESEMPIO   *Questa mattina mi sono alzata presto perché oggi è il primo giorno di lezioni all'università. Mi sono svegliata alle sei, ma non mi sono alzata fino alle sei e mezzo. Ho fatto la doccia, mi sono vestita e mi sono preparata una bella colazione abbondante. Sono uscita alle sette e trenta e sono arrivata all'università alle otto per seguire la prima lezione di matematica. Mi sono annoiata molto!*

Nel pomeriggio Marisa ed io ci siamo incontrate in biblioteca e abbiamo studiato per due ore. Quando sono tornata a casa due amiche sono venute a casa mia. Ci siamo salutate e ci siamo abbracciate, poi abbiamo preparato insieme la cena. Alle undici di sera mi sono addormentata e stamattina, quando la sveglia è suonata, mi sono arrabbiata.

C. Leggi di nuovo il tuo paragrafo. Tutte le parole sono scritte correttamente? Controlla l'accordo tra il verbo e il soggetto e tra il nome e l'aggettivo. Controlla in modo particolare la forma del passato prossimo: ti sei ricordato(a) che con i verbi riflessivi devi usare «essere» al passato prossimo? Alla fine, con un compagno/una compagna, leggete le vostre narrazioni. Avete avuto una giornata interessante o noiosa?

Attività supplementari

A. **Dialogo a due.** Un amico (Un'amica) o collega è arrivato(a) nella tua città e ti telefona. Tu domandi com'è andato il viaggio, in quale albergo si trova e se ha noleggiato una macchina. Fissate un appuntamento per il pranzo o la cena e decidete a che ora e in quale ristorante vi incontrate. Esempio: il dialogo «Un viaggio d'affari».

B. **Domenica scorsa.** In coppie, descrivete a turno quello che *(what)* avete fatto domenica scorsa. Usate anche verbi riflessivi e reciproci.

C. **Proverbi.** Conoscete dei proverbi in inglese con un significato simile *(similar)* a questi? Con quali proverbi siete d'accordo *(do you agree)*?

1. Il tempo è denaro.
2. Il tempo è buon maestro.
3. I soldi non fanno la felicità.

D. **Un hotel a Sarzanna.*** Immaginate di essere turisti in macchina in Italia Tra La Spezia e Pisa dovete trovare un hotel per la notte. Consultate la pubblicità de seguente hotel di tre stelle (camera doppia con servizi: 75€) e discutete se è vantaggioso fermarsi qui.

---

*Small town on the border between Liguria and Toscana.

Come si dice in italiano?

1. Marco and Vanna got married three years ago.
2. Marco found a good job at the Fiat plant **(fàbbrica),** and his wife continued to **(a)** work at the bank.
3. One day two months ago, Marco lost (his) job, and their life became very difficult.
4. For a few weeks Marco looked for a new job, but without success.
5. Finally, last Thursday, he phoned his father's friend, Anselmo Anselmi, one of the directors **(dirigenti)** of Olivetti.
6. They met, and Anselmo offered Marco a job with **(nella)** his company **(ditta).**
7. Now, every morning Marco and his wife get up at 6:00; they wash and get dressed in a hurry.
8. They only have time to **(di)** drink a cup of coffee. Then they say good-bye to each other **(salutarsi)** and go to work.

GUARDIAMO!

Un viaggio di piacere

Alessandra e Fabio sono ritornati da un fine-settimana ad Arezzo a casa di Fiorella. Daniela parla della gita con i suoi amici.

SITO WEB

Per fare più pratica con gli argomenti culturali e i punti grammaticali del **Capitolo 8,** vai a vedere il sito *Ciao!* a *http://ciao.heinle.com.*

Vedute d'Italia

Prima di leggere

As the title indicates, the subject of this reading is the feverish excitement felt by Italians when the euro was adopted on January 1, 2002. To get a good overview of the text, begin by looking at the subheads—and the photos that go with them. Together, they indicate clearly the focus of each subsection. Then, with this overview, you can read the text in full to fill in the details.

La febbre dell' euro

Le torte

Terni. Una pasticceria di Terni **mostra** le torte che ha preparato **ispirandosi alla moneta** da un euro. Le torte sono a base di **crema,** cioccolato e **glassa sulla quale** è stato **stilizzato** il simbolo della moneta. Sono state le torte più **apprezzate** durante il **Capodanno** del 2001.

shows
taking inspiration form the coin
vanilla/icing/on which/stylized
most appreciated
New Year's Eve

L'acconciatura

Hairstyle

Roma. Il **benvenuto** alla nuova **moneta** è stato dato, in modo **stravagante,** da questa acconciatura **scelta** da un giovane di Roma; i capelli sono colorati e **tagliati** come il simbolo dell'euro.

welcome/currency
eccentric/chosen
cut

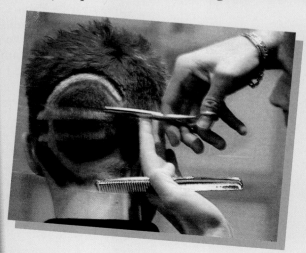

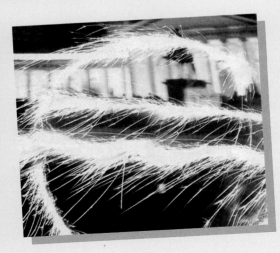

I fuochi d'artificio

Napoli. La **fantasia** degli **specialisti** napoletani di fuochi d'artificio non ha limiti: **sono riusciti** a produrre questa eccezionale **scia di luce** che **disegna nell'aria** il simbolo **scoppiettante** dell'euro, la nuova moneta europea.

Fireworks

imagination/specialists
they were able
light trail/draws in the air/
crackling

Alla lettura

Con l'aiuto *(help)* delle foto e dei sottotitoli, rispondi alle seguenti domande:

1. Che cosa festeggiano gli Italiani nelle foto?
2. Da quando c'è una moneta unica in Europa?
3. Perché il giornalista dell'articolo definisce «stravagante» l'acconciatura del ragazzo di Roma?

L'Unione Europea

Una volta l'Unione Europea (UE) **si chiamava** Mercato Comune Europeo. Il Mercato Comune **era** un **accordo** tra sei paesi: Belgio, Francia, Germania, Italia, Lussemburgo e paesi Bassi, **firmato** a Roma il 25 marzo 1957 per ricostruire l'economia del **dopoguerra.**

Once/was called
was/agreement
signed
postwar period

    Poi si sono uniti anche Danimarca, Irlanda e Gran Bretagna (1973), Grecia (1981) e Spagna e Portogallo (1986). Più tardi, questi stessi paesi hanno **raggiunto** un accordo politico per creare un'Europa comune, e altri paesi sono entrati a far parte dell'Unione Europea.

then

reached

    Infatti dal giugno 1994 i membri sono diventati quindici con l'ingresso dell'Austria, Svezia e Finlandia.

In fact

    L'**unione monetaria** tra dodici di questi paesi **è avvenuta** nel gennaio del 2002 con l'introduzione dell'euro.

currency union/happened

COMPRENSIONE

1. L'unione Europea è nata nell'anno...con il nome di...
2. Le prime nazioni a firmare l'accordo sono state:...
3. Queste nazioni hanno firmato un accordo per...
4. L'euro è stato introdotto nell'anno...

Culture a confronto

1. Hai sentito parlare dell'UE? In quali occasioni?
2. È positiva l'unione politica ed economica di molti paesi? Perché si o perché no?
3. È un vantaggio per l'economia nord-americana?
4. Sei sorpreso(a) delle celebrazioni degli Italiani?
5. È facile rinunciare *(to let go)* alla propria moneta?

Vocabolario

Nomi

l'abbraccio	hug
l'affare (m.)	business
l'affetto	affection
il bacio	kiss
il capoufficio	boss
la carriera	career
il (la) collega (pl.) i colleghi, le colleghe)	colleague
la coppia	couple
l'errore (m.)	error, mistake
il francobollo	stamp
la giornata	day
la sveglia	alarm clock
la tavola calda	snack bar

Aggettivi

abbondante	abundant
arrabbiato	mad
gentile	kind
nervoso	nervous
puntuale	punctual

Verbi

abbracciarsi	to embrace each other
addormentarsi	to fall asleep
aiutare	to help
alzarsi	to get up
annoiarsi	to get bored
arrabbiarsi	to get mad
baciarsi	to kiss each other
chiamarsi	to be called
divertirsi	to have fun, to enjoy oneself
fermarsi	to stop
fidanzarsi	to get engaged
innamorarsi (di)	to fall in love (with)
laurearsi	to graduate from a university

lavarsi	to wash (oneself)
mettersi	to put on, to wear
prepararsi	to prepare oneself, to get ready
riposarsi	to rest
risparmiare	to save
salutarsi	to greet each other; to say good-bye
scusarsi	to apologize
sedersi	to sit down
sentirsi	to feel
soggiornare	to stay (at a hotel, etc.)
sposarsi	to get married
suonare	to ring
svegliarsi	to wake up
vestirsi	to get dressed

Altre espressioni

ancora	still, more, again
è ora di (+ inf.)	it is time to
fare la conoscenza di	to make the acquaintance of, to meet
fare una pausa	to take a break
già	already
guadagnarsi il pane	to earn one's living
il lavoro a tempo pieno	full-time job
non...ancora	not . . . yet
non...mai	never
non... più	not . . . any longer, not . . . anymore
per affari	on business
prima	first; before
raramente	seldom
seriamente	seriously
se tutto va bene	if everything goes well
un uomo (una donna) d'affari	a business-man(woman)

Mezzi di diffusione

Torino. Davanti a un'edicola di giornali.

Punti di vista

Una serata alla TV (CD 4, TRACK 13)

Giovanni e Marina hanno finito di cenare e pensano di passare una serata tranquilla in casa. Giovanni accende la televisione.

GIOVANNI Sono le 8.00, possiamo vedere il telegiornale.

MARINA Veramente, abbiamo già letto le notizie di oggi sul giornale, quando eravamo in treno.

GIOVANNI Allora, cambio canale e vediamo le notizie sportive.

MARINA No, perché **non mi va** di sentire che pagano cifre astronomiche per i **giocatori di calcio.** — I don't feel like soccer players

GIOVANNI Allora, cosa vuoi vedere?

MARIANA Vediamo la guida della TV. T'interessa un documentario sulle foreste tropicali? È su Canale 5.

GIOVANNI Per carità! In cinque minuti mi addormento. Non c'è per caso un bel film, un classico? Quando eravamo fidanzati, andavamo al cinema ogni domenica.

MARINA Sì, infatti c'è un bel film: «La vita è bella!», con Roberto Benigni, su Rete 4. Ti va?

GIOVANNI D'accordo. L'ho già visto, ma lo rivedo volentieri.

COMPRENSIONE

1. Hanno voglia di uscire Giovanni e Marina questa sera?
2. Cosa pensano di fare?
3. Perché Marina non vuole vedere il telegiornale?
4. A Marina interessano le notizie sportive? Perché no?

5. Perché Giovanni non vuole vedere il documentario?
6. Che cosa facevano Marina e Giovanni quando erano fidanzati?
7. Che programma ha trovato Marina su Rete 4?
8. Giovanni vede questo film per la prima volta? È contento di rivederlo?

Studio di parole Stampa, televisione, cinema

Oggi si gira... «Via col vento»!

La stampa (The press)

il (la) giornalista reporter
il giornale newspaper
la rivista magazine
le notizie news
pubblicare to publish
l'autore, l'autrice author
lo scrittore, la scrittrice
  writer
il racconto short story
il romanzo novel
  —**rosa** love story
  —**giallo** mystery
  —**di fantascienza** science
  fiction
  —**di avventure** adventure
il riassunto summary
la trama plot
il lettore, la lettrice reader
il personaggio character
il titolo title

La televisione (tivù)

il televisore TV set
il canale channel
l'annunciatore,
  l'annunciatrice
  anchorman/anchorwoman,
  newscaster
il telegiornale TV news

la trasmissione transmission
il programma TV program
la telenovela soap opera
il documentario documentary
il videoregistratore VCR
accendere (*p.p.* **acceso**) to
  turn on
spegnere (*p.p.* **spento**) to
  turn off
il telecomando remote control
la rete network

Il cinema

girare un film to make a
  movie
l'attore, l'attrice actor,
  actress
il (la) regista director
lo spettatore, la spettatrice
  viewer, spectator
i sottotitoli subtitles
il cartone animato cartoon
a colori/in bianco e nero in
  color/in black and white
l'articolo (il libro, il film)
  tratta di... the article
  (book, movie) deals with . . .
fare la parte to play the role
la recensione review
doppiare to dub

𝒪nformazioni | La narrativa contemporanea

Parte della narrativa *(fiction)* italiana contemporanea tratta, in forme tradizionali, temi psicologici e aspetti delle condizioni sociali e politiche del tempo. Diversi narratori *(fiction writers)* esprimono la dissociazione e la solitudine dell'uomo davanti alla realtà multiforme e relativa di oggi. Come riflesso di questa realtà, nuove tecniche rendono spesso la trama, la cronologia e lo stile complessi e confusi. Anche il romanzo provinciale e autobiografico si rinnova e diventa lo strumento di un esame oltre *(beyond)* i limiti geografici e personali.

Alcuni nomi di scrittori contemporanei da ricordare.

Dacia Maraini (1936–): narratrice, poetessa e giornalista. La sua attenzione si concentra sulla condizione della donna nella società. I suoi romanzi *La lunga vita di Marianna Ucrìa* (1990) e *Bagherìa* (1993) sono ambientati *(set)* in Sicilia. Maraini è sordomuta *(deaf-mute)*, ma riesce a scrivere per comunicare e crea il suo destino in un ambiente ostile e corrotto.

Umberto Eco (1938–): professore di semiotica, saggista e narratore. Il suo primo romanzo, *Il nome della rosa* (1980), ha ispirato il film americano *The Name of the Rose*. È l'opera di un erudito *(intellectual)*: la trama è ambientata in un monastero del medioevo; al centro, due personaggi–detective cercano di spiegare una serie di episodi misteriosi.

Antonio Tabucchi (1943–): narratore e critico letterario. I suoi scritti manifestano l'inquietudine *(anxiety)* davanti al mistero della vita e all'inevitabilità della morte. Il suo romanzo *Sostiene Pereira* (1994) ha ottenuto subito successo in Italia e all'estero. Pereira è un personaggio straordinario, semplice e commovente *(touching)* nella sua umanità e solitudine.

◣ APPLICAZIONE

A. Domande

1. Cosa sono *The New York Times* e il *Corriere della sera?*
2. Che cosa fa un(a) giornalista?
3. Chi era Steinbeck? Può nominare il titolo di qualche suo romanzo?
4. Quale film si gira nel disegno a pagina 195? Come si chiamavano gli attori e i personaggi principali del film?
5. Se andiamo a vedere un film straniero, che cosa ci aiuta a capire il dialogo?
6. Che cosa offre il telegiornale? Chi lo presenta?
7. Quando si usa il telecomando?

B. **Per i patiti** *(fans)* **del cinema**

a. Sapete dire il titolo originale in inglese di questi film?
b. Quale di questi film è sentimentale? Drammatico? Un giallo? Una commedia? Di fantascienza?
c. Secondo Lei, quale di questi film è memorabile? Molto bello? Niente male? Così così? Brutto? Quante stelle darebbe *(would you give)* al film *Guerre stellari?*

GIUDIZI
★★★★★ **Memorabile**
★★★★ **Molto bello**
★★★ **Niente male**
★★ **Così così**
★ **Brutto**

CANALE 5

1. *La Bella e la Bestia* di Walt Disney
2. *Guerre stellari* con Harrison Ford
3. *Una bella mente* con Russell Crowe.
4. *Fratello, dove sei?* con George Clooney
5. *La tempesta perfetta* con George Clooney
6. *Il matrimonio del mio migliore amico* con Julia Roberts
7. *Danni collaterali* con Arnold Schwarzenegger
8. *Il gladiatore* con Russell Crowe
9. *Dinosauri* di Walt Disney
10. *Il signore degli anelli* con Elijah Wood

6.30 Tg 5 Prima pagina

13.00 Tg 5 Notiziario
13.35 Le più belle scene da un matrimonio

18.00 Flash Tg 5 Notiziario
18.05 Ok il prezzo è giusto! Gioco Conduce Iva Zanicchi
19.00 La ruota della fortuna Gioco Con Mike Buongiorno Regia di M. Bianchi
20.00 Tg 5 Notiziario
20.20 Film Agente 007 Vivi e lascia morire Spionaggio

C. **Conversazione**

1. Vai spesso al cinema? Che genere di film ti piace?
2. Noleggi spesso le videocassette? Preferisci noleggiarle o andare al cinema?
3. Chi è il tuo attore (la tua attrice) preferito(a)?
4. Quali articoli ti piace leggere? Di politica, economia, cinema, musica, sport, scienze, psicologia, letteratura? Perché?
5. Ti interessi alla politica? Segui la politica interna o quella estera sui giornali o alla TV? Discuti con i tuoi amici sui problemi del tuo paese?
6. Quale programma ti piace guardare alla TV? Perché?

A che ora incominciano i programmi televisi visul canale 5?

A che ora danno il primo notiziario?

Che programma si vede alle 18.05? E alle 19.00?

Che film danno alle 20.20? Chi è l'attore principale in questo film?

Ascoltiamo!

Dove vi siete conosciuti? This evening Diletta and Luciano have invited a new colleague of Luciano's to dinner. While Diletta is in the kitchen, the colleague asks Luciano a bit about himself and Diletta. Listen to the conversation; then answer the following questions.

Comprensione

1. Dove si sono conosciuti Luciano e la moglie?
2. In quale facoltà erano *(were)* Luciano e Diletta?
3. Sono ancora idealisti, o non lo sono più? Perché?
4. Si sono sposati prima della laurea?
5. Perché si considerano fortunati?
6. Che cosa pensa il collega della situazione economica?

Dialogo

Immaginate di essere una personalità della TV e intervistate uno studente (una studentessa) della classe che fa la parte di uno scrittore (una scrittrice). Fate domande sul suo nuovo romanzo in corso di pubblicazione *(in press)* e sulla vita personale dello scrittore (della scrittrice).

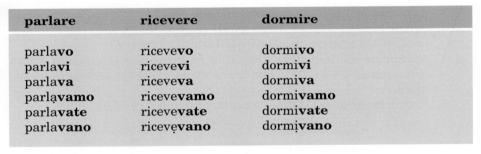

Punti grammaticali

9.1 L'imperfetto

C'era una volta un burattino di legno *(wooden puppet)* che si chiamava Pinocchio. Aveva il naso molto lungo perché diceva molte bugie...

1. Chi era Pinocchio?   2. Che naso aveva?   3. Perché era così lungo?

1. The **imperfetto** (from the Latin *imperfectum*) means "imperfect," that is, incomplete. It is used to express an action that took place in the past but whose duration cannot be specified. Its endings are identical in all three conjugations.

parlare → parla-**vo** = *I was speaking, I used to speak, I spoke*

parlare	ricevere	dormire
parla**vo**	riceve**vo**	dormi**vo**
parla**vi**	riceve**vi**	dormi**vi**
parla**va**	riceve**va**	dormi**va**
parla**vamo**	riceve**vamo**	dormi**vamo**
parla**vate**	riceve**vate**	dormi**vate**
parla**vano**	riceve**vano**	dormi**vano**

2. The following verbs are irregular in the imperfect tense:

essere: **ero, eri, era, eravamo, eravate, erano**
fare: **facevo, facevi, faceva, facevamo, facevate, facevano**
bere: **bevevo, bevevi, beveva, bevevamo, bevevate, bevevano**
dire: **dicevo, dicevi, diceva, dicevamo, dicevate, dicevano**

3. The imperfect tense is used to describe:
   a. environment, time, weather; physical and mental states; and age in the past.

Erano le sette di sera.	*It was 7:00 P.M.*
Fuori **faceva** freddo e **pioveva.**	*Outside it was cold and it was raining.*
La gente **aveva** fame.	*People were hungry.*
L'attrice **era** preoccupata.	*The actress was worried.*
Nel 1976 **avevo** dieci anni.	*In 1976 I was ten years old.*

b.   habitual actions in the past.

Da bambino **andava** spesso al teatro dei burattini.	*As a child he often went to the marionette theater.*
Leggeva favole tutte le sere.	*He read (used to read) fables every night.*

c.   an action in progress while another action was taking place or was completed.

Mentre **scrivevo** una lettera, Nino **suonava** il piano.	*While I was writing a letter, Nino was playing the piano.*
Luisa **pranzava** quando Marcello è entrato.	*Luisa was having dinner when Marcello walked in.*

PRATICA

A. Vacanze veneziane. Che cosa faceva tutti i giorni Franca quand'era a Venezia?

ESEMPIO   visitare la città
Visitava la città.

1. prendere il vaporetto *(motorboat)*
2. ammirare i palazzi veneziani
3. camminare lungo le calli *(narrow Venetian streets)* e i ponti *(bridges)*
4. entrare nelle chiese e nei negozi
5. visitare i musei
6. fare le spese
7. la sera, sedersi a un caffè di piazza San Marco
8. divertirsi a guardare la gente

B. Da ragazini(e). *(As young children)* Cosa facevate quando eravate ragazini(e)? Fate a turno le domande.

ESEMPIO   che libri (leggere)
—*Che libri leggevi?*
—*Leggevo i libri di avventure.*

1. che cosa (guardare) alla TV   2. quali film (andare) a vedere
3. (dire) bugie   4. cosa (volere) diventare   5. con chi (giocare)   6. cosa (fare) durante l'estate   7. (avere) un amico/un'amica del cuore
8. come (chiamarsi)

C. Adesso e allora. Conversazione tra due persone: la prima persona parla della situazione di oggi; la seconda risponde che le cose erano così anche nel passato.

ESEMPIO   la vita, essere difficile
—*Oggi la vita è difficile.*
—*Anche allora la vita era difficile.*

1. i giovani, volere cambiare le cose   2. molte madri, lavorare fuori casa   3. le donne, interessarsi di politica   4. i padri, ripetere le stesse cose   5. i treni, arrivare in ritardo   6. molti, essere pessimisti quando pensare al futuro   7. i libri, essere molto costosi   8. i giornalisti, preferire le notizie che fanno colpo *(sensational)*

D. Frammenti di ricordi. Sostituite l'infinito con la forma appropriata dell'**imperfetto.**

Ricordo che quand'ero bambino, io (passare) _____ ogni estate con i nonni. I nonni (abitare) _____ in una piccola casa in collina *(hill).* La casa (ẹssere) _____ bianca, con un tetto *(roof)* rosso. Davanti alla casa (ẹsserci) _____ un bel giardino. Ogni giorno, quando (fare) _____ caldo, io (stare) _____ in giardino, e se (avere) _____ sete, la nonna (portare) _____ delle bevande fresche. Il pomeriggio io (guardare) _____ i cartoni animati alla tivù, (divertirsi) _____ a giocare a palla, o (fare) _____ lunghe passeggiate nei campi con il vecchio cane. Alle sette, la nonna (chiamare) _____ me e il nonno per la cena, e io (aiutarla) _____ ad apparecchiare *(to set)* la tavola. La sera noi (stare) _____ fuori a guardare il cielo stellato *(starry).*

E. Com'eri? Domanda a turno a un compagno/una compagna...

ESEMPIO   se era un bambino/una bambina buono(a)
—*Eri un bambino(a) buono(a)?*
—*No, non ero un bambino(a) buono(a).*

1. se guardava la televisione   **2.** come andava a scuola   **3.** cosa mangiava   **4.** con chi giocava   **5.** come si divertiva   **6.** cosa faceva la domenica   **7.** ?

9.2   Contrasto tra imperfetto e passato prossimo

Ho letto la rivista che spiegava come entrare in Internet.

1. Both the **passato prossimo** and the **imperfetto** present events and facts that took place in the past. However, they are not interchangeable.

    a.   If a past action took place only *once,* was repeated a *specific* number of times, or was performed within a *definite* time period, the **passato prossimo** is used.

    b.   If a past action was *habitual,* was repeated an *unspecified* number of times, or was performed for an *indefinite* period (with no beginning or end indicated), the **imperfetto** is used. It is also used to *describe circumstances* surrounding a past action or event (time, weather, physical appearance, age, feelings, attitudes, etc.).

The sentence below illustrates graphically the time relation-ship between these two tenses:

Quando **sono entrato,**

Antonio **parlava.**

The **passato prossimo** is represented by the dot (•), which symbolizes the *specific point in time* the action **(sono entrato)** occurred. The **imperfetto** is represented by an uninterrupted line (→), which symbolizes the *indefinite duration in time of the action **(parlava)** that* was going on.

The following sets of sentences illustrate further the contrast between these two tenses. (Dots and arrows are used as a helping device.)

Ieri sera **ho ascoltato** la radio. (•, *one occurrence*)	*Last night I listened to the radio.*
Tutte le sere **ascoltavo** la radio. (→, *habitual*)	*Every evening I would (= used to) listen to the radio.*
La settimana scorsa Gianni mi **ha telefonato** tre volte. (•••, *specific number of repetitions*)	*Last week Gianni phoned me three times.*
Prima mi **telefonava** molto spesso. (→, *unspecified number of repetitions*)	*Before he used to phone me very often.*
L'estate scorsa **ho fatto** del tennis tutti i giorni. (•, *definite duration:* **l'estate scorsa**)	*Last summer I played tennis every day.*
Quando **ero** giovane, **facevo** del tennis tutti i giorni. (⇉, *indefinite duration:* **quando ero giovane**)	*When I was young I would (= used to) play tennis every day.*
Gina **ha preso** l'impermeabile ed **è uscita.** (••, *two successive single occurrences*)	*Gina took her raincoat and went out.*
Gina **ha preso** l'impermeabile perché **pioveva.** (•→, *one occurrence; one description of circumstances of unspecified duration*)	*Gina took her raincoat because it was raining.*

2. Certain verbs, such as **dovere, potere, sapere, volere,** and **conoscere,** have different meanings depending on whether they are used in the **imperfetto** or in the **passato prossimo;** the **imperfetto** describes circumstances and states of being, while the **passato prossimo** describes actions.

Doveva lavorare, ma non stava bene.	*He (She) was supposed to work, but he (she) was not well.*
Ha dovuto lavorare anche se non stava bene.	*He had to work even if he was not well.*

Potevo uscire, ma non ne avevo voglia.	*I was able to go out, but I did not feel like it.*
Ho potuto finire il lavoro in un'ora.	*I was able to finish the job in one hour.*
Sapevamo che le elezioni erano in giugno.	*We knew the elections were in June.*
Abbiamo saputo che i socialisti non hanno vinto.	*We found out that the Socialists didn't win.*
Lui **voleva** divertirsi, ma non aveva soldi.	*He wanted to have fun, but he did not have any money.*
Maria **ha voluto** comprare una casa in Riviera.	*Maria wanted to buy a house on the Riviera (and she did).*
Conoscevo il senator Fabbri.	*I knew Senator Fabbri.*
Ieri **ho conosciuto** suo padre.	*Yesterday I met his father (for the first time).*

PRATICA

A. **Discussioni pericolose** (*dangerous*). Sei stato(a) testimone (*witness*) a una discussione di politica, e adesso la racconti a un amico (un' amica). Usa il **passato prossimo** o **l'imperfetto,** a seconda del caso (*according to the context*).

1. È il primo giugno. **2.** Sono le otto di sera. **3.** Piove. **4.** Entro al Caffè Internet. **5.** Ordino un espresso. **6.** Un giovane arriva al bar. **7.** Ha circa vent'anni. **8.** Porta un vecchio impermeabile. **9.** Incomincia a parlare male del governo. **10.** Un cliente s'arrabbia. **11.** I due litigano. **12.** La confusione è grande. **13.** Un cameriere telefona alla polizia.

B. **Di solito..., ma una volta...** Fạtevi a turno le domande su quello che facevate una volta, e su quello che avete fatto questa volta.

ESEMPIO tu e la tua ragazza *andare* al cinema la domenica/ sì, ma ieri noi *andare* alla partita di calcio

*Tu e la tua ragazza **andavate** al cinema la domenica?/ Sì, ma ieri **noi siamo andati** alla partita di calcio.*

1. tu una volta non *votare* alle elezioni/ sì, ma ieri io *votare* per il partito dei verdi **2.** tu di solito non *guardare* i programmi culturali/ no, ma ieri io *guardare* un documentạrio sulla natura molto interessante **3.** tu una volta *annoiarsi* ai discorsi politici/è vero, ma ieri *non annoiarsi* a un discorso sull'unione europea **4.** tu prima non *capire* i benefici del Mercato Comune/ è vero, ma adesso io *capire* quali sono i vantaggi **5.** tu non *partecipare* a dimostrazioni politiche/ sì, ma ieri *partecipare* a una dimostrazione contro la violenza

C. **Passato prossimo o imperfetto?** Sostituite all'infinito la forma corretta dell'**imperfetto** o del **passato prossimo,** a seconda del significato (*according to the meaning*).

1. Questo pomeriggio io _____ (vedere) molte persone: _____ (ẹssere) sul marciapiede e _____ (leggere) dei manifesti. **2.** Quando Graziella _____ (uscire) stamattina, il marito _____ (dormire) ancora. **3.** Ieri Luisa _____ (andare) in campagna: _____ (fare) bel tempo. **4.** Quando noi _____ (svegliarsi), _____ (ẹssere) le sei. **5.** Io _____ (volere) collegare il mio computer con l'Internet, ma tutti _____ (dire) che costa una fortuna. **6.** Ieri io _____ (vedere) un'edicola dove _____ (esserci) la rivista *Internet*. **7.** La ragazza americana _____ (restare) all' Università per Stranieri di Perugia tre mesi perché _____ (desiderare) imparare l'italiano.

D. Conversazione

1. Conoscevi già i tuoi compagni di classe o li hai conosciuti all'inizio del semestre?
2. Hai dovuto fare recentemente qualche cosa anche se non avevi voglia? Che cosa? Perché?
3. Tu volevi forse comprare un regalo per Natale, ma non hai potuto. Perché?
4. Hai visto il film italiano *Il postino?* Sapevi che era uno dei film stranieri nominati per un Oscar?

9.3 Da quanto tempo? Da quando?

1. To ask *how long?* (**da quanto tempo?**) something has been going on, the following construction is used:

Da	+	**(quanto tempo)**	+	*present tense*
Da		**quanti anni**		**abiti** qui?
(For) How		*many years*		*have you been living here?*

To answer, the following construction is used:

present tense	+	**da**	+	**(tempo)**
Abito qui		**da**		**dieci anni.**
I have been living here		*(for)*		*ten years.*

Da quanti giorni sei a Roma? *How many days have you been in Rome?*

Sono a Roma **da tre giorni.** *I have been in Rome (for) three days.*

Da quanto tempo siete sposati? *How long have you been married?*

Siamo sposati **da due anni.** *We have been married (for) two years.*

—Da quando hai la patente?
—Da stamattina.

2. If the question is **da quando?** *(since when?),* **da** means *since.*

Da quando studi l'italiano? *Since when have you been studying Italian?*

*Studio l'italiano **dall'anno scorso.*** I have been studying Italian since last year.

3. The **imperfetto + da** is used to express an action that had started at some point in the past and was still in progress when another action occurred.

Parlava da trenta minuti quando l'amico è arrivato. *He had been speaking for thirty minutes when his friend arrived.*

NOTE:

The **passato prossimo + per** is used when the action began and was completed in the past.

Ha parlato per trenta minuti. *He spoke for thirty minutes.*

PRATICA

A. Da quanto tempo? In due, chiedetevi a turno le seguenti informazioni.

ESEMPIO   abitare in questa città
—*Da quanto tempo abiti in questa città?*
—*Abito in questa città da sei mesi (un anno, due anni, ecc.).*

1. frequentare l'università **2.** studiare l'italiano **3.** ẹssere alla lezione d'italiano **4.** abitare all'indirizzo attuale *(present)* **5.** non vedere la tua famiglia **6.** non andare a un ristorante cinese **7.** avere la patente *(driver's license)*

B. Date importanti. Completate le seguenti frasi che rispondono alla domanda **Da quando?**

ESEMPIO   Abito in questa città, 2001
Abito in questa città dal 2001.

1. L'Alaska è uno stato americano, 1958 **2.** L'Itạlia è una repubblica, 1946 **3.** La Costituzione americana esiste, 1788 **4.** L'Itạlia è una nazione unita, 1871 **5.** La California fa parte degli Stati Uniti, 1850

C. Trasformazione. Leggete le seguenti frasi e dite **da quanto tempo** non facevate le seguenti cose. Seguite l'esempio.

ESEMPIO   Oggi sono andato(a) al cinema.
Non andavo al cinema da tre mesi. o...

1. La settimana scorsa ho letto un romanzo. **2.** Venerdì sera ho guardato il telegiornale. **3.** Sabato ho invitato a pranzo degli amici. **4.** Domenica ho fatto il footing. **5.** L'altro ieri mi sono comprato(a) un bel vestito. **6.** Ieri sera ho visto un film di fantascienza. **7.** ... **8.** ...

D. Formulate quattro domande che vi chiederete a turno, usando **da quanto tempo** e **da quando.**

9.4 Il trapassato prossimo

The **trapassato prossimo** *(pluperfect)* expresses an action that took place prior to another action in the past (**avevo ascoltato** = *I had listened*). It is a compound tense formed with the *imperfect tense* of the auxiliary (**avere** or **ẹssere**) + *the past participle* of the main verb. It is conjugated as follows:

parlare		partire		alzarsi	
avevo		ero		mi ero	
avevi		eri	partito(a)	ti eri	alzato(a)
avevạ	parlato	era		si era	
avevamo		eravamo		ci eravamo	
avevate		eravate	partiti(e)	vi eravate	alzati(e)
avevano		erano		si erano	

Non aveva fame perché **aveva**
   già **mangiato.**
Non siamo andati a San
   Remo perché c'**eravamo**
   già **stati** l'anno scorso.

*She wasn't hungry because she had
   already eaten.*
*We didn't go to San Remo because
   we had already been there last
   year.*

Prima di morire, Giulietta
aveva parlato molte volte a
Romeo da questo balcone
(Verona, Veneto). Quale
grande scrittore inglese si è
ispirato alla storia tragica di
questi due personaggi?

PRATICA

A. A Cinecittà. Un vostro amico romano ha visitato il set dove si girava un
film con un'attrice americana. Ora vi parla del suo incontro con questa
attrice. Completate il paragrafo, usando il **trapassato prossimo.**

La signorina X parlava abbastanza bene l'italiano perché lo (studiare)
_____ al liceo. Prima di venire in Italia, (leggere) _____ molte
volte il copione *(script)*. Mi ha detto che (accettare) _____ con
piacere di girare quel film. Quando io l'ho conosciuta, (finire) _____
di girare una scena importante. Mi ha raccontato che (venire, già)
_____ in Italia, ma che ora voleva conoscerla meglio *(better)*. Nei
giorni liberi, (visitare) _____ il Lazio e l'Umbria con il suo regista,
ed era entusiasta dell'arte italiana e degli Italiani.

B. Amici curiosi. In gruppi di due fate a turno le seguenti domande.
Usate il passato prossimo e il trapassato prossimo come nell'esempio.

ESEMPIO   non andare al cinema/andare al cinema la sera prima
           —*Perché non sei andato al cinema?*
           —*Perché ero andato al cinema la sera prima.*

1. non fare colazione/fare colazione la mattina presto
2. non guardare il programma alla TV/guardare lo stesso programma
    il mese scorso
3. non ascoltare le notizie alle 8/ascoltare le notizie alle 6
4. non uscire/uscire la sera prima
5. non andare alla conferenza sull'unione europea/andare alla stessa
    conferenza due mesi fa

Per finire

Davanti al cinema.

Al cinema «Odeon»: Opinioni diverse

Filippo, Gabriella, Marcello e la sua amica Jane Clark sono seduti nella gelateria davanti al cinema «Odeon». Hanno appena finito di vedere il film *La stanza del figlio* di Nanni Moretti.

FILIPPO Allora Gabriella, sei soddisfatta del film?
GABRIELLA Sì, moltissimo. Finalmente un film serio che parla dei problemi veri della vita!
MARCELLO Io invece preferivo gli altri film di Moretti, come *Caro diario,* che è stato un film divertente.
GABRIELLA Tu vuoi sempre divertirti. Questo film, **invece,** è un film d'arte.

instead

FILIPPO	Sono d'accordo con Gabriella, avevo letto la recensione sulla *Stampa* e pensavo di vedere un film bello ma un po' noioso. Invece non mi sono annoiato affatto.	
MARCELLO	E tu Jane, **che ne pensi?** È molto diverso dai film americani?	what do you think of it?
JANE	Devo dire di sì. Ma i film europei sono di solito difficili. I registi italiani devono sempre produrre **qualcosa** di importante per fare carriera.	something
MARCELLO	È un po' la tradizione di tutta l'arte italiana. Bisogna creare qualcosa di significativo **per fare strada,** come *La vita è bella* di Roberto Benigni, il film che **gli** ha dato l'Oscar.	to have a career to him
GABRIELLA	Come sei profondo stasera, Marcello! Allora la settimana prossima andiamo a vedere l'ultimo film di Muccino: *L'ultimo bacio.* Ho sentito dire che c'è un po' di competizione tra questi due nuovi registi.	
FILIPPO	Gabriella! Tu e i tuoi **pettegolezzi! Comunque, se vale la pena,** andiamo a vederlo.	gossips anyway/if it is worth it

COMPRENSIONE

1. Dove sono seduti Filippo e i suoi amici?
2. Che film hanno appena visto?
3. Perché Gabriella è soddisfatta?
4. Che film pensava di vedere Filippo? Si è annoiato?
5. Secondo Jane, è un film diverso dai film americani? Perché?
6. Di che altro film parla Marcello? L'hai visto, tu?
7. Chi è l'altro regista che nomina Gabriella?
8. Cosa hanno intenzione di fare gli amici la settimana prossima?

CONVERSAZIONE

1. Tu conoscevi già il film *La stanza del figlio* di Nanni Moretti?
2. Conosci qualche altro regista italiano?
3. Hai mai visto un film italiano? Quale?
4. Conosci un attore o un'attrice famoso(a) italiano(a)? Quale?
5. Andavi al cinema da bambino?
6. Ora vai spesso al cinema?
7. Preferisci andare da solo o con gli amici?
8. Che genere di film preferisci?
9. Quali sono il tuo attore e la tua attrice preferiti?
10. Sei andato al cinema il fine-settimana scorso? Se sì, che film hai visto?

Adesso scriviamo!

Un film

Scrivi la recensione di un film che hai visto recentemente.

A. Nel primo paragrafo, presenta informazioni specifiche del film rispondendo alle seguenti domande:

1. Era americano o straniero? **2.** Qual era il titolo? **3.** Chi erano il regista e gli attori principali? **4.** Dove è stato filmato? **5.** Chi sono i personaggi principali? **6.** Che genere di film era? Avventuroso, comico, poliziesco, romantico, ecc.

B. Nel secondo paragrafo descrivi brevemente la trama e la fine.

C. Nel terzo paragrafo parla della tua reazione, rispondendo alle seguenti domande.

1. È stato un film interessante? Noioso? Divertente? Drammatico? Romantico?

2. Inviti un amico (un'amica) ad andare a vedere questo film?

D. Leggi di nuovo la tua descrizione. Tutte le parole sono scritte correttamente? L'accordo tra il verbo e il soggetto e tra il nome e l'aggettivo sono corretti? Hai usato il passato prossimo e l'imperfetto correttamente?

E. Alla fine, con un compagno (una compagna), leggete le vostre narrazioni. Avete visto gli stessi film? Avete avuto la stessa reazione? Perché sì, perché no?

Attività supplementari

A. L'ora del telegiornale (Tg). In piccoli gruppi, immaginate di essere degli annunciatori/delle annunciatrici. Prima preparate insieme e poi presentate alla classe le principali notizie del giorno. Alla fine descrivete in poche parole il film che ci sarà dopo il telegiornale.

B. Programmi televisivi. In piccoli gruppi, discutete quali programmi televisivi preferite guardare alla TV americana (telegiornale, telefilm, teleromanzi, notizie sportive, programmi di varietà, documentari, dibattiti politici, giochi come *OK: il prezzo è giusto!, La ruota della fortuna,* spot pubblicitari, ecc.) e spiegate perché vi piacciono.

ITALIA

Programmi ed obbiettivi del futuro

proposte
per l'europa

Attualmente in Europa la speranza di vita della popolazione è aumentata di circa 20 anni rispetto all'inizio del secolo. Allo stesso tempo, grazie ai progressi della medicina e al miglioramento delle condizioni di vita e di lavoro, le condizioni fisiche delle persone anziane permettono loro di continuare a partecipare pienamente tanto alle attività culturali, ricreative e sportive quanto alla vita politica.

La mobilità e l'insegnamento interculturale sono elementi della cittadinanza europea. Per costruire l'Europa unita le generazioni che dovranno cooperare tra loro fra 10 o 20 anni devono imparare a conoscersi e a eliminare le barriere culturali e linguistiche. Per questo deve crescere la dimensione europea dell'educazione, in particolare mediante un insegnamento più intensivo delle lingue straniere.

C. Una conferenza stampa. In due. Leggete i due paragrafi, e immaginate di essere un reporter che rivolge *(addresses)* delle domande a un deputato dopo il suo discorso alla TV. Leggete prima il testo del discorso.

1. La lunghezza media della vita è cambiata in Europa? E da quando?
2. Nel passato gli anziani *(elders)* non partecipavano alle attività culturali e politiche. È cambiata la loro situazione? E per quali motivi?
3. Per quali ragioni le condizioni fisiche degli anziani sono migliorate *(improved)*?
4. Qual è il compito *(task)* delle generazioni che tra 10 o 20 anni dovranno *(will have to)* cooperare tra loro?
5. Che cosa contribuisce ad eliminare le barriere culturali e linguistiche?

Come si dice in italiano?

1. Last week I went to a movie with my friend Laura.
2. Laura wanted to see an old, romantic movie, a classic. She said they were showing *Casablanca* at a movie theater downtown.
3. I had a lot of homework, and I had already seen that movie at least *(almeno)* twice, but I had not seen Laura since her birthday, so I decided to go with her *(lei)*.
4. When we were coming out of the movie theater, we met John, an old friend of mine. We used to go to the same high school.
5. Since it was early, we invited John to come with us *(noi)* to have *(prendere)* an ice cream at our favorite gelateria, where they had the best *(migliore)* ice cream in town.
6. I asked John if he was working or if he was still going to school.
7. He said he was attending the university and it was his last year. He was planning *(progettare)* to travel for three months at the end of the school year.
8. It was 8:00 o'clock and it was beginning to rain. Since we had an umbrella, we decided to walk home in the rain *(sotto la pioggia)*.

GUARDIAMO!

Che cosa c'è alla TV?

Fabio, Alessandra, Daniela e Luigi sono in salotto a casa di Alessandra e guardano la TV. Fabio cambia continualmente canale.

SITO WEB

Per fare più pratica con gli argomenti culturali e punti grammaticali del **Capitolo 9,** vai a vedere il sito *Ciao!* a *http://ciao.heinle.com.*

Vedute d'Italia

Prima di leggere

You are about to read an article from the national newspaper *La Repubblica* in which the director Nanni Moretti talks about his film, *La stanza del figlio* (2001). In the film, which has autobiographical overtones, Moretti presents a family that is destroyed by the death of its adolescent son.

Un personaggio che mi è rimasto dentro

L'autore parla del film e del personaggio che interpreta: «Ho voluto **raccontare** come il dolore divida **anziché** unire».

«Pensavo a **questo** film da molto tempo, **mi piaceva** l'idea di raccontare la vita di uno psicanalista con **serietà**. Dopo la **nascita** di mio figlio non riuscivo ad **andare avanti** nel lavoro: **ecco** perché sono stato **più lento** del solito nella realizzazione.»

Così Nanni Moretti parla della *Stanza del figlio*: «**Mi ci vorrà** più del solito a prendere le distanze da questo personaggio, più autobiografico di altri che ho interpretato,» **non a caso** il nome del protagonista è Giovanni» (il vero nome del regista).

Nel film, la vita di una famiglia molto unita è distrutta dalla **morte** del figlio **adolescente** Andrea: «Non credo alla retorica secondo **la quale** il dolore unisce» —spiega Moretti— «ma che il dolore allontana e divide le persone che **si vogliono bene** ed è **quello** che **accade** nel film.» E infatti **nulla** riesce a dare una ragione alla famiglia colpita dal **lutto** e in particolare a Giovanni, il padre, «che entra in crisi perché non riesce a **tattenere** il **proprio** dolore e quello dei suoi pazienti,» come spiega Moretti.

Infine, Moretti spiega il perché del titolo: «La stanza del figlio è **quella** stanza che, dopo la morte di un figlio, **non si ha** più il coraggio di aprire, dove è difficile **rientrare**.» da *La Repubblica,* 7 marzo 2001

Glossary (right margin):

- stayed inside me
- tell/rather than
- this/I liked
- seriousness/birth
- go on/that is
- slower
- it is going to take me
- not by chance
- death/teenager
- by which
- love each other
- that/happens/nothing
- struck by loss
- hold
- own
- that/one does not have
- enter again

Alla lettura

Decidi se le seguenti frasi sono vere (V) o false (F), e correggi le frasi che sono false.

1. _____ Il regista pensava a questo film da poco tempo.
2. _____ Voleva raccontare la vita di uno psicanalista.
3. _____ Questo personaggio è poco autobiografico.
4. _____ Il film tratta di una famiglia molto unita.
5. _____ Moretti crede che il dolore unisce.
6. _____ Giovanni entra in crisi e non riesce più a lavorare.

Mezzi di diffusione in Italia

La stampa, la televisione e il cinema sono i fattori che hanno contribuito notevolmente all'unificazione della lingua italiana. Oggi gli stessi hanno creato una cultura di massa. Quasi ogni città ha il suo giornale locale, ma i quotidiani a diffusione nazionale sono *Il Corriere della Sera* (Milano), *La Stampa* (Torino), *La Repubblica* e *Il Messaggero* (Roma). Per chi preferisce una grande varietà di articoli, c'è un'ampia **scelta** di riviste (settimanali illustrati), come *Panorama, L'Espresso* e *Oggi*.

choice

Per quanto riguarda il cinema italiano, il riconoscimento internazionale è arrivato nel dopoguerra, con i due grandi maestri del neorealismo, Vittorio De Sica e Roberto Rossellini. Negli anni cinquanta-settanta due nomi hanno dominato la scena cinematografica: Federico Fellini e Michaelangelo Antonioni. Fellini è considerato il grande genio del cinema italiano: ha ritratto l'Italia e gli Italiani con l'occhio di un visionario. Il film *La strada* (1954) è diventato subito un classico.

Negli ultimi dieci anni, il cinema italiano si è affermato **oltre** frontiera con film quali *Nuovo Cinema Paradiso* di Giuseppe Tornatore, *Mediterraneo* di Gabriele Salvatores, *Lamerica* di Gianni Amelio, *Il postino,* interpretato dal attore Massimo Troisi, e *La vita e bella,* vincitore di trè oscar, diretto e interpretato da Roberto Benigni. Una nuova generazione di registi promette di continuare la gloria del cinema italiano.

beyond

COMPRENSIONE

1. Spiegate perché i mezzi di comunicazione hanno contribuito all'unificazione della lingua italiana. (Tornate alla prima pagina delle **Vedute d'Italia.**)
2. Che cos'e *L'Espresso*? *Panorama*? *Gente*? (Guarda le foto nella pagina)
3. Chi sono i due grandi maestri del neorealismo?
4. Quali due registi hanno dominato la scena cinematografica?
5. Come e considerato Fellini?

Culture a confronto

1. Sapete nominare qualche film italiano che ha avuto successo in America? Perché ha avuto successo in America?
2. Se avete visto alcuni film italiani, li avete trovati differenti dai film americani? In che modo *(way)*?
3. Desideri vedere *La stanza del figlio*? Perché sì, perché no?

Vocabolario

Nomi

l'accordo	agreement
la bugia	lie
il campo	field
la cifra	amount
la cultura	culture
il discorso	speech
la discussione	discussion
l'economia	economy
l'edicola	newsstand
l'entusiasta (m., f.)	enthusiast
l'idealista (m., f.)	idealist
l'inizio	beginning
l'intervista	interview
la letteratura	literature
il manifesto	poster
il marciapiede	sidewalk
la nazione	nation
l'ottimista (m., f.)	optimist
il paese	country
il partito	party
il/la pessimista	pessimist
la politica	politics
la polizia	police
il problema	problem
la realtà	reality
la scena	scene
l'unione (f.)	union
il vantaggio	advantage

Aggettivi

attuale	present, current
comune	common
costoso	expensive
diverso	various; different
divertente	amusing
estero	foreign
etnico	ethnic
interno	internal
ottimista	optimistic
pessimista	pessimistic
politico	political
romantico	romantic
storico	historical
unito	united

Verbi

considerarsi	to consider oneself
decidere (p.p. deciso)	to decide
discutere (p.p. discusso)	to discuss
esprimere (p.p. espresso)	to express
esistere (p.p. esistito)	to exist
intervistare	to interview
interessarsi (di)	to be interested (in)
migliorare	to improve
preoccuparsi (di)	to be worried (about)

Altre espressioni

allora	so, therefore
a proposito	by the way
c'era una volta	once upon a time
un classico	a classic
Da quando?	Since when?
Da quanto tempo?	How long?
dare un film	to show a movie
parlare male (di)	to speak badly (of)

La moda

Palazzo Pitti, Firenze. Mostra dell'abbigliamento femminile nel cinquantennio della moda italiana.

Punti di vista

Perugia. La pittoresca piazza 4 Novembre, centro della città.

Oggi **facciamo le valigie**   we pack our suitcases

(CD 5, TRACK 1)

Terry e Jane si preparano per andare a studiare al l'Università per Stranieri di Perugia.* Oggi fanno le valigie.

TERRY	**Hai deciso** che cosa mettere nella valigia?	Have you decided
JANE	Poca **roba.** Non mi piace viaggiare con valigie **pesanti.**	stuff / heavy
TERRY	Io porto un impermeabile perché ho sentito dire che a Perugia **piove** spesso in primavera.	it rains
JANE	E io porto un due pezzi di lana per quando **fa fresco,** questo vestito bianco e **quelle** due camicette, una di seta e l'altra di cotone.	it is cool/those
TERRY	**Non dimenticare** di portare scarpe comode, perché nelle città italiane **si gira** a piedi e non in macchina.	Don't forget / one goes around
JANE	Allora porto queste scarpe da tennis.	
TERRY	Ma cos'è quel **barattolo** che hai messo nella valigia? Peanut butter?	jar
JANE	Sì, perché ho sentito dire che non è facile trovarlo in Italia, e io non posso **farne a meno.**	live without it

*The oldest university for foreigners in Italy. It is situated in Perugia (Umbria), a charming medieval and Renaissance city not too far from Assisi, town of St. Francis.

TERRY Lo so, ma in Italia c'è la Nutella, una crema di cioccolato e **nocciole** molto buona! E non dimenticare che a Perugia ci sono i **Baci Perugina!**

hazelnuts

chocolate kisses from Perugia

COMPRENSIONE

1. Perché Terry e Jane hanno fatto le valigie? **2.** Jane ha messo molta roba nella sua valigia? Perché? **3.** Perché Terry porta un impermeabile? **4.** Perché hanno bisogno di scarpe comode? **5.** Perché Terry è sorpresa? **6.** Perché Jane ha messo del *peanut butter* nella valigia? **7.** Che cos'è la Nutella?

Studio di parole Articoli di abbigliamento *(clothing)*

la moda fashion	**i vestiti** clothes
la sfilata di moda fashion show	**la taglia/la misura** size
mettersi to put on	**un paio di calze (scarpe, pantaloni)** a pair of stockings (shoes, pants)
portare to wear	
provare to try on	**i pantaloncini** shorts

il **portafoglio**	wallet		**sportivo**	casual
la pelle	leather		**elegante**	elegant
la seta	silk		**a buon mercato**	cheap
la lana	wool		**in svendita**	on sale
il cotone	cotton		**lo sconto**	discount
leggero	light		**il commesso, la commessa**	
pesante	heavy			salesperson
pratico	practical		**la vetrina**	display window

Che taglia porti?

	Abiti da donna					Abiti da uomo				
Italia	40	42	44	46	48	44	46	48	50	52
USA	6	8	10	12	14	34	36	38	40	42

Informazioni | La moda italiana

La moda italiana si è affermata in tutto il mondo. Le firme degli stilisti italiani Armani, Versace, Valentino, Trussardi, Moschino, Gucci, Ferré e più recentemente Dolce-Gabbana hanno una risonanza internazionale. Numerosi sono anche i nomi delle stiliste: Luisa Spagnoli, Laura Biagiotti, Missoni, Krizia, Ferretti e Genny. Il «made in Italy» si è imposto anche grazie alla qualità dei tessuti *(fabric),* molto apprezzati dagli stilisti stranieri. La lavorazione della lana, della seta e della pelle vanta *(boasts)* una tradizione di molti secoli.

In ogni stagione ci sono sfilate di moda nei maggiori centri. Milano, Firenze e Roma sono specialmente importanti per queste manifestazioni. Molto suggestiva è la sfilata d'estate in Piazza di Spagna a Roma, «sotto le stelle.» Buon gusto *(taste),* tecnica e creatività si trovano anche nell'artigianato dei piccoli centri di provincia. Nelle serate estive, è comune assistere a sfilate dell'abbigliamento di creazione locale. Su passerelle *(catwalks)* improvvisate sfilano le «bellezze» del luogo, trasformate in modelle...e modelli!

APPLICAZIONE

A. La comodità prima di tutto

1. Che cosa portiamo quando piove *(it rains)*?
2. Che cosa ci mettiamo per proteggere *(to protect)* gli occhi dal sole?
3. Che cosa si mette un uomo sotto la giacca?
4. Quando ci mettiamo il cappotto?
5. Quando ci mettiamo un vestito leggero?
6. Com'è una camicetta di seta?
7. Quando ci mettiamo le scarpe da tennis?
8. Se vogliamo sentirci comodi *(comfortable),* ci mettiamo dei pantaloni eleganti o dei jeans?
9. Dove mettiamo i soldi e le carte di credito?

B. Acquisti in un negozio d'abbigliamento. Leggete questo dialogo. Poi, in coppie, fate la parte del commesso (della commessa) e del(la) cliente e scambiate brevi dialoghi sugli articoli *(items)* che seguono. Usate un po' d'immaginazione.

ESEMPIO

—*Le piace questo vestito di seta a fiori? È in svendita.*
—*Quant'è lo sconto?*
—*È del 20% (per cento).*
—*È la mia taglia?*
—*Sì, è taglia 40.*
—*Va bene, lo provo.*

C. Conversazione

1. Ti piace la moda italiana? Conosci il nome di alcuni stilisti italiani? Quali?
2. Sai quali sono due città italiane rinomate *(renowned)* per la moda?
3. Porti vestiti eleganti o pratici quando viaggi? Che vestiti porti?
4. Compri articoli d'abbigliamento italiani? Quali? Perché o perché no?
5. Cosa ti piace portare il fine-settimana? e quando esci con gli amici?

D. Che cosa portate? In coppie, descrivete il vostro abbigliamento di oggi.

Ascoltiamo!

Che vestiti compriamo? Terry and Jane have been in Perugia for several weeks. Today they are shopping for clothes in a store on corso Vannucci. Listen to their comments as Terry makes a decision about buying a blouse and talks with a clerk. Then answer the following questions.

Comprensione
1. Dove sono Terry e Jane oggi? Perché?
2. Che cosa ammirano le due ragazze?
3. Perché Terry non compra la camicetta di seta?
4. C'è uno sconto sulla camicetta di poliestere? Di quanto?
5. Che taglia ha Terry?
6. Paga in contanti Terry?

Dialogo

In un negozio d'abbigliamento. Avete bisogno di comprare un articolo d'abbigliamento: quale? In gruppi di due, discutete con il commesso (la commessa) che cosa preferite: il colore, la stoffa *(material),* la taglia. Domandate il costo dell'articolo che vi piace e se è in svendita. L'articolo è troppo caro; vi scusate e uscite.

Punti grammaticali

—Guarda, Luigi!
—Ma che cos'è?

10.1 L'imperativo

1. The **imperativo** *(imperative mood)* is used to express a command, an invitation, an exhortation, or advice. The **noi** and **voi** forms of all three conjugations, and the **tu** form of **-ere** and **-ire** verbs are identical to the corresponding forms of the present tense. The **tu** form of **-are** verbs and all of the **Lei** and **Loro** forms differ from the present tense.

	ascoltare	**prendere**	**partire**
(tu)	ascolta!	prendi!	parti!
(Lei)	ascolti!	prenda!	parta!
(noi)	ascoltiamo!	prendiamo!	partiamo!
(voi)	ascoltate!	prendete!	partite!
(Loro)	ascoltino!	prendano!	partano!

The pattern of the imperative for **-isc-** verbs is as follows: fin**isci**!, fin**isca**!, fin**iamo**!, fin**ite**!, fin**iscano**!

NOTE:

a. Subject pronouns are ordinarily *not* expressed in imperative forms.
b. The *negative imperative* of the **tu** form uses **non** + *infinitive*.
c. The imperative **noi** form corresponds to the English "Let's . . ." (**Guardiamo!** = *Let's look!*)

Mangia la minestra!	*Eat the soup!*
Non mangiare quei dolci!	*Don't eat those sweets!*
Leggi la lettera!	*Read the letter!*
Non leggere quella rivista!	*Don't read that magazine!*
Non viaggi in treno!	*Don't travel by train!*
Viaggi in treno, signora!	*Travel by train, madam!*
Prenda l'aereo, signora!	*Take the airplane, madam!*
Non prenda l'aereo!	*Don't take the airplane!*
Partiamo domani!	*Let's leave tomorrow!*
Non partiamo oggi!	*Let's not leave today!*
Spedisci queste lettere!	*Mail these letters!*
Entrino, signorine!	*Come in, young ladies!*

2. Here are the imperative forms of some irregular verbs:

	tu	**Lei**	**noi**	**voi**	**Loro**
andare	va' (vai)	vada	andiamo	andate	vadano
dare	da' (dai)	dia	diamo	date	diano
fare	fa' (fai)	faccia	facciamo	fate	facciano
stare	sta' (stai)	stia	stiamo	state	stiano
dire	di'	dica	diciamo	dite	dicano
avere	abbi	abbia	abbiamo	abbiate	abbiano
essere	sii	sia	siamo	siate	siano
venire	vieni	venga	veniamo	venite	vengano

NOTE:

The forms **va', da', fa',** and **sta'** are abbreviations of the regular forms. Either form may be used.

Di' la verità!	*Tell the truth!*
Sii buono!	*Be good!*
Non fare rumore!	*Don't make noise!*
Non abbia paura!	*Don't be afraid!*
Stia qui!	*Stay here!*
Vadano avanti!	*Go ahead!*
Venite a casa mia!	*Come to my house!*

—Non scrivere il nome della tua donna! Scrivi «amore mio», così non devi cambiare ogni volta!

PRATICA

A. Consigli di una madre al figlio (alla figlia)

ESEMPIO   studiare   *Studia!*

1. riordinare la stanza   **2.** mettere in ordine i tuoi vestiti   **3.** prendere le vitamine   **4.** bere il succo d'arancia   **5.** spendere poco   **6.** venire a casa presto

B. Esortazioni a degli amici. Usate la forma **tu** o **voi,** secondo il caso.

ESEMPIO   Tino, stare zitto   —*Tino, sta' zitto!*

1. Enrico, avere pazienza   **2.** ragazzi, fare attenzione al traffico   **3.** Paola, dare l'ombrello a Luisa   **4.** Pippo, dire la verità   **5.** Luisa e Roberta, essere in orario   **6.** Renzo e Lucia, stare calmi

C. Il cugino Enrico. Enrico è un giovane raffinato *(refined)*. Tu, invece, sei più semplice ed esprimi la tua opinione. Segui l'esempio.

ESEMPIO   Enrico mangia in ristoranti eleganti.
           —*Non mangiare in ristoranti eleganti! Mangia al McDonald!*

1. Beve acqua minerale.   **2.** Ascolta la musica classica.   **3.** Spende molti soldi in *(for)* vestiti.   **4.** Porta sempre un completo elegante. **5.** Va in macchina all'università.   **6.** Segue dei corsi di poesia.   **7.** Paga gli acquisti *(purchases)* con la carta di credito.   **8.** Gioca solamente a scacchi *(chess)*.

D. In un negozio d'abbigliamento. Tu e tuo fratello (tua sorella) siete in un negozio d'abbigliamento per comprare un regalo per il Giorno della mamma. Non siete d'accordo e discutete insieme cosa comprare.

ESEMPIO   —*Io compro un ombrello.*
           —*No, non comprare un ombrello. Compra...*

E. Sì, certo! *(By all means!)* Gabriella (Filippo) è in una boutique di via Montenapoleone a Milano, e fa delle domande alla commessa (al commesso) che risponde affermativamente.

ESEMPIO   domandare una cosa
—*Posso domandare una cosa?*
—*Domandi pure!*

1. guardare 2. provare questa giacca 3. entrare nel camerino *(dressing room)* 4. vedere se c'è un'altra giacca 5. fare una telefonata a mio marito (mia moglie) 6. aspettare qui mio marito (mia moglie) 7. pagare con la carta di credito

F. Scambi rapidi. Completate con la forma **Lei** dell'imperativo.

1. In una via del centro.
   —Mi (dire) _____, per favore, dov'è il negozio di Armani?
   —(Andare) _____ avanti dritto, e poi (girare = *to turn*) _____ a destra, e, all'angolo c'è il negozio di Armani.
2. Sul treno.
   —Signora, vuole vedere la nuova sfilata di Ferré? (aprire) _____ la rivista a pagina 43.
   —Che moda strana! E (pensare) _____ che molti giovani vanno matti per questo stilista!
3. Nel negozio di Armani.
   —Signorina, per piacere, mi (dare) _____ la taglia più piccola.
   —(Aspettare) _____ un secondo per favore signora, arrivo subito.

G. Un amico (un'amica) fa dei commenti. Tu rispondi dando *(giving)* dei consigli.

ESEMPIO   He/She wants to buy a pair of Gucci shoes.
You tell him not to buy Gucci shoes because they are too expensive.
—*Vorrei comprare un paio di scarpe Gucci.*
—*Non comprare le scarpe Gucci perché sono troppo care.*

1. He/she wants to go shopping downtown.
   You tell him/her not to go today because it is raining.
2. He/she is going on vacation and wants to pack (mettere in valigia) only light-weight clothes.
   You tell him/her to pack a heavy sweater because it is cold in the evening.
3. He/she is going to dinner at the home of Italian friends and wants to know what to bring.
   Tell him/her to bring a bouquet of flowers and a bottle of good wine.
4. He/she is going to Milan to a fashion show and asks if you know of a good inexpensive hotel.
   Tell him/her not to go downtown, but to stay at the Marini Hotel near the train station.

10.2 Aggettivi e pronomi dimostrativi

Questa presentazione degli abiti di Valentino ha luogo nel museo dell'Accademia a Firenze.

1. The demonstrative adjectives **(aggettivi dimostrativi)** are **questo, questa** *(this)* and **quello, quella** *(that)*. A demonstrative adjective always precedes the noun. Like all other adjectives, it must agree in gender and number with the noun.

Questo has the singular forms **questo, questa, quest'** (before a noun beginning with a vowel); the plural forms are **questi, queste** and mean *these*.

Quanto hai pagato **questa** maglietta?	*How much did you pay for this T-shirt?*
Quest'anno vado in montagna.	*This year I'll go to the mountains.*
Queste scarpe sono larghe.	*These shoes are wide.*

Quello, quella have the same endings as the adjective **bello** and the partitive (see "Punti grammaticali" 4.2). The singular forms are **quel, quello, quella, quell'**; the plural forms are **quei, quegli, quelle** and mean *those*.

Ti piace **quel** completo?	*Do you like that outfit?*
Preferisco **quell'**impermeabile.	*I prefer that raincoat.*
Quella gonna è troppo lunga.	*That skirt is too long.*
Quegli stivali non sono più di moda.	*Those boots are no longer fashionable.*
Guarda **quei** vestiti!	*Look at those dresses!*
Quelle borsette sono italiane.	*Those handbags are from Italy.*

2. **Questo(a)** and **quello(a)** are also pronouns when used alone. **Questo(a)** means *this one* and **quello(a)** means *that one, that of,* or *the one of.* Both have regular endings **(-o, -a, -i, -e).**

Compra questo vestito; **quello** rosso è caro.	*Buy this dress; the red one is expensive.*
Questa macchina è **quella** di Renzo.	*This car is Renzo's (that of Renzo).*
Ho provato queste scarpe e anche **quelle**.	*I tried on these shoes and also those.*

PRATICA

A. Come sono...? Siete in un negozio d'abbigliamento e domandate l'opinione del vostro amico (della vostra amica) sui seguenti articoli. Usate l'aggettivo **questo** nelle forme corrette.

ESEMPIO

—Come sono queste scarpe?
—*Sono comode.*

1. practico	2. elegante	3. stretto	4. leggero	5. corto	6. brutto

B. Quello... Completate con la forma corretta dell'aggettivo **quello**.

1. Vorrei _____ stivali e _____ scarpe marrone. **2.** Preferisci _____ gonna o _____ vestito? **3.** Ho bisogno di _____ impermeabile e di _____ calzini. **4.** Dove hai comprato _____ occhiali da sole? **5.** _____ negozio d'abbigliamento è troppo caro. **6.** _____ commesse sono state molto gentili.

C. No! Rispondete, secondo l'esempio.

ESEMPIO *(Giovanni)* È il cappotto di Maria?
—*No, è quello di Giovanni.*

1. *(Sig. Smith)* È l'assegno di Pietro? No, è _____. **2.** *(suo padre)* Sono le chiavi di Luigi? No, sono _____. **3.** *(Oggi)* Hai letto il giornale di ieri? No, ho letto _____. **4.** *(Puccini)* Preferisci le opere di Verdi? No, preferisco _____. **5.** *(Al Pacino)* Desideri vedere dei film con Harrison Ford? No, preferisco vedere _____.

D. Preferenze. In gruppi di due, immaginate di essere nel reparto *(department)* Abbigliamento di un grande magazzino con un amico (un'amica). Esprimete le vostre preferenze per i seguenti articoli usando **questo** o **quello** nelle forme corrette.

ESEMPIO cravatta rossa/verde
—*Mi piace questa cravatta rossa.*
—*Io preferisco quella verde.*
—*Mi piacciono questi pantaloni sportivi.*
—*Io preferisco quelli eleganti.*

1. guanti di lana/di pelle **2.** stivali neri/marrone **3.** orologio Gucci/Tissot **4.** borsa piccola/grande **5.** berretto *(cap)* blu/grigio **6.** maglietta a fiori/a righe *(striped)*

E. Gusti *(taste).* Con un compagno fate a turno le seguenti domande.

> **ESEMPIO**   cucina italiana o francese
> —*Preferisci la cucina italiana o francese?*
> —*Preferisco quella italiana.*

1. macchine italiane o giapponesi   **2.** vestiti eleganti o sportivi
3. moda italiana o francese   **4.** scarpe nere o blu   **5.** lezione di matematica o di inglese   **6.** ...   **7.** ...

10.3 I mesi e la data

1. As you learned in the **Primo incontro,** the months of the year are masculine and are *not* capitalized: **gennaio, febbraio, marzo, aprile, maggio, giugno, luglio, agosto, settembre, ottobre, novembre, dicembre.**

2. Dates are expressed according to the following pattern:

> *definite article   +   number   +   month   +   year*
> **il   20   marzo   2003**

The abbreviation of the above date would be written **20/3/2003.** Note that in Italian the day comes *before* the month (compare March 20, 2003, and 3/20/2003).

3. As you have learned, to express days of the month, *cardinal* numbers are used except for the first of the month, which is indicated by the ordinal number **primo.**

> Oggi è il **primo** (di) aprile.   *Today is April first.*
> È il **quattordici** (di) luglio.   *It is July fourteenth.*

Lia è nata il **sędici** ottobre.	*Lia was born on October sixteenth.*
Ạbito qui dal **tre** marzo 2000.	*I have been living here since March 3, 2000.*

4. To ask the day of the week, the day of the month, and the date, the following questions are used:

Che giorno è oggi?	*What day is today?*
Oggi è venerdì.	*Today is Friday.*
Quanti ne abbiamo oggi?	*What day of the month is it today?*
Oggi ne abbiamo trędici.	*Today is the thirteenth.*
Qual è la data di oggi?	*What is the date today?*
Oggi è il trędici (di) dicembre.	*Today is the thirteenth of December.*

5. The article **il** is used before the year.

Il 1996 è stato un anno bisestile.	*1996 was a leap year.*
Siamo nati **nel** 1984.	*We were born in 1984.*

Per ricordare *(To remember)* quanti giorni ci sono in ogni mese, gli Italiani rẹcitano *(recite)* questo ritornello *(refrain):*

> Trenta giorni ha novembre,
> con aprile, giugno e settembre;
> di ventotto ce n'è uno,
> tutti gli altri ne hanno trentuno.

PRATICA

A. Date da ricordare. Abbinate *(Match)* le date e gli eventi e formate delle frasi complete.

25/12	il giorno di San Valentino
21/3	l'anno dell'unificazione d'Itạlia
1861	il primo giorno di primavera
4/7	l'anno della scoperta dell'Amẹrica
31/10	il giorno di Natale
1492	l'anno della fondazione della Repụbblica Italiana
14/2	*Halloween*
1946	la data della dichiarazione dell'indipendenza americana

B. Feste. Ecco le date di alcune feste civili e religiose in Itạlia. Fa' a un altro studente le seguenti domande. Incomịncia con **Quand'è...?**

1. Capodanno/1/1 **2.** l'Epifania/6/1 **3.** Pasqua *(Easter)*/in marzo o in aprile **4.** la Festa del Lavoro/1/5 **5.** Ferragosto*/15/8 **6.** Tutti i Santi/ 1/11 **7.** ... **8.** ...

C. Conversazione

1. Quanti ne abbiamo oggi? **2.** Che giorno è oggi? **3.** Qual è la data di oggi? **4.** Quando incomịncia l'autunno? **5.** Qual è l'ụltimo giorno dell'anno? **6.** Quand'è il tuo compleanno? **7.** Quando incomịnciano le vacanze di primavera? **8.** Quando diciamo «Tanti auguri!»?

---

*Midsummer holiday.

10.4 Le stagioni e il tempo

In primavera fa bel tempo.
Ci sono molti fiori.

In estate fa caldo. C'è
molto sole.

In autunno fa brutto
tempo. Piove e tira vento.

In inverno fa freddo e
nevica.

1. The seasons are **la primavera** *(spring),* **l'estate** *(f.) (summer),* **l'autunno** *(autumn),* and **l'inverno** *(winter).* The article is used before these nouns except in the following expressions: **in primavera, in estate, in autunno, in inverno.**[*]

L'autunno è molto bello.	*Fall is very beautiful.*
Vado in montagna **in estate.**	*I go to the mountains in the summer.*

2. **Fare** is used in the third person singular to express many weather conditions.

Che tempo fa?	*How is the weather?*
Fa bel tempo.	*The weather is nice.*
Fa brutto tempo.	*The weather is bad.*
Fa caldo.	*It is hot.*
Fa freddo.	*It is cold.*
Fa fresco.	*It is cool.*

---

[*]**Di** can be used in place of **in: d'estate; d'autunno.**

3. Other common weather expressions are:

Piove. (piovere)	*It is raining.*	**È nuvoloso.**	*It is cloudy.*
Nevica. (nevicare)	*It is snowing.*	**È sereno.**	*It is clear.*
Tira vento.	*It is windy.*	**La pioggia**	*The rain*
C'è il sole.	*It is sunny.*	**La neve**	*The snow*
C'è nebbia.	*It is foggy.*	**Il vento**	*The wind*

NOTE:

Piovere and **nevicare** may be conjugated in the **passato prossimo** with either **essere** or **avere.**

Ieri ha piovuto *or* è piovuto.
Ieri ha nevicato *or* è nevicato.

PRATICA

A. Che tempo fa? In due, fatevi a turno delle domande sul tempo in alcuni luoghi *(places).*

ESEMPIO   estate, New York
—*Che tempo fa d'estate a New York?*
—*Fa molto caldo.*

1. agosto, Sicilia **2.** primavera, Perugia **3.** inverno, montagna
4. novembre, Chicago **5.** dicembre, Florida **6.** autunno, Londra
7. ... **8.** ...

B. Variabilità del tempo. Completate le frasi con l'espressione di tempo appropriata (con il verbo al **presente** o al **passato prossimo,** secondo il caso).
1. Mi metto il cappotto perché _____. **2.** Liliana porta l'ombrello perché _____. **3.** L'inverno scorso _____ in montagna. **4.** In autunno a Milano, non vediamo bene perché _____. **5.** Anche se è estate, a San Francisco abbiamo bisogno di un golf perché _____. **6.** Faccio lunghe passeggiate quando _____. **7.** D'estate mi metto un vestito leggero perché _____. **8.** Non abbiamo bisogno dell'impermeabile quando non _____. **9.** Chicago si chiama *«The Windy City»* perché _____.
10. L'estate scorsa _____.

C. Che cosa Le piace fare quando...? Combinate gli elementi delle due colonne e formate una frase completa. Incominciate sempre con **quando** e usate sempre l'espressione **mi piace...**

Quando	piove nevica tira vento fa bel tempo è nuvoloso è sereno fa caldo	**mi piace**	divertirmi con un aquilone *(kite).* guardare dalla finestra gli ombrelli delle persone. guardare il cielo. pensare all'albero di Natale. camminare al sole. bere una bevanda fresca. stare a letto.

D. Conversazione. In coppie, parlate del tempo nella vostra zona *(area)*. Usate le seguenti domande come guida.
1. Oggi è sereno o nuvoloso? **2.** Ha piovuto la settimana scorsa? **3.** Che tempo ha fatto l'inverno scorso? **4.** Nevica nella tua città? Quando? **5.** In che mese fa molto caldo? **6.** Piove spesso o solo qualche volta? **7.** Quale stagione preferisci e perché?

Per finire

Alla **Rinascente**

Questa mattina Antonio è andato alla Rinascente per comprarsi un completo nuovo. Di solito Antonio porta jeans, camicia e maglione, ma la settimana **prossima** ha un **colloquio** importante, e gli amici gli hanno detto: «Antonio, non dimenticare che la prima impressione è quella che conta!» **Eccolo** ora nel reparto Abbigliamento maschile. Un commesso **si avvicina.**

(name of a department store)

next
interview

Here he is
is approaching

COMMESSO	Buon giorno. Dica! Desidera un completo? Di che colore?
ANTONIO	Non so, **forse** grigio.
COMMESSO	In **tinta unita** o **a righe**?
ANTONIO	Forse **è meglio** in tinta unita.
COMMESSO	Che taglia porta?
ANTONIO	Non lo so esattamente. Forse 52 o 54.
COMMESSO	Lo vuole pesante o **di mezza stagione**?
ANTONIO	Di mezza stagione; così può andare in tutte le stagioni.

perhaps
solid color/striped
it is better

between seasons

COMMESSO	Ecco un ạbito che **fa per Lei**, grịgio **fumo**, di lana, non troppo pesante. È in svẹndita. Lo provi!	suits you/smoke
ANTONIO	OK. *(Dopo la prova.)* La giacca mi va bene, ma i pantaloni sono lunghi.	
COMMESSO	Non si prẹoccupi! Li **accorciamo** e per sạbato sono pronti.	we will shorten
ANTONIO	Quanto costa?	
COMMESSO	Solo trecentoventi euro. È un **affare**!	bargain
ANTONIO	Così caro?! Costa **un ọcchio della testa**!	a fortune
COMMESSO	Eh, caro signore, **oggigiorno** tutto costa caro. D'altra parte, viviamo una volta sola! Lo compri!	nowadays
ANTONIO	Ma sì, lo compro, e **addio risparmi**!	good-bye savings

COMPRENSIONE

1. Perché Antọnio è andato in un negọzio di abbigliamento?
2. Perché ha bisogno di un completo nuovo?
3. Che cosa hanno detto gli amici ad Antọnio?
4. Quando Antọnio è nel negọzio, sa esattamente cosa vuole o è indeciso?
5. Di che colore è il completo che Antọnio prova? È pesante? È in svẹndita?
6. Vanno bene i pantaloni?
7. Antọnio trova il completo caro o a buon mercato? Lo compra?

CONVERSAZIONE

1. Tu vai spesso a fare le spese in un negọzio di abbigliamento?
2. Ti piace fare lo shopping?
3. Quando devi comprare dei vestiti, decidi rapidamente o sei indeciso(a) come Antọnio?
4. Preferisci andare a fare le spese solo(a) o con amici? Chiedi spesso i loro consigli?
5. Preferisci un abbigliamento sportivo o elegante? Qual è il tuo colore preferito?
6. Spendi molto per vestirti?
7. Trovi *(do you find)* la moda italiana di buon gusto o stravagante? Hai uno(a) stilista favorito(a)?

Cosa devo portare?

Un amico (un'amica), che hai conosciuto in Italia la scorsa estate, viene a **trovarti** durante le vacanze di **Pasqua** in primavera. **Ti chiede dei consigli** su cosa mettere in valigia.

visit you/Easter

asks you for advice

A. Per organizzare i tuoi pensieri completa la seguente tabella:

Clima:	
Eventi all'università:	
Feste:	
Vestiti:	
Accessori:	

B. Ora che hai finito di completare la tabella scrivi una lettera alla tua amica (al tuo amico) e dai dei suggerimenti su cosa deve mettere in valigia.

ESEMPIO   *Cara Susanna,*
siamo in primavera ma fa già caldo. Quando prepari la valigia, metti delle magliette e dei pantaloncini. Porta anche il costume da bagno perché c'è una piscina vicino al mio appartamento. La settimana prossima all'università ci sono le gare di nuoto e andiamo a vederle. Compra un cappellino e non dimenticare gli occhiali da sole. **Non vedo l'ora di vederti** (I can't wait to see you), **un caro abbraccio** (a warm hug)
Giovanna

C. Quando hai finito di scrivere la tua lettera controlla tutte le parole: hai scritto tutto correttamente? Hai usato la forma del *tu* dell'imperativo? Con un compagno (una compagna) leggete le vostre lettere. Vi siete ricordati tutti gli eventi all'università? I vostri suggerimenti su cosa deve mettere in valigia sono simili?

Attività supplementari

A. **In un grande magazzino** *(department store)*. È quasi *(almost)* Natale. Immagina di essere con un amico (un'amica) nel reparto Abbigliamento per acquistare regali per parenti ed amici. Decidete cosa comprare e per chi. Usate **quello** e i pronomi possessivi.

ESEMPIO   *Compro quelle pantofole (slippers) per mia nonna.*

B. **Come ti vesti?** In coppia, considerate le seguenti situazioni e rispondete alla domanda.

1. Il presidente degli Stati Uniti ti ha invitato(a) ad un pranzo ufficiale alla Casa Bianca.
2. Il tuo amico e la sua famiglia ti hanno invitato(a) a passare un fine-settimana con loro nel loro cottage in montagna. È novembre e fa freddo.
3. Vai a un concerto rock con degli amici. È luglio e fa molto caldo.

C. Pubblicità. In coppia, leggete le seguenti pubblicità e dite quali articoli potete comprare in questi negozi.

La perfezione dell'imperfezione artigianale

Come si dice in italiano?

1. Patrizia, why don't we go shopping today?
2. Oh, not today. It is raining and it is cold. Besides **(Inoltre)**, I went shopping yesterday.
3. Really? What did you buy?
4. I bought these black boots.
5. They are very beautiful. Next week I plan to **(penso di)** go shopping too **(anch'io).** Do you want to come with me?
6. Yes. What do you want to buy?
7. I would like to buy a two-piece suit for my birthday.
8. When exactly is your birthday? I know it is in May, but I forgot the exact **(esatta)** date.
9. I was born on June 17, 1984.
10. Oh, that's right! The other day I saw a beautiful silk blouse in Armani's window **(vetrina),** and I am planning to buy that blouse for your birthday.
11. Oh, Patrizia, thank you.

GUARDIAMO!

L'abbigliamento

Alessandra e Daniela si trovano in un negozio di abbligiamento a fare spese. Di solito le due amiche preferiscono vestirsi in modo sportivo, ma oggi cercano qualcosa di elegante.

SITO WEB

Per fare più pratica con gli argomenti culturali e i punti grammaticali del **Capitolo 10,** vai a vedere il sito *Ciao!* a *http://ciao.heinle.com.*

Vedute d'Italia

Prima di leggere

You are about to read an interview with the Italian designer Roberto Cavalli. Start by considering only the initial question. This question lets you know right away that the journalist is trying to understand the apparent contradiction between Cavalli's insistence that he emphasizes very "masculine" clothing and his liberal use of such elements as fur jackets and zebra-striped shirts not usually associated with men's styles.

Moda uomo: Il stilista Roberto Cavalli

Lei parla di abiti virili e poi manda in **passerella cappotti da damerino inglese**, giacche di pelliccia e camicie zebrate. **Non le sembra un controsenso?**

«L'importante è lo spirito che sta dietro i vestiti.... Oggi la gente ha voglia di emozioni forti e la mia moda maschile [lo] dimostra.»

In che senso?

«In tutti questi anni **non mi ero mai azzardato** ad avvicinarmi all'abbigliamento maschile. **Pensavo** che **non ci fosse spazio** per abiti così **sgargianti** nel **guardaroba** dell'uomo moderno. Poi, due anni fa, ho deciso di **fare una prova**..., **realizzando** una collezione esplosiva.... Pensavo di non vendere niente.»

E invece?

«Sono stato sommerso di ordini. E così è nata la collezione uomo.... [Presenta] cappotti bordati di pelliccia e camicie con vecchie stampe inglesi e fantasiosi disegni animalier, giacconi di pelle stile aviatore e abiti di **broccato**.»

Ma chi indossa abiti del genere al giorno d'oggi?

«Beh, non sono certo fatti per un impiegato di banca o per andare in ufficio. In Italia vendo moltissimo tra i giovani, ragazzi tra i 16 e 20 anni. In America, invece, la mia moda un po' **folle** impazza tra **i signori di una certa età**.»

Da *L'Espresso*, 17 gennaio 2002, di Jacaranda Falck

catwalk/coats suitable for an English dandy

Doesn't this seem to you a contradiction?

I never dared
I thought/there was not any room/showy/wardrobe
give it a try/creating

instead

brocade

crazy
men of a certain age

Alla lettura

Torna all'inizio dell'articolo e rileggi la prima domanda e di nuovo l'intervista, poi completa l'attività che segue:

1. Roberto Cavalli dice che l'importante è...
2. Oggi la gente ha voglia di...
3. Due anni fa Roberto Cavalli ha realizzato una...
4. La collezione uomo presenta...
5. In Italia vende moltissimo tra...
6. In America la sua moda è popolare tra...

Fare bella e brutta figura

Per gli Italiani è molto importante «fare bella figura» e non «fare brutta figura.» «Fare bella figura» vuol dire essere sempre **a posto**, puliti e vestiti bene. Ma non solo questo.

in order

«Fare bella figura» vuol dire fare una buona impressione e sapere **comportarsi** bene in tutte le situazioni.

behave

È importante soprattutto vestire bene, e non solo per andare al lavoro, in ufficio o in banca, ma anche per andare **a fare compere** o **perfino** per andare al supermercato.

to go shopping
even

Anche i bambini devono essere vestiti bene, con i jeans e la maglietta **stirati**. Devono essere sempre **pettinati** e puliti. Quando i genitori vanno a prendere il bambino alla **scuola materna**, il piccolo è pettinato, ordinato e non ha il nasino sporco.

pressed/combed
preschool

All'università «fare bella figura» è anche essere preparati per un esame o sapere rispondere quando il professore fa una domanda.

Gli italiani fanno molti commenti sulla moda, il **trucco**, le scarpe e **i capi firmati**. È un'occasione per fare conversazione e per mostrare agli amici i nuovi acquisti.

make up
designer clothes

COMPRENSIONE

1. Scrivi tre esempi di come gli Italiani fanno bella figura.
2. Scrivi un esempio di come uno studente può fare brutta figura con un professore.

Culture a confronto

1. Esiste nell'America del Nord il concetto di buona e brutta figura? Se sì, in quali occasioni è importante fare bella figura?
2. È positivo o negativo vivere in una società con questi ideali? Perché sì, perché no?

Anteprima lombarda

Ecco una selezione di modelli per il prossimo autunno-inverno in vetrina a Milano Collezioni da domenica 13 a giovedì 17 gennaio.

GERANI. ▶
Velluti e spigati per un uomo ultraclassico

▲ **BYBLOS.** Trench in finta pelle con patchwork scozzese

ICEBERG. ▶
Viaggiatore etno-dandy con gilet di montone selvaggio

ROCCO BAROCCO. ▶
Il suo uomo è un dark cowboy metropolitano

TRUSSARDI. ▶
Colori e materiali a contrasto per un uomo anni Sessanta

Vocabolario

Nomi

l'acquisto	purchase
l'angolo	corner
agosto	August
aprile	April
l'articolo	item
l'autunno	autumn, fall
il calendario	calendar
il Capodanno	New Year's Day
la cassa	cash register
il cielo	sky
il/la cliente	customer
il consiglio	advice
la data	date
dicembre	December
l'estate (f.)	summer
febbraio	February
gennaio	January
giugno	June
il gusto	taste
l'inverno	winter
luglio	July
maggio	May
marzo	March
il Natale	Christmas
la nebbia	fog
la neve	snow
novembre	November
ottobre	October
la Pasqua	Easter
la pioggia	rain
la primavera	spring
il reparto	department
la roba	stuff, things
settembre	September
il sole	sun
la stagione	season
lo (la) stilista	designer
il tempo	weather
il vento	wind
la vetrina	display window

Aggettivi

comodo	comfortable
elegante	elegant
indeciso	indecisive
largo (pl. larghi)	large; wide
moderno	modern
quello	that
questo	this
semplice	simple
stretto	narrow, tight

Verbi

ammirare	to admire
consigliare	to advise
decidere (p.p. deciso)	to decide
dimenticare	to forget
nevicare	to snow
piovere	to rain
sperare	to hope
trovare	to find

Altre espressioni

andare bene	to fit
C'è il sole.	It is sunny.
C'è nebbia.	It is foggy.
Che tempo fa?	What is the weather like?
costare un occhio della testa	to cost a fortune
di mezza stagione	between-seasons
di moda	fashionable
È nuvoloso.	It is cloudy.
È sereno.	It is clear.
essere d'accordo	to agree
È un affare.	It is a bargain.
Fa bel tempo.	It is nice weather.
Fa brutto tempo.	It is bad weather.
Fa caldo.	It is hot.
Fa freddo.	It is cold.
Fa fresco.	It is cool.
fare le valigie	to pack (suitcases)
forse	maybe
giocare a scacchi	to play chess
Ho sentito dire che...	I heard that . . .
scarpe da tennis	tennis shoes
Tanti auguri!	Best wishes!
Tira vento.	It is windy.

In cucina

Un'ottima cuoca nella sua cucina.

Punti di vista

Il giorno di Pasqua

Easter

(CD 5, TRACK 1)

La colomba e le uova pasquali.
C'è anche un'altra cosa. Che
cos'è?

Oggi è la domenica di Pasqua e, per festeg-
giarla, Marco e Paolo sono ritornati da Bologna,
dove studiano medicina. Sono venuti per passare alcuni giorni con la loro famiglia. È l'ora
del pranzo: i due fratelli **apparecchiano** la   set
tavola.

PAOLO   Hai messo i piatti, le posate e i bicchieri?

MARCO   Sì, li ho già messi. E anche i tovaglioli.

PAOLO   Hai preso l'acqua minerale dal frigo?

MARCO   Ma sì! L'ho presa! E tu, hai portato a
casa la **colomba pasquale?**   *(an Easter cake in the shape of a dove)*

PAOLO   Certo, ho comprato una colomba
Motta.* E i fiori?

MARCO   Ho dimenticato di comprarli, ma ho
preso un bell'uovo di cioccolato con
la sorpresa.† Lo diamo adesso alla
mamma?

PAOLO   **È meglio** aspettare la fine del pranzo.   It is better

E così, alla fine del pranzo, la mamma riceve
un grosso uovo di cioccolato, con gli auguri di
Pasqua.

COMPRENSIONE

1. Che giorno è oggi?
2. Da dove sono ritornati Marco e Paolo?
3. Cosa fanno a Bologna?
4. Con chi festeggiano il giorno di Pasqua?
5. Che cosa hanno messo sulla tavola?
6. Cos'ha comprato Paolo per la festa di Pasqua? E Marco?

---

*An Italian brand.

†A hollow chocolate Easter egg containing a surprise.

Studio di parole   La cucina e gli ingredienti

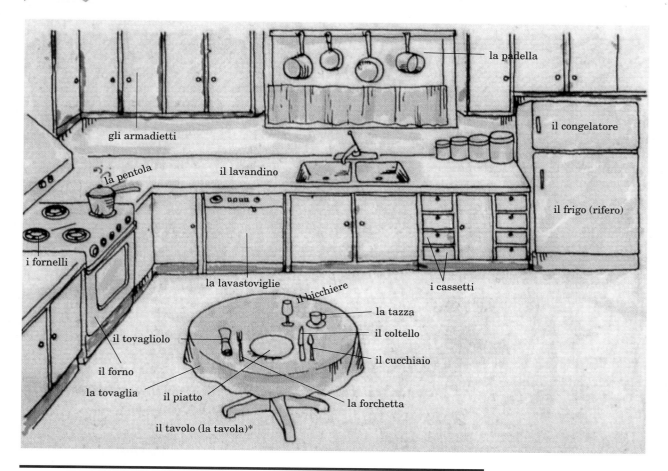

la padella

il congelatore

gli armadietti

la pentola

il lavandino

il frigo (rifero)

i fornelli

la lavastoviglie

il bicchiere

i cassetti

la tazza

il coltello

il tovagliolo

il cucchiaio

il forno

la tovaglia   il piatto   la forchetta

il tavolo (la tavola)*

---

la farina flour	**aggiungere** (*p.p.* **aggiunto**) to add
il burro butter	**mescolare** to mix
lo zucchero sugar	**versare** to pour
l'uovo (*pl.* **le uova**) egg(s)	**rosolare** to brown, sauté
il sale salt	**friggere** (*p.p.* **fritto**) to fry
il pepe pepper	**bollire** to boil
l'olio oil	**cucinare** to cook, to prepare (food)
l'aceto vinegar	**cuocere** (*p.p.* **cotto**) to cook
l'aglio garlic	—**al forno** to bake
la cipolla onion	—**arrosto** to roast
condire to dress (a salad); to season	—**alla griglia** to grill
tagliare to cut	—**al dente** to cook just right

---

*__Tavola__ is used when referring to meals: **apparecchiare la tavola** *(to set the table)*; **andiamo a tavola!**

𝒢nformazioni | La cucina italiana

La cucina italiana, nel senso di *cuisine,* occupa un posto importante nella gastronomia internazionale. Ogni regione si differenzia per i suoi piatti, formaggi, dolci e vini. Citiamo qui solo qualche specialità. La cucina piemontese offre la fonduta e la bagna cauda, e quella lombarda l'ossobuco e la cotoletta alla milanese. Diversi piatti veneti sono con polenta, come il baccalà e il fegato alla veneziana. In Liguria sono famose la pasta al pesto e la burrida (zuppa di pesce). La cucina toscana può essere semplice—la bistecca alla fiorentina—o più elaborata—il cacciucco (zuppa di pesce). Le Marche, l'Umbria,

l'Abruzzo e il Molise hanno in comune la porchetta allo spiedo e svariate zuppe di pesce. L'abbacchio (arrosto di agnello) e gli gnocchi alla romana sono specialità del Lazio, mentre vari piatti alla pizzaiola, il calzone e la mozzarella in carrozza fanno *(are)* parte della gastronomia napoletana. La Puglia, la Basilicata e la Calabria vantano la loro varietà di frutti di mare *(seafood),* di formaggi e di salsicce. In Sicilia si trovano dolci e gelati squisiti, come i cannoli e le cassate. La Sardegna, infine, è fiera *(proud)* dei suoi prosciutti di cinghiale *(boar)* e delle aragoste che abbondano nelle sue acque.

APPLICAZIONE

A. Cosa c'è in cucina?

1. Guardate il disegno a pagina 239. Che cosa vedete su un fornello?
2. Che cosa vedete sotto i fornelli?
3. Quali ingredienti sono necessari per preparare una torta?
4. Dove mettiamo il latte per conservarlo *(to keep it)* fresco?
5. Quali ingredienti usano gli Italiani per condire l'insalata?

B. Conversazione

1. Ha una cucina grande Lei? Ha un forno a microonde *(microwave)?* una lavastoviglie? **2.** Le piace cucinare? Prepara molti pasti a casa? Quali? **3.** Apparecchia la tavola e si siede a mangiare almeno *(at least)* una volta al giorno? Perché o perché no? **4.** Quando ha degli invitati per un'occasione speciale, come apparecchia la tavola? **5.** Come preparano gli Italiani la pasta: cotta al dente o stracotta *(overdone)*? **6.** Quando cucina, Le piace preparare piatti al forno, alla griglia? Quali? **7.** Cucina una torta Lei, o la compra dal pasticciere *(baker)*?

Ingredienti necessari per un buon piatto di pastasciutta.

C. Un buon piatto di pasta. Osservate la foto. In coppie, dite quali sono gli ingredienti necessari per cucinare un buon piatto di pasta e che cosa fate per prepararlo.

Ascoltiamo!

Dopo il pranzo. Listen to Paolo's and Marco's conversation as they wash the dishes after Easter dinner. Then answer the following questions.

Comprensione

1. Cosa fanno i due ragazzi in cucina?
2. Perché Marco vuole lavare i piatti domani?
3. Perché non possono lavarli domani?
4. Che cosa pensano di dire al papà? Perché?
5. Marco sta attento quando asciuga i piatti o è maldestro *(clumsy)*?

Dialogo

Una scampagnata *(picnic in the country).* Immaginate di fare una scampagnata il giorno di Pasqua con un amico (un'amica). Decidete dove andate, come, cosa preparate per il picnic e cosa mettete nel cestino *(picnic basket).*

Punti grammaticali

11.1 I pronomi diretti

Piatti ornamentali di Deruta (Umbria). Il commesso li mostra a dei clienti.

1. You have already learned the direct object pronouns **lo, la, li,** and **le (Capitolo 5).** Remember that a direct object is a noun or a pronoun designating the person(s) or thing(s) directly affected by the verb. It answers the question *whom?* or *what?*

Here is a chart of all the direct object pronouns:

Singular			Plural		
mi (m')	*me*	**mi** chiamano	**ci**	*us*	**ci** chiamano
ti (t')	*you (familiar)*	**ti** chiamano	**vi**	*you (familiar)*	**vi** chiamano
lo (l')	*him, it*	**lo** chiamano	**li**	*them (m.)*	**li** chiamano
la (l')	*her, it*	**la** chiamano	**le**	*them (f.)*	**le** chiamano
La (L')*	*you (formal, m. & f.)*	**La** chiamano	**Li, Le**	*you (formal, m. & f.)*	**Li/Le** chiamano

Note that the direct object pronoun immediately precedes the verb. This is also true in a negative sentence The final vowel of a singular direct object pronoun may be dropped before a vowel or an *h*.

Apro il frigo. **L'**apro.	*I open the refrigerator. I open it.*
Leggo le lettere. **Le** leggo.	*I read the letters. I read them.*
Mi vedono? No, non **ti** vedono.	*Do they see me? No, they don't see you.*
Non **ci** invitavano mai.	*They never used to invite us.*
Buona sera, dottore. **La** vedo domani.	*Good evening, Doctor. I'll see you tomorrow.*
Signori Bianchi, **Li** chiamano al telefono.	*Mr. and Mrs. Bianchi, they are calling you on the phone.*

2. In the **passato prossimo,** remember that:

   a. the pronoun comes before the auxiliary verb **avere;**

   b. the past participle must agree in gender and number with the direct object pronouns **lo, la, La, li, le, Li, Le.** Agreement with the other direct object pronouns is optional.

Hai cucinato le patate?	*Did you cook the potatoes?*
Sì, **le** ho cucinat**e**.	*Yes, I cooked them.*
Avete incontrato Luigi?	*Did you meet Luigi?*
No, non **l'**abbiamo incontrat**o**.	*No, we did not meet him.*
Hai accompagnato i ragazzi?	*Did you accompany the boys?*
Sì, **li** ho accompagnat**i**.	*Yes, I accompanied them.*
Signora Rossi, non **L'**ho vist**a**.	*Mrs. Rossi, I did not see you.*
Gina, **ti** ho aspettat**o**. (aspettat**a**).	*Gina, I waited for you.*

3. Unlike their English equivalents, verbs such as **ascoltare** *(to listen to),* **guardare** *(to look at),* **cercare** *(to look for),* and **aspettare** *(to wait for)* are not followed by a preposition; they therefore take a direct object.

Cercavi la ricetta?	*Were you looking for the recipe?*
Sì, **la** cercavo.	*Yes, I was looking for it.*

---

*The formal pronoun **La (L')** is both masculine and feminine, as in **arrivederLa.**

Hai guardato l'arrosto nel forno?	*Did you check the roast in the oven?*
No, **lo** guardo adesso.	*No, I'm looking at it now.*
Vi aspetto stasera alle otto.	*I will be waiting for (expecting) you at eight o'clock tonight.*
Avete ascoltato le notizie?	*Did you listen to the news?*
No, non **le** abbiamo ascoltate.	*No, we did not listen to it.*

Hai mangiato il panettone qualche volta? In quale occasione l'hai mangiato?

PRATICA

A. In cucina. Voi siete in cucina e pensate ad alcune cose che dovete fare. Sostituite il nome in corsivo *(italics)* con il pronome appropriato.

ESEMPIO Aspetto *il mio amico* a cena. *Lo aspetto.*

1. Apparecchio *la tavola.* **2.** Metto *la tovaglia.* **3.** Metto *i piatti e i bicchieri.* **4.** Prendo *l'acqua minerale* dal frigo. **5.** Metto *le lasagne* nel forno. **6.** Lavo *l'insalata.* **7.** Apro *la porta* al mio amico. **8.** Servo *la cena.* **9.** Non servo *il dolce* perché siamo a dieta *(we are on a diet).*

B. Conversazione

ESEMPIO —Dove lavi *i piatti?*
—*Li lavo nella lavastoviglie.*

1. Quando inviti *i tuoi amici?* **2.** Dove cucini *l'arrosto?* **3.** A chi mandi *gli inviti?* **4.** Dove fai *la spesa?* **5.** Dove trovi *le tue ricette?* **6.** Come prepari *le uova?* strapazzate *(scrambled)* o sode *(hard-boiled)?* **7.** Usi *il burro* quando cucini? **8.** Per una cena elegante, metti *la tovaglia?* **9.** Metti *il formaggio* sui maccheroni? **10.** Dove lavi *le pentole e le padelle?*

C. Chissà dove sono! Tu hai perso alcune delle tue cose. Un amico (Un'amica) ti domanda se le hai trovate. Tu rispondi negativamente.

ESEMPIO —*Hai trovato i tuoi libri?*
—*No, non li ho trovati.*

1. portafoglio *(wallet)* **2.** occhiali **3.** sveglia **4.** orologio **5.** maglietta **6.** scarpe **7.** soldi **8.** chiavi *(f. pl., keys)*

D. Intervista. Lucy Bloom è appena ritornata da un anno di studi all'università di Padova. Le sue amiche le fanno molte domande sulla sua esperienza in Italia.

> ESEMPIO   la pizza (buona, cattiva, ottima)
> —*Come hai trovato la pizza?*
> —*L'ho trovata buona (abbastanza buona). o...*

1. i corsi all'università di Padova (facili, difficili, lunghi)
2. i professori italiani (indulgenti, severi, cordiali)
3. i film italiani (divertenti, noiosi, interessanti)
4. i vini Valpolicella e Soave (eccellenti, mediocri, leggeri)
5. la cucina veneta (semplice, complicata, gustosa [tasty])
6. la moda degli stilisti (elegante, inelegante, stravagante)
7. i mezzi di trasporto (efficienti, inefficienti, abbondanti, scarsi)

E. Un ospite (guest) a cena. È tardi e la signora Cattaneo è ancora in ufficio. È preoccupata e telefona al marito per domandargli se ha fatto le seguenti cose. Il marito la rassicura (reassures her). Seguite l'esempio.

> ESEMPIO   preparare la cena
> —*Hai preparato la cena?*
> —*Sì, l'ho preparata.*

1. trovare la tovaglia   2. mettere piatti, bicchieri e posate   3. tirare fuori (to take out) l'acqua e la birra dal frigo   4. fare riscaldare (to warm up) l'arrosto   5. lavare l'insalata   6. tirare fuori dal congelatore il dolce   7. comprare i grissini

F. Quando? Domandate a un compagno (una compagna) quando ha fatto le seguenti cose. Usate per ogni frase espressioni di tempo differenti.

> ESEMPIO   leggere il giornale
> —*Quando hai letto il giornale?*
> —*L'ho letto ieri (domenica scorsa, venerdì mattina, ecc.).*

1. mangiare le lasagne   2. ascoltare la radio   3. comprare il parmigiano   4. salutare i compagni di classe   5. preparare la salsa di pomodoro   6. prendere la macchina   7. vedere i tuoi genitori   8. lavare i piatti e le pentole   9. comprare le verdure surgelate (frozen)

G. Scambi rapidi. I genitori parlano con il figlio Aldo, giornalista, che è ritornato da un lungo viaggio. In coppie, completate il dialogo con i pronomi appropriati.

ALDO   Cari mamma e papà, finalmente _____ rivedo (I see you again)! Come state?

IL PAPÀ   Noi stiamo benone. Ma tu, come _____ trovi (do you find us)? Tristi e vecchi forse?

ALDO   Anzi (On the contrary), _____ trovo sempre giovani e in ottima forma, e _____ rivedo con tanto piacere!

H. Attività giornaliere. Con un compagno create delle domande con i verbi della lista; poi rispondete alle domande.

> ESEMPIO   fare colazione
> —*Fai colazione?*
> —*Sì, la faccio. o No, non la faccio.*

1. fare il letto   2. leggere il giornale   3. mandare i messaggi elettronici (e-mail)   4. studiare l'italiano   5. cucinare la pasta   6. pulire...   7. ascoltare...   8. guardare...   9. comprare...   10. invitare...

11.2 I pronomi indiretti

—Che cosa regali a tua madre per Pasqua?
—Le regalo un bell'oggetto per la casa.

1. An indirect object designates the person *to whom* an action is directed. It is used with verbs of *giving:* **dare, prestare, offrire, mandare, restituire, consigliare, regalare, portare,** etc., and with verbs of *oral* and *written communication:* **parlare, dire, domandare, chiedere, rispondere, telefonare, scrivere, insegnare, spiegare,** etc. The preposition **a** follows these verbs and precedes the name of the person to whom the action is directed.

   Scrivo **una lettera.** *(direct object)*
   Scrivo una lettera **a Lucia.** *(indirect object)*

   An indirect object pronoun replaces an indirect object.

   Here are the forms of the indirect object pronouns:

Singular			Plural		
mi (m')	*(to) me*	**mi** scrivono	**ci**	*(to) us*	**ci** scrivono
ti (t')	*(to) you (familiar)*	**ti** scrivono	**vi**	*(to) you (familiar)*	**vi** scrivono
gli	*(to) him*	**gli** scrivono	**loro** *or* **gli**	*(to) them (m. & f.)*	scrivono **loro** (**gli** scrivono)
le	*(to) her*	**le** scrivono			
Le*	*(to) you (formal, m. & f.)*	**Le** scrivono	**Loro** *or* **Gli***	*(to) you (formal, m. & f.)*	scrivono **Loro** *(very formal)*

*The capital letter in **Le, Loro,** and **Gli** is optional and is used to avoid ambiguity.

2. Note that the pronouns **mi, ti, ci,** and **vi** can be used as both direct and indirect object pronouns. Like the direct object pronouns, indirect object pronouns precede the conjugated form of the verb, except **loro,** which always follows the verb. In negative sentences, **non** precedes the pronouns.

Mi dai un passaggio?	*Will you give me a lift?*
Chi **ti** telefona?	*Who is calling you?*
Non **gli** parlo.	*I am not speaking to him.*
Perché non **ci** scrivevate?	*Why didn't you write to us?*
Le offro un caffè.	*I am offering you a cup of coffee.*
Domandavo **Loro** se era giusto.	*I was asking you if it was right.*

NOTE:

In contemporary Italian, the tendency is to replace **loro** with the plural **gli.**

Gli parlo *or* Parlo **loro.**	*I am speaking **to them.***

3. In the **passato prossimo,** the past participle *never* agrees with the indirect object pronoun.

Le ho parlat**o** ieri.	*I spoke to her yesterday.*
Non **gli** abbiamo telefonat**o.**	*We did not call them.*

4. Unlike in English, **telefonare** and **rispondere** take an indirect object pronoun.

Quando telefoni a Lucia?	*When are you going to call Lucia?*
Le telefono stasera.	*I'll call her tonight.*
Hai risposto a Piero?	*Did you answer Piero?*
No, non **gli** ho risposto.	*No, I didn't answer him.*

PRATICA

A. Sostituzione. Sostituite le parole in corsivo con i pronomi appropriati.

1. Scrivo *a mia cugina.* **2.** Perché non telefoni *a tuo fratello?* **3.** Lucia spiega una ricetta *a Liliana.* **4.** Presto il libro di cucina *al mio ragazzo.* **5.** Do cento dollari *a mia sorella.* **6.** I due ragazzi chiedono un favore *al padre.* **7.** Liliana scrive un biglietto di auguri *a sua madre.* **8.** Date spesso dei consigli *ai vostri amici?* **9.** Paolo manda dei fiori *alla sua ragazza.*

B. Mille promesse. Roberto promette a tutti molte cose.

ESEMPIO   a suo fratello, andare a casa sua
             Gli promette di andare a casa sua.

1. a suo padre, ascoltare i suoi consigli **2.** a sua madre, aiutarla **3.** ai suoi professori, studiare di più **4.** a noi, andare insieme al cinema **5.** a me, essere più paziente **6.** alle sue amiche, invitarle al ristorante

C. Quando? Una persona curiosa vuole sapere quando tu fai le seguenti cose. Un compagno (una compagna) fa la parte della persona curiosa.

ESEMPIO   —Quando dai dei consigli *al tuo amico?*/quando ha dei
             problemi
             —*Gli do dei consigli quando ha dei problemi.*

1. Quando telefoni *a tua madre?*/la domenica   **2.** Quando *ci* mandi una cartolina?/quando arrivo a Roma   **3.** Quando presti il libro di cucina *alla tua amica?*/quando dà una festa   **4.** Quando scrivi *ai tuoi genitori?*/quando ho bisogno di soldi   **5.** Quando *mi* fai gli auguri?/il giorno del tuo compleanno   **6.** Quando *ci* offri un gelato?/dopo cena   **7.** Quando rispondi *ai tuoi parenti?*/quando ho tempo   **8.** Quando porti un regalo *a tua madre?*/per Natale

D. Un giovane generoso. Per Natale Gianfranco ha comprato regali per tutti i parenti ed amici. Che cosa ha regalato loro?

> ESEMPIO   a suo fratello, un maglione
> *Gli ha regalato un maglione.*

1. a sua madre, una macchina per fare il cappuccino   **2.** alle sorelle, alcuni CD delle canzoni di San Remo   **3.** al fratellino, un giocattolo *(toy)* e caramelle *(candies)*   **4.** alla zia Maria, una scatola di cioccolatini Perugina   **5.** all'amico Lucio, un portafoglio di pelle marrone   **6.** ai nonni,...   **7.** alla sua ragazza,...   **8.** al(la) professore(ssa) d'italiano,...

E. Già fatto! Il tuo compagno (La tua compagna) di stanza desidera sapere quando tu fai le seguenti cose. Tu gli (le) rispondi che le hai già fatte e gli (le) dici quando.

> ESEMPIO   parlare, professore
> *—Quando parli al tuo professore?*
> *—Gli ho parlato l'altro ieri (alcuni giorni fa) o...*

1. rispondere, madre   **2.** chiedere consiglio, padre   **3.** scrivere, sorelle   **4.** suggerire un ristorante, amico   **5.** telefonare, zio   **6.** chiedere un appuntamento, professoressa   **7.** dare l'indirizzo, parenti   **8.** offrire un pranzo, genitori   **9.** mandare un regalo, fratello

F. Diretto o indiretto? Tu e il tuo compagno (la tua compagna) organizzate una cena per gli amici. Il tuo compagno (La tua compagna) doveva fare alcune cose e tu vuoi sapere se le ha fatte.

> ESEMPIO   invitare Luisa
> *—Hai invitato Luisa?*
> *—Sì, l'ho invitata.*

1. mandare gli inviti   **2.** telefonare a Gino   **3.** comprare gli antipasti   **4.** scrivere a Marco   **5.** invitare anche i due fratelli Rossi   **6.** chiedere a Luisa la ricetta del tiramisù   **7.** comprare le bottiglie di vino bianco   **8.** chiamare Marisa

11.3 I pronomi con l'infinito e *Ecco!*

1. When a direct or indirect pronoun is the object of an infinitive, it—with the exception of **loro**—is attached to the infinitive, which drops the final **-e.**

Non desidero veder**la.**	*I don't wish to see her.*
Preferisco scriver**le.**	*I prefer to write to her.*

NOTE:

With the verbs **potere, volere, dovere,** and **sapere,** the object pronoun may either be placed before the conjugated verb or attached to the infinitive.

Ti posso parlare? ⎫	
Posso parlar**ti?** ⎭	*May I speak to you?*

2. A direct object pronoun attaches to the expression **ecco!**

Ecco**lo!**	*Here (There) he is!*
Ecco**mi!**	*Here I am!*

PRATICA

A. Sostituzione. Sostituite le espressioni in corsivo con il pronome appropriato.

1. Incomincio a capire *questa lingua.*   **2.** Abbiamo bisogno di parlare *a Tonino.*   **3.** Preferisco scrivere *a Luisa* domani.   **4.** Ho deciso di invitare *gli amici.*   **5.** Ho dimenticato di comprare *le uova.*   **6.** Quest'anno non posso fare molti regali *ai miei amici.*   **7.** Desidero invitare *le mie amiche* a una festa.   **8.** Sapete parlare bene *lo spagnolo?*   **9.** Voglio trovare *le mie chiavi!*   **10.** Non posso aspettare *mio fratello.*   **11.** Devi prendere *la macchina?*

B. Sì o no? Sei indeciso(a) e domandi a tuo fratello (a tua sorella) se *(whether)* devi fare le seguenti cose. Lui (Lei) risponde affermativamente, usando il pronome oggetto appropriato.

ESEMPIO   studiare l'italiano
   —*Devo studiare l'italiano?*
   —*Sì, devi studiarlo.*

1. lavare i bicchieri   **2.** preparare la cena   **3.** prendere l'ombrello   **4.** comprare i biglietti per il teatro   **5.** sentire le notizie   **6.** chiamare il dentista   **7.** ...   **8.** ...   **9.** ...

C. Intenzioni. Tua sorella ti domanda quando hai intenzione di fare alcune cose importanti.

ESEMPIO   telefonare a papà/domani
   —*Quando pensi di telefonare a papa?*
   —*Penso di telefonargli domani.*

1. invitare gli amici/sabato   **2.** comprare le uova di cioccolato/venerdì   **3.** scrivere alla cugina/questo weekend   **4.** parlare ai professori/la settimana prossima *(next)*   **5.** vedere gli zii di Vicenza/domani pomeriggio   **6.** mandare le cartoline di auguri/prima delle feste

D. Dove sono? Il tuo compagno domanda dove sono alcune cose nella classe. Tu rispondi usando **ecco** e il pronome appropriato.

ESEMPIO —Dov'è la penna?
—Eccola!

11.4 L'imperativo con un pronome (diretto, indiretto o riflessivo)

Molti preferiscono il dolcificante allo zucchero

Perchè ingrassi il tuo caffé?

Dimagriscilo con Tac.

1. Object and reflexive pronouns—except **loro**—attach to the end of the **tu, noi,** and **voi** imperative forms. With the **Lei** and **Loro** forms, the pronoun always precedes the verb.

Parla**le!**	*Talk to her!*
Compra**li!**	*Buy them!*
Scriviamo**gli** una lettera!	*Let's write him a letter!*
Fate**ci** un favore!	*Do us a favor!*

BUT:
Parla **loro!** (or Parla**gli!**)   *Speak to them!*
Mi dica una cosa!   *Tell me one thing!* (formal)

Note the imperative construction with reflexive and reciprocal verbs:

fermarsi			**scriversi**	
(tu)	**fermati!**	*stop!*		
(noi)	**fermiamoci!**	*let's stop!*	**scriviamoci!**	*let's write to each other!*
(voi)	**fermatevi!**	*stop!*	**scrivetevi!**	*write to each other!*
(Lei)	**si fermi!**	*stop!*		
(Loro)	**si fermino!**	*stop!*	**si scrivano!**	*write to each other!*

2. When a pronoun attaches to the monosyllabic imperatives **va', da', fa', sta',** and **di',** the initial consonant of the pronoun—except **gli**—is doubled.

Dammi la bicicletta!	*Give me the bike!*
Dicci qualcosa!	*Tell us something!*
Falle un regalo!	*Give her a gift!*

BUT:
Digli cosa fare!   *Tell him what to do!*

3. In the *negative imperative,* object and reflexive pronouns may either precede or follow the imperative verb. When a pronoun follows an imperative verb in the **tu** form, the infinitive drops the final **-e.**

Non **ti** alzare! }
Non alzar**ti!** } *Don't get up!*

Non **gli** diciamo niente! }
Non diciamo**gli** niente! } *Let's not tell him anything!*

Non **lo** fare! }
Non far**lo!** } *Don't do it!*

BUT:
Non **si** preoccupi così! *Don't worry so much!*
Non risponda **loro!** *Don't answer them!*
Non **gli** dia niente! *Don't give him anything!*

PRATICA

A. La spesa. Tu devi uscire e chiedi alla mamma di che cosa ha bisogno in cucina.

ESEMPIO le mele/sì
—*Compro le mele?*
—*Sì, comprale!*

1. lo zucchero/sì **2.** il sale/no **3.** il burro/sì **4.** la farina/no **5.** le cipolle/sì **6.** le uova/no **7.** gli spinaci/no **8.** ... **9.** ...

B. In una nuova città. Fabio si è appena trasferito nella tua città e ha bisogno di informazioni.

a. Tu rispondi con un po' d'immaginazione.

ESEMPIO dire dov'è l'ufficio postale
—*Per favore, dimmi dov'è l'ufficio postale.*
—*L'ufficio postale è qui vicino, in Piazza Garibaldi. o...*

1. consigliare una buona banca **2.** suggerire un buon ristorante **3.** mostrare dov'è l'università **4.** aiutare a trovare una stanza **5.** telefonare a questo numero **6.** spedire un'e-mail

b. Fabio chiede le stesse informazioni a un impiegato in un'agenzia.

ESEMPIO *Per favore, mi dica dov'è l'ufficio postale.*

C. Consigli e suggerimenti. I tuoi amici di New York sono venuti a trovarti per alcuni giorni. Tu dai loro dei consigli e dei suggerimenti.

ESEMPIO Tu gli suggerisci di **alzarsi** presto se vogliono vedere molte cose.
—*Alzatevi presto se volete vedere molte cose.*

1. gli suggerisci di **vestirsi** con abiti leggeri perché fa molto caldo **2.** li inviti a **prepararsi** la colazione che preferiscono **3.** li inviti a **sentirsi** come a casa loro **4.** li incoraggi a **divertirsi** **5.** gli dici di **non arrabbiarsi** se hanno perso la carta di credito **6.** gli dici di **non preoccuparsi** se ritornano tardi la sera **7.** prepari la vasca *(bath tub)* con l'acqua calda e li inviti a **farsi** un bagno rilassante   **8.** gli dici di **fermarsi** ancora qualche giorno   **9.** li inviti a **riposarsi** il giorno prima del viaggio di ritorno

D. Che fare? Aldo ha litigato con la sua fidanzata, che gli ha restituito l'anello di fidanzamento, e domanda all'amico se fare o non fare certe cose. L'amico risponde di sí o di no.

ESEMPIO   telefonarle/no
            —*Le telefono?*
            —*Sì, telefonale!* o
            —*No, non telefonarle!*

1. chiederle scusa/sì   **2.** mandarle un mazzo di fiori/sì   **3.** scriverle una lunga lettera/no   **4.** inviarle *(to send)* un fax/sì   **5.** regalarle un braccialetto/no   **6.** offrirle due biglietti per il balletto/sì

Esclamazioni comuni

Here are some exclamations expressing a wish or a feeling. You have already encountered some of them.

Auguri!   Best wishes!
Congratulazioni! Felicitazioni!
  Congratulations!
Buon Anno!   Happy New Year!
Buon compleanno!   Happy
  Birthday!
Buon appetito!   Enjoy your meal!
Buon divertimento!   Have fun!
Buona fortuna!   Good luck!
In bocca al lupo!   Break a leg!
  (*lit.,* In the wolf's mouth!)
Buona giornata!   Have a good day
  (at work)!
Buon Natale!   Merry Christmas!
Buona Pasqua!   Happy Easter!
Buone vacanze!   Have a nice
  vacation!
Buon viaggio!   Have a nice trip!
Salute! Cin cin!   Cheers!

Salute!   God bless you!
  (when someone
  sneezes)
Aiuto!   Help!
Attenzione!   Watch out!
Bravo(a)!   Well done!
Caspita!   Wow!
  Unbelievable!
Chissà!   Who knows!
Mah!   Bah!
Ma va! Macché!   No way!
Magari!   I wish it were
  true!
Meno male!   Thank goodness!
Peccato!   What a pity!
Su, dai!   Come on!
Va bene! D'accordo!   OK
Be' (Beh)...   Well . . .
Purtroppo!   Unfortunately!

Dai, che sei primo!

PRATICA

Cosa si dice? A turno con un compagno (una compagna) di classe, reagisci con un'espressione esclamativa appropriata alle seguenti situazioni.

1. Tua cugina si sposa sabato prossimo.   **2.** Bevi con amici un bicchiere di spumante.   **3.** È l'ora di pranzo e tutti sono a tavola.   **4.** Vedi un pedone *(pedestrian)* che attraversa la strada in un momento di traffico.   **5.** Un parente ha vinto cinque milioni alla lotteria.   **6.** Ti domandano se andrai *(you will go)* in vacanza, ma tu sei incerto.   **7.** Tuo fratello ha perduto il treno.   **8.** Vuoi convincere Alberto ad uscire con te.   **9.** Domani tua sorella ha un esame importante.

Per finire

Una buona ricetta: tiramisù*

Le due ragazze aspettano il dolce con l'acquolina in bocca (*mouths watering*).

Ecco una ricetta per un ottimo dolce alla fine di un buon pranzo.
Ingredienti:
2 pacchi di biscotti savoiardi[†] (circa 40)
500 grammi di mascarpone[‡]

1/4 **di litro** di caffè forte	**1 cup**
1/4 di litro di **Marsala**	*(a dry wine)*
4 uova	
100 **grammi** di zucchero	**1/3 cup**
40 **cc** di rum	**1/3 cup**
1 cucchiaio di estratto di vaniglia	

Preparazione:

Disponete metà dei biscotti in una **pirofila.** Mescolate caffè, marsala e estratto di vaniglia. Versate **metà** del liquido sui biscotti. — Lay / 11 × 13 Pyrex pan / half

Separate il bianco e il giallo delle uova. **Montate il bianco a neve.** Mescolate il giallo con lo zucchero. Unite insieme il bianco, il giallo, il mascarpone e il rum. Mescolate bene. Avete così una crema densa. — Beat the whites stiff.

Spalmate metà di questa crema sui biscotti. Disponete **sopra** il resto dei biscotti. Versate il resto del liquido (caffè, marsala, vaniglia). Spalmate il resto della crema. — Spread / on top

Il tiramisù è pronto. Se volete decorarlo, **cospargete il tutto** con **polvere** di cioccolato semi-dolce. Mettete il tiramisù nel frigorifero per almeno 12 ore prima di servirlo. — sprinkle the whole thing/powder

---

Lit., "pick-me-up."

[†]Ladyfingers.

[‡]A typical Italian cream cheese.

COMPRENSIONE

1. Quando serviamo un tiramisù?
2. Quali sono alcuni ingredienti di questa ricetta?
3. Che cos'è il Marsala? E i savoiardi, che cosa sono?
4. Abbiamo bisogno del forno per preparare il tiramisù?
5. Quanto tempo è bene tenerlo *(to keep it)* in frigorifero prima di servirlo?

CONVERSAZIONE

1. Sai preparare qualche dolce? Quale? Preferisci comprarlo in pasticceria?
2. Hai mai mangiato il tiramisù? L'hai preparato tu o l'hai comprato in una pasticceria? Ti è piaciuto?
3. Sai preparare qualche piatto tipico (americano, italiano, o...)?
4. Conosci alcune buone ricette? Quali?
5. Compri la verdura fresca o quella surgelata? al supermercato o al mercato all'aperto?
6. Ti piacciono i piatti piccanti *(spicy)*? Quali in particolare?

 **Adesso scriviamo!**

Una cena elegante

Inviti degli amici a casa tua per una cena elegante. Decidi di preparargli un menù italiano.

A. Fai una ricerca (sull'Internet, nella biblioteca...) e decidi che piatto tipico e molto semplice preparare. Poi completa la tabella che segue con le informazioni di base sul piatto che hai scelto.

> Il piatto italiano che decidi di preparare:
> Gli ingredienti che devi comprare:
> Gli ingredienti che hai già nella tua cucina:
> Cosa devi fare in cucina per preparare questo piatto:
> Di quanto tempo hai bisogno per prepararlo:
> Come vuoi apparecchiare la tavola:

B. Ora racconta, in uno o due paragrafi, quello che devi fare prima dell'arrivo dei tuoi amici.

ESEMPIO

Ho deciso di invitare i miei amici Carlo e Anna a cena a casa mia sabato sera. Ho deciso di preparargli il minestre. Poi ho del formaggio fresco, della frutta e una bella torta di mele.

Nel mio frigorifero ci sono degli zucchini che la mia mamma mi ha dato ieri, ma non ho molte verdure, così devo andare al supermercato per comprarle. Ho bisogno delle patate, del sedano, delle carote, di una grossa cipolla e dei fagioli; non posso aggiungere la carne perché la mia amica Anna è vegetariana.

Quando arrivo a casa, un paio d'ore prima dell'ora di cena, lavo tutte le verdure e le taglio a pezzetti, le metto in una grande pentola, le copro con l'acqua e accendo i fornelli, lascio cucinare a fuoco basso per un paio d'ore e non mi dimentico di aggiungere il sale. Adesso preparo la tavola, metto una bella tovaglia bianca con i tovaglioli, i piatti belli, i bicchieri per l'acqua e per il vino e le posate d'argento. Ho anche delle candele da mettere come centro tavola.

C. Adesso che hai finito la tua descrizione controlla di aver scritto tutte le parole correttamente. L'accordo tra il verbo e il soggetto e tra il nome e l'aggettivo sono corretti?

Alla fine, con un compagno (una compagna), leggete le vostre narrazioni. Che piatto preparerà il tuo compagno (la tua compagna)? Pensi che la sua cena sarà un successo?

Attività supplementari

A. **Che cosa prepariamo?** Voi aspettate degli amici italiani e decidete di preparare un tipico piatto americano, semplice e alla buona *(informal)*. Quale piatto? Discutete insieme. Forse un'insalata e... Quali ingredienti? *(One student can be the organizer and direct the others to go to . . . , to buy . . . , to wash . . . , to prepare. . . . Use imperatives.)* Attività in piccoli gruppi.

B. **Una cucina arredata.** Descrivete gli elementi che riconoscete in questa cucina italiana, e dite in che modo è differente da una tipica cucina americana.

C. Utensili. Dite quando usate questi utensili.

> **ESEMPIO** *Uso il tostapane quando voglio tostare il pane per preparare un sandwich.*

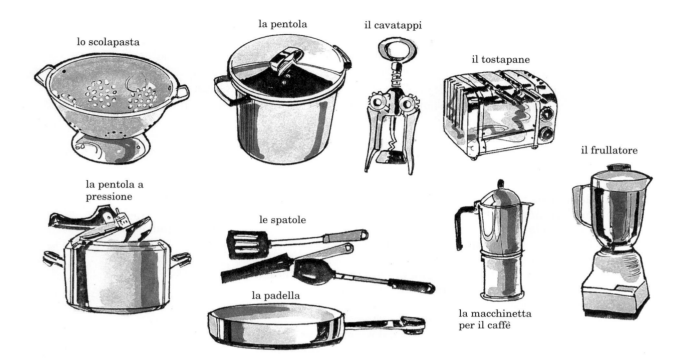

lo scolapasta

la pentola

il cavatappi

il tostapane

il frullatore

la pentola a pressione

le spatole

la padella

la macchinetta per il caffè

Come si dice in italiano?

1. Mark's parents intend to spend a few days in town, and Mark has invited them to dinner at his house.
2. Since (**Poiché**) he does not know how to cook, he is worried.
3. He has phoned his girlfriend and asked her to give him a good recipe.
4. She has suggested preparing (**di preparare**) *spaghetti alla carbonara* and has explained to him how to make it *(pl.)*.
5. It is a very easy recipe.
6. At seven o'clock, his parents arrive. Here they are!
7. Mark is very happy to (**di**) see them, but he does not want his mother in the kitchen.
8. Unfortunately, his girlfriend hasn't told him how much salt to use, and he has used it generously.
9. She has also forgotten (**di**) to tell him how long (**per quanto tempo**) to cook the spaghetti.
10. Tonight Mark and his parents are eating scrambled eggs and bacon (**pancetta**) with bread.

GUARDIAMO!

In cucina

Fabio aiuta Daniela a preparare una cena speciale. Fabio è ben intenzionato ma purtroppo non è di grande aiuto in cucina!

SITO WEB

Per fare più pratica con gli argomenti culturali e i punti grammaticali del **Capitolo 11,** vai a vedere il sito *Ciao!* a *http://ciao.heinle.com.*

Prima di leggere

The eating habits of Italians are reported in the following article from the magazine *Panorama*. For weeks A.C. Nielsen, a research marketing company, monitored the habits of 17,000 men and women older than 14 from all parts of Italy. One of the objectives of the research was to determine which foods Italians prefer and to explain these preferences. Keep this objective in mind and be prepared to summarize in your own words the survey's main findings.

Le abitudini alimentari degli Italiani

Per mesi sono state monitorate dalla A.C. Nielsen, grande compagnia delle **indagini** sul mercato, le abitudini alimentari di 17.000 Italiani. Primi, secondi, dessert, salumi, formaggi, bevande: tutto passato sotto la lente di **ingrandimento.**

    Obiettivo: stabilire quali sono i piatti preferiti e perché. La compagnia ha ottenuto una bella classifica...[dei] cibi tipici.

    La classifica dei «top ten», i cibi più amati dagli Italiani (riportata a fondo pagina), vede il trionfo della tradizione. Le prime cinque posizioni sono occupate da prodotti più tipici: parmigiano reggiano, prosciutto crudo, gelato, pizza, lasagne. Dietro le prime posizioni, **tuttavia**, emerge il vero fatto nuovo: il desiderio di varietà.

    Gli Italiani, oggi, desiderano mangiare a **qualsiasi** ora, **ovunque,** e quello che vogliono: dal panino all'**aragosta.**

    Nella classifica dei primi piatti non sono importanti i cibi sofisticati, ma, **piuttosto,** i piatti ricchi per definizione, come le lasagne, i cannelloni, le paste al forno, dove è possibile mettere dentro di tutto, e una persona può usare più liberamente la fantasia.

    Riguardo ai secondi, **in discesa le pietanze in umido** o cotte in padella, ma sono preferiti i piatti alla griglia: di carne o di pesce. Segue la **frittura di pesce,** in perfetto stile mediterraneo.

    Discorsi a parte i dolci e le **bevande. Che c'è di meglio** di un buon gelato a fine pasto? **Quanto al** bere, gli Italiani preferiscono l'acqua minerale. **Strabattuto il vino per non parlare** della birra. Resistono il caffé, tè, latte e **persino** la camomilla.

research	
magnifying glass	
though	
any	
anywhere/lobster	
rather	
With regard to/in descending order/stewed dishes	
fried seafood	
As separate categories/drinks/ What can be better than/As to	
Wine was badly beaten/and not to mention beer/even	

La classifica dei dieci cibi preferiti

Alimenti	1° Parmigiano reggiano	2° Prosciutto crudo e Gelato	4° Pizza	5° Lasagne
Voto medio di preferenza (da 0 a 100)	89,5	86,6	86,1	84,1

6° Grigliata di carne	7° Grana padano	8° Grigliata di pesce	9° Frittura di pesce	10° Dolci al cucchiaio
83,3	81,3	80,6	79,4	78,3

Alla lettura

Leggi un'altra volta l'articolo, poi con un compagno (una compagna) discutete le conclusioni dell'articolo e riassumete insieme l'inchiesta e i suoi obiettivi principali. Poi rispondi alle seguenti domande:

1. Quali sono i cinque cibi preferiti dagli Italiani?
2. Dopo i cinque cibi preferiti dagli Italiani, qual è il vero fatto nuovo che emerge da questa classifica? Che cosa desiderano fare oggi gli Italiani?
3. Quali primi piatti preferiscono gli Italiani, e perché?
4. Quali secondi piatti preferiscono?
5. Qual è il dolce più mangiato?
6. Che cosa preferiscono bere gli Italiani?

Culture a confronto

1. Che cosa ti ha sorpreso nelle liste delle preferenze degli Italiani? Che cosa non ti ha sorpreso?
2. Ci sono molte differenze tra le preferenze degli Italiani e quelle dei Nord-Americani? Spiega la tua risposta.

La cucina emiliana e la pasta

La gastronomia italiana **vanta** una delle tradizioni più illustri d'Europa. La cucina italiana è nota sopratutto per la varietà dei suoi piatti a base di pasta.

boasts

Oggi troviamo la pasta in una varietà di forme e di preparazioni, a seconda delle tradizioni locali. Può essere preparata in brodo con o **senza** verdure, con salse elaborate o condimenti semplici come l'olio d'oliva o il burro.

without

Una regione da visitare è l'Emiglia-Romagna: Bologna, la città principale, è stata definita «**la dotta**» per la sua tradizione universitaria, ma anche «la grassa» per la ricchezza della sua cucina. I **salumi** emiliani sono molto vari: prosciutti, salami, cotechini, zamponi, mortadelle, pancette e salsicce. In Emilia la lunga lista di paste fresche va dalle **tagliatelle** alle lasagne e ai raffinati tortelli, e ravioli.

'the learned': doctors

pork cold cuts

thin ribbon noodles

Nelle città e nei paesi vicino al mare, la pasta è condita molto spesso con **frutti di mare,** come i **vermicelli con le vongole** di Napoli—la città d'origine della pizza—o come la pasta con **le sarde** della Sicilia.

seafood/noodles with baby clams
sardines

In diverse regioni del Nord sono popolari anche il riso, che è l'ingrediente base di diverse ricette di risotto, e **la polenta** che **si fa** con la farina di **granoturco.**

cornmeal
is made/corn

COMPRENSIONE

1. La cucina italiana è nota sopratutto per...
a. il tiramisù   b. la pasta   c. le lasagne
2. Il condimento più semplice della pasta è...
a. la carne   b. la verdura   c. l'olio

4. Bologna è chiamata «la dotta» per...
a. la sua cucina   b. la sua università
c. la pizza
5. Nelle regioni lungo il mare, la pasta è spesso condita con salse a base di...
a. farina di granoturco   b. carne
c. frutti di mare

Vocabolario

Nomi

gli auguri	wishes
il biglietto	card, ticket
il biscotto	biscuit
il brodo	broth
la candela	candle
la chiave	key
i cioccolatini	chocolate candies
il consiglio	advice
la dieta	diet
l'etto(grammo)	100 grams
il favore	favor
l'ingrediente *(m.)*	ingredient
il libro di cucina	cookbook
il mazzo di fiori	bouquet of flowers
l'ospite *(m. & f.)*	guest
il parmigiano	Parmesan cheese
la pasticceria	pastry shop
la ricetta	recipe
la salsa	sauce
la specialità	specialty
il suggerimento	suggestion

Aggettivi

complicato	complicated
efficiente	efficient
grosso	big
gustoso	tasty
inefficiente	inefficient
necessario	necessary
ottimo	excellent
piccante	spicy
semplice	simple

surgelato	frozen
tipico	typical

Verbi

aiutare	to help
apparecchiare	to set (the table)
asciugare	to dry
mostrare	to show
passare	to spend (time)
preoccuparsi	to worry
prestare	to lend
promettere *(p.p.* promesso)	to promise
rivedere	to see again
rompere *(p.p.* rotto)	to break
suggerire (-isc)	to suggest
usare	to use

Altre espressioni

abbastanza	enough
almeno	at least
anzi	on the contrary
benone	very well
ci vuole (+ *sing. noun*)	it takes, it is necessary
ci vogliono (+ *pl. noun*)	they are necessary
è l'ora di pranzo (di cena)	it is lunch (dinner) time
essere a dieta	to be on a diet
in ottima forma	in excellent shape
purtroppo	unfortunately

Le vacanze

Venezia. I piccioni di piazza San Marco danno il benvenuto *(welcome)* a questa ragazza.

Punti di vista

Positano, addossato *(leaning)* alle pendici *(slopes)* della costa amalfitana.

Al mare　　(CD 5, TRACK 13)

Due **bagnini** su una spiaggia dell'Adriatico parlano fra di loro. —— lifeguards

GIOVANNI	Hai visto quanti turisti ci sono quest'anno?
LORENZO	Sì, e molti altri arriveranno nelle prossime settimane.
GIOVANNI	Arrivano con le loro tende e i loro camper da tutta l'Europa.
LORENZO	Il campeggio è un modo economico di fare le vacanze.
GIOVANNI	Molti non hanno la tenda, ma solo uno **zaino** e un **sacco a pelo.** Quando sono stanchi di stare sulla spiaggia, fanno l'autostop e vanno in montagna.
LORENZO	E hai visto come sono **attrezzati**? Hanno **tutto l'occorrente** per passare l'estate in Italia.
GIOVANNI	Sì, e viaggiano con le loro carte geografiche. Molti conoscono l'Italia **meglio di** noi.
LORENZO	Quest'estate saremo più occupati **del solito.** Non ho mai visto tanta gente!
GIOVANNI	È vero. Ma mi piace questo lavoro perché posso ammirare lo spettacolo magnifico del mare.
UNA VOCE	Bagnino, **aiuto**! Aiuto!
LORENZO	**Addio** spettacolo!

Glosses (right margin):
- lifeguards
- backpack/sleeping bag
- equipped
- all they need
- better than
- than usual
- help
- Good-bye

COMPRENSIONE

1. Chi sono e dove si trovano i due che fanno commenti sui turisti?
2. Come viaggiano e cos'hanno molti turisti europei che vengono in Italia?
3. Dove vanno quando sono stanchi di stare sulla spiaggia? Si perdono facilmente? Perché? **4.** Dove e come dormono? **5.** Chi interrompe la conversazione dei due bagnini?

Studio di parole In vacanza

l'ombrellone
la barca a vela
il mare
la sedia a sdraio
il costume da bagno
il (la) bagnante
la spiaggia
il telo-bagno (beach towel)
la sabbia (*sand*)

AL MARE

la guida* tour guide, guide book	**al mare** at the beach
la gita turistica tour, excursion	**all'estero** abroad
la villeggiatura summer vacation	**asciugarsi** to dry oneself
passare le vacanze to take a vacation	**abbronzarsi** to tan
in montagna in the mountains	**nuotare** to swim
al lago at the lake	**il pericolo** danger
in campagna in the country	**pericoloso** dangerous
	annegare to drown
	il (la) bagnino(a) lifeguard
	salvare to rescue
	il salvataggio rescue

*__La guida__ is always feminine.

IN MONTAGNA

la giacca a vento windbreaker
il sacco a pelo sleeping bag
montare le tende to pitch the tents
fare {
  l'autostop to hitchhike
  il campeggio to go camping, to camp
  un'escursione *(f.)* to take an excursion
  l'alpinismo to climb a mountain
respirare to breathe

𝓘nformazioni | La villeggiatura

Fare la villeggiatura significa «passare un periodo di riposo e di svago *(relaxation)* fuori città, in una località di campagna, di montagna, di lago o di mare.» **Andare in ferie** è l'espressione usata per le vacanze dei lavoratori. Di solito agosto è il mese preferito per le ferie. Per il Ferragosto (15 agosto) quasi tutti sono in vacanza e le città sono semideserte. Molti negozi sono chiusi e i mezzi di trasporto riducono il servizio.

Nelle località di villeggiatura del Nord e nel Centro, le spiagge sono in genere occupate da stabilimenti balneari *(beachfront businesses)*. Si deve pagare un biglietto d'ingresso per accedere alla spiaggia e ai servizi necessari. I tratti di spiaggia libera sono pochi.

Negli ultimi tempi gli amanti del mare si dirigono, sempre più numerosi, verso la Puglia, la Calabria, la Sicilia e la Sardegna. In queste regioni, lunghi tratti di costa sono liberi, e le acque sono più pulite *(clean)*. Vicino, ci sono villaggi turistici con sport e svaghi per tutti, grandi e piccoli.

Oggi, però, gli Italiani sono diventati più curiosi e molti preferiscono le vacanze «intellettuali,» alla scoperta di nuove città e di paesi sconosciuti.

APPLICATION

A. Domande

1. Quando andiamo all'estero, come risolviamo il problema della lingua?
2. Con quali mezzi possiamo viaggiare se vogliamo passare delle vacanze economiche? E se preferiamo vacanze lussuose?
3. Alla spiaggia, chi salva le persone in pericolo di annegare?
4. Che cosa ci mettiamo quando andiamo a nuotare?
5. Cosa usiamo per asciugarci?
6. Perché si sta *(does one stay)* molte ore al sole?
7. Dove si dorme quando si fa il campeggio?
8. Siamo in montagna. Le previsioni del tempo *(weather forecast)* annunciano vento e pioggia: cosa ci mettiamo?
9. Quando ci perdiamo, di cosa abbiamo bisogno per ritrovare la strada?

B. Vacanze siciliane. Leggete questo dépliant *(brochure)* e decidete se l'offerta vi sembra *(seems)* buona o no, e perché.

C. Conversazione

1. Ti piace fare il campeggio? Dove preferisci farlo?
2. Preferisci dormire sotto la tenda o in un bell'albergo?
3. Hai mai viaggiato in un camper? Dove sei andato(a)?
4. Preferisci una vacanza a contatto con la natura, o un viaggio turistico in alcune città europee? Perché?
5. Quando sei in vacanza al mare, fai una vita attiva? Nuoti? Cammini sulla spiaggia? Giochi a pallavolo? Oppure preferisci riposarti e prendere il sole?

Ascoltiamo!

Un salvataggio. The lifeguards, Giovanni and Lorenzo, rush into the water to rescue a swimmer who seems to be drowning. They return to the beach, carrying an apparently lifeless woman. Listen to the ensuing conversation; then answer the following questions.

Comprensione

1. Chi hanno salvato i due bagnini?
2. Perché Giovanni deve praticarle la respirazione artificiale?
3. Dopo qualche minuto che cosa fa la ragazza?
4. È riconoscente *(grateful)* la ragazza? Che cosa dice a Giovanni?
5. Ha avuto paura di annegare perché non sa nuotare?
6. Dove l'accompagna Lorenzo?

Dialogo

In gruppi di due, progettate *(plan)* di passare una giornata al mare. Decidete come andare, cosa portare, come vestirvi e cosa fare alla spiaggia.

Punti grammaticali

12.1 Il futuro

Lia passerà le ferie al mare.

Tina si divertirà in montagna.

1. Dove passerà le vacanze Lia? **2.** Chi andrà in montagna? **3.** Si annoierà o si divertirà Tina?

1. The future (**futuro**) is a simple tense expressing an event that will take place in the future. It is formed by adding the endings of the future to the infinitive after dropping the final **-e.**

rispondere → risponderò = *I will answer*

The future is conjugated as follows:

parlare	rispondere	partire
parler**ò**	risponder**ò**	partir**ò**
parler**ai**	risponder**ai**	partir**ai**
parler**à**	risponder**à**	partir**à**
parler**emo**	risponder**emo**	partir**emo**
parler**ete**	risponder**ete**	partir**ete**
parler**anno**	risponder**anno**	partir**anno**

The endings are the same for all conjugations. Note that the **-a** of the first conjugation infinitive ending changes to **-e** before adding the future endings.

I turisti **prenderanno** il
   pullman.
Noi **visiteremo** un castello.
Quando **finirai** gli studi?

*The tourists will take the tour
   bus.*
We will visit a castle.
When will you finish (your) studies?

2. The following groups of verbs are irregular in the future tense:

a. Verbs that end in **-are** but that do not undergo a stem change:

dare:	**darò, darai,** ecc.
fare:	**farò, farai,** ecc.
stare:	**starò, starai,** ecc.

b. Verbs that end in **-care, -gare, -ciare,** and **-giare** and that undergo a spelling change for phonetic reasons:

dimenticare:	**dimenticherò, dimenticherai,** ecc.
pagare:	**pagherò, pagherai,** ecc.
cominciare:	**comincerò, comincerai,** ecc.
mangiare:	**mangerò, mangerai,** ecc.

—Dove cadrà?
—Chi vivrà, vedrà!

c. Verbs that drop a stem vowel:

andare:	**andrò, andrai,** ecc.
avere:	**avrò, avrai,** ecc.
cadere:	**cadrò, cadrai,** ecc.
dovere:	**dovrò, dovrai,** ecc.
potere:	**potrò, potrai,** ecc.
sapere:	**saprò, saprai,** ecc.
vedere:	**vedrò, vedrai,** ecc.
vivere:	**vivrò, vivrai,** ecc.

d. Verbs that have an irregular stem:

essere:	**sarò, sarai,** ecc.
bere:	**berrò, berrai,** ecc.
venire:	**verrò, verrai,** ecc.
volere:	**vorrò, vorrai,** ecc.

Saremo pronti alle otto.	*We will be ready at eight.*
Dovrà studiare se **vorrà** riuscire.	*He will have to study if he wants to succeed.*
Pagherai tu il conto?	*Will you pay the bill?*
A che ora **mangerete**?	*At what time will you eat?*
Prometto che non **berrò** più.	*I promise that I will not drink any more.*

3. When the main verb of a sentence is in the future, the verb of a subordinate clause introduced by **se, quando,** or **appena** *(as soon as)* is also in the future.

Andremo alla spiaggia se **farà** bello.	*We will go to the beach if the weather is nice.*
Ti **racconterò** tutto quando ti **vedrò.**	*I will tell you everything when I see you.*
Mi **scriverà** appena **arriverà** a Roma.	*He will write to me as soon as he arrives in Rome.*

NOTE:

Colloquial Italian often uses the present tense to express the near future.

Quando **parti?**	*When are you leaving?*
Parto la settimana prossima.	*I am leaving next week.*

4. Futuro di probabilità. The future tense is also used to convey probability or conjecture in the present.

Dov'è la guida? **Sarà** al bar.	*Where is the tour guide? He is probably (He must be) in the bar.*
Che ore sono? **Saranno** le tre.	*What time is it? It is probably (It must be) three.*
Quanto costa una Ferrari? **Costerà** 100.000 dollari.	*How much does a Ferrari cost? It probably costs 100,000 dollars.*

Here are a few expressions of time used with the future tense.

domani	*tomorrow*
dopodomani	*the day after tomorrow*
la settimana prossima	*next week*
l'anno (il mese) prossimo	*next year (month)*
fra un anno	*one year from now*
fra 3 giorni (una settimana, ecc.)	*in 3 days (a week, etc.)*
fra poco	*in a little while*

Venezia, Piazza San Marco.
—Marisa, dove passerai l'estate?
—Andrò a Venezia, starò là per un anno e studierò pittura.
—Che fortunata! E quando parti?
—Parto la settimana prossima.

PRATICA

A. Progetti di vacanze. Rispondete alla domanda secondo l'esempio.
  a. Cosa farai quando andrai in vacanza?

ESEMPIO   andare a Portofino
           Andrò a Portofino.

1. stare in un bell'albergo **2.** mangiare nelle trattorie locali **3.** visitare i villaggi vicini **4.** nuotare nel mare **5.** abbronzarsi **6.** fare passeggiate sulla spiaggia **7.** dormire fino a tardi **8.** andare in barca **9.** comprare dei ricordi *(souvenirs)*

b. Cosa faranno i boy-scouts quando andranno in montagna?

ESEMPIO fare il campeggio
Faranno il campeggio.

1. partire presto la mattina **2.** trovare un bel posto **3.** montare la tenda
4. andare a pescare delle trote nel fiume *(river)* **5.** accendere *(to light)* il
fuoco **6.** cucinare le trote sul fuoco **7.** mangiarle **8.** dormire nel sacco
a pelo **9.** vivere all'aperto **10.** dimenticare i rumori della città

B. In pullman. Con un altro studente (un'altra studentessa), usate le informazioni seguenti per ricreare la conversazione tra due passeggeri
americani in gita turistica in Italia.

ESEMPIO mangiare le lasagne/Bologna
—Ha già mangiato le lasagne?
—No, ma le mangerò a Bologna.

1. cambiare i dollari/fra poco **2.** leggere la guida di Venezia/prima di
sera **3.** vedere la città di Firenze/dopodomani **4.** visitare la
Sicilia/l'anno prossimo **5.** imparare alcune frasi in italiano/prima del
ritorno **6.** bere il vino di Frascati/a Roma

C. Cosa farete? Domanda a due tuoi amici che partono per le vacanze cosa
faranno. Fatevi a turno le domande usando i verbi: **partire, andare,
viaggiare, visitare, fermarsi, stare, comprare, ritornare...** Potete
cominciare le domande con: **cosa, quando, dove, come,** eccetera.

ESEMPIO arrivare
—In quale città arriverete?
—Arriveremo a Roma.

D. Se e quando. Completate con **il presente** o **il futuro** secondo il senso
della frase.

1. Se noi (stare) _____ in un albergo di una stella, risparmieremo.
2. Faremo una lunga crociera quando noi (avere) _____ più soldi.
3. Quando i ragazzi (arrivare) _____ nel bosco, monteranno la
tenda. **4.** Non potranno divertirsi se (piovere) _____. **5.** Se tu
(volere) _____ divertirti, dove vai? **6.** Che cosa fai quando (essere)
_____ in vacanza? **7.** Se (volere) _____ visitare la Sicilia, i
turisti dovranno passare lo stretto di Messina in traghetto *(ferryboat)*.

E. Indovinello *(Guessing game).* Dove saranno le seguenti persone e il
gatto in questo momento? Completate le frasi con le espressioni appropriate delle due colonne.

1. I turisti	in giardino, con un topo
2. Alcuni studenti assenti	a Roma o in viaggio
3. Il gatto	in crociera
4. Bill Gates	a casa a dormire
5. Il presidente degli Stati Uniti	in ufficio a contare i suoi soldi
	alla Casa Bianca
6. Il Papa	

F. Un turista curioso. Siete in pullman a Pompei, in partenza per la Sicilia. Mentre aspettate l'autista, un turista continua a fare domande e
commenti. Voi rispondete senza sapere con esattezza la risposta. Usate
il **futuro di probabilità.**

ESEMPIO   Dov'è l'autista?   —*Sarà al bar.*   *o...*

1. Che ore sono?   **2.** Quella ragazza ha uno zaino e un sacco a pelo. Dove va?   **3.** Perché il bambino continua a piangere *(cry)*?   **4.** Perché quell'uomo dorme continuamente.   **5.** Che tempo fa in Sicilia?   **6.** Ma dov'è la guida?

G. **Conversazione**

1. Se l'estate prossima avrai un mese di vacanza, dove andrai? Al mare o in montagna?
2. Quale preferisci e perché?
3. Andrai in vacanza da solo(a), con amici o con la famiglia?
4. Quali attività farai se andrai in montagna?
5. E se andrai al mare quali attività farai?

12.2 I pronomi tonici

La «settimana bianca» è la settimana di vacanze che si passa in montagna, di solito durante il periodo delle feste di Natale.
—Gianni, a me piace andare in montagna quando c'è la neve, e a te?
—Anche a me, però a me piace stare al caldo vicino al caminetto a guardare la neve che cade.
—Non sei sportivo. A me piace di più sciare.

1. Disjunctive pronouns **(I pronomi tonici)** are personal pronouns that are used after a verb or a preposition. They are:

Singular		Plural	
me	*me; myself*	**noi**	*us; ourselves*
te	*you (familiar); yourself*	**voi**	*you (familiar); yourselves*
lui	*him*		
lei	*her*	**loro**	*them*
Lei	*you (formal)*	**Loro**	*you (formal)*
sé	*himself, herself, yourself*	**sé**	*themselves, yourselves*

2. As a direct or indirect object, a disjunctive pronoun is used after the verb for emphasis, to avoid ambiguity, and when the verb has two or more objects.

Vedo **te**!	*I see you!*
Parlo **a lui,** non **a lei.**	*I'm speaking to him, not her.*
Ha scritto a Franco e **a me.**	*He wrote to Franco and me.*

3. A disjunctive pronoun is also used as the object of a preposition.

Parto **con loro.**	*I'm leaving with them.*
Abita vicino **a noi.**	*He lives near us.*
Sono arrivati **prima di me.**	*They arrived before me.*
Siamo andati **da lei.**	*We went to her house.*
Luisa impara il francese **da sé.**	*Luisa is learning French by herself.*
Pensa solo **a sé stesso.**	*He thinks only of himself.*

This chart summarizes the pronouns you have now learned:

Subject pronouns	Direct object pronouns	Indirect object pronouns	Reflexive pronouns	Disjunctive pronouns
io	mi	mi	mi	me
tu	ti	ti	ti	te
lui/lei, Lei	lo/la, La	gli/le, Le	si	lui/lei, Lei, sé
noi	ci	ci	ci	noi
voi	vi	vi	vi	voi
loro, Loro	li/le, Li/Le	gli (loro), Loro	si	loro, Loro, sé

PRATICA

A. Insistenza. Vostro fratello non fa attenzione a quello che *(what)* dite. Voi ripetete la frase, usando il pronome tonico. Seguite l'esempio.

> **ESEMPIO** Ti ho visto alla spiaggia. *Ho visto te alla spiaggia.*

1. I nonni ci hanno scritto. **2.** Abbiamo invitato lo zio a pranzo, e non la cugina. **3.** Perché non mi ascolti quando ho ragione? **4.** Devi parlare a nostro padre, non alla tua amica. **5.** Se ti ho chiamato, è perché ti voglio parlare. **6.** Questo regalo non è per te, è per la mamma.

B. Tra compagni. Immaginate di avere un nuovo compagno (una nuova compagna) di classe e di fargli(le) delle domande. Seguite l'esempio.

> **ESEMPIO** —*Abiti con i tuoi genitori?*
> —*Sì, abito con loro.* o
> —*No, non abito con loro. Abito solo(a). (o con...)*

1. Sei venuto(a) all'università con degli amici oggi? **2.** Hai già parlato con il professore (la professoressa) d'italiano? **3.** Hai bisogno di me per qualche informazione? **4.** Io abito in via _____. E tu, abiti vicino a me? **5.** A mezzogiorno vado a mangiare alla mensa degli studenti con due compagni. Vieni con noi?

C. Da chi? Fatevi a turno le seguenti domande. Rispondete con una frase negativa usando **da** con il pronome tonico.

ESEMPIO   —*Vai a casa di Paolo oggi?*
              —*No, non vado da lui. Vado...*

1. Vieni a casa mia?
2. Andrai dai tuoi genitori?
3. Se hai bisogno di consigli, vai da tua madre?
4. Vai dal dottore?
5. Vieni da noi stasera?
6. Quando hai bisogno di soldi, vai da tuo padre?

12.3 *Piacere*

Vi piacciono le escursioni a piedi su sentieri di pianura o di montagna? La *Rivista del trekking* descrive in dettaglio i vari itinerari e illustra il paesaggio e le tappe *(rest stops)*.

mi piace		
ti piace		
gli piace	}	leggere
le, Le piace		

ci piace		
vi piace		
piace loro, Loro	}	cantare
(gli piace)		

Participio passato: **piaciuto**

1. The irregular verb **piacere** means *to please*. It is used mainly in the third persons singular and plural (present: **piace, piacciono**) and in an indirect construction that corresponds to the English *to be pleasing to.*

Mi piace la pasta.   *I like pasta. (Pasta is pleasing to me.)*
Ci piace l'appartamento.   *We like the apartment. (The apartment is pleasing to us.)*

Le piacciono queste scarpe?   *Do you like these shoes? (Are these shoes pleasing to you?)*

NOTE:

a. In Italian, the word order is *indirect object + verb + subject;* in English it is *subject + verb + direct object.*

b. The singular form **piace** is followed by a singular noun; the plural form **piacciono** is followed by a plural noun.

2. **Piacere** is singular when followed by an infinitive.

Ti piace fare il campeggio?	*Do you like to go camping?*
Vi piacerà andare alla spiaggia.	*You will like to go to the beach.*

3. When the indirect object is a noun or a disjunctive pronoun, the preposition **a** is used.

Ai bambini piace il gelato.	*Children like ice cream.*
Ad Antonio piacerà la Sardegna.	*Antonio will like Sardinia.*
A me piacevano le feste.	*I used to like parties.*

4. The opposite of **piacere** is **non piacere. Dispiacere** has the same construction as **piacere,** but it translates as *to be sorry, to mind.*

Non mi piace la birra.	*I don't like beer.*
Non mi piacevano gli spinaci.	*I didn't like spinach.*
Non sta bene? **Mi dispiace.**	*You are not well? I am sorry.*
Le dispiace se fumo?	*Do you mind if I smoke?*

5. The **passato prossimo** of **piacere** is conjugated with **essere.** Therefore, the past participle **(piaciuto)** agrees in gender and number with the subject.

Ti **è piaciuta** la sala?	*Did you like the living room?*
Non mi **sono piaciuti** i mobili.	*I did not like the furniture.*

PRATICA

A. Svaghi e interessi. Rispondi alle seguenti domande.

1. Che cosa ti piace fare quando sei al mare? (tre attività)
2. Che cosa piace fare a te e ai tuoi amici quando andate in montagna? (tre attività)
3. Che cosa piace fare ai turisti quando arrivano in Italia? (tre attività)

B. Al lago. Immaginate di essere due villeggianti in un albergo del lago di Garda e di parlare dei vostri gusti. Fatevi a turno le seguenti domande.

ESEMPIO   le lasagne
                 —*Le piacciono queste lasagne?*
                 —*Sí, mi piacciono molto (moltissimo). o*
                 —*No, non mi piacciono tanto.*

1. la cucina di questo ristorante **2.** la Sua camera **3.** le gite in battello (rowboat) sul lago **4.** i negozi di Sirmione* **5.** i bagni di sole **6.** nuotare in piscina **7.** le serate davanti alla TV **8.** il profumo degli aranci e dei limoni

C. Tutti i gusti sono gusti. Rispondete affermativamente o negativamente usando i pronomi indiretti.

ESEMPIO   ai bambini, giocare
—*Ai bambini piace giocare?*
—*Sì, gli piace giocare.*

1. a te e ai tuoi amici, gli spaghetti
2. ai tuoi genitori, i tuoi voti
3. alla tua amica, andare al mare
4. agli studenti di questa classe, studiare l'italiano
5. a voi, il cappuccino
6. a te, fare una vacanza in crociera

D. Conversazione. Domandatevi a turno le seguenti informazioni.

ESEMPIO   Cosa piace fare a tua sorella quando è a casa?
Le piace telefonare alle amiche. o...

1. A tua madre cosa piace ricevere per il «giorno della mamma»?
2. Che cosa piace fare a te in una bella giornata di primavera?
3. Cosa piace fare a te quando piove?
4. Cosa piace fare ai bambini quando non studiano?
5. E a te, che cosa piace fare?

E. Ricordi piacevoli o no? Domandatevi a turno se vi sono piaciute o no le seguenti cose. Usate il verbo **piacere** al passato.

ESEMPIO   —*Ti è piaciuto il film di ieri sera?*
—*No, non mi è piaciuto. o*
—*Sì, mi è piaciuto molto (abbastanza, moltissimo). E a te?*
—*A me non è piaciuto per niente.*

1. le vacanze dell'estate scorsa
2. l'ultima gita che hai fatto
3. il ristorante dove hai mangiato recentemente
4. gli anni passati al liceo
5. la pensione dove sei stato(a) durante l'ultimo viaggio

F. Preferenze. Quali sono i gusti delle seguenti persone? Usate **piacere** e il pronome tonico.

ESEMPIO   Luisa preferisce cantare.
A lei piace cantare.

1. Antonio preferisce insegnare. **2.** Noi preferiamo divertirci. **3.** La signora Tortora ha preferito le spiagge del mare Adriatico. **4.** Io ho preferito una casa al mare. **5.** Gabriella e Filippo hanno preferito un appartamento in città. **6.** So che voi preferite viaggiare in pullman. **7.** I miei genitori preferiscono stare in un albergo di prima categoria. **8.** Io, invece, preferisco dormire sotto la tenda.

---

*Town on Lake Garda.

G. Una crociera. Da dove salpa *(sails)* la nave di questa crociera? In quale stagione? Che cosa vi piace di questa vacanza?

12.4 Il *si* impersonale

The impersonal **si** + *verb* in the third person singular is used:

1. in general statements corresponding to the English words *one, you, we, they,* and *people* + verb.

Come **si dice** «...»?	*How do you say "..."?*
Se **si studia, s'impara.**	*If one studies, one learns.*

2. conversationally, meaning **noi.**

Che **si fa** stasera?	*What are we doing tonight?*
Si va in palestra?	*Are we going to the gym?*

3. as the equivalent of the passive construction. In this case, the verb is singular or plural depending on whether the noun that follows is singular or plural.

In Francia **si parla** francese.	*In France, French is spoken.*
In Svizzera, **si parlano** diverse lingue.	*In Switzerland, several languages are spoken.*

Dante. Divina Commedia, Inferno, Canto III.*

---

*At the beginning of his mystic journey, Dante comes to the gate of hell and reads the following solemn inscription: "Through me one goes to the grieving city, Through me one goes to the eternal sorrow, Through me one goes among the lost souls."

> ◢ **PRATICA**

A. **Si dice anche così.** Ripetete le seguenti frasi usando il **si** impersonale.

1. Mangiamo bene in quel ristorante. **2.** Se tu studi, impari. **3.** In montagna, la gente va a dormire presto. **4.** Se vuoi mangiare, devi lavorare. **5.** Andiamo al cinema stasera? **6.** Oggi la gente non ha più pazienza. **7.** Mangiamo per vivere, non viviamo per mangiare.

B. **Dove...?** Immaginate di essere in viaggio in Italia e di rivolgere molte domande alle persone del luogo per avere informazioni.

ESEMPIO   comprare le carte geografiche/libreria
—*Scusi, dove si comprano le carte geografiche?*
—*Si comprano in una libreria.*

1. potere telefonare/cabina telefonica **2.** fare ginnastica/palestra *(gym)*
3. affittare un ombrellone e una sedia a sdraio *(beach chair)*/(a) spiaggia **4.** comprare le carte telefoniche/(a) negozio di Sali e Tabacchi
5. chiedere informazioni sui tour/ufficio turistico **6.** pagare il conto delle bevande/(a) cassa

C. **Che cosa si fa quando si va in vacanza?** Date, a turno, cinque risposte a questa domanda.

ESEMPIO   *Si fa il campeggio in montagna e si dorme sotto una tenda.*

12.5 Plurali irregolari

Ecco una sfilata *(parade)* di cuochi: un cuoco, due cuochi...diversi cuochi.

1. Most nouns and adjectives that end in **-co** and **-go** form the plural with **-chi** and **-ghi:**

il fuoco	**i fuochi**	fresco	**freschi**
il parco	**i parchi**	stanco	**stanchi**
l'albergo	**gli alberghi**	largo	**larghi**
il lago *(lake)*	**i laghi**	lungo	**lunghi**

NOTE:

The plural of most nouns and adjectives ending in **-ico** ends in **-ici:** l'amico, **gli amici;** il medico, **i medici;** simpatico, **simpatici;** pratico, **pratici.**

BUT: antico, **antichi**

2. Nouns ending in **-io** with the stress on the last syllable form the plural with **-ii**:

lo zio	**gli zii**
l'addio	**gli addii**

3. Nouns ending in **-cia** and **-gia** keep the **i** in the plural when the **i** is stressed; otherwise the plural is formed with **-ce** and **-ge**:

la farmacia	**le farmacie**
la bugia *(lie)*	**le bugie**

BUT:

la ciliegia *(cherry)*	**le ciliege**
la pioggia	**le piogge**

4. Some masculine nouns ending in **-a** form the plural with **-i.** (They derive mainly from Greek. Most end in **-ma** or **-amma.**) The most common are:

il diploma	**i diplomi**
il problema	**i problemi**
il sistema	**i sistemi**
il programma	**i programmi**

5. Nouns and adjectives ending in **-ista** can be either masculine or feminine. They form the plural in **-isti** (masculine) and **-iste** (feminine).

il/la musicista	**i musicisti/le musiciste**
il/la turista	**i turisti/le turiste**
egoista *(selfish)*	**egoisti/egoiste**
idealista	**idealisti/idealiste**

6. The following nouns that refer to the body are masculine in the singular and feminine in the plural.

il braccio	**le braccia**	*arms*	la mano *(f.)*	**le mani**	*hands*
il dito	**le dita**	*fingers*	l'orecchio	**le orecchie**	*ears*
il ginocchio	**le ginocchia**	*knees*	l'osso	**le ossa**	*bones*
il labbro	**le labbra**	*lips*			

PRATICA

A. Gioco dei plurali. Mettete le seguenti frasi al plurale.

1. L'ufficio turistico è chiuso oggi. **2.** Il turista e la turista hanno visitato il parco di Roma. **3.** L'acqua del lago è sporca *(dirty)*. **4.** La camera dell'albergo è abbastanza larga. **5.** Non possiamo accendere un fuoco in questo bosco. **6.** Non ho mangiato quest'arancia perché è marcia *(rotten)*. **7.** Il tuo problema non è molto serio. **8.** Ho un dolore *(pain)* al ginocchio.

B. Riflessioni di un liceale. Completate usando il plurale delle parole in parentesi.

Oggi è la fine degli esami di maturità; presto avremo (il diploma) _____. È anche il giorno (dell'addio) _____ ai vecchi (amico) _____ di liceo. Siamo tutti felici e pensiamo a (lungo) _____ vacanze (sulla spiaggia) _____ italiane e a (fresco) _____ pomeriggi (nel parco) _____ delle città. Per diversi mesi non avremo più libri tra (la mano) _____; siamo (stanco) _____ di studiare e facciamo (programma) _____ molto (ottimista) _____ per il nostro futuro. In questi giorni ci sentiamo (idealista) _____; a domani (il problema) _____ della vita!

Per finire

Agrigento. Contrasto tra le rovine della Magna Grecia e la città moderna.

Vacanze in Sicilia

L'estate è vicina e Antonio scrive una lettera ai nonni in Sicilia.

4 giugno

Carissimi nonni,

Come state? Noi in famiglia stiamo tutti bene, e così speriamo di voi. Le mie vacanze arriveranno presto, e io verrò **a trovarvi** per qualche settimana. Arriverò prima di Ferragosto, **verso** il 2 o il 3 del mese. Purtroppo non potrò fermarmi **a lungo** perché incomincerò a lavorare la prima settimana di settembre.

Vorrei chiedervi un favore: vorrei portare con me il mio amico Marcello. Durante il viaggio ci fermeremo sulla costa Amalfitana e visiteremo Ercolano e Pompei.* Resteremo là una settimana, poi partiremo per la

to visit you
around
for a long time

---

*See the **Vedute d'Italia** in **Capitolo 15.**

Sicilia. Viaggeremo con la macchina di Marcello. Pensate! Vostro nipote arriverà in una Ferrari nuova!

Siccome ha paura di **disturbarvi**, Marcello cercherà una camera con doccia in un albergo o in una **pensione**. Ma gli ho detto che per mangiare potrà venire da voi. Sono certo che Marcello vi piacerà. Non vedo l'ora di venire in Sicilia per rivedere voi, cari nonni, e tanti posti che amo. Visiterò certamente la Valle dei Templi e Siracusa. Sono sicuro che Marcello preferirà visitare la spiaggia di Taormina, perché è innamorato del sole e del mare. Ma saliremo **tutti e due** sull'Etna e ci divertiremo **da matti**.

Aspetto una vostra telefonata per sapere se posso portare Marcello con me. Saluti **affettuosi** anche **da parte dei** miei genitori.

Antonio

Since/to bother you

boardinghouse

both

a lot

affectionate
from

COMPRENSIONE

1. A chi scrive Antonio? Perché?
2. Potrà fermarsi per molto tempo dai nonni? Perché no?
3. Che favore vuole chiedere loro?
4. Antonio e Marcello andranno subito in Sicilia? Dove andranno prima?
5. Antonio non vede l'ora di arrivare in Sicilia. Per quale ragione?
6. Perché Marcello non visiterà con lui la Valle dei Templi?
7. Si annoieranno i due in Sicilia?
8. Con quale saluto ha finito la sua lettera Antonio?

CONVERSAZIONE

1. Quali aspetti (o attrazioni) dell'Italia del Sud vi interessano in particolare? Perché?
2. Immaginate di visitare un giorno la Sicilia: andrete alla spiaggia o vedrete le antichità dell'isola? Perché?
3. Avete mai fatto un lungo viaggio in auto con amici? Dove siete andati? Lungo il viaggio, vi siete mai fermati in qualche posto per visitare le attrazioni del luogo o a salutare parenti o amici? Che cosa o chi?

Adesso scriviamo!

Vacanze in Italia

Scegli una regione italiana dove passerai le vacanze e scrivi una lettera ai parenti (agli amici) in Italia che andrai a trovare. Ricerca delle informazioni sulla regione che hai scelto sull'Internet o nella biblioteca.

A. Parla delle varie attività che farai. Rispondi alle seguenti domande:

1. Quanto tempo sarai in vacanza e dove andrai?   2. Che posti visiterai?   3. Dove alloggerai?   4. Dove mangerai?

B. Per cominciare segui questo esempio:
Carissimi nonni / Carissimi tutti / Carissimi Luca e Marianna, non vedo l'ora di vedervi, arriverò il primo di luglio nella vostra bellissima città in Liguria: Rapallo.

Andrò anche a Genova perché voglio vedere la città natale di Cristoforo Colombo. Viaggerò in treno per vedere le Cinque Terre. Andrò al mare, nuoterò molto e mi abbronzerò.

Affitterò una camera da una famiglia del posto. Così spenderò poco. Mangerò molte pizze e molti gelati perché mi piacciono moltissimo. Quando verrò a trovarvi, voi mi porterete al vostro ristorante preferito: Da Ponte, dove assaggerò le specialità liguri...

Sono sicuro(a) che mi divertirò molto.
Un caro saluto
(firma)

C. Leggi di nuovo il tuo paragrafo. Tutte le parole sono scritte correttamente? Controlla l'accordo tra il verbo e il soggetto e tra il nome e l'aggettivo. Controlla in modo particolare la forma del futuro: ti sei ricordato(a) gli accenti?

Alla fine, con un compagno (una compagna), leggete le vostre lettere. Hai alcuni suggerimenti per il tuo compagno (la tua compagna)? C'è un altro posto o monumento da visitare?

Attività supplementari

A. **Una gita.** Gli studenti della classe d'italiano organizzano una gita. Ogni studente contribuisce con qualche frase. Dove andrete? Quando partirete? Come viaggerete? Che cosa farete? Che cosa porterete con voi? Perché? Chi telefonerà all'agenzia di viaggi?

B. **Dialogo a due.** Il mese prossimo un tuo cugino americano verrà in Italia e starà da te qualche settimana. Dà la notizia a un tuo amico. Lui ti fa molte domande. Vuole sapere, per esempio:

1. da quale città americana partirà;   2. quando arriverà;   3. quanto tempo resterà in Italia;   4. se sa parlare italiano;   5. se tu hai progetti precisi per divertirlo;   6. se sai come gli piace passare le vacanze;   7. quali luoghi visiterete;   8. con che mezzo viaggerete;   9. se lo porterai in montagna o al mare;   10. dove starete.

Alla fine il tuo amico ti esprimerà il desiderio di conoscere tuo cugino e di invitarlo a casa sua.

C. Quale albergo? Voi desiderate passare le vacanze in una località balneare *(seaside resort)* sul mare Adriatico. Consultate la pubblicità dei **seguenti alberghi.** Fanno anche pensione. Discutete in gruppi di due quale promette di più per le vostre vacanze, e fate la vostra scelta *(choice).*

HOTEL EDEN ★★★
ALBA ADRIATICA (TE)/ABRUZZO
Completamente ristrutturato, PISCINA, SPIAGGIA PRIVATA. Camere con aria condizionata, TV satellite, cassaforte. Parcheggio coperto. Cucina particolarmente curata, colazione buffet, menu a scelta, buffet di verdure. Interpellateci. Tel. 0861/714251 Fax 713785.

HOTEL SPIAGGIA ★★★
VIALE TRIESTE 76 - 61100 PESARO
http://www.mentel.it/spiaggia

Direttamente sul mare senza strada da attraversare•Ampio giardino con solarium e piscina riscaldata•Spazio giochi per bambini•Parcheggio auto•Camere arredate modernamente con servizi, balcone, telefono con linea diretta, televisione satellitare•Prima colazione a buffet, menù a scelta con pesce e carne e verdure a buffet•Promozioni bassa stagione•Gestione diretta dei proprietari famiglia Berti.

Telefono 0721/32516 • Fax 0721/35419

D. Cosa farete? In piccoli gruppi, dite a turno cosa farete durante le vacanze, dove, quando, con chi, per quanto tempo e perché.

ESEMPIO   *Io farò una crociera nel mar dei Caraibi, nel mese di aprile. Viaggerò con mio fratello e mia zia, perché mia zia pagherà il viaggio. La crociera durerà due settimane.*

Possibilità: fare il campeggio, fare escursioni in montagna, stare a casa, fare un viaggio, lavorare, studiare, fare dei picnic, andare a trovare dei parenti, andare all'estero, andare alla spiaggia, ecc.

Come si dice in italiano?

1. It is August and Franca and Raffaella are beginning their vacation (**vacanze,** *f. pl.*) today.
2. Since they don't like to travel by train, they are traveling by car and will arrive tomorrow in the beautiful Dolomites (**Dolomiti,** *f. pl.*).
3. They will camp there for a week.
4. We will stop near a lake, so we will have water to (**per**) wash and cook.
5. I like your idea! And we will be able to swim every day!
6. Since it is my first camping experience (**esperienza**), you will pitch the tent and I will help you.
7. Then we will take the backpack and go for a short hike (**escursione**).
8. How is the weather in the mountains?
9. It is probably beautiful. The weather forecast (**le previsioni del tempo**) stated that (**dire che**) it will be nice weather until next Friday.
10. Franca and Raffaella arrived and camped, but unfortunately it rained all week.

GUARDIAMO!

Le vacanze

Luigi e Fabio parlano dei loro programmi per le vacanze. Guardano una carta geografica, e trovano il posto dove Alessa e Daniela andranno in campeggio.

SITO WEB

Per fare più pratica con gli argomenti culturali e i punti grammaticali del **Capitolo 12,** vai a vedere il sito *Ciao!* a *http://ciao.heinle.com.*

Vedute d'Italia

Prima di leggere

You are about to read about winter travel opportunities in two very different parts of Italy. As preparation for approaching these texts, spend a little time looking at the maps—**la carta politica** and **la carta fisica**—at the beginning of this textbook, and thinking about the related questions below. Begin by locating the two regions, Trentino–Alto Adige and Campania, on the maps. Now consider these questions:

1. Where is Trentino–Alto Adige? How would you characterize the physical landscape of this region?

2. Where is Campania? What famous islands are part of this beautiful region? Now that you have consulted the maps and thought about these regions in geographical terms, you are ready to read the texts themselves. **Buon viaggio!**

Trentino *Il Residence Lastei di San Martino di Castrozza, nota località sciistica trentina.*

Campania *La romantica isola di Capri è una tappa del tour della Campania.*

Inverno tutto italiano

Trentino

Una proposta offerta a tutti gli innamorati, **ma non solo:** vacanze sulla neve per la settimana bianca di San Valentino. Il Residence Lastei propone un soggiorno a San Martino di Castrozza, sulle Dolomiti. Il residence offre ai suoi ospiti per il pomeriggio, dopo lo sci, delle **merende** a base di cioccolata calda, **vin brulè** e pasticcini assortiti, in un'atmosfera romantica. Il costo di una settimana per un appartamento **arredato** a due posti letto, è di euro 445,00.

> but no for them alone
>
> snacks/hot wine
>
> furnished

Campania

A chi desidera fare un viaggio culturale, storico e archeologico, Imperatore Travel, il tour operator specializzato nei viaggi nell'Italia del Sud, propone il giro della Campania. Il viaggio che **dura** otto giorni, sette notti, è in pullman. La prima fermata è Napoli, con le sue allegre piazze, la sua gente e i suoi musei. Poi c'è il Vesuvio, il vulcano che è **oramai** diventato il simbolo della città e Pompei, la città distrutta dall'eruzione del Vesuvio all'epoca degli antichi romani. Poi c'è l'isola di Capri, una delle isole più romantiche del mondo che ha **incantato** imperatori, poeti e letterati di tutto il mondo. Poi **è la volta** della costiera amalfitana, **quindi** Sorrento, Amalfi e Positano. La partenza **avviene** sempre di sabato da Napoli. È organizzato il prenottamento in hotel tre o quattro stelle, con trattamento di pensione completa. Il costo, nel mese di gennaio, è di euro 506,00. Nei mesi di febbraio e marzo, invece il costo sale a euro 542,00.

> lasts
>
> by now
>
> enchanted
>
> it is the time/consequently
>
> takes place

Alla lettura

Adesso che hai finito di leggere, guarda le domande che seguono, ma prima di scrivere le risposte trovale nel testo e sottolineale.

1. A chi è rivolta le proposta della settimana bianca nel Trentino? Perché?
2. Cosa offre il Residence Lastei ai suoi ospiti nel pomeriggio?
3. Dove vai per vedere dei resti archeologici?
4. Chi è stato incantato dal l'isola di Capri?

Le feste dell'anno in Italia

Molti italiani fanno un viaggio, una gita o vanno in vacanza durante le feste. Il calendario italiano abbonda di giorni festivi. Le celebrazioni sono **legate** alle tradizioni religiose, popolari e gastronomiche. — linked

L'anno comincia con la festa di Capodanno (1 gennaio). In questo giorno la gente si **scambia** gli auguri, dopo i divertimenti della notte di San Silvestro (31 dicembre). Il 6 gennaio è l'Epifania, festa che commemora la visita dei tre re magi al bambino Gesù. La notte dell'Epifania molti bambini aspettano l'arrivo della Befana, che secondo la leggenda, è una donna vecchia e brutta, ma generosa perché porta i **giocattoli.** — exchange ... toys

Segue il **Carnevale** che continua fino alla **Quaresima**. La gente si diverte con banchetti, balli mascherati e **sfilate** di carri grotteschi; famosi sono il Carnevale di Viareggio, in Toscana, e quello di Venezia, città di origine delle **maschere**. La Pasqua (in primavera) è con il Natale, la più solenne festa religiosa dell'anno. — Mardi Gras/Lent ... parades ... masks

Il Natale e il giorno seguente, Santo Stefano, hanno perso parte del loro carattere religioso. L'albero di Natale ha sostituito in molte case il **presepio**, usanza iniziata da San Francesco d'Assisi (1182–1226). Il dolce tipico di questi giorni è il **panettone.** — nativity set ... sweet bread with raisins and dry fruits

Quasi ogni città, grande e piccola, celebra anche il suo santo protettore e la data di qualche **avvenimento** storico. Le antiche usanze restano **vive** nella vita italiana e ritornano ogni anno con i **costumi** di quell'epoca. — event ... alive ... customs

COMPRENSIONE

1. In quale giorno auguriamo «Buon Anno»?
2. In quale periodo dell'anno molti Italiani portano costumi e maschere, e si divertono?
3. In quale festa la Befana porta giocattoli ai bambini? 4. Come si chiama la festa cristiana che si celebra in primavera? 5. Gli Italiani aspettano con impazienza il 15 agosto. Perché? 6. L'albero di Natale ha sostituito un'altra usanza: quale?

Culture a confronto

1. Sono simili alle feste americane le feste italiane? Perché si, perché no?
2. C'è una festa nord-americana simile a ferragosto? Quali sono i vantaggi e gli svantaggi di una vacanza così di massa?
3. Quali delle due destinazioni descritte nell'articolo preferisci? Perché?

Vocabolario

Nomi

l'autista	(bus) driver
la bellezza	beauty
il caminetto	fireplace
la crociera	cruise
le ferie	annual vacation
il Ferragosto	August holidays
il fiume	river
il fuoco	fire
la gente	people
il lago	lake
il luogo	place
il mezzo di trasporto	means of transportation
la natura	nature
l'ospite	guest
la pallavolo	volleyball
la pensione	inn, boardinghouse
il posto	place
il rumore	noise
il saluto	greeting
lo spettacolo	spectacle, view, sight

Aggettivi

affettuoso	affectionate
attivo	active
attrezzato	equipped
certo	certain
economico	economical
innamorato	in love
locale	local
lussuoso	deluxe
prossimo	next
riconoscente	grateful
siciliano	Sicilian
sporco	dirty

Verbi

accendere (*p.p.* acceso)	to light
accompangnare	to accompany
andare (venire) a trovare	to visit (a person)
dispiacere	to be sorry; to mind
disturbare	to disturb, to bother
gridare	to scream
perdersi	to get lost
pescare	to fish
piacere	to like
progettare	to plan
salvare	to save (a person)

Altre espressioni

Addio!	Good-bye (forever)!
Aiuto!	Help!
all'aperto	outdoors
da matti	a lot
da parte di	from
del solito	than usual
dopodomani	the day after tomorrow
fra (tra) poco	in a little while
fra (tra) un mese (un anno)	in a month (a year)
non vedo l'ora di (+ *inf.*)...	I can't wait to...
prendere il sole	to get some sun
le previsioni del tempo	weather forecast
prima di	before
purtroppo	unfortunately
siccome	since
tutt'e due	both
verso	around; toward

La casa

Una villetta in periferia.

Punti di vista

Moderni appartamenti in città.

Il nuovo appartamento

(CD 6, TRACK 1)

Emanuela e Franco abitano a Napoli, dove Franco lavora come guida turistica. Da alcune settimane Emanuela cercava un appartamento. Ora ne ha trovato uno e lo dice al marito.

EMANUELA	Franco, ho trovato un appartamento **bellissimo!** È in via Nazionale, al terzo **piano.**	very beautiful floor
FRANCO	Quante stanze ci sono?	
EMANUELA	Ce ne sono tre, con un bel bagno, e la cucina è abbastanza grande.	
FRANCO	Quante finestre ci sono nella sala?	
EMANUELA	Ce ne sono due. Tutto l'appartamento ha molta **luce.**	light
FRANCO	È **ammobiliato** o vuoto?	furnished
EMANUELA	È ammobiliato.	
FRANCO	**Magnifico!** Ed è già libero?	Wonderful!
EMANUELA	Sì, e il **padrone di casa** dice che dobbiamo firmare il contratto per almeno sei mesi.	landlord
FRANCO	Va bene, glielo firmeremo. Quant'è l'**affitto?**	rent
EMANUELA	450 euro al mese, **comprese le spese.**	including utilities
FRANCO	Possiamo portare il nostro gatto?	
EMANUELA	Non gliel'ho domandato, ma **penso di sì.***	I think so
FRANCO	Allora potremo **traslocare** il primo del mese!	to move

---

*Verbs such as **pensare, credere,** and **dire** take **di** when affirming or denying something: **Penso di no** = *I don't think so;* **Ha detto di sì** = *He said yes.*

COMPRENSIONE

1. Da quanto tempo Emanuela e Franco cercavano un appartamento?
2. A che piano si trova quello in via Nazionale?
3. Quante stanze ci sono in quell'appartamento?
4. Perché c'è molta luce nella sala?
5. Dovranno comprare i mobili Emanuela e Franco? Perché?
6. Quanto vuole d'affitto il padrone di casa?
7. Emanuela vuole lasciare il gatto a un parente o desidera portarlo nel nuovo appartamento?
8. Quando potranno traslocare?

Studio di parole La casa e i mobili (furniture)

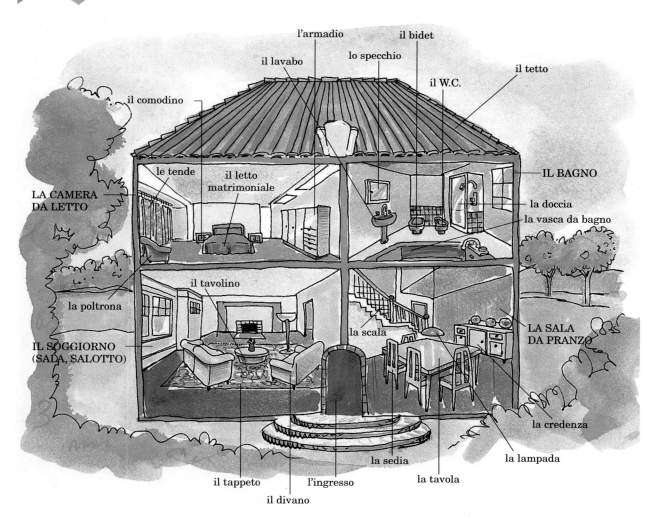

L'Alloggio Housing

il palazzo building
la villetta small villa
la casetta cute little house
l'appartamento apartment
il padrone di casa landlord
l'inquilino, l'inquilina tenant
l'affitto rent
affittare to rent
la cauzione security deposit
il trasloco move
traslocare to move

il pianterreno ground floor
il primo (secondo, terzo)
  piano first (second, third)
  floor
l'ascensore elevator

La biancheria Linens

la coperta blanket
il lenzuolo (*pl.* **le lenzuola**)
  sheet
il cuscino pillow
la roba household goods

Informazioni | Le abitazioni in Italia

Nei centri urbani e di provincia, come anche nell'immediata periferia *(suburbs),* la gente vive in appartamenti. Questi si trovano in palazzi antichi o moderni a tre o più piani. Nella maggior parte dei casi, gli appartamenti sono occupati dai loro proprietari; perciò non è facile trovare appartamenti da affittare.

In periferia, e soprattutto nei paesi di campagna, sono comuni le case singole a due piani: ville, villette e case coloniche *(farmhouses).*

Il piano a livello della strada è chiamato **pianterreno,** mentre il primo piano corrisponde al *second floor.* Sotto il tetto si trova la **soffitta** *(attic),* che nei vecchi palazzi e ville serviva da abitazione al personale di servizio. Molte case ed anche palazzi hanno una **cantina** *(basement).* Nelle case di campagna serve a conservare il vino.

In molti edifici urbani c'è ancora il **portinaio** *(concierge),* che abita a pianterreno ed è incaricato di vari servizi, come la pulizia delle scale, la distribuzione della posta *(mail)* e il funzionamento dell'ascensore.

L'interno di un appartamento in città.

APPLICAZIONE

A. Dove li mettiamo? Tu e il tuo compagno (la tua compagna) avete traslocato. A turno, domandatevi dove mettere questi mobili.

ESEMPIO —*Dove devo mettere questa sedia?*
—*Mettila in cucina.*

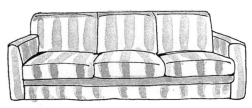

1.

2.

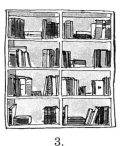

3.

4.

5.

6.

7.

8.

9.

B. Descrizione. In due, descrivete l'uno all'altro la vostra stanza o il vostro appartamento.

C. Conversazione

1. Se tu affitti un appartamento, lo preferisci ai primi piani o ai piani alti? **2.** In generale, gli studenti preferiscono affittare un appartamento vuoto o ammobiliato? **3.** Tu preferisci affittarlo soltanto per te o condividerlo con un'altra persona? Se lo condividi, quali ne sono i vantaggi e gli svantaggi? **4.** Cosa ti piace, o non ti piace, del tuo alloggio? **5.** Puoi avere degli animali domestici *(pets)?* Ne hai? **6.** Nel soggiorno, preferisci i tappeti orientali o la moquette *(wall-to-wall carpet)?* **7.** Ti piacciono di più i mobili antichi o i mobili moderni?

D. Appartamenti. Immaginate di cercare un appartamento. Leggete le seguenti pubblicità e decidete, in due, quale preferite e perché.

C.SO CASALE ADIACENZE LIBERO RESIDENZIALE SOGGIORNO CAMERA CUCINA SERVIZI RIPOSTIGLIO TERRAZZINO BOX PIU' POSTO AUTO GIARDINO CONDOMINIALE MQ 6.000 CA.
(RIF. 00012144) TEL. 011 - 50 59 17

AFFITTASI recente alloggio arredato nuovo 2 camere e servizi a studentesse o studenti zona Politecnico. Tel. 992.1845.

Ascoltiamo!

Il giorno del trasloco. Emanuela and Franco, exhausted from moving into their new apartment today, are taking a break and talking about what they have yet to do and what it has all cost them. Listen to their conversation; then answer the following questions.

Comprensione

1. Emanuela e Franco hanno dimenticato qualche cosa nel vecchio appartamento? Hanno portato tutta la loro roba?
2. Chi è Mimi? Dove sarà?
3. Perché Franco sembra preoccupato? Che cosa ha dovuto dare al padrone di casa?
4. Mentre loro parlano, chi arriva? Sembra contento o scontento lui? Perché, secondo Lei?

Dialogo

In due, immaginate di avere affittato insieme un appartamento vuoto di due locali *(rooms)*; ora dovete arredarlo *(furnish it)*. Discutete insieme quali mobili comprare e dove metterli.

Punti grammaticali

13.1 *Ne*

—Buongiorno, signora Filomena.
—Buongiorno, Antonio. Cosa Le do oggi?
—Vorrei delle pere, per favore.
—Quante ne vuole?
—Ne vorrei un chilo.
—Vuole anche delle banane?
—No, grazie, ne ho ancora tre o quattro.
—Arrivederci, Antonio, e buona giornata.
—Buona giornata anche a Lei, signora Filomena.

1. **Ne** is an invariable pronoun with several meanings: *some (of it, of them); any (of it, of them); about it, about them; of it, of them.* **Ne** can replace a noun used in a partitive sense or a noun introduced by a number or expression of quantity, such as **poco, molto, tanto, chilo, litro,** etc.

Hai **del vino bianco**?   *Do you have some white wine?*
No, non **ne** ho.   *No, I don't have any (of it).*

Volevo **delle pesche.**	*I wanted some peaches.*
Ne volevo alcun**e.**	*I wanted some (of them).*
Quante **stanze hai**?	*How many rooms do you have?*
Ne ho tre.	*I have three (of them).*
Hai molti **vestiti**?	*Do you have many outfits?*
Sì, **ne** ho molti.	*Yes, I have many (of them).*
Vorrei due cestini **di fragole.**	*I would like two baskets of strawberries.*
Ne vorrei due cestini.	*I would like two baskets (of them).*

2. **Ne** replaces the noun or infinitive used after verbs such as **avere bisogno di, avere paura di, essere contento di, parlare di,** and **pensare di** (when asking for an opinion).

Hai bisogno **di lavorare**?	*Do you need to work?*
No, non **ne** ho bisogno.	*No, I do not need to.*
Che pensi **di quel film**?	*What do you think of that movie?*
Che **ne** pensi?	*What do you think of it?*

3. Like object pronouns, **ne** attaches to the end of the infinitive and the **tu, noi,** and **voi** forms of the imperative.

Desideri comprare **delle arance**?	*Do you want to buy some oranges?*
Desidero comprar**ne** 4 o 5.	*I want to buy 4 or 5 (of them).*
Compra**ne** due chili!	*Buy two kilos (of them)!*

4. When **ne** is used with the **passato prossimo,** the past participle agrees with the noun replaced by **ne** only when this noun is a direct object.

Quanti **annunci** hai letto?	*How many ads have you read?* (direct object)
Ne ho lett**i** molti.	*I have read many (of them).*

PRATICA

A. In un negozio di frutta. In due, fate la parte del fruttivendolo e del cliente. Usate il pronome **ne.**

ESEMPIO   —*Vorrei delle arance.*
           —*Quante ne desidera?*
           —*Ne vorrei quattro.* (mezzo chilo, un chilo) o...

1. zucchini **2.** patate **3.** pomodori **4.** fragole **5.** uva **6.** mele
7. funghi   **8.** pere

B. Ritorno dall'Italia. Rispondete affermativamente alle domande di un amico. Usate **lo, la, li, le** o **ne,** secondo il caso.

ESEMPIO   —Hai comprato i libri?   —Sì, li ho comprati.
           —Hai comprato dei libri?   —Sì, ne ho comprati.

1. Hai veduto le fontane di Roma? **2.** Hai visitato i musei Vaticani?
3. Hai incontrato dei turisti americani? **4.** Hai bevuto il Frascati?
5. Hai comprato dei regali? **6.** Hai noleggiato la macchina? **7.** Hai fatto delle escursioni? **8.** Hai comprato l'Eurailpass?

C. Quando hai bisogno di...? In due, fatevi a turno le seguenti domande. Usate **ne** nella risposta e seguite l'esempio.

ESEMPIO   carta da scrivere
—*Quando hai bisogno di carta da scrivere?*
—*Ne ho bisogno quando devo scrivere una lettera.*

1. passaporto   **2.** carta telefonica   **3.** soldi   **4.** occhiali da sole   **5.** carta geografica   **6.** impermeabile   **7.** coperta   **8.** telecomando   **9.** chiave

D. Conversazione. Rispondete usando **ne**.

1. Quanti corsi segui questo trimestre (semestre)?   **2.** Hai dei fratelli? Quanti?   **3.** Quanti anni avevi quando hai incominciato a guidare *(to drive)*?   **4.** Fai molti viaggi in macchina? viaggi lunghi?   **5.** Spendi molti soldi per i divertimenti?   **6.** Dai molte o poche feste? Perché?

13.2 *Ci*

Auction

—Anna, sei andata all'esposizione?
—Sì, ci sono andata.
—Ci sono dei begli oggetti?
—Sì, ce ne sono molti!

1.   The adverb **ci** means *there* when it is used in the expressions **c'è** and **ci sono.**

Scusi, **c'è** una galleria d'arte qui vicino?	*Excuse me, is there an art gallery near here?*
Ci sono due lampade in sala.	*There are two lamps in the living room.*

2.   **Ci** is also used to replace an expression indicating location and introduced by **a, in, su,** or **da.** Its position is the same as that of object pronouns.

Quando vieni **da me**?	*When are you coming to my house?*
Ci vengo stasera.	*I am coming (there) tonight.*
Sei stato(a) **in Italia?**	*Have you been to Italy?*
No, non **ci** sono mai stato(a).	*No, I have never been there.*
Voglio andar**ci.**	*I want to go there.*
Ci voglio andare.	

3. **Ci** may also replace a prepositional phrase introduced by **a** after verbs such as **credere** *(to believe in)* and **pensare** *(to think about)*.

Credi **all'astrologia**?	*Do you believe in astrology?*
No, non **ci** credo.	*No, I don't believe in it.*
Devi pensare **al futuro**!	*You have to think about the future!*
Pensa**ci** bene!	*Think hard about it!*

4. **Ci** + **vuole** or **vogliono** has the idiomatic meaning *it takes* or *one needs*.

ci vuole + *singular noun:*
Ci vuole un'ora per andare da Bologna a Firenze.   *It takes one hour to go from Bologna to Florence.*
ci vogliono + *plural noun:*
Ci vogliono venti minuti per andare da Firenze a Fiesole.   *It takes twenty minutes to go from Florence to Fiesole.*

5. When **ci** is followed by a direct object pronoun or **ne,** it becomes **ce.**

| **Ci** sono quadri in sala? | *Are there paintings in the living room?* |
| Sì, **ce ne** sono quattro. | *Yes, there are four.* |

PRATICA

A. **Piccoli e grandi viaggi.** Quando sei stato(a) in questi posti? In due, fatevi a turno le seguenti domande. Usate **ci** nella risposta.

ESEMPIO   a Los Angeles —*Quando sei stato(a) a Los Angeles?*
—*Ci sono stato(a) l'estate scorsa. o...*
—*Non ci sono mai stato(a).*

1. in Europa
2. a un museo
3. a teatro
4. dal dentista
5. dal medico (dottore)
6. dai tuoi nonni
7. al cinema
8. all'ospedale
9. in Sardegna
10. in montagna a sciare *(to ski)*

B. **Pensieri.** Pensi mai alle seguenti cose o situazioni? In due, fatevi a turno le seguenti domande e seguite l'esempio.

ESEMPIO   la politica   —*Pensi mai alla politica?*
—*Sì, ci penso spesso (qualche volta). o...*
—*No, non ci penso mai.*

1. il costo della vita
2. la morte *(death)*
3. l'inflazione
4. i senzatetto *(homeless)*
5. il tuo futuro
6. i problemi ecologici

13.3 I pronomi doppi

—Mi leggi gli annunci pubblicitari?
—Sì, te li leggo subito.

—Ci mostra l'appartamento?
—Sì, ve lo mostro volentieri.

1. When two object pronouns accompany the same verb, the word order is the following:

indirect object + *direct object* + *verb*
Me   **lo**   **leggi?**

(**Mi** leggi il giornale?)

Me lo leggi?   *Will you read it to me?*
Sì, **te lo** leggo.   *Yes, I'll read it to you.*

Here are all the possible combinations.

mi			**me lo, me la, me li, me le, me ne**
ti			**te lo, te la, te li, te le, te ne**
ci	} + lo, la, li, le, ne =		**ce lo, ce la, ce li, ce le, ce ne**
vi			**ve lo, ve la, ve li, ve le, ve ne**
gli	} + lo, la, li, le, ne =		**glielo, gliela, glieli, gliele, gliene**
le (Le)			

NOTE:

a. **Mi, ti, ci,** and **vi** change to **me, te, ce,** and **ve** before **lo, la, li, le,** and **ne** (for phonetic reasons).

b. **Gli, le,** and **Le** become **glie-** in combination with direct object pronouns.

c. **Loro** does *not* combine with direct object pronouns and always follows the verb.

Do **loro** il quadro.   *I give the painting to them.*
Lo do **loro.**   *I give it to them.*
Quando mi dà il libro?   *When will you give me the book?*
Quando **me lo** dà?   *When will you give it to me?*
Gli ho affittato la casa.   *I rented him the house.*
Gliela ho affittata.   *I rented it to him.*

Le offro cinquanta eruo.	*I offer you fifty euro.*
Gliene offro cinquanta.	*I offer you fifty (of them).*
Non **ci** ha letto la lettera.	*He did not read us the letter.*
Non **ce l'**ha lett**a**.	*He did not read it to us.*
Non le abbiamo dato le chiavi?	*Didn't we give her the keys?*
Non **gliele** abbiamo dat**e**?	*Didn't we give them to her?*

2. The position of double object pronouns is the same as that of the single object pronouns. They precede a conjugated verb; they attach to the **tu, noi,** and **voi** imperative forms and to the infinitive. Note that if the infinitive is governed by **dovere, volere,** or **potere,** the double pronouns may either precede these verbs or attach to the infinitive.

Spero di affittarLe l'appartamento.	*I hope to rent you the apartment.*
Spero di affittar**glielo.**	*I hope to rent it to you.*
Voglio mostrarti gli annunci.	*I want to show you the ads.*
Voglio mostrar**teli.** }	
Te li voglio mostrare. }	*I want to show them to you.*

Ripeti la domanda!	Ripetimi la domanda!	Ripeti**mela**!
Date il giornale a Lucia!	Date**le** il giornale!	Date**glielo**!
Dia il libro a Lina!	Le dia il libro!	**Glielo** dia!

3. With reflexive verbs, the reflexive pronouns combine with the direct object pronouns **lo, la, li, le,** and **ne,** and follow the same word order as double object pronouns.

Mi metto }		**Me lo** metto.
Ti metti }		**Te lo** metti.
Si mette } il vestito. =		**Se lo** mette.
Ci mettiamo }		**Ce lo** mettiamo.
Vi mettete }		**Ve lo** mettete.
Si mettono }		**Se lo** mettono.

Mi lavo la faccia.	*I wash my face.*
Me la lavo.	*I wash it.*

If the reflexive verb is in a compound tense, the past participle must agree with the *direct object pronoun* that precedes the verb.

Gino si è lavato **le mani.**	*Gino washed his hands.*
Gino **se le** è lavat**e**.	*Gino washed them.*

PRATICA

A. **Subito!** *(Right away!)* In una trattoria, durante l'ora del pranzo. Due studenti (studentesse) fanno la parte del(la) cliente e del cameriere (della cameriera).

ESEMPIO   gelato al caffè
   —*Cameriere, mi porta il gelato al caffè, per favore?*
   —*Glielo porto subito, signore (signora, signorina)!*

1. ravioli alla panna   2. tagliatelle alla bolognese   3. spinaci al burro
4. scaloppine al marsala   5. insalata di pomodori   6. formaggio Bel
Paese   7. frutta di stagione

B. **Quando ti metti...?** In due, fatevi a turno le seguenti domande. Sostituite i nomi con il pronome appropriato.

> ESEMPIO   i guanti di lana
> —*Quando ti metti i guanti di lana?*
> —*Me li metto quando fa freddo.*

1. le scarpe da tennis   2. il costume da bagno   3. la cravatta   4. il
cappotto   5. l'impermeabile   6. un vestito elegante

C. **Volentieri!** Come reagisce un amico (un'amica) alle seguenti domande? Rispondete secondo l'esempio.

> ESEMPIO   —Ci presti la cassetta?
> —*Ve la presto volentieri!*

1. Mi dai l'indirizzo del tuo dentista?   2. Ci compri i biglietti dell'opera?
3. Ci dici il nome del teatro?   4. Mi offri il caffè?   5. Mostri la foto a
Silvia?   6. Fai questo favore a mio fratello?   7. Gli parli del problema?

D. **Una serata elegante.** Per prepararsi alla festa, gli invitati hanno fatto le seguenti cose. Ripetete le loro azioni e sostituite le espressioni in corsivo con il pronome appropriato.

> ESEMPIO   Claudio si è messo *la cravatta a farfalla (bowtie).*
> *Claudio se l'è messa.*

1. Mirella si è lavata *i capelli.*   2. Giampiero e Dino si sono fatti *la
barba (shaved).*   3. Franco si è pulito *le scarpe nere.*   4. Noi ci siamo
messi *il vestito da sera.*   5. Ornella si è messa *la collana (necklace) di
perle.*   6. Voi vi siete messi *il cappotto elegante.*   7. Io mi sono messo *il
completo blu.*

E. **Negligenza.** Voi chiedete a vostro fratello se ha già fatto le seguenti cose. Lui risponde di no. Seguite l'esempio.

> ESEMPIO   dare i soldi a Pietro
> —*Hai già dato i soldi a Pietro?*
> —*No, non glieli ho ancora dati.*
> —*Daglieli!*

1. pagare l'affitto al padrone di casa   2. mandare la notizia del trasloco
agli zii   3. restituire il CD a Lucio   4. comprare le riviste per Gianni e
Luisa   5. portare i quadri a Marisa

F. **Una scelta difficile.** In due, proponete *(propose)* a turno cosa regalare a due vostri amici, sposini novelli *(newlyweds).* Scegliete quattro oggetti per la casa.

> ESEMPIO   —*Gli regaliamo un quadro? o...*
> —*Sì, regaliamoglielo!*
> —*No, non regaliamogli un quadro, regaliamogli...*

13.4 I numeri ordinali

Pitture e sculture del ventesimo secolo. (Enzo Santini: GOTTICO SIDERALE N° 3)

1. *Ordinal numbers (first, second, third, etc.) are adjectives and must agree in gender and number with the noun they modify. From first through tenth, they are:*

primo(a, i, e)*	**sesto**
secondo	**settimo**
terzo	**ottavo**
quarto	**nono**
quinto	**decimo**

From **undicesimo** *(eleventh)* on, ordinal numbers are formed by dropping the final vowel of the cardinal number and adding the suffix **-esimo (a, i, e)**. Exceptions: Numbers ending in **-trè** (**ventitrè, trentatrè**, etc.) and in **-sei** (**ventisei, trentasei**, etc.) preserve the final vowel.

quindici	quindic**esimo**
venti	vent**esimo**
trentuno	trentun**esimo**
trentatrè	trentatre**esimo**
ventisei	ventisei**esimo**
mille	mill**esimo**

Ottobre è il **decimo** mese dell'anno.	*October is the tenth month of the year.*
Hai letto le **prime** pagine?	*Did you read the first pages?*
Ho detto di no, per la **millesima** volta.	*I said no, for the thousandth time.*

2. Ordinal numbers precede the noun they modify except when referring to popes and royalty. When referring to centuries, they may follow or precede the noun.

Papa Giovanni XXIII (ventitreesimo)	*Pope John XXIII*
Luigi XIV (quattordicesimo)	*Louis XIV*
il secolo XXI (ventunesimo) *or* il ventunesimo secolo	*the twenty-first century*

---

*The abbreviated forms of ordinal numbers are: **1°** (**primo**) or **1ª** (**prima**), **2°** (**secondo**) or **2ª** (**seconda**), etc.

PRATICA

A. Nomi nella storia. Completate le frasi con il numero ordinale appropriato.

1. Machiavelli è vissuto *(lived)* nel secolo (XVI) _____.
2. Il Papa Giovanni (XXIII) _____ ha preceduto il Papa Paolo (VI) _____.
3. Enrico (VIII) _____ ha avuto sei mogli.
4. La regina *(queen)* d'Inghilterra è Elisabetta (II) _____.
5. Dante è nato nel secolo (XIII) _____.

B. Lo sai o non lo sai? In gruppi di due, fatevi a turno le domande che seguono.

ESEMPIO   —In quale capitolo di questo libro ci sono gli articoli?
               —*Nel primo capitolo.*

1. Quale pagina del libro è questa?
2. A quale capitolo siamo arrivati?
3. Quale giorno della settimana è mercoledì? E venerdì?
4. Aprile è il sesto mese dell'anno? E dicembre?
5. In quale settimana di novembre festeggiamo il Thanksgiving?
6. In quale settimana di settembre festeggiamo la Festa del Lavoro?
7. Un minuto è un cinquantesimo di un'ora?

Per finire

Si affitta appartamento ammobiliato

Un mese fa Antonio ha incominciato a insegnare in una scuola media come **supplente**. Il giovane è ora pieno di entusiasmo e di progetti. Eccolo che ne parla a Marcello.
      substitute

ANTONIO   Sai, ho intenzione di cercarmi un appartamentino ammobiliato e di **rendermi** indipendente.   **to become**

MARCELLO   Ehi! Super! Così possiamo dare **un sacco** di feste! Hai guardato gli annunci pubblicitari sul **Corriere della Sera?***   **a lot**

ANTONIO   No, non ancora...eccoli!

MARCELLO   Non ce ne sono molti. Te ne leggo uno: «Appartamento **signorile** 4 locali **doppi servizi** libero...»   **deluxe/two baths**

ANTONIO   Sei matto?! **Mi basta** una cucina-soggiorno con bagno.   **Is enough for me**

MARCELLO   Eccone uno che va bene: monolocale Lambrate.†

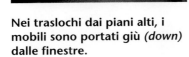

Nei traslochi dai piani alti, i mobili sono portati giù *(down)* dalle finestre.

---

*Well-known Italian newspaper.

†Neighborhood in Milan.

ANTONIO	Sì, mi piace. Quant'è l'affitto?	
MARCELLO	Non lo dice. Perché non **fissiamo** un appuntamento e ci andiamo?	we set up
	(Il monolocale si trova al quinto piano di un modesto edificio senza ascensore. Il **portinaio,** svegliato dalla siesta, glielo mostra **malvolentieri.**)	concierge reluctantly
IL PORTINAIO	Scusi, ha una lettera di referenze?	
MARCELLO	Certamente. Mio padre, l'ingegner Scotti della **ditta** Scotti e Figli, è pronto a scrivergliene una.	company
ANTONIO	Grazie, Marcello. Che ne pensi?	
MARCELLO	Mah! Mi sembra un **buco**...con dei mobili **preistorici.**	hole prehistoric
ANTONIO	Caro mio, io non ho la **grana** di tuo padre; per uno come me che ha **condiviso** fino a oggi la stanza con due fratelli, quest'appartamento sembra un palazzo!	money (slang) shared

COMPRENSIONE

Usate i pronomi quando è possibile.

1. In che scuola ha incominciato ad insegnare Antonio?
2. Da quanto tempo ci insegna?
3. Perché vuole cercarsi un appartamento?
4. Dove suggerisce di cercare gli annunci Marcello?
5. Perché il primo annuncio che Marcello legge non piace ad Antonio? Di quante stanze ha bisogno?
6. Nell'annuncio c'è il costo dell'affitto?
7. Com'è l'appartamento che Antonio decide di andare a vedere? Dove si trova?
8. Chi mostra l'appartamento ai due amici?
9. Piace a Marcello quell'appartamento?
10. Che ne pensa Antonio? Perché?

CONVERSAZIONE

1. Che cosa pensi dell'appartamento che Antonio sta per affittare? È diverso da quello che un(a) giovane che sta per rendersi indipendente affitta negli Stati Uniti?
2. Un edificio negli Stati Uniti simile a quello di Lambrate ha di solito un portinaio? Dove si può trovare un portinaio?
3. Negli Stati Uniti è comune salire a piedi al quinto piano? Perché?
4. Hai mai avuto bisogno di una lettera di referenze per affittare un appartamento?

La casa ideale

Com'è la tua casa ideale? Descrivila in due o tre brevi paragrafi.

A. Per mettere in ordine le tue idee rispondi alle seguenti domande con una o due frasi per ognuna:

1. Dove si trova la casa? In città, in campagna, in montagna,...?
2. È una casa moderna, tradizionale o in uno stile particolare?
3. Quanti piani ci sono?
4. Quali stanze ci sono?
5. Quante camere? Quanti bagni?
6. C'è un giardino?

B. Ora scrivi la tua descrizione. Usa gli appunti che hai scritto.

ESEMPIO

La mia casa ideale si trova in campagna perché mi piace essere a contatto con la natura. È una casa tradizionale, vecchia, che ho fatto ristrutturare. Ci sono due piani, uno per la zona giorno e uno per la zona notte. Deve avere una bella cucina moderna, perché mi piace cucinare, una sala da pranzo e un salotto. Ci sono tre camere e due bagni perché voglio avere uno(a) o due compagni(e) di stanza. Non mi piace vivere da solo(a). Naturalmente in campagna c'è molto verde ed anche la mia casa avrà un bel giardino pieno di fiori.

C. Leggi di nuovo la tua descrizione. Tutte le parole sono scritte correttamente? Controlla l'accordo tra il verbo e il soggetto e tra il nome e l'aggettivo. Alla fine, con un compagno (una compagna), leggete le vostre descrizioni. In che cosa sono simili le vostre case ideali? In che cosa sono differenti?

Attività supplementari

A. **La casa e i suoi abitanti.** Immaginate, e descrivete in piccoli gruppi, l'abitazione di:

1. uno studente disordinato e molto occupato;
2. una modella;
3. una coppia di sposi ricchi;
4. una coppia di pensionati *(retirees)*.

B. Alla ricerca di un alloggio. Attività in gruppi di tre. Un padrone (Una padrona) di casa e due eventuali *(probable)* inquilini (inquiline). Voi cercate un appartamento in affitto e leggete nel giornale i seguenti annunci. Sceglietene *(Choose)* uno e telefonate al numero indicato: specificate l'appartamento che cercate e discutete le condizioni dell'affitto con il padrone (la padrona) di casa.

Affittasi

Affittiamo bellissimi appartamenti nuovi e ristrutturati,
vuoti o arredati, monolocali,
2-3-4 locali, primo-settimo
piano, cucina-soggiorno, doppi
servizi, balcone. Alcuni appartamenti con garage privato.
Zona tranquilla, vicinanza metropolitana. Telefonate al
02/47-817-25 durante ore ufficio.

C.SO PESCHIERA Si affitta attico luminoso, libero subito, ultimo piano, camera-soggiorno, cucinino, bagno, ripostiglio, ingresso, ampio terrazzo, box auto, giardino condominiale. Tel. 758 31 24

VIA MIRAFIORI Affittasi 4° piano senza ascensore, appartamento, vista prestigiosa, composto di: ingresso, salone, 2 camere, cucina e 2 bagni arredati, ripostiglio, 2 terrazzi, cantina, box posto auto. Tel. 128 38 46 FAX 128 38 53

C. La sera del trasloco. Immaginate di essere Emanuela e Franco la sera del trasloco. In che stanza siete? Cosa fate? Dove siete seduti? Avete già cenato? Cosa vi dite dopo la fatica *(hard work)* del trasloco?

Come si dice in italiano?

1. Giulia has been living in San Francisco for a month with her friend Kathy, and now she wants to rent an apartment. **2.** Today Kathy is helping her find one by reading her the newspaper ads. **3.** I found one that I like: "Studio, Golden Gate Park. Available immediately. $950." **4.** How big is a studio? How many rooms are there? **5.** There is only one, with a bathroom. **6.** Now here they are near Golden Gate Park to see the studio. **7.** The manager (**l'amministratore,** *m.*) willingly shows it to them. **8.** Giulia is enthusiastic about (**di**) the studio and asks Kathy what (**cosa**) she thinks of it. **9.** I like it a lot, because there are big windows with a view (**veduta**) of the park. **10.** Next Saturday Giulia will be able to move to (**nel**) her new apartment.

GUARDIAMO!

La casa

Fabio cerca un appartamento e Luigi l'accompagna a vederne qualcuno. Mentre aspettano l'agente immobiliare, parlano di uno degli appartamenti disponibili e i termini del contratto.

SITO WEB

Per fare più pratica con gli argomenti culturali e i punti grammaticali del **Capitolo 13,** vai a vedere il sito *Ciao!* a *http://ciao.heinle.com.*

Prima di leggere

The following passage is an excerpt from Natalia Ginzburg's short story *La casa*, which was published in 1965. In this passage the narrator describes her own and her husband's notions of an ideal house. As you read, follow the three stages of the narrative: (1) the narrator's description of her ideal house, (2) the description of her husband's ideal house, and (3) the description of the house they buy. Can you explain why they both like the house?

Casa colonica con fabbricati (*buildings*) rurali annessi.

La casa

Anni fa, **venduto un alloggio** che avevamo a Torino, **ci mettemmo** a cercare casa a Roma, e la ricerca di questa casa **durò** lungo tempo. Io desideravo, da anni, una casa con un giardino. **Avevo vissuto**, da bambina, in una casa col giardino, a Torino: e la casa che immaginavo e desideravo **assomigliava** a quella. **Non mi sarei accontentata** di un magro giardinetto, volevo alberi, **una vasca di pietra, cespugli** e **sentieri**: volevo tutto quello che c'era stato in quel giardino della mia **infanzia**. [...] Quando lui [mio marito] **cominciò** a cercare con me la casa, **scopersi** che la casa che lui voleva non assomigliava in nulla a quella che volevo io. Scopersi che lui, come me, desiderava una casa simile a quella **nella quale aveva trascorso** la sua **propria** infanzia. **Siccome** le nostre infanzie non si assomigliavano, il **dissidio** fra noi era **insanabile**. Io desideravo, come ho detto, una casa con il giardino: una casa al pianterreno, magari un po' **buia**, con del verde intorno, **edera**, alberi; lui, **avendo passato** l'infanzia parte in via dei Serpenti e parte in Prati, era attratto dalle case situate in una di queste due zone. Degli alberi e del verde **se ne infischiava**. [...]

Poi un giorno, camminando per la città, **vedemmo** un cartello di vendita **appeso a** un portone. **Entrammo**. E così la casa **fu** trovata. Era una casa in centro. **Piacque** a mio marito perché era in centro, perché era all'ultimo piano, perchè guardava sui tetti. Gli piacque perché era vecchia, grossa, **massiccia**, perché c'erano **vecchi soffitti** di **grosse travi**, e, in qualche stanza, **rivestimenti** di **travertino**. Io, del travertino, era la prima volta che **ne sentivo parlare**. Perché piacque a me? Non lo so. Non era al pianterreno **essendo** all'ultimo piano. Non aveva giardino e non si vedeva un albero **nemmeno** in distanza. **Pietra** in mezzo alla pietra, **stava serrata fra comignoli e campanili**. Ma forse mi piacque perché si trovava ad **un passo** da un ufficio, **nel quale** avevo lavorato molti anni **addietro**, quando ancora non conoscevo mio marito...

...[E]ra ancora, quello, un punto della città che io **riconoscevo** come un **luogo amioco**: un punto dove **un tempo m'ero scavata una tana**. [...] Ora noi viviamo nella casa senza più sapere **se sia** brutta o bella. Ci viviamo **come** in **una tana**. Ci viviamo **come in una calza vecchia**. [...]

	having sold the home/we started
	lasted
	I had lived
	looked like/I would not have been happy/stone tub/bushes/paths
	childhood/*ha cominciato*
	I discovered
	in which he had spent
	own/Since
	disagreement/incurable
	dark/ivy
	having spent
	he did not care
	abbiamo visto
	hung from/*siamo entrati/è stata*
	È piaciuta
	solid
	old ceilings with thick beams/casings of travertine/I heard of it/being
	not even
	stone/squeezed among chimneys and bell towers/one step
	in which/before
	recognized
	friendly location/which once I had made my own/If it is
	like/a lair/like in an old stocking

Da "La casa," novella (*short story*) nella collezione *Mai devi domandarmi* di Natalia Ginzburg in *Opere*, volume II, Arnold Mondadori Editore, 1987.

Alla lettura

Leggi di nuovo la narrativa, poi completa le seguenti frasi scrivendo un breve riassunto per ogni punto:

La casa ideale della moglie:

La casa ideale del marito:

La casa che comprano piace al marito perché...

La casa piace alla moglie perché...

Villetta con recinto e cancello.

Le abitazioni in Italia

I vecchi palazzi delle città italiane hanno avuto come prototipo l'antica casa romana. **Essi** sono uniti l'uno all'altro. Al centro di ogni **facciata** un **portone ad arco** dà su un **cortile** interno. All'esterno, il pianterreno è occupato da negozi o da uffici, mentre gli altri piani sono occupati, in genere, da appartamenti. Nel vecchio centro urbano convivono diverse classi sociali e questo contribuisce alla vitalità del centro cittadino. Fra il 1950 e il 1970 i **cambiamenti** economici e sociali hanno determinato un'espansione notevole dei centri urbani. **Intorno** alla vecchia città ne è nata una interamente moderna, fatta di edifici a molti piani e di villette. Durante la prosperità degli anni settanta–ottanta molti Italiani hanno potuto **farsi** una seconda casa o un appartamentino in zone di villeggiatura. Gli **amanti** della campagna hanno ristrutturato vecchie case e **fienili, trasformandoli** in confortevoli rifugi lontano dalla vita cittadina.

they
front/arched front gate/ courtyard

changes
Around

buy
lovers
barns/transforming them

COMPRENSIONE

Completate le seguenti frasi.

1. Come le antiche case romane, i vecchi palazzi hanno un cortile...
    a. davanti   b. dietro   c. all'interno

2. La coabitazione di diverse classi sociali dà vita...
    a. agli uffici   b. ai cortili dei palazzi
    c. al vecchio centro urbano

3. Molti Italiani si sono fatti una seconda casa, stimolati *(spurred)*...
    a.   dal costo economico delle costruzioni
    b.   da un periodo di economia favorevole
    c.   dall'amore per la villeggiatura

Culture a confronto

1. Natalia Ginzburg e suo marito cercano quello che chiamano una «casa,» ma alla fine comprano una casa o un appartamento?

2. La maggior parte delle famiglie italiane abitano in una casa o in un appartamento?

3. Dove abitano la maggior parte delle famiglie nord-americane?

4. Come sono le case in Italia? Sono diverse dalle case nell'America del Nord? Perché sì e perché no?

Vocabolario

Nomi

l'animale domestico	pet
l'annuncio pubblicitario	ad
l'arredamento	furnishing
il contratto	contract
il costo	cost
la ditta	firm, company
l'entusiasmo	enthusiasm
il fruttivendolo	greengrocer
il locale	room
la luce	light
il mobile	piece of furniture
il monolocale	studio apartment
la moquette	wall-to-wall carpet
la morte	death
il portinaio, la portinaia	concierge
il quadro	painting, picture
il ripostiglio	storage closet
la scelta	choice
i senzatetto	homeless people
lo svantaggio	disadvantage
la vicinanza	vicinity

Aggettivi

ammobiliato	furnished
arredato	furnished
antico	antique; ancient
doppio	double
disponibile	available
entusiasta (di)	enthusiastic (about)
libero	free; vacant; available

matto	crazy
moderno	modern
modesto	modest
tradizionale	traditional
vuoto	vacant, empty

Verbi

arredare	to furnish
condividere (*p.p.* condiviso)	to share
ristrutturare	to restructure
scegliere (*p.p.* scelto)	to choose
sembrare	to seem; to look like
trovarsi	to find oneself; to be located
vivere (*p.p.* vissuto)	to live

Altre espressioni

certamente	certainly
così	so, this way
doppi servizi	two baths
essere disposto (a)	to be willing (to)
fissare un appuntamento	to make an appointment
immediatamente	immediately
in affitto	for rent
in vendita	for sale
lettera di referenze	reference letter
malvolentieri	reluctantly
penso di sì/penso di no	I think so/I don't think so
rendersi indipendente	to become independent
va bene	it is good, right, OK

Il mondo del lavoro

Preparazione al lavoro.

Punti di vista

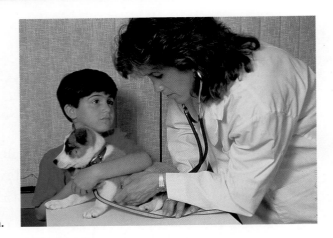

Dalla veterinaria.

Una scelta difficile   (CD 6, TRACK 7)

Laura e Franco frequentano l'ultimo anno di liceo e parlano del loro futuro.

FRANCO	Non so a quale facoltà **iscrivermi.** Tu cosa mi consigli, Laura?	**to enroll**
LAURA	Cosa **ti piacerebbe** fare nella vita?	**would you like**
FRANCO	Mi piacerebbe insegnare matematica.	
LAURA	Devi considerare che ci sono vantaggi e svantaggi nell'insegnamento, come nelle altre professioni. I vantaggi? **Faresti** un lavoro che ti piace e d'estate avresti tre mesi di vacanza. **Potresti** viaggiare, riposarti o dedicarti ad altre attività.	**You would do** **You could**
FRANCO	E gli svantaggi, quali sono?	
LAURA	Lo sai anche tu che non è facile trovare lavoro nell'insegnamento. E sai anche che lo stipendio degli insegnanti è basso.	
FRANCO	Hai ragione. E tu hai deciso a quale facoltà iscriverti?	
LAURA	Sì, farò il veterinario.	
FRANCO	**Davvero?** Ti piacciono così tanto gli animali?	**Really?**
LAURA	Oh, sì, moltissimo! A casa mia ho un piccolo zoo: due cani, quattro gatti, un **coniglio** e due **porcellini d'India.**	**rabbit** **guinea pigs**

COMPRENSIONE

1. Che anno di liceo frequentano Laura e Franco?
2. Che cosa deve decidere Franco?
3. Che cosa gli piacerebbe fare?
4. Quali sono i vantaggi nell'insegnamento? Quali sono gli svantaggi?
5. Anche Laura è indecisa sulla sua professione?
6. Che cosa vuole fare? Perché?
7. Cos'ha a casa sua?

Studio di parole Il mondo del lavoro

I Mestieri Trades

il lavoratore, la lavoratrice
  worker
il costruttore builder
l'elettricista electrician
l'idraulico plumber
l'operaio factory worker
il meccanico mechanic

Le professioni

**il medico (dottore,
  dottoressa)** physician
il chirurgo surgeon
l'oculista *(m. & f.)* eye doctor
lo psicologo, la psicologa
  psychologist
il/la dentista dentist
il/la farmacista pharmacist
l'infermiere, l'infermiera
  nurse
il/la dirigente chief executive
l'ingegnere *(m. & f.)*
  engineer
l'architetto *(m. & f.)*
  architect
il/la commercialista
  accountant, CPA
il/la consulente consultant
l'avvocato *(m. & f.)* lawyer
**il programmatore, la
  programmatrice di
  computer** computer
  programmer

l'uomo, la donna d'affari
  businessman/woman
il segretario, la segretaria
  secretary
l'arredatore, l'arredatrice
  interior designer
la casalinga homemaker
fare il/la... to be a . . .
  (profession or trade)
il colloquio interview
il requisito requirement
l'impiego employment, job
il lavoro job
un lavoro part-time part-time
  job
un posto position, job
fare domanda to apply
assumere *(p.p.* **assunto)** to
  hire
licenziare to lay off, to fire
guadagnare to earn
il salario
lo stipendio } salary, wages
l'aumento raise
disoccupato unemployed
la disoccupazione
  unemployment
fare sciopero to strike
andare in pensione to retire
il pensionato, la pensionata
  retiree

Informazioni | L'economia in Italia

L'obiettivo di partecipare all'unione monetaria europea ha forzato il governo italiano ad adottare programmi economici e fiscali *(taxes)* severi. Molte società pubbliche sono state privatizzate e ristrutturate. Tutto questo ha favorito la discesa dell'inflazione, ma ha anche creato un grande numero di disoccupati, e poche possibilità d'impiego per i giovani.

Nel 1997 la disoccupazione nazionale ha raggiunto *(reached)* il 12%, con punte minime del 6% nel Nord e punte massime del 25–30% nelle zone più povere del Sud. Per aiutare i giovani, specialmente quelli del Mezzogiorno (Sud), il governo ha istituito **impieghi pubblici** e **borse di lavoro** *(work grants)*

della durata di un anno. Ha inoltre accordato facilitazioni alle imprese che sono disposte *(willing)* ad assumerli e a dare loro una specializzazione teorica e pratica.

La crisi economica del paese è dovuta in parte anche alla funzione sociale *(welfare)* dello Stato italiano. Le spese sociali costituiscono il 30% del bilancio *(budget)* statale: il 15% di queste è destinato a pagare le pensioni.

Negli ultimi dieci anni, con l'arrivo di nuovi immigrati dall'Africa, dall'ex-Iugoslavia e dall'Albania, le spese pubbliche sono aumentate anche per affrontare le spese sociali necessarie in una nuova «Italia delle tante razze».

APPLICAZIONE

A.
1. Guardate il disegno a pagina 305: che cosa vogliono le persone che fanno la fila *(stand in line)* davanti all'agenzia di collocamento? Perché?
2. Se ha bisogno di occhiali, da quale specialista va Lei?
3. Quando un lavoratore (una lavoratrice) arriva a sessantacinque anni ed è stanco(a) di lavorare, cosa fa?
4. Che cosa riceve alla fine del mese una persona che lavora?
5. Di tutte le professioni o i mestieri elencati *(listed),* qual è, secondo Lei, la (il) più difficile *(the most difficult)?* Perché?
6. Se i lavoratori non sono soddisfatti delle loro condizioni di lavoro, cosa fanno?

B. Cosa fanno? Dite quale mestiere o professione fanno le seguenti persone e aggiungete qualche vostra definizione.

1. Scrive lettere e tiene *(keeps)* in ordine i documenti in ufficio.
2. È una donna che non conosce orario né *(nor)* stipendio.
3. Lavora in una fabbrica *(factory)*.
4. Dirige una grande ditta.
5. Ha finito di lavorare e ora dovrebbe *(should)* riposare e... divertirsi.
6. Prepara programmi per una macchina elettronica.
7. È una persona che...
8. ...

C. Che professione? Che cosa faranno o potrebbero *(could)* fare questi studenti?

Sonia: Ha appena finito il liceo scientifico. Trova molto interessante conoscere la grande varietà dei medicinali. Nel tempo libero ascolta le canzoni straniere, soprattutto americane; fa lunghe passeggiate in bicicletta e legge libri «gialli». Le piace molto stare con amici.

Andrea: Studia per una laurea breve in Metodologie fisiche, corso di studi introdotto di recente. Nel tempo libero fa del volontariato come soccorritore *(emergency medical technician)* sull'autoambulanza; studia batteria *(drums)* e pianoforte e suona in un piccolo complesso jazz. Gli piace andare in motocicletta, sciare e seguire le partite di basket alla tivù.

D. Conversazione

1. Che professione o mestiere fai o pensi di fare? Che cosa influenza la tua decisione? l'interesse economico o la tua inclinazione?
2. Se hai la scelta, in quale stato degli Stati Uniti preferisci lavorare? Perché?
3. Se hai la possibilità di lavorare all'estero, quale paese dell'Europa o dell'Asia preferisci? Perché?
4. Se fai domanda per un impiego, quali sono i fattori che influenzano la tua scelta? Il clima? La famiglia? Lo stipendio? Le condizioni di lavoro? Il costo degli alloggi?
5. Attualmente *(At present)* dov'è più facile trovare un impiego: nell'industria, nel commercio, nel governo o nell'insegnamento?

Una decisione pratica. Paola has just run into Luigi, an old friend from the **liceo.** Listen to their conversation as they each catch up on what the other is doing. Then answer the following questions.

Comprensione

1. Com'è vestito Luigi? Perché?
2. Che cosa voleva fare Luigi quand'era al liceo? Perché ha cambiato idea *(did he change his mind)?*
3. Che cosa cerca Paola? Perché?
4. Adesso che cosa vorrebbe fare anche Paola?
5. Secondo Lei, Paola parla seriamente o scherza *(is joking)?*

Dialogo

Lavoro estivo. Leggete l'annuncio e poi telefonate per sapere dettagli sul lavoro, i giorni, le ore e il salario. In coppia, fate le parti di chi cerca lavoro e del padrone del ristorante che lo offre.

> **Ristorante** (Rimini) cerca 2 apprendisti cameriere/a 17-20 anni max periodo estivo minima esperienza. Tel. 902.5610

Punti grammaticali

14.1 Il condizionale presente

NEO-LAUREATI IN CHIMICA INDUSTRIALE O INGEGNERIA CHIMICA

Rif. 352

Si richiede per entrambe le posizioni:
— età non superiore a 35 anni;
— disponibilità a frequenti spostamenti. La conoscenza della lingua inglese costituirà titolo preferenziale.
Sede di lavoro: Lamezia Terme (CZ).
Si offre l'inserimento in un ambiente dinamico ed in fase di espansione, con notevoli possibilità di crescita professionale sostenute da adeguati interventi formativi.

Gli interessati sono pregati di inviare dettagliato curriculum, corredato di recapito telefonico e di fotografia, alla **PA Consulting Group** - Via Turati 40 - 20121 Milano citando il riferimento di interesse anche sulla busta e indicando «Riservato» se nella lettera sono elencate società con le quali non si desidera entrare in contatto.
La selezione verrà effettuata direttamente dall'Azienda.

PA Consulting Group
Creating Business Advantage

1. Quanti anni dovrebbero avere le persone che fanno domanda per questo lavoro?
2. È indispensabile la conoscenza dell'inglese?
3. Che titolo di studio dovrebbero avere?
4. Ci sarebbero possibilità di crescita (growth) professionale in questa ditta?
5. Cosa dovrebbero fare le persone interessate?

1. The present conditional (**condizionale presente**) expresses an intention, a preference, a wish, or a polite request; it is the equivalent of the English *would* + verb. Like the future, it derives from the infinitive, and its stem is always the same as the future stem. Also like the future, **-are** verbs change the **-a** to **-e**.

    partire → **partirei** = *I would* leave*

---

*When "would" indicates a habitual action in the past, Italian uses the imperfect tense. *When I was a child, I would (I used to) go to the beach every summer.* = **Da bambino, andavo alla spiaggia tutte le estati.**

It is conjugated as follows:

parlare	rispondere	partire
parler**ei**	risponder**ei**	partir**ei**
parler**esti**	risponder**esti**	partir**esti**
parler**ebbe**	risponder**ebbe**	partir**ebbe**
parler**emmo**	risponder**emmo**	partir**emmo**
parler**este**	risponder**este**	partir**este**
parler**ebbero**	risponder**ebbero**	partir**ebbero**

NOTE:

The endings of the present conditional are the same for all conjugations.

Mi **piacerebbe** essere ricco.	*I would like to be rich.*
Preferirebbe lavorare.	*She would prefer to work.*
Ci **aiuteresti?**	*Would you help us?*

2. Verbs that are irregular in the future are also irregular in the conditional. Here is a comprehensive list.

dare:	**darei, daresti,** ecc.	sapere:	**saprei, sapresti,** ecc.
fare:	**farei, faresti,** ecc.	vedere:	**vedrei, vedresti,** ecc.
stare:	**starei, staresti,** ecc.	vivere:	**vivrei, vivresti,** ecc.
andare:	**andrei, andresti,** ecc.	essere:	**sarei, saresti,** ecc.
avere:	**avrei, avresti,** ecc.	bere:	**berrei, berresti,** ecc.
cadere:	**cadrei, cadresti,** ecc.	venire:	**verrei, verresti,** ecc.
dovere:	**dovrei, dovresti,** ecc.	volere:	**vorrei, vorresti,** ecc.
potere:	**potrei, potresti,** ecc.		

—Vorrebbe l'anestesia?

Verresti al cinema con me?	*Would you come with me to the movies?*
Mi **darebbe** alcuni consigli?	*Would you give me some advice?*
Che cosa **vorrebbe** fare Paolo?	*What would Paolo like to do?*
Io **vorrei** fare l'oculista.	*I would like to be an eye doctor.*

3. Verbs ending in **-care, -gare, -ciare,** and **-giare** undergo a spelling change for phonetic reasons, as in the future tense (see **Capitolo 12, 12.1**).

cercare: **Cercherei** un lavoro.	*I would look for a job.*
pagare: **Pagherei** molto.	*I would pay a lot.*
cominciare: **Comincerei** a lavorare.	*I would start working.*
mangiare: **Mangerei** della frutta.	*I would eat fruit.*

PRATICA

A. Desiderio di rilassarsi. Cosa faresti durante le vacanze? Rispondete secondo l'esempio.

ESEMPIO vedere gli amici
Vedrei gli amici.

1. dormire fino a tardi **2.** fare delle passeggiate **3.** leggere molti libri **4.** mangiare al ristorante **5.** guardare la TV **6.** divertirsi **7.** scrivere delle lettere **8.** andare al cinema **9.** stare alla spiaggia tutto il giorno **10.** uscire con gli amici **11.** riposarsi **12.** giocare a tennis

B. Sogni. Un vostro amico spera di vincere alla lotteria. Aiutatelo con le vostre domande a esprimere i suoi sogni *(dreams)*.

ESEMPIO fare un viaggio in Florida
—*Faresti un viaggio in Florida?*
—*No, farei un viaggio in Oriente. o...*

1. passare i weekend in città **2.** viaggiare in treno **3.** mangiare al McDonald's **4.** vivere in un appartamentino di due o tre locali **5.** comprare una Fiat **6.** spendere tutti i soldi in un anno **7.** prestarmi mille dollari

C. Scambi rapidi. Completate con il **condizionale presente.**

1. A un caffè di Viareggio, in Toscana.
   —Ragazzi, io _____ (prendere) un espresso lungo *(weak)*. E voi?
   —Con questo caldo? Noi _____ (bere) volentieri qualcosa di fresco.
   —Sì, mi _____ (piacere) bere un succo di pompelmo. E a te?
   —Per me la stessa cosa.
2. Un turista in una banca di Bari, in Puglia.
   —Scusi, Lei _____ (potere) cambiarmi un assegno di cento dollari?
   —Non a questo sportello; Lei _____ (dovere) andare allo sportello del Cambio.
3. All'ingresso di un albergo di Verona, nel Veneto.
   —Che camera _____ (volere) i signori? Una sul davanti?
   —Sì, _____ (andare) bene, se non c'è troppo rumore *(noise)* però.
   —Possono stare tranquilli. _____ (Potere) darmi un Loro documento?
   —Ecco il passaporto.

D. Cosa faresti tu in questa situazione? Fatevi a turno le domande. Scegliete l'espressione corretta della seconda colonna e rispondete usando il verbo al **condizionale.**

ESEMPIO —Sei in ritardo a un appuntamento. Cosa faresti?
—*Mi scuserei.*

1. La macchina non funziona.	protestare *(o...)*
2. Un amico ti chiede un favore.	fargli le mie congratulazioni
3. Il padrone di casa aumenta l'affitto dell'appartamento.	farglielo
	portarla dal meccanico
4. Un collega d'ufficio riceve una promozione.	fare la fila e aspettare
	ringraziarlo
5. Devi spedire un pacco *(package),* e all'ufficio postale ci sono molte persone.	preparare il mio curriculum vitae
6. Devi presentarti ad un colloquio.	
7. Il tuo direttore ti dà un aumento di stipendio.	

E. Cosa vorresti? In due, a turno, fatevi delle domande usando i seguenti verbi al condizionale. Potete incominciare usando: quando, dove, perché, eccetera.

ESEMPIO volere
—*Cosa vorresti fare domenica?*
—*Vorrei andare a vedere la partita di calcio.*

1. bere **2.** mangiare **3.** lavorare **4.** vivere **5.** andare **6.** preferire
7. comprare **8.** passare le vacanze

14.2 Il condizionale passato

L'autista pensa; avrei fatto meglio a prendere il treno.

1. The conditional perfect (**condizionale passato**) is the equivalent of the English *would have* + past participle. It is formed with the present conditional of **avere** or **essere** + the past participle of the main verb.

avrei finito = *I would have finished*

It is conjugated as follows:

parlare		rispondere		partire	
avrei		avrei		sarei	
avresti		avresti		saresti	partito(a)
avrebbe	parlato	avrebbe	risposto	sarebbe	
avremmo		avremmo		saremmo	
avreste		avreste		sareste	partiti(e)
avrebbero		avrebbero		sarebbero	

Avrei scritto, ma non avevo l'indirizzo.	*I would have written, but I did not have the address.*
Avresti accettato l'invito?	*Would you have accepted the invitation?*

2. In indirect discourse with verbs such as **dire, rispondere, scrivere, telefonare,** and **spiegare,** Italian uses the conditional perfect to express a future action seen from a point of view in the past. Compare the constructions in Italian with those in English:

Ha detto che **sarebbe andato.**	*He said he would go.*
Hanno scritto che **sarebbero venuti.**	*They wrote that they would come.*
Ha risposto che non **avrebbe aspettato.**	*He answered that he would not wait.*

PRATICA

A. Contrasti. Le seguenti persone hanno agito *(acted)* in un certo modo *(way)*. Altre, invece, avrebbero agito diversamente *(differently)*. Dite come.

ESEMPIO   Lisa ha comprato un cappotto./Marco...
Marco, invece, avrebbe comprato un impermeabile. o...

1. Silvio ha ordinato lasagne al forno./Noi...
2. L'ingegner Scotti è partito in aereo./La signora Scotti...
3. Il direttore della ditta è andato in vacanza a Miami./La sua segretaria...
4. Gabriella e Filippo hanno bevuto una bottiglia di Frascati./Tu...
5. Io mi sono alzato tardi./I miei fratelli...
6. I miei genitori hanno preferito un appartamento in centro./Io...

B. Hanno detto che... Usate il discorso indiretto *(indirect discourse)* e il **condizionale passato.**

ESEMPIO   la mia fidanzata, telefonare alle tre
La mia fidanzata ha detto che avrebbe telefonato alle tre.

1. Lorenzo, comprare un computer
2. i miei zii, venire presto
3. Liliana, andare a un colloquio
4. Luigi, fare l'architetto o l'ingegnere
5. la segretaria, chiedere un aumento di stipendio

C. Supposizioni. Cosa avresti fatto nelle seguenti situazioni? In coppie e a turno, fate le domande e rispondete.

ESEMPIO   al lago
—*Cosa avresti fatto al lago?*
—*Avrei preso il sole. o...*

1. a Roma 2. dopo un esame difficile 3. prima di un colloquio per un impiego 4. in caso di cattivo tempo 5. per il compleanno del tuo ragazzo (della tua ragazza) 6. il giorno delle elezioni 7. dopo un trasloco

D. Desideri impossibili. Formate delle frasi complete con il primo verbo al **condizionale passato** e il secondo verbo all'**imperfetto**.

ESEMPIO Lia (fare) un viaggio, non (avere) soldi
Lia avrebbe fatto un viaggio, ma non aveva soldi.

1. io (prestarti) la macchina, non (funzionare)
2. lui (cambiare) lavoro, (essere) difficile trovarne un altro
3. noi (prendere) il treno, (esserci) lo sciopero dei treni
4. lei (fare) medicina, ma gli studi (essere) troppo lunghi
5. il nostro amico (partire), non (stare) bene
6. io (preferire) un lavoro a tempo pieno, (esserci) solo lavori part-time

E. Presente o passato? Completate con il condizionale presente o passato.

1. Io (andare) _____ in vacanza ma sono al verde.
2. Noi (uscire) _____, ma piove.
3. (vivere) _____ in campagna Lei?
4. Loro (essere) _____ contenti di stare a casa oggi.
5. Gino (partire) _____ con il treno delle sei, ma la sua valigia non era pronta.
6. Che cosa (rispondere) _____ a un amico che ti domanda un favore?
7. (piacere) a te _____ fare il chirurgo?
8. Hai scritto a Pietro? Gli (scrivere) _____, ma lui non ha risposto alla mia ultima lettera.

F. Quale professione mi consiglia *(do you suggest)*? In due, fate a turno la parte di qualcuno che domanda consigli sulla professione da seguire, e dell'impiegato di un'agenzia di collocamento.

ESEMPIO —Mi piacerebbe viaggiare e vedere paesi stranieri.
—Allora Le consiglierei di fare l'agente di viaggi. (o la guida o...)

1. Sono una persona ordinata, metodica, precisa e puntuale.
2. Mi piacerebbe studiare per tutta la vita.
3. Mi appassiono ai problemi personali e mi piacerebbe trovare le soluzioni.
4. Vorrei vedere il trionfo della giustizia *(justice)* e diventare ricco(a) allo stesso tempo.
5. Amo curare i bambini e la casa e preparare pranzi deliziosi.
6. Mi diverto a montare e smontare i motori delle macchine.

—Potrebbe ripararla in un'ora, prima del ritorno di mio marito?

14.3 Uso di *dovere, potere* e *volere* nel condizionale

1. The present conditional of **dovere, potere,** and **volere** is used instead of the present indicative to make a request more polite or a statement less forceful. It has the following meanings:

dovrei = *I should, I ought to*
potrei = *I could, I might*
vorrei = *I would like*

Compare:

Devi aiutare la gente.	*You must help people.*
Dovresti aiutare la gente.	*You should (You ought to) help people.*
Non **voglio** vivere qui.	*I don't want to live here.*
Non **vorrei** vivere qui.	*I would not like to live here.*
Può aiutarmi?	*Can you help me?*
Potrebbe aiutarmi?	*Could you help me?*

2. In the conditional perfect, **potere, volere,** and **dovere** correspond to the following English constructions:

avrei dovuto + *infinitive* = *I should have* + past participle
avrei potuto + *infinitive* = *I could have* + past participle
avrei voluto + *infinitive* = *I would have liked* + infinitive

Avrei dovuto parlare all'avvocato.	*I should have spoken to the lawyer.*
Avrebbe potuto laurearsi l'anno scorso.	*She could have graduated last year.*
Avrebbe voluto fare un viaggio.	*He would have liked to take a trip.*

PRATICA

A. Belle maniere *(Polite manners)*. Attenuate *(Make less forceful)* le seguenti frasi, usando il **condizionale presente**.

1. I due turisti: —Vogliamo due camere singole con doccia. Può prepararci il conto per stasera? **2.** Il direttore di una ditta: —Dobbiamo assumere una persona competente. Può inviarci *(send us)* il Suo curriculum vitae? **3.** Il capoufficio: —Deve pensare al Suo futuro. Vuole una lettera di raccomandazione? **4.** Un lavoratore part-time: —Oggi voglio finire prima. Devo andare all'agenzia di collocamento. **5.** Gli studenti d'italiano: —Possiamo uscire mezz'ora prima? Può ripetere le spiegazioni sul condizionale domani?

B. Desideri e possibilità. Rispondete alle seguenti situazioni secondo l'esempio, e confrontate *(compare)* le vostre risposte con quelle del compagno vicino (della compagna vicino).

ESEMPIO Il signor Brambilla era stanco di lavorare. Che cosa avrebbe voluto fare?
Avrebbe voluto andare in pensione. o...

1. Non avevate notizie di una vostra amica. Che cosa avreste potuto fare? **2.** Avevi un appuntamento, ma non ci potevi andare. Che cosa avresti potuto fare? **3.** Un amico ti ha telefonato perché era in gravi difficoltà finanziarie. Che cosa avresti potuto fare? **4.** L'altro giorno sei andato(a) in ufficio; il computer non funzionava, faceva troppo caldo e il direttore era di cattivo umore. Cosa avresti voluto fare? **5.** Ieri era una bellissima giornata. A scuola c'era un esame difficile; tu e altri studenti non eravate preparati(e), e non avevate voglia di andare in classe. Cosa avreste voluto fare?

C. **Il fine-settimana scorso.** In gruppi di due, dite quattro cose che avreste dovuto fare il fine-settimana scorso e che non avete fatto.

ESEMPIO *Il fine-settimana scorso avrei dovuto scrivere una lettera a...*

14.4 Verbi e espressioni verbali + infinito

Sperava di diventare un grande pittore...invece fa l'imbianchino.

1. Some verbs and verbal expressions are followed by an infinitive without a preposition. Among the most common are:
a. semiauxiliary verbs: **dovere, potere, volere, sapere**
b. verbs of *liking* and *disliking:* **piacere, desiderare, preferire**
c. impersonal verbal expressions with the verb **essere,** such as **è facile (difficile), è possibile (impossibile), è necessario**

Potresti aiutarmi?	*Could you help me?*
Mi **piace** ascoltare i dischi di Pavarotti.	*I like to listen to Pavarotti's albums.*

| È **facile** sbagliarsi. | *It is easy to make a mistake.* |
| È **possibile** laurearsi in quattro anni. | *It is possible to graduate in four years.* |

2. Some verbs and verbal expressions require the preposition **di** + *infinitive.* Among the most common are:
   a. **essere** + *adjective:* **contento, felice, stanco**
   b. **avere** + *noun:* **paura, bisogno, tempo**
   c. verbs of *saying:* **dire, domandare, chiedere**
   d. verbs of *thinking:* **credere, pensare, ricordarsi, sperare**
   e. other verbs: **dimenticare, cercare** *(to try),* **finire**

Sono contento di vederLa.	*I am glad to see you.*
Non ho tempo di fermarmi.	*I don't have time to stop.*
Sperava di diventare un grande pittore.	*He was hoping to become a great painter.*

3. Some verbs require the preposition **a** + *infinitive.* Among the most common are:

aiutare
andare
continuare
imparare
(in)cominciare
venire

Abbiamo continuato a camminare.	*We continued walking.*
Ha imparato a usare il PC.	*He learned to use the PC.*
Vorrei **venire a** trovarti.	*I would like to come visit you.*

NOTE:

A more complete list of verbs and verbal expressions + infinitive appears in Appendix 2.

PRATICA

A. **La giornata di un bambino.** Completate con le preposizioni **a, di** o **per,** se necessario.

Pierino impara _____ suonare il piano. Non gli piace _____ studiare. Preferisce _____ giocare con gli amici. Dopo la scuola incomincia _____ studiare e spera _____ finire presto perché vuole _____ andare _____ giocare al pallone. Dopo cena Pierino chiede _____ guardare la televisione, ma non può _____ guardarla per molto tempo perché ha sonno e desidera _____ dormire. La mattina del giorno dopo, deve _____ alzarsi presto _____ finire i compiti.

B. **Un po' di tutto.** Cambiate le frasi seguenti secondo l'esempio e usate le preposizioni appropriate quando sono necessarie.

ESEMPIO   Ci iscriviamo all'università. (speriamo)
Speriamo di iscriverci all'università.

1. Beviamo un cappuccino. (vorremmo)
2. Vai in Italia? (sei contento)
3. I lavoratori aspettavano un aumento. (erano stanchi)
4. Ho riparato la macchina da scrivere. (ho cercato)
5. Lucia guarda le vetrine. (si è fermata)
6. Ti accompagno a casa? (posso)
7. Lei leggeva fino a tardi. (le piaceva)
8. Lavoriamo per vivere. (è necessario)

C. Cercate di indovinare. Completate le seguenti frasi secondo il significato. Usate le preposizioni appropriate quando è necessario.

ESEMPIO   Il professore ha sonno. Desidera...
                Desidera dormire. o...

1. Il padre di Marcello ha 65 anni. Pensa...
2. Il segretario ha perso l'impiego. Ha paura...
3. Noi partiremo alle cinque di mattina. Dovremo...
4. Gli operai sono scontenti del loro salario. Vorrebbero...
5. A Marcello non piaceva il lavoro in banca. Non voleva continuare...
6. È marzo e piove quasi ogni giorno. Io non dimentico mai...

D. Conversazione

1. Cos'hai intenzione di fare l'estate prossima?
2. Speri di fare un viaggio? Dove desideri andare?
3. Chiederai a tuo padre di aiutarti a pagare le tue vacanze?
4. Hai mai cercato di risparmiare? È facile risparmiare? Perché?
5. Quanti anni avevi quando hai cominciato a guadagnare?
6. Hai un lavoro adesso? È a tempo pieno? Se l'hai, sei soddisfatto(a) di averlo? Perché?

Per finire

Nell'ufficio di un commercialista (CPA).

In cerca di un impiego

In search of

Liliana ha preparato il suo curriculum vitae e oggi si è presentata nello studio dell'avvocato Rizzi per un colloquio.

RIZZI Ah, questo è il Suo curriculum. Bene, bene, ma... Mi dica Lei, signorina. Quali sarebbero le Sue qualifiche?

LILIANA Lei vuol dire se ho esperienza?

RIZZI **Appunto.** Ha mai lavorato in un ufficio come questo?   **Exactly.**

LILIANA No, mai. Ma ho lavorato per alcuni mesi in una ditta di import-export.

RIZZI Lei sa usare il personal computer e la **stampante?**   printer

LILIANA Sì, ho seguito un corso di computer l'anno scorso.

RIZZI Sa fare i grafici?

LILIANA No, quelli no.

RIZZI Ma...**come mai** vorrebbe lavorare da noi?   **how come**

LILIANA Sono studentessa in legge e mi piacerebbe vedere come funziona uno studio legale.

RIZZI Ah! Lei fa legge! Brava! E quando finirà gli studi?

LILIANA Se tutto va bene, dovrei finirli presto.

RIZZI Veramente, come Lei ha certamente letto nel nostro annuncio, noi avremmo bisogno di **qualcuno** solamente per un lavoro part-time di due mesi, per fare delle ricerche.   somebody

LILIANA Sì, un lavoro di due mesi a orario ridotto mi andrebbe bene, perché mi permetterebbe di frequentare i miei corsi e sarei libera prima degli esami.

RIZZI Benissimo. Allora, **per quanto riguarda** il compenso e l'orario, ne parli alla mia segretaria. Benvenuta a bordo, signorina!   as far as

COMPRENSIONE

1. Perché Liliana si è presentata ad uno studio legale? Sarebbe un'impiegata inesperta? Perché?
2. Per quali ragioni vorrebbe lavorare in uno studio legale?
3. Ha già finito gli studi di legge? Fra quanto tempo dovrebbe finirli?
4. Ha ottenuto (obtained) l'impiego Liliana? Perché è contenta?
5. Che cosa le dice l'avvocato prima di salutarla?

CONVERSAZIONE

1. Ti sei mai presentato(a) a un colloquio tu? Com'è andato? Ti hanno chiesto il curriculum vitae?
2. Ti piacerebbe fare l'impiegato(a)? Perché?
3. Se non hai ancora un lavoro, quale mestiere o professione vorresti fare? Perché?
4. Se hai già un impiego, sei soddisfatto(a) del tuo stipendio? Lo spendi tutto o riesci a risparmiare un po' di soldi?
5. Se non hai un impiego, è perché sei disoccupato(a), molto ricco(a), in pensione o perché prima avresti intenzione di finire gli studi?

Il mio lavoro ideale

Cosa vorresti diventare? È una domanda che forse hai già sentito. Adesso elabora la tua risposta e scrivi una descrizione del tuo lavoro ideale.

A. Organizza le tue idee rispondendo alle seguenti domande:

1. Qual è la tua professione/mestiere ideale? Per quale ragione? **2.** Quali corsi di studio sono necessari? **3.** Per chi o con chi lavoreresti? **4.** Quali vantaggi e svantaggi ci sono in questa professione o in questo mestiere?

B. Ora descrivi quello che vorresti fare nel tuo futuro.

ESEMPIO

Io vorrei diventare un medico perché mi piace aiutare la gente. Dovrei seguire corsi di anatomia,... Dovrei conseguire una laurea in medicina. Mi piacerebbe aprire il mio studio in una piccola città, in centro. Potrei aiutare le persone malate e soprattutto le persone anziane che vivono sole. Prima, lavorerei in un ospedale per imparare la professione, poi, nel mio studio, lavorerei con altri medici e infermieri/infermiere. Spero di avere il mio studio privato. Così farei più soldi ed avrei una bella casa, ma soprattutto mi piacerebbe diventare medico per poter curare gente diversa tutti i giorni.

C. Adesso che hai finito la tua descrizione controlla di aver scritto tutte le parole correttamente. Controlla l'accordo tra il verbo e il soggetto e tra il nome e l'aggettivo. Ti sei ricordato(a) di usare il condizionale? Alla fine, con un compagno (una compagna), leggete le vostre descrizioni. Che professione preferisce il tuo compagno (la tua compagna)? Pensi che avrà una vita interessante?

Attività supplementari

A. Cerchiamo lavoro. In coppie, immaginate di leggere il seguente annuncio e di telefonare per avere informazioni precise sul lavoro offerto e sulle condizioni: l'orario, lo stipendio, gli studi, l'esperienza, le referenze, la data di inizio e a chi rivolgersi per fare domanda.

B. Curriculum vitae. Immaginate di scrivere un breve riassunto *(résumé)* della vostra vita.

1. nome e cognome
2. data di nascita
3. indirizzo e numero di telefono

4. titolo di studio (diploma o laurea, nome della scuola o dell'università)
5. conoscenza delle lingue (quali)
6. soggiorno all'estero (in quali paesi)
7. esperienza di lavoro (dove, quando, quanto tempo)
8. attività e interessi personali
9. lettere di raccomandazione (da chi: nome, qualifica, scuola o ditta)

C. Oggi sciopero! Leggete i ritagli *(clippings)* di giornale e, in coppie, rispondete a queste domande.

1. Quali lavoratori hanno fatto sciopero e quali lo faranno?
2. Per quando è annunciato lo sciopero del personale ferroviario?
3. Chi scioperà venerdì? E lunedì?
4. A che ora è incominciato lo sciopero dei controllori di volo?

L'agitazione fino alle 21 di domani. Aumentano del 2,5 % i biglietti

Macchinisti in sciopero, da stasera treni a rischio

ROMA — Fine settimana di disagi per chi viaggerà in treno. A partire dalle 21 di stasera fino alla stessa ora di domani si asterranno dal lavoro i macchinisti aderenti al Comu e i ferrovieri che aderiscono sia al Comitato nazionale di gestione contro la direttiva Prodi sia alle Federazioni Fltu-Cub e Rdb-Cub.

Venerdì sciopero alla Banca di Roma

Venerdì il personale del gruppo Banca di Roma scioperà contro «i gravi errori di gestione e i colpevoli ritardi che fin qui hanno impedito alle aziende del gruppo di diventare competitive». Lo hanno annunciato i sindacati.

Ieri agitazione di quattro ore degli uomini radar

Negli aeroporti ancora caos Lunedì scioperano i postini

ROMA. Dopo almeno altri otto scioperi annunciati con grande evidenza dall'inizio dell'anno e poi sospesi, ieri le quattro ore di sciopero dei controllori di volo cominciate alle 12 si sono effettivamente fatte. L'effetto a Linate è infatti quasi quello di uno sciopero improvviso: i passeggeri evidentemente contavano sull'ennesimo rinvio, mentre molte compagnie han-

Come si dice in italiano?

1. Roberto S. is a young lawyer who **(che)** lost (his) job.
2. Since he would like to find a new one, today he is in an employment agency for an interview.
3. Would you have a job for a person with my qualifications?
4. Well **(Beh!),** the C. & C. brothers are building a wall **(muro)** around their property **(proprietà)** and will be hiring several people.
5. I would prefer to work in an office: I can type . . .
6. Well, maybe you should come back next month; we might have another job.
7. I can't wait. I will take this job, though **(però)** I would have preferred a more **(più)** intellectual job.
8. Who knows? Today you start as (a) laborer, and tomorrow you might become the president of C. & C.

GUARDIAMO!

Il mondo del lavoro

Luigi cerca un lavoro per l'esate come programmatore di computer. Deve fare un colloquio ad un ufficio di collocamento.

SITO WEB

Per fare più pratica con gli argomenti culturali e i punti grammaticali del **Capitolo 14,** vai a vedere il sito **Ciao!** a *http://ciao.heinle.com.*

Vedute d'Italia

Prima di leggere

You are about to read about the condition of Italian women in the workplace, politics, and the family. A somewhat paradoxical picture emerges, which is suggested by the title: Italian women in the workforce are better educated than their male counterparts, and they are less vulnerable to unemployment. However, their situation is in reality more precarious than that of Italian men. Do you share any of the journalist's concerns?

Per le donne più lavoro e più studio, niente **parità**

equality

Le donne italiane sono **più istruite** dei **colleghi maschi** e meno disoccupate di un **tempo,** ma lavorano in condizioni più precarie e non sono molto rappresentate nel mondo politico.

> better educated/male colleagues/than before

Questo il **ritratto** della donna **tratteggiato** in occasione dell'**8 marzo** dalla ricerca Eurispes (un istituto di studi **senza fini di lucro** che opera dal 1982 nel **campo** della ricerca politica, economica e sociale) che, **esplorando il rapporto** della donna con la famiglia, il lavoro, l'immigrazione e la politica, intende offrirsi come contributo alla riflessione sulla condizione femminile.

> Portrait/sketched
> Women's Day, the eighth of March/nonprofit/field
> exploring the relationship

Nel mondo del lavoro, la disoccuppazione femminile è **scesa** dell'17% dal 1995 al 2000 **assorbita, tuttavia,** dalle occupazioni in settori tradizionalmente femminili come **l'istruzione,** la **sanità** e i servizi sociali. Rimangono inoltre le **disparità** rispetto ai posti di **potere,** che vedono una rappresentanza femminile **scarsa** e invariata dal 1998, e alle **retribuzioni,** per cui la ricerca **segnala** un **guadagno** per il 30% inferiore rispetto agli uomini, **anche a parità di mansioni. Il discorso si riflette** nell'arena politica dove le donne italiane **faticano a farsi spazio.** «Il nostro paese è al sessantesimo posto nel mondo per la presenza di donne in Parlamento, non soltanto dopo la Svezia, Germania e Francia, ma anche dopo Congo, Angola, Mongolia, Zimbabwe, Laos e Croazia,» si legge nella ricerca Eurispes. Sul lavoro, in politica, ma anche all'interno della stessa famiglia la donna **deve fare i conti** con i codici maschili che **per secoli hanno plasmato** la società. **Un ruolo** da reinventare nella società. La **sfida** per la donna di oggi sta in una ridefinizione culturale dei ruoli nel rapporto con un universo maschile, reinventando in maniera originale uno spazio nella società capace di **accoglierla** e di **valorizzarla.**

> decreased
> absorbed/however
> education/health
> inequalities
> power/poor
> pay/marks
> earnings/even with the same responsibilities/The discussion is reflected/are struggling to make a place for themselves
>
> has to deal
> for centuries have shaped/A role
> challenge
>
> able to welcome her/ acknowledge her full worth

Based on the article "Eurispes: Per le donne più lavoro e più studio, niente parità," by Maria Pia Quaglia, in Yahoo! Notizie, venerdì 8 marzo 2002.

Alla lettura

Leggi di nuovo l'articolo, poi completa la seguente attività decidendo se le frasi che seguono sono vere (V) o false (F) e correggi quelle false.

1. _____ Gli uomini italiani conseguono meno lauree delle donne italiane.

2. _____ Le donne italiane sono più disoccupate di un tempo.

3. _____ Ci sono molte donne italiane nel mondo politico.

4. _____ La ricerca della Eurispes difende la condizione femminile nel mondo del lavoro.

5. _____ Le donne italiane hanno trovato lavoro in molti settori tradizionalmente maschili.

6. _____ La retribuzione delle donne italiane è superiore rispetto agli uomini italiani.

7. _____ La donna italiana deve creare un nuovo spazio per se stessa nella società.

Adesso riassumi quello che presentano le statistiche dell'Eurispes sulle seguenti aree:

1. Disoccupazione femminile:
2. Retribuzione della donna:
3. Presenza femminile nella politica:

Ora, con una o due frasi, esprimi la tua opinione sul ruolo della donna italiana nella società di oggi.

Il lavoro e la donna

Anche se, nell'articolo di Maria Pia Quaglia, la situazione della donna italiana sembra abbastanza negativa, **guardando indietro** nel tempo vediamo che negli ultimi 50 anni la donna ha **fatto molta strada** nella conquista dei suoi **diritti.** Dal 1946 le donne italiane possono votare. Oggi si può dire anche che le donne competono con gli uomini in tutte le professoni una volta esclusivamente maschili. La donna è entrata nel campo della medicina e può fare il chirurgo, o in quello della **magistratura,** e può fare il **giudice** o il **pubblico ministero.** Oppure può dedicarsi all'insegnamento universitario o al giornalismo. Alcune hanno scelto la vita politica e siedono nella Camera dei Deputati o nel Senato; alcune hanno fatto o fanno parte del **Consiglio dei Ministri.** Per legge le lavoratrici hanno diritto al **congedo di maternità,** cioè a sei mesi pagati di assenza dal lavoro in caso di maternità, e il loro impiego è **assicurato** per la durata di un anno. Inoltre, esistono facilitazioni per le madri lavoratrici, come le **scuole materne** e gli **asili nido** organizzati dalle communità locali e dal governo. Certo, il viaggio della donna italiana alla conquista del lavoro è appena cominciato ed è vero che le **leve del comando** sono ancora maschili, ma si può riconoscere che la donna italiana è ora considerata ad un livello più alla pari con l'uomo.

looking backwards

have made great strides/rights

judiciary
judge/prosecutor

Cabinet of Ministers
maternity leave

ensured
preschools/nurseries

levers of power

COMPRENSIONE

1. In che anno le donne italiane hanno avuto il diritto di votare?
2. Quale titolo di studio si deve avere per accedere alla carriera di giudice e di pubblico ministero? E a quella di chirurgo?
3. A cosa hanno diritto per legge le donne lavoratrici italiane?

Culture a confronto

1. Trovate differenze e somiglianze nella situazione delle lavoratrici italiane e americane? Quali?
2. Quali servizi sono disponibili per le donne italiane? Ci sono servizi simili nell'America del Nord.

Vocabolario

Nomi

l'agenzia di collocamento	employment agency
il calcio	soccer
il commercio	commerce
la condizione	condition
la ditta	firm
l'esperienza	experience
la fabbrica	factory
il fattore	factor, element
l'inclinazione (f.)	inclination
l'industria	industry
l'inizio	beginning
l'insegnamento	teaching
l'interesse (m.)	interest
la lettera di raccomandazione	letter of recommendation
l'orario	schedule
la partita	game
il (la) professionista	professional (person)
la promozione	promotion
la qualifica	qualification
la referenza	reference
la ricerca	research
il sogno	dream
lo (la) specialista	specialist
il titolo di studio	degree
il veterinario	veterinarian

Aggettivi

competente	competent
esperto	experienced, expert
finanziario	financial
grave	grave, serious
inesperto	inexperienced
legale	legal
soddisfatto	satisfied
vicino	near

Verbi

annunciare	to announce
appassionarsi (a)	to be very interested (in)
consultare	to consult
dirigere (p.p. diretto)	to manage
funzionare	to function, to work
influenzare	to influence
iscriversi	to enroll, to register
presentarsi	to introduce (present) oneself
riparare	to repair
risparmiare	to save (money)
rivolgersi (p.p. rivolto)	to address
scherzare	to joke
scrivere a macchina	to type

Altre espressioni

Benvenuto(a)!	Welcome!
Come mai?	how come?
Così tanto!	So much!
Davvero?	Really?
di cattivo umore	in a bad mood
fare la fila	to stand in line
lo stile di vita	lifestyle

Paesi e paesaggi

La valle del Po.

Punti di vista

Giovani sciatori sulla neve.

Una **gita scolastica** (CD 6, TRACK 13) — field trip

Alcuni professori del liceo «M» dell'Aquila* hanno organizzato una gita scolastica a Roccaraso. Così Tina e i compagni vanno in montagna a passare **la settimana bianca.** Ora i ragazzi sono in pullman, **eccitati** e felici. — a winter skiing vacation/excited

TINA   Mi piace viaggiare in pullman, e a te?

STEFANO   Mi piace **di più** viaggiare in treno. — more

RICCARDO   Sapete cosa mi piacerebbe fare? Un viaggio in aereo. Siete mai andati in aereo voi?

LISA   Sì, io ci sono andata l'anno scorso, ma è **meno** interessante **di quel che** tu pensi. — less ... than

STEFANO   Sono d'accordo con te. Un viaggio in treno è **molto più** piacevole: dal treno puoi vedere **pianure,** colline, laghi, fiumi, mentre dall'aereo non vedi niente. — much more / plains

TINA   E poi io non prenderei mai l'aereo, perché soffro di claustrofobia e **avrei una paura da morire!** — I would be scared to death

RICCARDO   **Ma va!** Tu hai paura di **tutto!** Come mai non hai paura di sciare? — Come on!/everything

TINA   Perché sciare mi piace moltissimo. E poi mio padre mi ha comprato un paio di **sci** per Natale. — skis

LISA   **A proposito,** ho bisogno di comprare alcune cose appena arriviamo al paese. — By the way

---

*L'Aquila, chief town of the Abruzzi region, is surrounded by the highest mountains of the Appennini. South of L'Aquila is Roccaraso, a summer and winter resort town.

TINA	Di cosa hai bisogno?	
LISA	Ho dimenticato a casa il **sacchetto del trucco.**	makeup case
TINA	Ma per tre giorni non puoi **farne a meno?**	do without it
LISA	Sì, posso fare a meno di **truccarmi,** ma il fatto è che nel sacchetto c'erano lo **spazzolino da denti** e **il dentifricio.**	to put on makeup toothbrush/ toothpaste
TINA	Allora, appena arriveremo al paese, cercheremo una farmacia.	

COMPRENSIONE

1. Dove vanno Tina e i suoi compagni?
2. A Stefano piace di più viaggiare in treno o in pullman?
3. Stefano dice che un viaggio in aereo è meno interessante di un viaggio in treno. Perché?
4. Secondo Riccardo, è una ragazza coraggiosa Tina? Perché no?
5. Che cosa ha lasciato a casa Lisa?
6. Lisa si preoccupa solo perché non potrà truccarsi o per un'altra ragione? Quale?
7. Perché dovrà cercare una farmacia Lisa?

Studio di parole   Termini geografici

Il lago di Misurina tra le montagne delle Alpi Orientali.

la terra earth	**il paese** country; small town
la montagna ⎫ **il monte** ⎬ mountain	**l'isola** island
montuoso mountainous	**la penisola** peninsula
la catena chain	**il fiume** river
il ghiacciaio glacier	**il cielo** sky
la collina hill	**il sole** sun
il vulcano volcano	**la luna** moon
la valle valley	**la stella** star
la pianura plain	**il pianeta** planet
la costa coast	**il porto** port
il continente continent	**il golfo** gulf
	il lago lake

il mare	sea	**settentrionale = del nord**	northern
l'oceano	ocean	**meridionale = del sud**	southern
il territorio	territory	**orientale = dell'est**	eastern
la superficie	area, surface	**occidentale = dell'ovest**	western
attraversare	to cross	**illuminare**	to light
confinare (con)	to border	**l'alba**	dawn
circondare	to surround	**il tramonto**	sunset
distare	to be distant, to be far (from)	**Il sole sorge** (*rises*) **alle... e tramonta** (*sets*) **alle...**	

*O*nformazioni | Paesaggi d'Italia

L'Italia è una penisola montuosa, limitata al nord dalla maestosa catena delle **Alpi,** e attraversata nella sua lunghezza dalla catena degli **Appennini.** Tra le Alpi e gli Appennini settentrionali si estende la **Pianura Padana,** attraversata dal Po, il fiume più lungo del paese. Questa pianura è ricchissima di fiumi e di laghi: i più grandi sono il **lago Maggiore,** il **lago di Como** e il **lago di Garda.**

Per chi ha la passione delle escursioni a piedi su sentieri di pianura o di montagna, il Touring Club Italiano **(TCI)** e il Club Alpino Italiano **(CAI)** provvedono diverse carte di itinerari. **La Rivista del Trekking** pubblica articoli interessanti, che descrivono in dettaglio vari itinerari e ne illustrano il paesaggio e le tappe *(rest stops).* Leggere questi articoli significa scoprire non solo la natura, ma anche la storia e l'arte dei luoghi che si incontrano.

APPLICAZIONE

A. Geografia. Per riferimento guardate le due carte geografiche d'Italia all'inizio del libro.

1. La Sardegna è un'isola o una penisola?
2. Da che cosa è circondata l'Italia?
3. Che cosa attraversiamo per andare dall'Italia all'Austria?
4. È più lunga la catena degli Appennini o quella delle Alpi?
5. Che cosa sono il Po, l'Arno e il Tevere? Quali città bagnano?
6. Sa quali sono i paesi che confinano con l'Italia?
7. Quali sono le regioni che confinano con la Campania?

B. Il cielo

1. Che cosa illumina il cielo la notte?
2. A che ora sorge il sole in questi giorni? In quali stagioni tramonta presto?
3. Di che colore è il cielo sull'oceano quando il sole tramonta?
4. Che cosa si vede nel cielo nelle notti serene?
5. Nel 1997 la sonda *(space probe)* «Pathfinder» è arrivato su Marte. Che cos'è Marte?

C. Conversazione

1. Hai mai partecipato a una gita scolastica? Dove sei stato(a) e con che mezzo hai viaggiato?
2. Hai mai attraversato L'America del Nord? Come? Quanti giorni ci vogliono in macchina? E in aereo?
3. Secondo te, è più attraente *(attractive)* la costa orientale dell'America del Nord o quella occidentale? Perché?
4. Conosci il nome di un vulcano attivo in Italia? Sai dov'è?
5. Conosci il nome di due belle isole nel golfo di Napoli?
6. Sai qual è il monte più alto d'Europa?
7. Sai come si chiamano i mari che circondano l'Italia?

D. Interessi particolari. Immaginate di avere già visitato molte città italiane; ora volete vedere alcune zone interessanti della provincia. Discutete in coppie quali delle seguenti attività vi potrebbero interessare e dite dove le prarrerete, e perché.

ESEMPIO   Camminare
            —*Io vorrei camminare nei boschi delle Dolomiti e salire a qualche rifugio perché mi piace fare escursioni in montagna. E tu?*

1. Andare in bicicletta. **2.** Visitare le zone del vino. **3.** Fare escursioni sulle Alpi o sugli Appennini, o andare a sciare. **4.** Soggiornare in conventi o monasteri. **5.** Assistere a spettacoli o a manifestazioni folcloristiche.

Ascoltiamo!

Un incontro. Lisa has stopped at a pharmacy in Roccaraso to buy a toothbrush and toothpaste. There she runs into Giovanni, an old school friend whom she has not seen for several years. Listen to their conversation; then answer the following questions.

Comprensione

1. Che sorpresa ha avuto Lisa quando è entrata nella farmacia?
2. Con chi è venuto in montagna Giovanni? Perché?
3. In quale periodo dell'anno Lisa e Giovanni venivano in montagna con le loro famiglie?
4. Lisa era una brava sciatrice quand'era bambina? Perché Giovanni rideva *(was laughing)*?
5. Perché Giovanni non potrà vedere Lisa sugli sci domani?
6. Che cosa vuole sapere Giovanni da Lisa? Perché?

Dialogo

In gruppi di due. Immaginate di incontrare un vecchio amico (una vecchia amica), che non vedevate da molto tempo, in un posto di villeggiatura. Abbracciatevi e scambiatevi *(exchange)* notizie e indirizzi.

Punti grammaticali

La Sardegna è quasi grande quanto la Sicilia.
Sardegna. La Costa Smeralda.

15.1 I comparativi

There are two types of comparisons: comparisons of **equality** (i.e., *as tall as*) and comparisons of **inequality** (i.e., *taller than*).

1. Comparisons of equality are expressed as follows:

(così)... come	as . . . as
(tanto)... quanto	as . . . as, as much . . . as

Both constructions may be used before an adjective or an adverb; in these cases, **così** and **tanto** may be omitted. Before a noun, **tanto... quanto** must be used; **tanto** must agree with the noun it modifies and cannot be omitted.

Roma è **(tanto)** bella **quanto** Firenze.	*Rome is as beautiful as Florence.*
Studio **(così)** diligentemente **come** Giulia.	*I study as diligently as Giulia.*
Io ho **tanta** pazienza **quanto** Lei.	*I have as much patience as you.*
Ho **tanti** amici **quanto** Luigi.	*I have as many friends as Luigi.*

2. Comparisons of inequality are expressed as follows:

più... di, più... che	more . . . than
meno... di, meno... che	less . . . than

a. **Più... di** and **meno... di** are used when two persons or things are compared in terms of the same quality or performance.

La California è **più** grande **dell'**Italia.	*California is bigger than Italy.*
Una Fiat è **meno** cara **di** una Ferrari.	*A Fiat is less expensive than a Ferrari.*
Gli aerei viaggiano **più** rapidamente **dei** treni.	*Planes travel faster than trains.*
Tu hai **più** soldi **di** me.	*You have more money than I.*

NOTE:

Di *(Than)* combines with the article. If the second term of the comparison is a personal pronoun, a disjunctive pronoun (**me, te,** etc.) must be used.

b. **Più di** and **meno di** are also used before numbers.

Avrò letto **più di trenta** annunci.	*I probably read more than thirty ads.*
Il bambino pesa **meno di quattro** chili.	*The baby weighs less than four kilos.*

c. **Più... che** and **meno... che** are used when two adjectives, adverbs, infinitives, or nouns are directly compared with reference to the same subject.

L'Italia è **più** lunga **che** larga.	*Italy is longer than it is wide.*
Studia **più** diligentemente **che** intelligentemente.	*He studies more diligently than intelligently.*
Mi piace **meno** studiare **che** divertirmi.	*I like studying less than having fun.*
Luigi ha **più** nemici **che** amici.	*Luigi has more enemies than friends.*

PRATICA

A. Paragonate. *(Compare)* le seguenti persone (o posti o cose) usando **(tanto)... quanto** o **(così)... come.**

ESEMPIO   (alto) Teresa, Gina
Teresa è (tanto) alta quanto Gina.
Teresa è (così) alta come Gina.

1. (bello) l'isola di Capri, l'isola d'Ischia
2. (elegante) le donne italiane, le donne americane
3. (piacevole) le giornate di primavera, quelle d'autunno
4. (romantico) la musica di Chopin, quella di Tchaikovsky
5. (serio) il problema della disoccupazione, quello dell'inflazione

B. Più o meno. A turno, fatevi le domande usando **più di** o **meno di.**

ESEMPIO   (popolato) l'Italia, la California
—L'Italia è più popolata o meno popolata della California?
—L'Italia è più popolata della California.

1. (riservato) gli Italiani, gli Inglesi
2. (lungo) le notti d'inverno, le notti d'estate
3. (leggero) un vestito di lana, un vestito di seta
4. (rapido) l'aereo, il treno
5. (necessario) la salute, i soldi
6. (pericoloso) la bicicletta, la motocicletta
7. (vecchio) il nonno, il nipotino
8. (comodo) una poltrona, una sedia

C. **Chi più e chi meno.** Fatevi a turno le seguenti domande, usando **più... di** o **meno... di.**

ESEMPIO   Chi ha più soldi? I Rockefeller o Lei?
           —I Rockefeller hanno più soldi di me.
           —I Rockefeller hanno meno soldi di me.

1. Chi ha più preoccupazioni? I Suoi genitori o Lei?
2. Chi ha più clienti? Gli avvocati o i dottori?
3. Chi cucina più spaghetti? Gli Italiani o i Francesi?
4. Chi cambia la macchina più spesso? Gli Europei o gli Americani?
5. Chi ha ricevuto più voti nelle ultime elezioni? I repubblicani o i democratici?
6. Chi guadagna più soldi? Un professore o un idraulico?
7. Chi va più volentieri al ristorante? La moglie o il marito?
8. Chi ha un lavoro più faticoso *(tiring)*? Un meccanico o un postino?

D. **Indovinello.** Rispondete approssimativamente alle seguenti domande, usando **più... di** o **meno... di.**

ESEMPIO   Quanti anni avrà Lisa?
           —Ne avrà meno di venti.

1. Quanto tempo ci vorrà per andare da casa tua all'università?
2. Quanto costerà un buon computer?
3. Quanti libri ci saranno nella stanza di un topo di biblioteca?
4. Quanti soldi ci saranno nel portafoglio di...?
5. Quanti anni avrà...?

E. **Più... che...** Fatevi a turno le seguenti domande, scegliendo *(choosing)* l'alternativa appropriata.

ESEMPIO   Milano è industriale o artistica?
           Milano è più industriale che artistica.

1. La Maserati è sportiva o pratica?
2. L'Amaretto di Saronno è dolce o amaro?
3. Venezia ha strade o canali?
4. A un bambino piace studiare o giocare?
5. Lei mangia carne o verdura?
6. Le piace sciare o andare a un concerto?
7. Per Lei è interessante viaggiare nell'America del Nord o all'estero?

F. **Scelta.** Completate le frasi usando **come, quanto, di** (con o senza articolo) o **che.**
1. La tua stanza è tanto grande _____ la mia.
2. Ho scritto più _____ dieci pagine.
3. La sua sorellina è più bella _____ lei.
4. È meno faticoso camminare in pianura _____ camminare in collina.

5. La moda di quest'anno è meno attraente *(attractive)* _____ moda degli anni scorsi.
6. Non siamo mai stati così poveri_____ adesso.
7. Pescare *(Fishing)* è più riposante _____ nuotare.
8. I bambini sono più semplici _____ adulti.
9. L'italiano è più facile _____ cinese.

G. Cosa scegliereste? In coppie, fate una scelta fra le seguenti alternative, e cercate di convincervi l'un l'altro *(each other)* che la vostra scelta è la migliore *(the best)*.

ESEMPIO   una crociera nel Mediterraneo/un giro in bicicletta nella zona dei laghi
—*Io sceglierei una crociera perché sarebbe più interessante e potremmo vedere più paesi.*
—*Io preferirei un giro in bicicletta perché sarebbe meno costoso di una crociera e più divertente.*

1. Venezia/Roma
2. un appartamento in città/una casetta in campagna
3. un viaggio in aereo/un viaggio in treno
4. un pranzo al ristorante con amici/un picnic sulla spiaggia

15.2 I superlativi

Secondo molti, il lago Maggiore è il più bel lago d'Italia.

There are two types of superlatives: the relative superlative (**superlativo relativo**) and the absolute superlative (**superlativo assoluto**).

1. The relative superlative means *the most . . ., the least. . ., the (. . .)est*. It is formed by placing the definite article before the comparative of inequality.

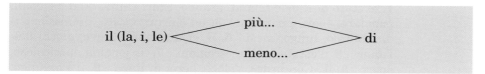

il (la, i, le) ⟨ più... / meno... ⟩ di

Firenze è **la più** bella città d'Italia.	*Florence is the most beautiful city in Italy.*
Pierino è **il meno** studioso della classe.	*Pierino is the least studious in the class.*
Il monte Bianco è **il più** alto d'Europa.	*Mont Blanc is the highest mountain in Europe.*

Note that the English preposition *in* is rendered in Italian by **di** or **di** + definite article.

The position of the superlative in relation to the noun depends on the adjective. If the adjective follows the noun, the superlative also follows the noun. In this case, the article is placed *before* the noun.

Roma è **la più grande** città d'Italia. *or* Roma è **la** città **più grande** d'Italia.	*Rome is the largest city in Italy.*
Genova e Napoli sono **i** porti **più importanti** del mare Tirreno.	*Genoa and Naples are the most important ports in the Tyrrhenian Sea.*

2. The absolute superlative means *very* or *extremely* + adjective or adverb. It is formed in the following ways:

a. By placing **molto** before the adjective or the adverb:

Capri è un'isola **molto bella**.	*Capri is a very beautiful island.*
Lui impara le lingue **molto facilmente**.	*He learns languages very easily.*

b. By adding the suffix **-ssimo** (**-ssima, -ssimi, -ssime**) to the masculine plural form of the adjective. This form of the absolute superlative is more emphatic.

È stata una **bellissima** serata.	*It was a very beautiful evening.*
Ho passato delle vacanze **interessantissime**.	*I spent a very interesting vacation.*
Roma è una città **antichissima**.	*Rome is a very ancient city.*

NOTE:

The superlatives of **presto** and **tardi** are **prestissimo** and **tardissimo**.

PRATICA

A. Più o meno? Rispondete usando il **superlativo relativo,** secondo l'esempio.

ESEMPIO   i vini francesi, famosi, mondo
           —*I vini francesi sono i più famosi o i meno famosi del mondo?*
           —*Sono i più famosi.*

1. lo stato di Rhode Island, grande, Stati Uniti   **2.** il baseball, popolare, sport americani   **3.** un chirurgo, caro, professionisti   **4.** febbraio, lungo, mesi   **5.** il 21 dicembre, breve, giorni dell'anno   **6.** l'estate, calda, stagioni   **7.** il jogging, pericoloso, sport   **8.** il «Concorde», veloce, aerei di linea   **9.** il Po, lungo, fiumi italiani   **10.** il cane, fedele, animali

B. Secondo te...? Fatevi a turno le domande, seguendo l'esempio.

ESEMPIO   il giorno, bello, settimana
　　　　　　 Studente 1:　*Secondo te, qual è il giorno più bello della*
　　　　　　　　　　　　　 settimana?
　　　　　　 Studente 2:　*Secondo me, il giorno più bello della setti-*
　　　　　　　　　　　　　 mana è il sabato.
　　　　　　 Studente 1:　*Per me, invece, il giorno più bello è...*

1. il programma, popolare, televisione　**2.** la città, attraente, L'America del Nord　**3.** le attrici, brave, Hollywood　**4.** il ristorante, caro, questa città　**5.** la moda, elegante, Europa　**6.** la stagione, bella, anno

C. Tutto è superlativo! Fatevi a turno le domande. Usate il **superlativo assoluto** nella risposta.

ESEMPIO   bravo, Maria　　—*È brava Maria?*
　　　　　　　　　　　　　　—*È bravissima.*

1. bello, l'isola di Capri　**2.** veloce, la Lamborghini　**3.** alto, il monte Everest　**4.** antico, Roma　**5.** vasto, lo spazio　**6.** profondo, l'oceano Pacifico　**7.** luminoso, le stelle　**8.** verde, le colline umbre

15.3　Comparativi e superlativi irregolari

**È il peggior pianista della città.
Suona peggio degli altri.**

1. Some adjectives have both regular and irregular comparative and superlative forms. The most common irregular forms are:

Adjective	Comparative		Relative superlative	
buono	migliore	*better*	il migliore	*the best*
cattivo	peggiore	*worse*	il peggiore	*the worst*
grande	maggiore	*bigger, greater*	il maggiore	*the biggest, the greatest*
piccolo	minore	*smaller*	il minore	*the smallest*

Although the regular and irregular forms are sometimes interchangeable, the choice is often determined by the context. The regular forms are generally used in a literal sense, to describe size, physical characteristics, and character traits, for example. The irregular forms are generally used to express opinions about less concrete qualities, such as skill, greatness, and importance.

Come studentessa Franca è **migliore** di Claudia, ma Claudia è **più buona** di Franca.	*Franca is a better student than Claudia, but Claudia is nicer (better) than Franca.*
Il lago di Como è **più piccolo** del lago di Garda.	*Lake Como is smaller than Lake Garda.*
Le autostrade italiane sono tra **le migliori** d'Europa.	*Italian highways are among the best in Europe.*
Dante è **il maggior*** poeta italiano.	*Dante is the greatest Italian poet.*
La tua è **la peggiore** delle scuse.	*Yours is the worst of the excuses.*

NOTE:

a. When referring to birth order, *older (the oldest)* and *younger (the youngest)* are frequently expressed by **maggiore (il maggiore)** and **minore (il minore).**

Tuo fratello è **maggiore** o **minore** di te?	*Is your brother older or younger than you?*
Franca è **la minore** delle sorelle.	*Franca is the youngest of the sisters.*

b. When referring to food or beverages, *better (the best)* and *worse (the worst)* may be expressed with the regular or irregular form.

Il vino bianco è **migliore (più buono)** quando è refrigerato.	*White wine is better when it is chilled.*
Secondo me, la margarina è **peggiore (più cattiva)** del burro.	*In my opinion, margarine is worse than butter.*
A Napoli si mangia **la migliore (la più buona)** pizza d'Italia.	*The best pizza in Italy is eaten in Naples.*

2. The *absolute superlatives* of these adjectives have both regular and irregular forms:

buono	→	**buonissimo, ottimo**	*very good*
cattivo	→	**cattivissimo, pessimo**	*very bad*
grande	→	**grandissimo, massimo**	*very big, very great*
piccolo	→	**piccolissimo, minimo**	*very small*

Le tagliatelle alla bolognese sono **buonissime (ottime).**	*Tagliatelle alla bolognese is very good.*
La Russia è un paese **grandissimo.**	*Russia is a very large country.*

***Migliore, peggiore, maggiore,** and **minore** may drop the final **-e** before a noun not beginning with **z** or with **s** + *consonant.*

Capri è un'isola **piccolissima.**	*Capri is a very small island.*
Non ho la **minima** idea di cosa farò.	*I haven't the slightest idea what I will do.*
La tua è un'**ottima** soluzione.	*Yours is a very good solution.*
D'inverno il clima di Milano è **pessimo.**	*In winter the climate in Milan is very bad.*

3. The adverbs **bene, male, molto,** and **poco** have the following comparative and superlative forms:

Adverb	Comparative		Relative superlative	
bene	meglio	*better*	il meglio	*the best*
male	peggio	*worse*	il peggio	*the worst*
molto	più, di più*	*more*	il più	*the most*
poco	meno, di meno*	*less*	il meno	*the least*

Lei conosce gli Stati Uniti **meglio** di me.	*You know the United States better than I do.*
Viaggio **più** d'estate che d'inverno.	*I travel more in summer than in winter.*
Parlerò **il meno** possibile.	*I will speak as little as possible.*
Guadagni come me? No, guadagno **di più.**	*Do you earn as much as I (do)? No, I earn more.*
È **meglio** partire ora.	*It is better to leave now.*

NOTE:

The *absolute superlatives* of these adverbs are formed regularly:

bene	→	**benissimo**	*very well*
male	→	**malissimo**	*very badly*
molto	→	**moltissimo**	*very much*
poco	→	**pochissimo**	*very little*

Qui si mangia **benissimo.**	*Here one eats very well.*
Ho dormito **pochissimo.**	*I slept very little.*

Proverbi. Quali sono i proverbi in inglese che hanno un significato simile a questi?

1. Meglio tardi che mai.   **2.** È meglio un asino *(donkey)* vivo che un dottore morto.   **3.** È meglio un uovo oggi che una gallina *(hen)* domani.
4. Non c'è peggior sordo *(deaf)* di chi non vuol sentire.

PRATICA

A. Opinioni. Domandatevi a turno la vostra opinione sulle seguenti cose.

a.   Quale dei due è **migliore**?

ESEMPIO   il clima della California, il clima dell'Oregon
—*Secondo te, è migliore il clima della California o il clima dell'Oregon?*
—*Il clima della California è migliore del clima dell'Oregon.*

---

*__Di più__ and **di meno** are used when the second term of comparison is not expressed.

1. una vacanza al mare, una vacanza in montagna 2. un gelato al cioc-colato, un gelato alla vaniglia 3. la musica classica, la musica rock 4. la cucina italiana, la cucina francese

b.   Quale dei due è **peggiore**?

1. la noia *(boredom)*, il troppo lavoro **2.** un padre avaro, un padre severo **3.** la pioggia, il vento **4.** un chirurgo nervoso, un chirurgo lento

c.   Quale dei due è **maggiore**?

1. un figlio di vent'anni, un figlio di tredici anni **2.** la popolazione dello stato di New York, quella della California **3.** il costo di un biglietto per le Hawaii, uno per l'Inghilterra **4.** la responsabilità di un padre, quella di un figlio

d.   Quale dei due è **minore?**

1. la distanza Milano–Roma, quella Milano–Napoli **2.** i problemi di uno studente, quelli di un padre di famiglia **3.** il peso di una libbra, quello di un chilo **4.** l'autorità di un deputato, quella del primo ministro

B. **Paragoni.** Formate una frase completa con il **comparativo** dell'avver-bio in corsivo, seguendo l'esempio.

ESEMPIO   Maria canta *bene*, Elvira.   *Maria canta meglio di Elvira.*

1. Un povero mangia *male*, un ricco. **2.** Un avvocato guadagna *molto*, un impiegato. **3.** Un barista *(bartender)* va a letto *tardi*, un elet-tricista. **4.** Un neonato *(newborn)* mangia *spesso*, un ragazzo. **5.** Uno studente pigro studia *poco*, uno studente diligente. **6.** Una segretaria scrive a macchina *velocemente*, una professoressa. **7.** Mia madre cucina *bene*, me.

C. **Superlativi.** Rispondete usando il **superlativo assoluto** dell'agget-tivo o dell'avverbio.

1. Canta bene Pavarotti? **2.** Le piace molto viaggiare? **3.** Mangia poco quando è a dieta? **4.** Sta male quando riceve una brutta notizia? **5.** È cattivo l'olio di ricino *(castor oil)*? **6.** È grande l'oceano Pacifico? **7.** È piccolo un atomo? **8.** Sono buoni i dolci italiani?

D. **Confrontando le vacanze.** Al ritorno dalla breve vacanza sulla neve a Cortina d'Ampezzo, Tina e Riccardo parlano dell'albergo dove hanno alloggiato e fanno diversi paragoni *(comparisons)*. Completate il loro dialogo.

R.   Quest'anno il nostro albergo era *(better)* _____ di quello del-l'anno scorso, non ti pare?

T.   Sì, era *(more attractive)* _____, ma la mia camera era *(smaller)* _____ della tua. L'anno scorso io sono stata *(better)* _____ di questa volta.

R.   Però non puoi negare *(deny)* che la cucina del ristorante era *(very good)* _____.

T.   Hai ragione. I primi piatti erano tutti *(good)* _____, ma i tortellini erano *(the best)* _____. Purtroppo, il cameriere che ci serviva era *(the worst)* _____ di tutto il ristorante.

R.   Tina, cerca di criticare *(less)* _____. Il poveretto era austri-aco e parlava *(very badly)* _____ l'italiano.

E. Conversazione

1. Chi è il più alto della tua famiglia? E il più giovane?   **2.** Qual è stata la temperatura massima di ieri? E la minima?   **3.** Qual esame del tuo programma di studi è stato il peggiore di tutti?   **4.** Secondo te, è meglio vivere una vita breve ma interessantissima, o vivere una vita lunga ma insignificante?   **5.** È meglio andare in Europa con un viaggio organizzato o da soli *(by yourselves)*? Perché?

15.4 Uso dell'articolo determinativo

I turisti visitano l'Umbria per i suoi paesaggi e le sue città.

Assisi. Basilica di San Francesco.

Perugia. Piazza 4 Novembre.

1. We have already seen that the definite article is used with titles, days of the week, possessive adjectives, reflexive constructions, and dates and seasons.

2. The definite article is also required with:

    a. nouns used in a general or an abstract sense, whereas in English it is often omitted.

I bambini amano **gli animali.**	*Children love animals.*
La gente ammira **il coraggio.**	*People admire courage.*
Il tempo è prezioso.	*Time is precious.*

    b. names of languages (except when immediately preceded by the verb **parlare**).

Ho incominciato a studiare **l'italiano.** Parlo inglese.	*I began to study Italian. I speak English.*

    c. geographical names indicating continents, countries, states, regions, large islands, and mountains. Names ending in **-a** are generally feminine and take a feminine article; those ending in a different vowel or a consonant are masculine and take a masculine article.

L'**Everest** è il monte più alto del mondo.	*Mount Everest is the highest mountain in the world.*
La capitale de**gli Stati Uniti** è Washington.	*The capital of the United States is Washington.*
L'**Asia** è più grande dell'**Europa**.	*Asia is larger than Europe.*
I miei genitori vengono dal**la Sicilia**.	*My parents come from Sicily.*
Il **Texas** è ricco di petrolio.	*Texas is rich in oil.*
Il **Piemonte** confina con **la Liguria**.	*Piedmont borders on Liguria.*
La Sicilia è una bellissima isola.	*Sicily is a very beautiful island.*

NOTE:

When a feminine noun designating a continent, country, region, or large island is preceded by the preposition **in** *(in, to)*, the article is omitted unless the noun is modified.

Andrete **in Italia** questa estate?	*Will you go to Italy this summer?*
Sì, andremo **nell'Italia meridionale**.	*Yes, we will go to southern Italy.*

PRATICA

A. Gusti di una coppia. Mirella parla di sè e del marito. Completate il suo discorso con l'**articolo determinativo,** se necessario.

Io amo _____ musica classica, lui ama _____ calcio. A me piacciono _____ acqua minerale e _____ frutta; a lui piacciono _____ panini al salame e _____ vino rosso. Io preferisco _____ lettura e lui preferisce _____ TV. _____ mia stagione favorita è _____ autunno; _____ sua è _____ estate. Io ho imparato _____ francese ed anche _____ inglese; lui ha studiato solamente _____ spagnolo. _____ mio padre è fiorentino e _____ suo padre è romano. _____ Toscana è _____ mia regione; _____ Lazio è _____ sua. Io vedo sempre _____ mie amiche _____ venerdì e lui vede _____ suoi amici _____ sabato. Ma _____ domenica prossima non ci saranno differenze e partiremo insieme per _____ Grecia.

B. Dove si trova...? Fatevi a turno le domande.

ESEMPIO   Cina/Asia
  —*Dove si trova la Cina?*
  —*La Cina si trova in Asia.*

1. Portogallo/Europa **2.** Brasile/America del Sud **3.** monte Etna/Sicilia **4.** Russia/Europa orientale **5.** Calabria/Italia meridionale **6.** monte Bianco/Alpi occidentali **7.** Toronto/America del Nord **8.** Maine/Stati Uniti dell'est **9.** Chicago/Illinois **10.** Denver/Colorado

C. I vostri gusti. In coppia, a turno, nominate cinque cose che amate e cinque cose che detestate.

ESEMPIO   *Amo le giornate piene di sole. Detesto la pioggia.*

Per finire

Una lezione di geografia

Liliana dà diverse lezioni private. Fra i suoi **allievi** c'è Timmy, un **ragazzino** californiano. Il padre di Timmy è impiegato in una società multinazionale **con sede** a Milano e si trova in Italia da più di un anno, con la famiglia.

> pupils
> young boy
> based

    Oggi si parla di geografia.

LILIANA   Timmy, che cosa sono queste?

TIMMY   Due mappe, una dell'Italia, l'altra degli Stati Uniti.

LILIANA   Attento: si dice «carte geografiche.» Se paragoni l'Italia agli Stati Uniti, che cosa vedi?

TIMMY   Vedo che l'Italia è piccolissima, molto più piccola degli Stati Uniti. Vedo anche che ha una forma strana e che è molto più lunga che larga.

LILIANA   Bravissimo! Infatti ha la forma di uno stivale. Ora, se guardi il tuo stato, la California, che cosa mi puoi dire?

TIMMY   L'Italia è quasi grande quanto la California.

LILIANA   Benissimo. La superficie dell'Italia è più di due terzi quella della California. Ti posso dire di più: Milano dista da Roma quanto San Francisco dista da Los Angeles.

TIMMY   Però quando si va in macchina da Milano a Roma, non sembra cosí lontano.

LILIANA   Perché dici così?

TIMMY   Perché si vedono tante città. Anche l'Autostrada del Sole sembra più piccola, paragonata alle autostrade americane.

LILIANA	E Milano, come ti sembra, se la paragoni a San Francisco?	
TIMMY	Meno bella, **naturalmente.** Più vecchia di San Francisco, e con le case più grigie. E d'inverno fa più freddo a Milano che a San Francisco, mentre d'estate fa più caldo.	**of course**
LILIANA	**Insomma,** cosa ti piace di questa città?	**In short**
TIMMY	Mi piace la cucina. Da quando siamo qui, mangiamo molto meglio: ogni giorno un piatto diverso di pastasciutta. E le torte sono migliori qui che negli Stati Uniti.	
LILIANA	**Meno male** che ti piace qualche cosa. Ma... parlavamo della superficie dell'Italia, che è quasi uguale a quella della California.* Lo sai quanti abitanti ci sono in California?	**Thank goodness**
TIMMY	Mio padre dice che ci sono più di trenta milioni di Californiani e che sono troppi.	
LILIANA	Sì, ho letto che la California è lo stato più popolato degli Stati Uniti. Ma lo sai, Timmy, che in Italia ci sono quasi sessanta milioni di abitanti?	

COMPRENSIONE

1. A chi ha incominciato a dare lezioni private Liliana? Da quanto tempo si trova in Italia?
2. Di quali paesi parlano? Che cosa guardano per paragonarli?
3. È meno grande la California dell'Italia?
4. La distanza fra Milano e Roma è maggiore o minore di quella fra San Francisco e Los Angeles?
5. Secondo Timmy, Milano sarebbe più bella o meno bella di San Francisco? Perché?
6. Com'è il clima di Milano paragonato a quello di San Francisco?
7. Secondo il ragazzino, come sarebbe la cucina italiana paragonata a quella americana?
8. Ci sono più o meno di 50 milioni di abitanti in Italia?
9. L'Italia è più popolata o meno popolata della California?

CONVERSAZIONE

1. Se Lei paragona l'Italia al Suo stato, quali differenze nota? Per esempio, il Suo stato è più grande o più piccolo? più popolato o meno popolato?
2. Trova altre differenze? Quali? (la moda, la cucina, la casa...)
3. Cosa pensa degli abitanti: sono molto cordiali o poco cordiali? desiderosi di comunicare con gli stranieri o indifferenti?
4. Come Le sembra il tenore di vita *(standard of living):* alto o basso? o più o meno come quello del Suo paese?
5. Quali aspetti la sorprendono maggiormente?

---

*L'Italia misura più di 116.000 miglia *(miles)* quadrate e ha una popolazione di più di 57 milioni di abitanti.

Il mio posto preferito

Scrivi una breve descrizione del tuo posto preferito e spiega che cosa significa per te. Per mettere in ordine i tuoi pensieri completa le seguenti attività:

1. Il mio posto preferito è: _____
2. Dov'è il tuo posto preferito? in campagna? in città? al parco? nel giardino? al lago? in montagna?
3. Scrivi almeno tre caratteristiche fisiche o geografiche del tuo posto preferito.

    ESEMPIO   *C'è un lago.*
               Ci sono molti alberi.
               Fa fresco all'ombra.

4. Scrivi almeno tre ragioni per cui ti piace questo posto.

    ESEMPIO   *C'è molto verde.*
               È lontano dalla strada.
               Ci sono molti animali.

5. Nel primo paragrafo descrivi il tuo posto preferito in termini di paesaggio.

    ESEMPIO   *Il mio posto preferito è il parco Querini vicino a casa mia. Questo parco è molto grande. C'è un lago e si può passeggiare e sedersi all'ombra....*

6. Nel secondo paragrafo descrivi i motivi per cui ti piace questo posto.

    ESEMPIO   *Questo parco mi piace molto perché c'è molto verde. C'è anche una bella fontana e mi piace ascoltare il rumore dell'acqua che scorre. Il parco è lontano dalla strada e non si sente il rumore delle macchine. Ci sono molti uccellini che cantano....*

7. Concludi con una frase finale che riassuma perché questo posto ha un significato speciale per te.

    ESEMPIO   *Questo parco ha un significato speciale per me perché è molto tranquillo, e mi ricorda quando venivo qui a giocare a calcio con mio fratello.*

8. Quando hai finito la tua descrizione controlla di aver scritto tutte le parole correttamente, e controlla l'accordo tra il verbo e il soggetto, e tra il nome e l'aggettivo. Ora con un compagno (una compagna) leggete le vostre descrizioni. Il tuo compagno (la tua compagna) preferisce un posto simile al tuo?

Attività supplementari

A. Descrivete la geografia del vostro stato. Quali sono gli stati che lo circondano? Quali ne sono le caratteristiche fisiche, il clima, ecc.? Dite che cosa vi piace di più di questo stato, che cosa non vi piace e perché. (Ogni studente dovrebbe contribuire con le sue osservazioni.)

B. Un paragone. In piccoli gruppi, scegliete due città che vi piacciono di più e paragonatele l'una all'altra, dal punto di vista delle bellezze naturali o artistiche, del clima e dei vantaggi culturali, sportivi, economici e gastronomici.

C. Identificate le sequenti foto. (In piccoli gruppi)

Foto numero 1: Riconoscete questa piazza? Si trova nel più piccolo stato del mondo. Quale? In quale regione si trova la città che lo circonda? È una regione dell'Italia settentrionale? Come si chiama il fiume che attraversa la città? Conoscete il nome di alcuni artisti che hanno contribuito alla ricchezza artistica e architettonica di questa città?

Foto numero 2: Riconoscete la città? In quale regione si trova? Come si chiama il fiume che l'attraversa? Sapete il nome del suo ponte famoso (visibile nella foto)? Potete nominare una statua, una chiesa o un museo di questa città? Come si chiama il movimento umanistico nato nel '400 in questa città? Ricordate il nome di alcuni dei suoi più illustri cittadini nel campo dell'arte o della letteratura?

Foto numero 3: In che città si trova questa cattedrale? Come si chiama? Di che stile è? In che regione si trova questa città? La regione si trova in una valle molto fertile che prende il nome dal fiume che l'attraversa. Come si chiama? Perché questa città si chiama «la capitale industriale d'Italia»? Potete nominare alcune industrie che esportano i loro prodotti all'estero?

Se voi poteste *(If you could)* visitare soltanto una delle tre città, quale scegliereste e perché?

1.

2.

3.

D. Un giro in bicicletta. In piccoli gruppi, consultate la carta d'Italia e organizzate un viaggio in bicicletta, alla scoperta *(discovery)* di una o più regioni italiane. Discutete l'itinerario, la stagione e la durata del viaggio; il punto di partenza e il punto d'arrivo; i luoghi in cui vi piacerebbe fermarvi, dove alloggereste la notte, dove andreste a mangiare e che cosa vorreste vedere.

E. Come si dice in italiano?

1. Gino Campana and Gennaro De Filippo are two mechanics who work at the Fiat plant **(fabbrica)** in Torino.
2. Gennaro often talks about his region, Campania, and his city, Napoli, to his friend Gino.
3. Napoli is the most beautiful city in the world, with its fantastic gulf, Capri, Ischia . . .
4. Yes, Gennarino, but you must admit **(ammettere)** that Torino is more industrial and richer than Napoli.
5. But the climate is not as good as that of Napoli. In winter it is much colder, and in summer it is more humid.
6. You are right. Life is more pleasant in Napoli than in Torino for very rich people.
7. If one wants to earn more money, it is better to live in Torino. There are better jobs and salaries are higher.
8. In fact, my younger brother, who is an engineer, has been working only three years and he earns more than I.
9. I will work in Torino until **(fino a quando)** it is time to retire, and then I will return to my very beautiful city.
10. So, Gennarino, it is true what **(quello che)** they say: *Vedi Napoli, e poi muori.*

GUARDIAMO!

Paesi e paesaggi

Alessandra è appena ritornata da una gita in Campania, dove ha visitato il famoso Vesuvio. Daniela e Fabio ascoltano con molto interesse.

SITO WEB

Per fare più pratica con gli argomenti culturali e i punti grammaticali del **Capitolo 15,** vai a vedere il sito *Ciao!* a *http://ciao.heinle.com.*

Vedute d'Italia

Prima di leggere

You are about to read a description of the small Italian town of Auronzo. Auronzo is located in the eastern Alps, which are known as the *Dolomiti*. Auronzo is also well known as **la spiaggia delle Dolomiti** (*the beach of the Dolomites*), because it is situated along the banks of an extraordinary artificial lake. Although Auronzo has a long history dating back to the Roman Empire, and has many lovely old churches, it is especially popular as a vacation destination because of this setting.

Un paese tra i monti

Le alte vette **grigio argento** delle **maestose** Dolomiti, nelle Alpi Orientali, **si ergono** ad un'**altezza** di 3000 metri, imitando, in gigantesche proporzioni, i **campanili** dalle **cupole a punta** del villaggio **adagiato nella vallata sottostante.** Nella vallata il paese di Auronzo, altitudine 900 metri, **si estende all'ombra** di montagne coperte di boschi di pini e di **abeti** il cui fresco aroma **rinfranca** il corpo e lo spirito. **Macchie di ciclamini** dai colori vibranti, eleganti crocus, delicati **mughetti** e magiche **stelle alpine** deliziano gli occhi e i sensi e **aggiungono** i loro profumi alla brezza che scende nella valle dalle alte **cime.** Un lago, creato da una **diga** che ha arrestato il corso del fiume che una volta **vi scorreva, rispecchia il verde cupo degli abeti.** [...]
Poiché il paese é **adagiato sul fondo** di una stretta vallata, ed è costeggiato dal lago, si estende per circa 5 chilometri. La strada provinciale al nord porta in Austria ed al sud va verso Venezia. Le vecchie case, di due o tre piani, erano costruite di **sassi**, coi tetti **spioventi** per lasciar cadere la neve che vi si accumula nei lunghi mesi invernali, quanto il villaggio è coperto da una **coltre bianca.** I muri esterni delle case sono bianchi con le **persiane** di legno marrone, e le fucsie, i ciclamini e le begonie che **fioriscono** alle finestre danno al villaggio un aspetto gioioso e festivo. Molte casette nuove sono costruite nello stile tipico tirolese, con splendidi gerani che si **affacciano** dai balconi di legno. I muri **spessi** delle vecchie case **mantengono** l'interno fresco durante l'estate e caldo durante i mesi invernali, quando il sole scende presto all'orizzonte lasciando la valle nell'**ombra** alle prime ore del pomeriggio.

silvery gray peaks/majestic
rise/height

bell towers/pointed roofs
located in the valley below
extends in the shadow
fir trees
reinvigorates/Thickets of cyclamen (a flowering plant)/lilies of the valley/ edelweiss (a wildflower)/ add/peaks/dam

used to flow there, reflects the dark green of the fir trees
lies on the bottom

stones
slopping
blanket of snow
shutters
blossom

appear/thick
keep

shadow

From *Gente di paese* by Carla Larese Riga.

Alla lettura

Rileggi il testo per apprezzare meglio la descrizione di questo paesino di montagna, e poi completa la attività che seguono.

A. Parla delle informazioni geografiche che hai imparato da questa descrizione.

   1. Tra quali montagne si trova Auronzo?
   2. A quale altitudine si trova Auronzo?

   3. Perché questo paese è chiamato la spiaggia delle Dolomiti?
   4. Come si è formato il lago?

B. Ora, immagina il paese attraverso la descrizione delle sue case.

   1. In che stile sono le case moderne?
   2. Come sono i muri delle case?
   3. Come sono protette le case contro il freddo dell'inverno?
   4. Come sono i balconi?

C. Pensa alla vita in questo paese come si può immaginare dalla descrizione.

   1. Com'è la vita in un paese come Auronzo? Tranquilla o agitata? Tradizionale o moderna?

2. Ti piacerebbe vivere ad Auronzo? Ti piacerebbe andarci in vacanza? Perché sì e perché no?

I parchi nazionali in Italia

I parchi nazionali in Italia sono numerosi tanto nella zona alpina quanto in quella appenninica. I parchi più antichi sono quelli del Gran Paradiso, dello Stelvio, d'Abruzzo, del Circeo e della Calabria; ma nel 1989 è stato **varato** un piano per l'istituzione di 22 nuovi parchi nazionali. Da allora molti parchi si sono aggiunti alla lista, come il Parco delle Dolomiti Bellunesi nel Veneto, il Parco del Gargano in Puglia, il Parco del Gennargentu in Sardegna, e il Parco del Pollino in Calabria che con i suoi 196.000 ettari è la più grande area protetta d'Italia, e molti altri. I **sentieri** e i **rifugi** di questi parchi attirano gli amanti delle lunghe camminate in mezzo ad una natura incontaminata.

   Il parco nazionale più noto e più antico è il Parco del Gran Paradiso. Si trova in Piemonte e prende il nome dal monte che lo domina (m. 4060). Il parco più ampio, prima dell'istituzione del Parco del Pollino, era il Parco Nazionale dello Stelvio, situato nelle Alpi Centrali, tra la Lombardia e il Trentino. Si possono visitare i parchi nazionali d'Abruzzo, Lazio e Molise nell'Italia centrale in ogni stagione grazie a un clima temperato.

approved

trails/mountain huts

Parco nazionale del Gran Paradiso.

Parco nazionale, Calabria.

Parco nazionale, gli Alpi.

COMPRENSIONE

Rispondi alle seguenti domande.

1. Ci sono molti o pochi parchi in Italia?
2. Qual è il parco che include l'area protetta più ampia d'Italia?
3. Perché si possono visitare i parchi nazionali d'Abruzzo, Lazio e Molise in qualsiasi momento dell'anno?

Culture a confronto

1. Quali sono alcuni parchi nazionali negli Stati Uniti? Perché sono famosi?
2. Gli Italiani visitano i parchi per gli stessi motivi degli Nordamericani?

Vocabolario

Nomi

il bosco	woods, forest
il canale	canal, channel
il clima	climate
il codice postale	ZIP code
il dentifricio	toothpaste
la distanza	distance
la gita scolastica	field trip
il grattacielo	skyscraper
il miglio (*pl.* le miglia)	mile
il mondo	world
la noia	boredom
il paragone	comparison
il paesaggio	landscape
il peso	weight
la popolazione	population
gli sci	skis
la società	company, society

Aggettivi

amaro	bitter
antico	ancient, antique
attraente	attractive
centrale	central
coraggioso	courageous
dolce	sweet
eccitato	excited
faticoso	tiring
fedele	faithful
fisico	physical
maggiore	larger, greater
massimo	greatest
migliore	better
minimo	smallest
minore	smaller; younger
peggiore	worse
pericoloso	dangerous
pessimo	terrible, very bad
popolare	popular
popolato	populated
profondo	deep
riservato	reserved
uguale	equal
veloce	fast

Verbi

criticare	to criticize
negare	to deny
paragonare	to compare
proteggere (*p.p.* protetto)	to protect
raffreddare	to cool
riscaldare	to warm
soffrire (*p.p.* sofferto)	to suffer
truccarsi	to put on makeup

Altre espressioni

a proposito	by the way
così... come	as . . . as
fare a meno di	to do without
infatti	in fact
insomma	in short, after all
meno... di	less . . . than
il meno possibile	the least possible
meglio (*adv.*)	better
peggio (*adv.*)	worse
più... di (che)	more . . . than
avere una paura da morire	to be scared to death
tanto... quanto	as (much) . . . as
più o meno	more or less

Gli sport

Trekking nella dolce campagna di Siena, lungo il tracciato (*traces*) dell'antica via Frangipena, che i pellegrini (*pilgrims*) diretti a Roma (i romei) e i commercianti percorrevano nel Medioevo. Sullo sfondo, le mura di Monteriggioni irte di (*spiked with*) torri.

Punti di vista

Una partita di pallavolo.

Giovani sportivi   (CD 7, TRACK 1)

Marisa ha incontrato Alberto, un ragazzo **con cui** suo
fratello faceva dello sport alcuni anni fa.

MARISA	Come va, Alberto? Sempre appassionato di **pallacanestro?**	with whom basketball
ALBERTO	Più che mai! Ho **appena** finito di giocare contro la **squadra** torinese.	just team
MARISA	E chi ha vinto la **partita?**	game
ALBERTO	La mia squadra, naturalmente! Il nostro gioco è stato migliore. E poi, siamo più alti; cosa che aiuta, **non ti pare?**	don't you think so
MARISA	Eh, direi!	
ALBERTO	E tu, cosa c'è di nuovo?	
MARISA	**Nessuna novità,** almeno per me. Ma mio fratello ha ricevuto una lettera, **in cui** gli offrono un posto come istruttore sportivo per l'estate prossima.	Nothing new in which
ALBERTO	E dove lavorerà?	
MARISA	In uno dei villaggi turistici della Calabria.	
ALBERTO	Magnifico! Là potrà praticare tutti gli sport che piacciono a lui, **compresi** il surf e il windsurf.	including
MARISA	Eh, sì. Sono due degli sport di maggior successo oggi.	
ALBERTO	Ma tu, con un fratello così attivo negli sport, non ne pratichi **qualcuno?**	any

MARISA　Certo, ma sono gli sport dei poveri. Faccio del footing e molto ciclismo. Chissà, un giorno forse parteciperò al Giro d'Italia delle donne.

COMPRENSIONE

1. Chi è Alberto? Quale sport pratica?
2. La sua squadra ha vinto o perso contro la squadra di Torino?
3. Cosa c'è di nuovo per Marisa?
4. Che novità ci sono per il fratello di Marisa?
5. In quale regione andrà a lavorare? Dove si trova questa regione?
6. Quali sport potrà praticare al mare il fratello di Marisa?
7. Quali sport pratica Marisa?
8. Che cosa spera di fare un giorno?

 **Attività sportive**

Il calcio...

gli spettatori
lo stadio
i giocatori
il pallone

fare dello sport, praticare uno sport (lo sci, il calcio... ecc.), giocare a... to play	**l'atleta** (*m. & f.*) athlete
la squadra team	**la gara** race, competition
la partita match, game	**segnare** to score
il gioco game	**vincere** (*p.p.* **vinto**) to win
allenarsi to practice, to train	**il premio** prize
l'allenatore, l'allenatrice coach, trainer	**il tifoso, la tifosa** fan
la palestra gym	**fare il tifo (per)** to be a fan (of)
	Forza! Come on!

Si pratica...

il tennis

il pattinaggio

l'alpinismo

la pallacanestro

la pallavolo

il canottaggio

il nuoto

la ginnastica aerobica

l'equitazione

il ciclismo

Andare...
a cavallo to go horseback riding
in bicicletta to go bicycle riding
in automobile
Altri sport che possono interessare:

il football americano, lo sci di discesa (downhill skiing), **lo sci di fondo** (cross-country skiing), **lo sci nautico, la vela** (sailing), **il pattinaggio a rotelle** (rollerskating)

ℐnformazioni | Gli sport in Italia

Quando si parla di sport gli Italiani sono divisi nel loro comportamento *(behavior)*. La vecchia generazione fa il tifo da casa, seguendo alla tivù le partite di calcio o le corse automobilistiche: queste ultime molto appassionanti, specie dopo i successi della Ferrari guidata *(driven)* dal bravissimo Michael Schuhmacher.

Molti giovani preferiscono vedere e «vivere» da vicino le imprese *(deeds, exploits)* dei loro campioni. In più, una buona parte della gioventù pratica oggigiorno uno o più sport, grazie anche alla stampa e ai programmi televisivi che insistono sugli effetti salutari dell'esercizio fisico.

In tutta Italia si contano circa 1500 club di tennis. Anche le piccole città di provincia hanno campi sportivi *(playing fields)*, una palestra ben attrezzata *(equipped)* e una piscina. Le varie ditte locali e regionali hanno contribuito a incrementare lo sport attivo, sponsorizzando squadre e atleti.

Intere famiglie si danno al jogging e d'inverno passano la settimana bianca, o diversi weekend, in montagna a sciare.

Per i meno attivi, la macchina ha offerto una giustificazione alla loro pigrizia: al volante *(wheel)* della loro «quattro ruote», si sentono infatti trasformati in campioni.

APPLICAZIONE

A. **1.** Quale genere di sci si fa al mare?
2. Che sport pratica Serena Williams?
3. Dove si pratica il canottaggio?
4. Quali sono gli sport che si fanno sulla neve o sul ghiaccio?
5. Come si chiamano gli appassionati di uno sport?
6. Chi allena i giocatori nella loro preparazione sportiva?
7. Dove si allenano i giocatori?

B. **Conversazione**

1. Giochi a pallacanestro? Fai del footing? Che sport pratichi? Quante volte alla settimana?
2. Sai sciare? Ti piace di più fare (vedere) lo sci di discesa o lo sci di fondo?
3. Sai quale sport in Italia ha il maggior numero di tifosi?
4. Fai il tifo per una squadra o per un giocatore? Quale?
5. Quali sono gli sport che non ti piacciono? Perché?
6. Hai mai vinto un premio (primo, secondo, terzo... o il premio di consolazione)?

C. **Celebrità dello sport.** In piccoli gruppi, immaginate di essere una star dello sport. Gli altri vi faranno delle domande per indovinare chi siete.

   ESEMPIO —*Sei un uomo o una donna?*
   —*Giochi a pallacanestro? o...*

Alla partita di pallacanestro. Marisa and Alberto are watching a basketball game between the Brescia and Trieste teams. Marisa's boyfriend, Gino, plays on the Trieste team. She is shouting encouragement to him and his team and also exchanging opinions with Alberto. Listen to what they are saying, then answer the following questions.

Comprensione

1. Che partita c'è questa sera?
2. Perché Marisa è venuta a vedere la partita? Per chi fa il tifo Marisa?
3. Secondo Marisa, la squadra del suo ragazzo vincerà o perderà? Alberto è della stessa opinione?
4. Dove si sono allenati il ragazzo di Marisa e gli altri giocatori?
5. Che cosa pagherà Marisa ad Alberto se la squadra di Trieste perderà?
6. Come si conclude la partita?

Dialogo

Siete spettatori? In piccoli gruppi, discutete quali sport di squadra preferite guardare, per quale squadra o star sportiva fate il tifo e come seguite i loro successi.

Il Totocalcio è una specie di lotteria legata (*related*) alle partite di calcio che si giocano ogni domenica durante la stagione del campionato. Chi riempie (*fills in*) la schedina e «fa tredici», cioè indovina il risultato delle partite di quella domenica, può vincere somme considerevoli.

Punti grammaticali

La rivista *Donna moderna* sponsorizza il team femminile che corre per l'Alfa Romeo.

16.1 I pronomi relativi e i pronomi indefiniti

1. Relative pronouns are used to link two clauses.

   a. The relative pronouns are **che, cui, quello che (ciò che),** and **chi.**

   Questa è la squadra italiana. Ha giocato a Roma.
   Questa è la squadra italiana **che** ha giocato a Roma.

b. **Che** is the equivalent of the English *who, whom, that,* and *which* and is used either as a subject or as a direct object. It is invariable, cannot be omitted, and must *never* be used after a preposition.

Il ragazzo **che** gioca è brasiliano.	*The boy who is playing is Brazilian.*
La macchina **che** ho comprato è usata.	*The car (that) I bought is used.*
Le signore **che** ho visto sono le zie di Pino.	*The women (whom) I saw are Pino's aunts.*

c. **Cui** is the equivalent of the English *whom* and *which* as objects of prepositions. It is invariable and must be *preceded* by a preposition.

Ecco i signori **con cui** abbiamo viaggiato.	*Here are the men we traveled with (with whom we traveled).*
La squadra **di cui** ti ho parlato è la migliore.	*The team I spoke to you about (about which I spoke to you) is the best.*
L'amico **a cui** ho scritto si chiama Gianfranco.	*The friend I wrote to (to whom I wrote) is Gianfranco.*

NOTE:

(i) **In cui** translates as *when* in expressions of time and as *where* in expressions of place. In the latter case, it may be replaced by **dove.**

Il giorno **in cui** sono nato...	*The day (when) I was born . . .*
La casa **in cui** (**dove**) sono nato...	*The house in which (where) I was born . . .*

(ii) **Per cui** translates as *why* in the expression *the reason why (that).*

Ecco la ragione **per cui** ti ho scritto.	*Here is the reason (why) I wrote to you.*

d. **Quello che (Quel che)** or **ciò che** means *what* in the sense of *that which.* They are invariable.

Quello che (Ciò che) dici è vero.	*What you are saying is true.*
Non so **quello che (ciò che)** farò.	*I don't know what I will do.*

e. **Chi** translates as *the one(s) who, he who,* and *those who.* It is invariable.

Chi studierà avrà un bel voto.	*He who studies will receive a good grade.*
Chi arriverà ultimo avrà un premio di consolazione.	*He who arrives last will receive a consolation prize.*
Chi più spende, meno spende.	*You get what you pay for. (lit. He who spends more, spends less.)*

Alla dogana:
—Lei ha qualcosa da dichiarare?

2. The indefinite pronouns. In **Capitolo 4,** you studied the indefinite adjectives **qualche** and **alcuni(e)** *(some);* **tutti(e)** *(all);* and **ogni** *(every).* Here are some common indefinite pronouns:

alcuni(e)	*some*		
qualcuno	*someone, anyone (in a question)*	**ognuno**	*everyone, each one*
		tutti(e)	*everybody, all*
qualcosa	*something, anything (in a question)*	**tutto**	*everything*

Alcuni sono rimasti, altri sono partiti.	*Some stayed, others left.*
Conosco **qualcuno** a Roma.	*I know someone in Rome.*
Hai bisogno di **qualcosa**?	*Do you need anything?*
Ognuno ha fatto una domanda.	*Each one asked a question.*
C'erano **tutti**.	*Everybody was there.*
Ho visto **tutto**.	*I saw everything.*

NOTE:

Qualcosa takes **di** before an adjective and **da** before an infinitive.

Ho qualcosa **di** interessante **da** dirti.	*I have something interesting to tell you.*

PRATICA

A. Sai chi sono? Un tuo amico (Una tua amica) ti chiede chi sono le seguenti persone. Rispondi seguendo l'esempio. In due, fatevi a turno le domande.

ESEMPIO   Chi sono quei signori?/abitare vicino a me
—*Sono i signori che abitano vicino a me.*

1. Chi sono quegli studenti?/seguire il corso d'italiano
2. Chi è quell'allenatore?/allenare la squadra di calcio
3. Chi è quel ciclista così triste?/arrivare ultimo
4. Chi è quel professore?/...
5. Chi sono quelle atlete?/...
6. Chi è quel bel ragazzo?/...

B. Quello che mi piace. Esprimete *(Express)* la vostra preferenza per le seguenti cose, secondo l'esempio. In due, fatevi a turno le domande.

> ESEMPIO   il nuoto/lo sport...
> —*Ti piace il nuoto?*
> —*No, lo sport che mi piace è il canottaggio. o...*

1. il giallo/il colore...
2. le mele/la frutta...
3. il Chianti/il vino...
4. la Volvo/l'automobile...
5. i gatti/gli animali...
6. il pugilato *(boxing)*/gli sport...
7. il tè/la bevanda...
8. il Capodanno/la festa...

C. Una coppia di sposi. Completate le seguenti frasi usando **cui** preceduto *(preceded)* dalla preposizione appropriata.

> ESEMPIO   Ricordi gli sposi _____ ti ho parlato?
> *Ricordi gli sposi di cui ti ho parlato?*

1. Ecco la chiesa _____ si sono sposati. **2.** Questa è la città _____ si sono conosciuti. **3.** Quello è il monumento vicino _____ si incontravano. **4.** Ecco il negozio _____ lui lavorava. **5.** Quelli sono gli amici _____ hanno passato molte ore divertenti. **6.** Non so esattamente la ragione _____ hanno litigato. **7.** Ricordo molto bene il biglietto *(card)* _____ lei mi annunciava la loro separazione.

D. A voi la scelta. Completate le frasi usando uno dei seguenti pronomi relativi: **che, cui** (preceduto da una preposizione) o **quello che.**

1. Lo sport _____ preferisco è il tennis. **2.** L'anno _____ sono nato era bisestile *(leap year)*. **3.** Non capisco _____ dici. **4.** La festa _____ hai dato è stata un successo. **5.** Il libro _____ ti ho parlato è in biblioteca. **6.** La signorina _____ abbiamo incontrato è americana. **7.** La signora _____ abbiamo parlato è canadese. **8.** Il pranzo _____ mi hanno invitato era al ristorante Pappagallo di Bologna. **9.** È proprio il vestito _____ ho bisogno. **10.** Non ho sentito _____ ha detto il professore.

E. Quale scegliete? Completate scegliendo una delle seguenti espressioni: **qualche, alcuni/alcune, qualcuno, o qualcosa.**

1. Mi piacciono tutte le attività sportive, ma ho solamente _____ domeniche libere e pratico solamente _____ sport leggero. **2.** Ieri sono andato allo stadio e ho visto _____ di interessante. C'erano degli atleti che si allenavano per le Olimpiadi: _____ erano spettacolari. **3.** _____ mi ha detto che la nostra squadra di calcio ha una buona possibilità di vincere e che abbiamo anche _____ atlete bravissime. **4.** Franco, c'è il tuo allenatore che vuole domandarti _____. **5.** _____ volta è difficile accettare la sconfitta *(defeat)*.

F. È qualcuno... Domandatevi a turno che cosa sono le seguenti persone.

> ESEMPIO   un allenatore
> —*Che cos'è un allenatore?*
> —*È qualcuno che allena gli atleti.*

1. un giornalista **2.** un ciclista **3.** un ottimista **4.** un architetto **5.** un disoccupato **6.** una persona elegante **7.** una persona pigra **8.** uno sportivo **9.** un tifoso

G. **È qualcosa...** Domandatevi a turno che cosa sono le seguenti cose. Rispondete seguendo l'esempio.

ESEMPIO

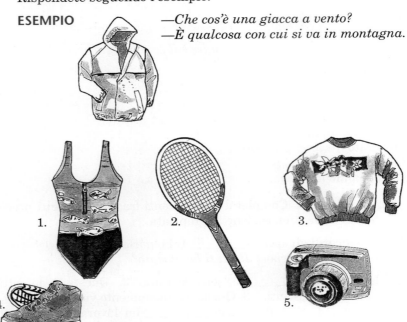

—*Che cos'è una giacca a vento?*
—*È qualcosa con cui si va in montagna.*

H. **Un po' di tutto.** Completate le frasi usando **ogni, ognuno, tutto** o **tutti.**

1. Ho mangiato _____.
2. _____ può fare questo lavoro.
3. _____ sono venuti.
4. _____ volta che la vedevo, mi sorrideva *(she was smiling)*.
5. _____ erano presenti e _____ ha potuto esprimere la sua opinione.
6. I tifosi applaudivano _____ gol della squadra.
7. Ho fatto _____ quello che dovevo fare.
8. _____ gli hanno augurato buon viaggio.
9. _____ giorno vado in bicicletta.

I. **Qualcosa di...** Fatevi a turno le seguenti domande.

ESEMPIO   dare/bello
—*Che cos'hai da darmi?*
—*Ho qualcosa di bello da darti.*
—*Che cos'è?*
—*Due biglietti per l'opera. o...*

1. mostrare/meraviglioso
2. raccontare/divertente
3. regalare/bello
4. annunciare *(to announce)*/interessante
5. portare/buono
6. prestare/comodo
7. offrire/caldo
8. domandare/importante

16.2 Espressioni negative

1. You have already studied (**Capitolo 8**) some negative expressions: **non... più, non... mai, non... ancora.** The following are other common expressions that take a *double negative* construction:

—Non c'è mai niente di buono da mangiare in questa casa!

nessuno	*nobody, no one, not . . . anyone*
niente (nulla)	*nothing, not . . . anything*
neanche (neppure, nemmeno)	*not even; neither*
né... né	*neither . . . nor*
Non è venuto **nessuno.**	*Nobody came.*
Non abbiamo visto **nessuno.**	*We did not see anyone.*
Non ho mangiato **niente.**	*I did not eat anything.*
Non c'era **neanche** Pietro.	*Not even Pietro was there.*
Io **non** posso andare, e **neanche** lui!	*I can't go, and neither can he!*
Non voglio **né** carne **né** pesce.	*I want neither meat nor fish.*

2. The expressions **nessuno, niente, né... né** may precede the verb. When they do, **non** is omitted.

Nessuno vuole parlare.	*Nobody wants to talk.*
Niente è pronto.	*Nothing is ready.*
Né Giovanni **né** Maria vogliono venire.	*Neither Giovanni nor Maria wants to come.*

Note that with **né... né,** Italian uses a plural form of the verb (**vogliono**), whereas English uses a singular form *(wants).*

3. When **nessuno** is used as an adjective, it has the same endings as the indefinite article **un.** The noun that follows is in the singular.

Non ho **nessun** amico.	*I have no friends.*
Non vedo **nessuna** sedia.	*I don't see any chairs.*

4. **Niente** takes **di** before an adjective and **da** before an infinitive.

Non ho **niente di** buono **da** darti.	*I have nothing good to offer you.*

PRATICA

A. **Molte negazioni.** Completate le seguenti frasi scegliendo tra **nessuno, niente, neanche** o **né... né.**

1. Ieri era il mio compleanno, ma Luisa non mi ha mandato _____ biglietto d'auguri, _____ una cartolina. Io non ho invitato _____, _____ mio fratello. _____ è venuto a trovarmi.
2. Siamo andati allo stadio, ma non c'era _____. Non abbiamo visto _____ giocatore. La partita non c'era, ma noi non ne sapevamo _____.
3. Mi dispiace, ma non ho _____ da offrirti. Questo mese non ho risparmiato _____ un euro.
4. Non c'è mai _____ d'interessante alla tivù, _____ sui canali nazionali, _____ su quelli locali.

B. Momenti di cattivo umore (mood). Voi siete di cattivo umore. Fatevi a turno le seguenti domande.

> ESEMPIO   —Uscirai con qualcuno domenica?
> —*Non uscirò con nessuno.*

1. C'è qualcosa di buono in casa?
2. Hai comprato qualcosa da mangiare?
3. Vuoi qualcosa da bere?
4. Desideri leggere il giornale o riposare?
5. Hai incontrato qualcuno in piscina?
6. Ti ha parlato qualcuno?
7. Farai della pallacanestro o del nuoto questo fine-settimana?
8. Hai mai fatto del ciclismo?
9. Farai mai della pesistica (weightlifting)?

C. No! Fatevi a turno le seguenti domande e rispondete negativamente, seguendo l'esempio.

> ESEMPIO   partecipare a una gara di nuoto
> —*Hai partecipato a una gara di nuoto?*
> —*Non ho partecipato a nessuna gara di nuoto.*

1. allenarsi allo stadio o in palestra
2. capire tutto
3. conoscere qualcuno a Firenze
4. vedere alcune città italiane
5. vincere un trofeo (trophy)
6. telefonare a qualcuno ieri sera
7. andare al cinema o alla partita
8. mangiare qualcosa di buono
9. comprare una macchina nuova

D. Lamentele (Complaints). In coppie, immaginate di essere in vacanza in una pensione di villeggiatura. Siete delusi (disappointed) e vi lamentate di tutto: della cucina, della vostra stanza, del servizio, della conversazione con gli altri ospiti e del tempo (weather). Usate espressioni negative.

> ESEMPIO   —*Nel menù non ci sono né lasagne né scaloppine.*
> —*Nel bagno non vedo neanche un asciugamano.*

16.3 Il passato remoto

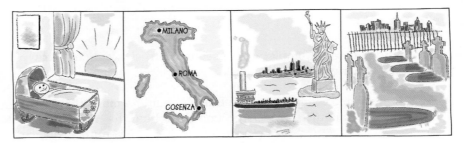

| Il nonno di Lucia nacque a Cosenza nel 1910. | Visse in Calabria fino al 1933. | A ventitré anni emigrò in America. | Morì a Brooklyn nel 1975. |

1. Dove nacque il nonno di Lucia?
2. Quando partì dalla sua città?
3. In quale paese emigrò?
4. In che anno morì?

1. The **passato remoto,** like the **passato prossimo,** is a tense that expresses an action completed in the past. However, the **passato prossimo** is generally used to express actions that took place in a not-too-distant past. The **passato remoto** relates past actions and events completely detached from the present. It is most commonly found in narrative and historical writings. The **passato remoto** is used less frequently in spoken Italian, although this varies from region to region. Use of the **passato remoto** in conversation indicates that the speaker perceives the action described as distant from or unrelated to the present. Because of the importance of the **passato remoto** in both literary and spoken Italian, it is introduced here so that you will recognize it when you encounter it.

2. The **passato remoto** is formed by adding the appropriate endings to the infinitive stem.

   parlare → parl**ai** = *I spoke, I did speak*

   It is conjugated as follows:

parlare	**ricevere**	**partire**
parl**ai**	rice**vei** (ricevetti)	part**ii**
parl**asti**	rice**vesti**	part**isti**
parl**ò**	rice**vè** (ricevette)	part**ì**
parl**ammo**	rice**vemmo**	part**immo**
parl**aste**	rice**veste**	part**iste**
parl**arono**	rice**verono** (ricevettero)	part**irono**

   Many regular **-ere** verbs have an alternate ending for the first person singular and for the third person singular and plural.

Dante **morì** nel 1321.	*Dante died in 1321.*
Il dottore **entrò** e **visitò** il malato.	*The doctor came in and examined the patient.*
Roma **diventò** la capitale d'Italia nel 1870.	*Rome became the capital of Italy in 1870.*

3. **Essere** and the following verbs are irregular in all their forms in the **passato remoto:**

essere:	**fui, fosti, fu, fummo, foste, furono**
bere:	**bevvi, bevesti, bevve, bevemmo, beveste, bevvero**
dare:	**diedi, desti, diede, demmo, deste, diedero**
dire:	**dissi, dicesti, disse, dicemmo, diceste, dissero**
fare:	**feci, facesti, fece, facemmo, faceste, fecero**
stare:	**stetti, stesti, stette, stemmo, steste, stettero**

4. **Avere** and the following verbs are irregular only in the **io, lei,** and **loro** forms. To conjugate these forms, add the endings **-i, -e,** and **-ero** to the irregular stem.

> **avere: ebbi**, avesti, **ebbe**, avemmo, aveste, **ebbero**
> **cadere: caddi**, cadesti, **cadde**, cademmo, cadeste, **caddero**
>
> | | | | |
> |---|---|---|---|
> | chiedere | chiesi | rispondere | risposi |
> | chiudere | chiusi | rompere | ruppi |
> | conoscere | conobbi | sapere | seppi |
> | decidere | decisi | scrivere | scrissi |
> | leggere | lessi | vedere | vidi |
> | mettere | misi | venire | venni |
> | nascere | nacqui | vivere | vissi |
> | prendere | presi | volere | volli |

5. The **passato remoto,** like the **passato prossimo,** may be used in combination with the imperfect tense to express an action that was completed while another action or situation was occurring.

Gli **diedi** un bacio mentre uscivo. *I gave him a kiss while I was going out.*

Scrissero al padre perché non avevano più soldi. *They wrote to their father because they didn't have any more money.*

PRATICA

A. Cappuccetto Rosso. Leggete la seguente storia e sottolineate *(underline)* i verbi al passato remoto.

C'era una volta una bambina che si chiamava Cappuccetto Rosso. Un giorno la mamma preparò un cestino di cose buone da portare alla nonna che era ammalata.

Cappuccetto Rosso partì, entrò nel bosco e si fermò a raccogliere dei fiori. Improvvisamente un grosso lupo uscì da dietro un albero e le domandò dove andava. Quando seppe che andava dalla nonna, la salutò e andò via. Cappuccetto Rosso arrivò dalla nonna, entrò e trovò la nonna a letto.

—Nonna, nonna, che orecchie lunghe hai... disse la bambina.
—Per sentirti meglio! rispose la nonna.
—Nonna, nonna, che bocca grande hai...
—Per mangiarti meglio!
E il lupo saltò dal letto e la divorò.

B. La gente non è mai contenta. Leggete la seguente storia e sottolineate i verbi al passato remoto. Poi sostituite il passato remoto con il passato prossimo.

Un giorno la Madonna, San Giuseppe e il Bambino Gesù partirono da Gerusalemme con il loro asino. San Giuseppe mise la Madonna e il Bambino Gesù sull'asino. Lui era a piedi. Arrivarono ad un paese. La gente guardò i tre viaggiatori e disse: «Che vergogna! La giovane donna e il bambino sono sull'asino, e il povero vecchio cammina!» Allora la Madonna e il Bambino smontarono dall'asino e incominciarono a camminare e San Giuseppe salì sull'asino. Arrivarono ad un altro paese e sentirono altri commenti della gente: «Che vergogna! L'uomo forte è sull'asino e la povera donna con il bambino cammina!» Allora tutti e tre montarono sull'asino. Ma appena arrivarono ad un terzo paese, la gente ricominciò con i commenti: «Che vergogna! Tre persone sopra un povero asino!» E i tre smontarono dall'asino e lo portarono sulle spalle. Quando arrivarono ad un altro paese, gli abitanti fecero altri commenti: «Che stupidi! Tre persone che portano un asino!»

C. Alcuni Italiani famosi. Quanti nomi di esploratori *(explorers)* e di scienziati *(scientists)* italiani potete abbinare *(to match)* con le frasi che seguono?

Marco Polo (1254–1324)   Luigi Galvani (1737–1798)
Leonardo da Vinci (1452–1519)   Alessandro Volta (1745–1827)
Amerigo Vespucci (1454–1512)   Guglielmo Marconi (1874–1937)
Galileo Galilei (1564–1642)   Enrico Fermi (1901–1954)

1. Cinque secoli fa disegnò molte macchine moderne, fra cui l'elicottero, l'aereo e il carro armato *(tank)*.
2. Con l'aiuto del telescopio, confermò la teoria che la terra gira intorno al sole. La Chiesa lo condannò come eretico.
3. Nel 1938 ricevè il premio Nobel per le sue ricerche nel campo *(field)* dell'energia nucleare.
4. Fece esperimenti sugli animali e stabilì le basi dell'elettrofisiologia.
5. Esplorò le coste del «Nuovo Mondo» e diede il suo nome al nuovo continente.
6. Inventò il telegrafo senza fili *(wireless)*, e nel 1909 ottenne il premio Nobel per la fisica.
7. Visitò l'Asia e descrisse il suo viaggio nel famoso libro *Il Milione*.
8. Fu l'inventore della pila *(battery)* elettrica.

16.4 Il gerundio e la forma progressiva

1. The gerund (**il gerundio**) corresponds to the *-ing* form of English verbs. The gerund is formed by adding **-ando** to the stem of first conjugation (**-are**) verbs and **-endo** to the stem of second and third conjugation (**-ere** and **-ire**) verbs. It is invariable. The *past gerund* is composed of the gerund of **avere** or **essere** + *past participle* of the verb.

Gerund		Past gerund	
parl**ando**	*speaking*	**avendo** parlato	*having spoken*
ripet**endo**	*repeating*	**avendo** ripetuto	*having repeated*
usc**endo**	*going out*	**essendo** uscito (**a, i, e**)	*having gone out*

Note that verbs with an irregular stem in the imperfect also have an irregular stem in the gerund.

bere: **bevendo**   dire: **dicendo**   fare: **facendo**

2. **Stare** + *the gerund* expresses an action in progress in the present, past, or future, stressing the point in time at which the action occurs. This form is less commonly used in Italian than is its equivalent in English.

—Che cosa fa Pulcinella?
—Sta dando una lezione a Arlecchino.

Che cosa **stai facendo**?	*What are you doing (at this very moment)?*
Sto leggendo.	*I'm reading.*
Che cosa **stavate facendo** ieri sera, a quest'ora?	*What were you doing last night at this time?*
Stavamo cenando.	*We were having dinner.*
Domani, a quest'ora, Stefania **starà viaggiando.**	*Tomorrow at this time, Stefania will be traveling.*

3. The gerund may be used alone in a subordinate clause to express the conditions (time, cause, means, manner) that govern the main action. It corresponds to the English gerund, which is usually preceded by the prepositions *while, upon, on, in,* or *by.*

Camminando per la strada, ho visto un incidente d'auto.	*While walking on the street, I saw a car accident.*
Studiando, s'impara.	*By studying, one learns.*
Leggendo attentamente, capirete meglio.	*By reading carefully, you will understand better.*
Avendo lavorato per quarant'anni, ha guadagnato molti soldi.	*Having worked for forty years, he has earned a lot of money.*

Note that the subject of the gerund and the subject of the main verb are the same.

4. With the progressive form (**stare** + *gerund*), object and reflexive pronouns may either precede **stare** or follow the gerund. When the gerund stands alone, the pronouns are attached to it.

| **Mi** stai ascoltando? *or* Stai ascoltando**mi?** | *Are you listening to me?* |
| Il medico stava visitando**lo.** | *The doctor was examining him.* |

5. Unlike in English, Italian uses an infinitive instead of a gerund as a noun (subject or object of another verb).

| **Nuotare** (il nuoto) fa bene alla salute. | *Swimming (subj.) is good for your health.* |
| Preferisco **nuotare** (il nuoto). | *I prefer swimming (obj.).* |

PRATICA

A. **Contraddizione.** Il compagno (la compagna) di stanza dà sempre una risposta contradditoria alle vostre domande. In coppie, usate **stare + gerundio,** secondo l'esempio.

ESEMPIO   sognare *(to dream)*/pensare a domani
—*Stai sognando?*
—*No, sto pensando a domani.*

1. guardare qualcosa d'interessante/consultare la carta delle autostrade 2. prendere un aperitivo/bere acqua minerale   3. scrivere a qualcuno/fare i conti della settimana   4. pensare alla partita di calcio/cercare di ricordare un numero di telefono   5. dormire/praticare lo yoga

B. Che cosa facevano? Dite che cosa facevano queste persone in determinate circostanze. Seguite l'esempio.

> ESEMPIO I calciatori (giocare). Un cane ha attraversato lo stadio.
> *I calciatori stavano giocando quando un cane ha attraversato lo stadio.*

1. Tu (leggere) una rivista di sport. Il professore è entrato.
2. Il presidente (scrivere) un discorso. Il Segretario di Stato gli ha telefonato.
3. Jane Fonda (fare) dello yoga. È arrivato un giornalista per un'intervista.
4. Il ciclista (bere) alla sua vittoria. Una ragazza gli ha dato un mazzo di fiori.
5. La sciatrice Picabo Street (scendere) sulla pista. La neve è incominciata a cadere.

C. Ora, alcune ore fa, domani. A turno, in coppie, fatevi le seguenti domande. Rispondete usando **stare** + **il gerundio**.

> ESEMPIO —Che lezione studiamo?
> —*Stiamo studiando la lezione sul gerundio.*

1. Che pagina leggiamo?
2. Che cosa fanno gli studenti in questo momento?
3. Che cosa facevi quando il professore è entrato?
4. Alle otto di stamattina che cosa facevi?
5. Che cosa farai domani a quest'ora?

D. Parliamo di Filippo e di Gabriella. Leggete le seguenti frasi, sostituendo il gerundio alle espressioni in corsivo.

1. *Poiché (Since) sono* molto innamorati, Filippo e Gabriella non vorrebbero stare lontani l'uno dall'altra.
2. Al mattino, *quando si lasciano* per andare al lavoro, si danno sempre un bacio.
3. La sera, *mentre preparano* la cena, si raccontano i fatti della giornata.
4. Stamattina, *mentre andava* al lavoro, Filippo ha incontrato Liliana.
5. *Siccome desiderava* fare una sorpresa alla moglie, ha invitato Liliana a cena a casa loro.
6. Adesso, *poiché sono* insieme tutti e tre, fanno un brindisi al loro futuro.

E. Sostituzione. Sostituite il nome in corsivo con l'**infinito** corrispondente.

> ESEMPIO *Il lavoro* fa bene allo spirito e alla salute.
> *Lavorare fa bene allo spirito e alla salute.*

1. *Lo sci* è divertente.
2. *Il riso (Laughter)* fa buon sangue.
3. *Il fumo* fa male ai polmoni *(lungs)*.
4. Vorrei *una bevanda*.
5. Ho bisogno di *riposo*.
6. Ti piacerebbe *una passeggiata* in campagna?
7. *Il divertimento* è necessario quanto *lo studio*.
8. I bambini preferiscono *il gioco*.

F. A voi la scelta. Completate le seguenti frasi, scegliendo tra il **gerundio** e l'**infinito**.

1. _____ *(Walking)* per la strada, ho incontrato Maria.
2. _____ *(Hearing)* quella canzone, ho avuto nostalgia del mio paese.
3. Mi piace _____ *(swimming)*.

4. _____ *(Skiing)* è molto costoso.
5. _____ *(Walking)* tutti i giorni è un buon esercizio.
6. Pietro è andato a scuola _____ *(running)*.
7. _____ *(Having)* molti soldi non significa essere felici.
8. _____ *(Having)* molti soldi, Dino è partito per le Hawaii.

G. Attività del sabato. In coppie, domandatevi che cosa farete sabato prossimo in diversi momenti del giorno. Nelle domande e nelle risposte usate **stare + il gerundio.**

Per finire

Esposizione della Ferrari.

Progetti tra amici

Oggi Marcello e Antonio sono andati a trovare gli amici, e ora Marcello sta parlando di un suo progetto.

MARCELLO Vi annuncio che sto considerando l'idea di partecipare a gare automobilistiche.

FILIPPO Davvero? Parli seriamente? Ma è formidabile! E noi verremo tutti a tifare per te. Vedo già il nostro Marcellone correre nell'autodromo di Monza.*

MARCELLO Non esageriamo! Lo farei soltanto durante il fine-settimana. E poi sarei solo un dilettante.

ANTONIO La notizia non mi sorprende. Quando siamo andati in Sicilia non c'era nessun limite di velocità per te. E anche sull'Autostrada del Sole correvi come un disperato! Confesso di aver provato una grande **fifa** quando siamo arrivati alle curve della costa amalfitana. Per fortuna non abbiamo incontrato nessun poliziotto.

fear (slang)

*In the race track of this town, near Milano, a famous car race takes place every September.

FILIPPO	Senti, Marcello, se hai bisogno di un assistente pilota, mi offro io.	
GABRIELLA	Tu? **Non farmi ridere!** Non capisci niente di macchine e di **automobilismo.** Non sai neanche guidare decentemente. L'altro giorno, a un **incrocio,** non hai notato che un **pedone** stava attraversando la strada e hai dovuto **frenare di colpo** per non **investirlo.**	Don't make me laugh! car racing intersection pedestrian to brake suddenly run over him
ANTONIO	A proposito di automobili, avrei intenzione di comprare una macchina usata perché sono stanco di aspettare tutti i giorni l'autobus.	
MARCELLO	Bravo Tonino! E io mi offro come tuo istruttore di guida.	
ANTONIO	Tu? Ti ho visto più di una volta passare col **semaforo** rosso. No, grazie mille.	traffic light
GABRIELLA	Se si pensa alla difficoltà di trovare un parcheggio e al costo della **benzina,** non si ha più voglia di avere una macchina. Antonio, perché non ti prendi un motorino?	gasoline
ANTONIO	Perché mi sembra un mezzo pericoloso. Ma ammetto che le tue ragioni sono buone. Ci penserò.	

COMPRENSIONE

Domande sulla lettura

1. Cosa sta progettando di fare Marcello?
2. Cosa ne pensa Filippo?
3. Qual è l'opinione di Antonio sulla maniera di guidare di Marcello? Perché?
4. Qual è la proposta *(proposition)* di Filippo?
5. Qualcuno, tra gli amici, ride alla proposta di Filippo. Chi? Perché?
6. Perché Antonio sta considerando l'idea di comprarsi un'auto?
7. Quali sarebbero, secondo Gabriella, gli svantaggi di avere una macchina?

Domande personali

1. Gli Italiani hanno la reputazione di guidare velocemente. Cosa ne pensa Lei?
2. Le piacerebbe fare dell'automobilismo? Perché?
3. Quali sono i vantaggi e gli svantaggi della macchina come mezzo di trasporto?

Quale sport preferisci?

Hai conosciuto un nuovo compagno (una nuova compagna) e vi scrivete un e-mail sullo sport che vi piace praticare o seguire. Scrivi un messaggio al tuo nuovo amico (alla tua nuova amica) descrivendo le attività sportive che pratichi o che segui.

A. Prima di scrivere il tuo messaggio leggi le domande che seguono per ogni paragrafo e scrivi le tue risposte.

Primo paragrafo
Pratichi uno sport? Quale? Se non pratichi uno sport, segui uno sport in particolare alla televisione o all'aperto?
Da quanto tempo pratichi/segui questo sport?
Quante volte alla settimana lo pratichi/segui?

Secondo paragrafo
In quale stagione o periodo dell'anno lo puoi praticare o seguire?
Lo pratichi da solo o con amici?

Terzo paragrafo
Per quali ragioni ti piace questo sport? (Scrivine almeno due.)
Desideri invitare il tuo amico (la tua amica) a giocare o a guardare questo sport con te?

B. Ora scrivi il tuo messaggio al tuo amico (alla tua amica).
Comincia così: Cara Sara, a me piace giocare a baseball. Gioco a baseball da quando avevo sei anni.... [continua così]

C. Quando hai finito, invita la tua amica (il tuo amico) a giocare o a guardare il tuo sport preferito con te un giorno o una sera.

ESEMPIO   *Vuoi venire in palestra con me domani pomeriggio? o Desideri guardare la partita alla TV con me domenica pomeriggio?*

D. Leggi di nuovo il tuo messaggio. Tutte le parole sono scritte correttamente? Controlla l'accordo tra il verbo e il soggetto e tra il nome e l'aggettivo. Alla fine, con un compagno (una compagna), leggete i vostri messaggi. Accetteresti di giocare o guardare lo sport scelto dal tuo compagno (dalla tua compagna)?

Attività supplementari

A. **Una scelta.** Avete del tempo libero durante la settimana e vorreste dedicarvi a una nuova attività sportiva. In gruppi di due, consultate la pubblicità e decidete insieme quale sport scegliere, perché, quando e dove allenarvi.

IL CUS DI CATANIA

Il centro sportivo catanese
ha una lunga tradizione di attività
nel settore competitivo degli sport.

Grazie al CUS,
gli studenti hanno la possibilità di praticare:
atletica leggera, aerobica, body building, calcio,
calcetto, canoa, basket, ginnastica, hockey su prato,
lotta, nuoto, sci, surf, pallavolo, rugby, tiro a volo,
ping pong, tennis e vela.

Studenti, siete tutti invitati a partecipare attivamente al
CUS

B. Identificate gli sport delle foto e rispondete alle domande.

Foto numero 1: Gli Italiani lo chiamano anche «football», ma qual è il vero nome italiano di questo sport? Sai quanti giocatori giocano nella squadra? È uno sport per cui fanno il tifo i paesi europei e quelli dell'America Latina. È popolare anche negli Stati Uniti? più popolare del football? Perché?

Foto numero 2: Come si chiama questo sport? Hai una bicicletta? Di che marca *(make)* è? Quando la usi? La usi come divertimento o come mezzo di trasporto? Quali sono i vantaggi e gli svantaggi della bicicletta rispetto alla macchina? Quale delle due è migliore per la salute *(health)* e per l'ambiente? meno pericolosa, più economica, più divertente?

1.

2.

Come si dice in italiano?

1. Paul is a student at the University of . . . , which is one of the best universities on the West Coast.
2. He is also a football player who plays on **(in)** the school team.
3. Today he is sitting **(è seduto)** in the **(alla)** cafeteria.
4. John, the friend with whom he is speaking, is a basketball player.
5. Someone said that he is so good that one day he will certainly take part in the Olympic games.
6. Today he needs to talk to Paul because he wants to ask him for yesterday's notes.
7. But Paul didn't go to class.
8. John, did you do anything interesting yesterday?
9. No, I didn't do anything interesting. I practiced for a few hours in the gym. And you?
10. I was supposed to meet my coach and some other players at the stadium, but no one was there.
11. Will you come tomorrow to see the game?
12. I don't know yet what I will do. I hope to be able to come. Anyhow **(Comunque),** good luck!

GUARDIAMO!

Gli sport

Fabio fa ginnastica in palestra con Alessandra. Si prepara per una gara del suo club sportivo. I due amici parlano della maratona di Firenze.

SITO WEB

Per fare più pratica con gli argomenti culturali e i punti grammaticali del **Capitolo 16,** vai a vedere il sito *Ciao!* a *http://ciao.heinle.com.*

Prima di leggere

The following article presents three "extreme" summer sports that are becoming very popular in Italy: hang gliding, rafting, and canyoning. Although you may not be familiar with these sports within the Italian context, you probably have knowledge of at least some of them as practiced in North America. The knowledge that you bring to the reading will help you to understand and enjoy the discussion of each sport as practiced in Italy.

L'estate dei pazzi sport

Parapendio

Hang gliding

Il parapendio consiste nel **lanciarsi** da una montagna con un **paracadute ad ala** dal profilo aerodinamico. Con un paracadute da competizione si possono **raggiungere** anche i 50 kilometri orari di **velocità.** L'obiettivo di ogni pilota di parapendio è quello di riconoscere le correnti favorevoli in modo da poter danzare nell'aria il più a lungo possibile.

throw oneself
winged parachute
reach
speed

Rafting

Il rafting è un'attività sportiva abbastanza **impegnativa** che consiste in **discese** per acque **selvagge** su **gommoni** generalmente con quattro o sei persone a bordo, sempre accompagnate da una guida. C'è rafting per tutti e un rafting-avventura fra onde, **rocce e spruzzi d'acqua.** Prima dell'escursione si riceve una lezione teorica e una prova di **acquaticità.**

demanding
descents/rough/rubber rafts

rocks and water sprays
swimming test

Torrentismo

Il torrentismo (o canyoning) consiste in **discese** a piedi lungo il **greto, asciutto** o no di **torrenti ripidi,** con **salti, gole e scivoli.** Il torrentismo si effettua con l'uso di **corde.** L'età minima non è fissa ma è attorno ai 14 o 15 anni. Indispensabile portare gli scarponcini da trekking.

descents
pebbly shore/dry/steep
  mountain rivers/jumps
  gorges and slides/ropes

Parapendio.

Rafting.

Torrentismo.

Alla lettura

Leggi di nuovo l'articolo e completa la seguente attività.

1. È uno sport con cui si possono raggiungere anche i cinquanta kilometri orari di velocità. _____
2. È uno sport abbastanza impegnativo, bisogna seguire una lezione teorica prima di farlo. _____
3. È uno sport in cui sono necessari gli scarponcini da trekking. _____
4. Lo scopo di questo sport è stare in aria il più possibile. _____
5. Per fare questo sport è necessario un gommone. _____
6. Per fare questo sport è necessaria una corda. _____

Ora rispondi alle seguenti domande.

1. Perché, secondo te, questi sport sono chiamati pazzi?
2. Che cosa li distingue da altri sport più popolari?

Sport nuovi e tradizionali

Gli Italiani oggi praticano molti sport diversi, ma, come nel passato, continuano ad essere **accaniti** tifosi del calcio. Incominciano a praticarlo da bambini nei cortili delle scuole o nel campo della loro **parrocchia.** Le discussioni tra gli adulti che giocano la schedina del Totocalcio, diventano polemiche durante e dopo la partita e possono trasformarsi in vere **battaglie.** Nuovi sport d'importazione dell'America del Nord hanno mantenuto il nome inglese: beach-volley, surf, windsurf, skateboard, snowboard, rugby, golf, body-building, stretching, jogging e aerobica. Sono sport che hanno contribuito a rendere più attivi sopratutto i giovani. Per finire, si deve parlare di uno sport, nato dal **crescente** interesse per i problemi ecologici: il trekking. D'estate, intere famiglie passano le loro vacanze in aziende agrituristiche. Da qui vanno alla scoperta della natura e dell'arte meno conosciuta, praticando il trekking a piedi, in bicicletta o a cavallo, lungo nuovi itinerare.

fierce

neighborhood

fights

growing

COMPRENSIONE

1. Come si chiama la lotteria legata *(tied)* al gioco del calcio?
2. A quale paese si ispirano i giovani per i loro sport? Sono principalmente giochi di squadra o individuali?
3. In questi ultimi anni che cosa preferiscono fare diverse famiglie durante le vacanze estive?
4. Come si pratica il trekking e perché sta diventando popolare?

Culture a confronto

1. Quali sono gli sport più popolari nell'America del Nord? E in Italia?
2. Il calcio è giocato nell'America del Nord? Era popolare 10 anni fa? Da quando ha acquistato più popolarità?
3. È popolare il trekking nel tuo paese? Chi lo fa?
4. Perché la gente pratica degli sport come il rafting o il parapendio? Qual è il fascino di questi sport considerati pazzi o estremi?

Vocabolario

Nomi

l'argomento	subject
l'automobilismo	car racing
la benzina	gasoline
l'incrocio	intersection
l'istruttore, l'istruttrice	instructor
il limite di velocità	speed limit
il motorino	motor scooter
il parcheggio	parking
i pattini	skates
il pedone	pedestrian
il poliziotto	policeman
la possibilità	possibility
la proposta	proposition
la ragione	reason
lo sciatore, la sciatrice	skier
gli sci	skis
la sconfitta	defeat
il semaforo	traffic light
lo svantaggio	disadvantage
il vantaggio	advantage

Aggettivi

appassionato (di)	fond (of)
estivo	summer
invernale	winter
olimpico	Olympic
spettacolare	spectacular
sportivo	athletic, sporty
usato	used

Verbi

ammettere (p.p. ammesso)	to admit
applaudire	to applaud
correre (p.p. corso)	to run
esagerare	to exaggerate
esprimere (p.p. espresso)	to express
guidare	to drive
partecipare (a)	to take part (in)
progettare	to plan
sorprendere (p.p. sorpreso)	to surprise
ridere (p.p. riso)	to laugh

Altre espressioni

Chissà!	Who knows!
contro	against
né... né	neither . . . nor
neanche, nemmeno	not even, neither
nessuna novità	nothing new
nessuno	nobody, no one
niente	nothing
ognuno	everyone; each one
qualcuno	someone
tutti	everybody
tutto	everything

Salute e ecologia

Setirsi in forma nel paesaggio toscano.

Punti di vista

—**Buon giorno, dottoressa.**

Dalla dottoressa (CD 7, TRACK 7)

Nello studio della dottoressa Rovelli, a Bari.

SIGNOR PINI	Buon giorno, dottoressa.	
LA DOTTORESSA	Buon giorno, signor Pini, come andiamo oggi?	
SIGNOR PINI	Eh, non molto bene, purtroppo. Ho mal di testa, un terribile **raffreddore** e la **tosse.**	cold cough
LA DOTTORESSA	Ha anche la **febbre**?	fever
SIGNOR PINI	Sì, l'ho misurata ed è alta: **trentanove.**	39° centigradi (102.2°F)
LA DOTTORESSA	Vedo che Lei ha una bella influenza. Le scrivo una **ricetta** che Lei presenterà in farmacia. Sono gli stessi antibiotici che Le ho dato l'anno scorso.	prescription
SIGNOR PINI	E per la tosse? La notte non posso dormire **a causa della** tosse.	because of the
LA DOTTORESSA	Per la tosse è bene che **prenda** questa medicina.	you take
SIGNOR PINI	**Mi fanno male** anche le spalle, le braccia e le gambe.	My . . . ache
LA DOTTORESSA	Prenda delle aspirine e vedrà che fra due o tre giorni starà meglio.	
SIGNOR PINI	Se non morirò prima...	
LA DOTTORESSA	**Che fifone!** Lei è **sano come un pesce!**	What a chicken!/as healthy as a horse (*lit.* as a fish)

COMPRENSIONE

1. In quale città si trova lo studio della dottoressa Rovelli?
2. Perché il signor Pini va dalla dottoressa?
3. Quali sono i suoi sintomi?
4. Qual è la diagnosi della dottoressa?
5. Che cosa scrive la dottoressa? Che cosa deve fare il signor Pini?
6. Perché non dorme la notte il signor Pini? Che dolori ha?
7. Che cosa prescrive la dottoressa per tutti i dolori?
8. Perché la dottoressa lo prende in giro *(teases him)?*

Studio di parole   Il corpo* e la salute *(Health)*

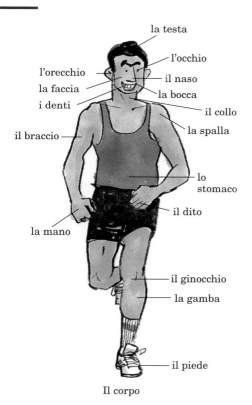

Il corpo

avere mal di... testa   to have a . . . headache
  denti   toothache
  stomaco   stomachache
  schiena   backache
  gola   sore throat
avere il raffreddore   to have a cold
avere la febbre   to have a fever
mi fa male la testa (lo stomaco, ecc.)   my head aches (my stomach . . ., etc.)
mi fanno male i denti (le gambe, ecc.)   my teeth (my legs, etc.) ache
farsi male   to hurt oneself
Mi sono fatto(a) male al collo.   I hurt my neck.
Mi sono rotto (rompersi) un braccio.   I broke my arm.
sano   healthy
ammalarsi   to become ill
(am)malato   ill
la malattia   disease
il dolore   pain
la medicina   medication, medicine
guarire (-isc-)   to recover
essere a dieta   to be on a diet

dimagrire (-isc-)   to lose weight
Sono dimagrito(a) di due chili.   I lost 2 kilos.
ingrassare   to gain weight
Sono ingrassato(a) di una libbra.   I gained 1 pound.
essere (sentirsi) in forma   to be (to feel) fit/healthy

L'Ambiente (Environment)
la natura   nature
l'aria   air
l'ossigeno   oxygen
respirare   to breathe
lo strato dell'ozono   ozone layer
l'effetto serra   greenhouse effect
l'ecologia   ecology
l'ecologo   ecologist
l'ambientalista *(m. & f.)*   environmentalist
inquinare   to pollute
l'inquinamento   pollution
i rifiuti   garbage
riciclare   to recycle
proteggere *(p.p.* **protetto)**   to protect

*For the plurals of nouns referring to the parts of the body, see page 273.

Informazioni | L'assistenza sanitaria

Tutti i cittadini in Italia hanno l'assistenza medica e ospedaliera. I lavoratori pagano un contributo e per chi non ha un lavoro l'assistenza medica è gratuita. Ognuno possiede una **tessera sanitaria** che presenta per le visite mediche e tutti gli altri servizi sanitari. Quando una persona è ammalata il medico viene a casa per la visita e, se necessario, ritorna nei giorni successivi.

Le migliorate condizioni di vita e un'assistenza sanitaria costante hanno allungato la vita media che oggi è di circa 75 anni. Il governo concede un sussidio mensile di circa 400 euro ai familiari che ospitano e si prendono cura di un genitore incapace di provvedere a se stesso.

Il farmacista è un laureato che può consigliare e dare medicinali in caso di malattie non gravi. In una città c'è sempre almeno una farmacia aperta di notte.

Per una visita medica è bene dirigersi al **Pronto soccorso.** Se si tratta di qualcosa di molto serio o di un incidente, è meglio chiamare il numero **113** per l'ambulanza o l'ospedale più vicino.

APPLICAZIONE

A. Rispondete alle domande seguenti.

1. Quando si va dal dentista?
2. Se uno va a sciare e cade, cosa si può rompere?
3. Se qualcuno festeggia un'occasione speciale e beve molti bicchieri di vino, che cos'ha il giorno dopo?
4. Quando portiamo un paio di scarpe strette, che cosa ci fa male?
5. Cosa si prende quando si ha il raffreddore?
6. Quando si usa il termometro?
7. Chi si preoccupa di proteggere la natura?
8. Perché il riciclaggio è importante?
9. L'effetto serra riscalda o raffredda la terra?
10. Che cosa protegge *(protects)* l'atmosfera dai raggi *(rays)* ultravioletti?

B. Quanti mali! Completate le frasi seguenti.

1. Il mese scorso sono andato(a) a sciare e *(I broke my leg)* _____ .
2. Ieri sono stato(a) a casa perché *(I had a fever)* _____ .
3. Mia sorella è caduta dalla bicicletta e *(she hurt herself)* _____ .
4. L'altro ieri ho camminato per 4 ore e oggi *(my feet hurt)* _____ .
5. Se *(you have a toothache)* _____ , perché non vai dal dentista?
6. Dottore, non mi sento bene: *(I have a cold and a sore throat)* _____ .
7. Mia madre è preoccupata perché *(I lost weight)* _____ di tre chili.

C. Conversazione

1. In quale stagione è facile prendere il raffreddore? Perché?
2. Quanto tempo fa ha avuto l'influenza Lei? Che cosa Le faceva male?
3. Ha mai fatto l'iniezione Lei per prevenire *(to prevent)* l'influenza?
4. Che cosa fa di solito un fifone quando sta male? Si considera un fifone (una fifona) Lei?
5. Nell'ambiente in cui viviamo, quali sono, secondo Lei, i pericoli per la nostra salute?

D. Come vivere sani. Discutete in piccoli gruppi: Per vivere secondo le norme dell'ecologia, e per il nostro benessere fisico, che cosa dovremmo fare?

GUERRA AI RIFIUTI
Eliminiamo i contenitori non riciclabili

respirare meglio

mangiare sano

Parchi e animali da proteggere

UNA VACANZA ALL'INSEGNA DELLA NATURA

Ascoltiamo!

Una telefonata. Lisa receives a phone call from Giovanni, an old friend she ran into a few weeks earlier while on vacation in Roccaraso. Listen to their conversation; then answer the following questions.

Comprensione
1. Dove si sono incontrati Lisa e Giovanni?
2. Lisa ha delle buone novità?
3. Che cosa è successo a Lisa mentre sciava?
4. Si è anche fatta male alla testa?
5. Dove le hanno ingessato il braccio? Il braccio ingessato è il destro o il sinistro?
6. Perché Giovanni ha telefonato a Lisa?
7. Quando si vedranno Lisa e Giovanni?

Dialogo
Cosa vi è successo? In piccoli gruppi, raccontatevi quando e come avete avuto un incidente *(accident)*.

Punti grammaticali

17.1 Il congiuntivo presente

1. The subjunctive mood (**il congiuntivo**) expresses points of view and feelings, volition, uncertainty, possibility, and doubt. The indicative

PROTEGGI LA NATURA

Non lasciare i sacchetti di plastica in giro

Credete che sia bene usare i sacchetti di plastica?

mood (**l'indicativo**) expresses facts, indicating what is objectively real. Compare the following sentences:

(fact)	L'acqua è inquinata.
	So che l'acqua è inquinata.

(belief)	**Credo**	
(doubt)	**Dubito**	che l'acqua **sia** inquinata.
(fear)	**Ho paura**	

Unlike in English, the subjunctive is very common in Italian, in both speaking and writing.

2. The subjunctive is used mainly in dependent clauses introduced by **che,** when the subjects of the main clause and the dependent clause are different. If the subject is the same, the infinitive is used. Compare the following sentences:

Spero che tu **stia** meglio.	*I hope you'll feel better.*
Spero di **stare** meglio.	*I hope to feel better.*

3. Here are the present subjunctive (**congiuntivo presente**) forms of regular verbs.

Main clause		Subordinate clause			
		ascoltare	leggere	partire	finire
Sperano	che io	ascolti	legga	parta	finisca
	che tu	ascolti	legga	parta	finisca
	che lui/lei	ascolti	legga	parta	finisca
	che noi	ascoltiamo	leggiamo	partiamo	finiamo
Vuole	che voi	ascoltiate	leggiate	partiate	finiate
	che loro	ascoltino	leggano	partano	finiscano

a. Note that the first, second, and third persons singular are identical. To avoid ambiguity, the subject pronouns are usually expressed.

b. Verbs ending in **-care** and **-gare** insert an **h** between the stem and the endings: dimenti**ch**i, dimenti**ch**iamo, dimenti**ch**iate, dimentic**h**ino; pa**gh**i, pa**gh**iamo, pa**gh**iate, pa**gh**ino.

c. Verbs ending in **-iare** drop the **i** of the stem: **cominci, cominciamo, cominciate, comincino.**

4. The following verbs and expressions usually require the subjunctive in a dependent clause:

Verbs of volition	Verbs of opinion, doubt, uncertainty	Expressions of emotion
volere	credere	avere paura
desiderare	pensare	essere contento/felice
preferire	dubitare	dispiacere
sperare	non essere certo/sicuro	

Impersonal expressions (implying a personal attitude)	
bisogna *(it is necessary)*	è importante
è necessario	è ora *(it is time)*
è (im)probabile	pare/sembra *(it seems)*
è (im)possibile	può darsi *(it may be)*
è bene	(è un) peccato *(too bad)*
è meglio	

Mia madre vuole che io **finisca** i miei studi.	*My mother wants me to finish my studies.*
Sono felice che i miei genitori mi **capiscano**.	*I am happy that my parents understand me.*
Bisogna che tu **studi** di più.	*It is necessary that you study more.*
È probabile che domani **piova**.	*It is probable that tomorrow it will rain.*
Peccato che il televisore non **funzioni**.	*(It's) too bad that the TV set is not working.*

NOTE:

The infinitive is used after an impersonal expression when no subject is expressed.

È necessario **lavorare**.	*It is necessary to work.*
È ora di **partire**.	*It is time to leave.*

PRATICA

A. **Dal medico.** In coppie, a turno, uno studente fa la parte del medico e l'altro quella del paziente. Seguite l'esempio.

ESEMPIO   mangiare molta carne
        —*Mangio molta carne.*
        —*Bisogna che Lei mangi poca carne.*

1. seguire una dieta con poca verdura **2.** non prendere vitamine **3.** alzarsi tardi la mattina **4.** camminare poco **5.** passare più ore seduto **6.** non praticare nessuno sport

B. **Preoccupazioni di una madre.** Di che cosa ha paura una madre per i suoi figli?

ESEMPIO   studiare poco
        Ha paura che studino poco.

1. non mangiare abbastanza **2.** ammalarsi **3.** spendere troppo **4.** divertirsi invece di studiare **5.** frequentare cattive compagnie **6.** guidare troppo velocemente **7.** causare qualche incidente **8.** E tua madre di che cosa ha paura? **9.** ...

C. **Difesa dell'ambiente.** Un professore dà una breve lezione di ecologia ai suoi studenti. Seguite l'esempio.

ESEMPIO   usare più prudenza/è bene
        È bene che usiate più prudenza.

1. prendere sul serio l'ecologia/è ora   2. proteggere la natura/è necessario   3. abbandonare i rifiuti nell'ambiente/non è bene   4. non inquinare le spiagge/bisogna   5. rifiutare nei negozi i sacchetti di plastica/è meglio   6. capire la necessità di riciclare/è importante   7. usare solamente la bicicletta e i mezzi pubblici/è ora

D. I tuoi cugini. I tuoi cugini Massimo e Giulia verranno a trovarti. Un tuo parente ti fa delle domande su di loro: quando rispondi non sei sempre sicuro(a) delle tue affermazioni.

ESEMPIO   dove, abitare i tuoi cugini/Penso che...
—*Dove abitano i tuoi cugini?*
—*Penso che abitino a...*

1. dove, lavorare/Credo che...
2. è vero che, aspettare un bambino/Pensiamo che...
3. abitare vicino ai loro genitori/Sappiamo che...
4. pensare di comprare un appartamento/Sembra che...
5. tua cugina, continuare a lavorare/È probabile che...
6. quando, arrivare/Spero che...

E. Oggi parliamo di politica. Completate le seguenti frasi con i verbi in parentesi, scegliendo tra il **congiuntivo** e l'**infinito**.

1. I verdi vogliono che il governo _____ (prendere) nuovi provvedimenti *(measures)* contro l'inquinamento dei fiumi. **2.** Il governo preferisce _____ (occuparsi) di altri problemi.   **3.** È probabile che il valore dell'euro _____ (discendere).   **4.** Il primo ministro dice che bisogna _____ (aumentare) le tasse. **5.** Gli Italiani non sono contenti di _____ (pagare) altre tasse.   **6.** Tutti sperano che la crisi del paese _____ (finire) presto.

F. Opinioni diverse. In coppie, reagite a turno alle seguenti affermazioni esprimendo la vostra opinione. Usate espressioni come: **Dubito che..., Non credo che..., Sono d'accordo che..., Sono sicuro che...**

1. Oggigiorno quasi tutti desiderano riciclare.
2. Gli ambientalisti esagerano il problema dell'inquinamento.
3. Le medicine di oggi aiutano a vivere più a lungo.
4. Secondo alcuni, il problema dell'effetto serra non esiste.
5. La gente si ammala quando non segue una dieta sana.

17.2 Il congiuntivo presente dei verbi irregolari

Il medico mi ha detto di perdere peso !

Sono andato in Pasticceria per una seconda opinione

Pensate che sia una buon'idea andare in pasticceria per una seconda opinione?

Here is the present subjunctive of the most common irregular verbs.

andare:	**vada,** andiamo, **andiate, vadano**
avere:	**abbia,** abbiamo, **abbiate, abbiano**
bere:	**beva,** beviamo, **beviate, bevano**
dare:	**dia,** diamo, **diate, diano**
dire:	**dica,** diciamo, **diciate, dicano**
dovere:	**deva (debba),** dobbiamo, **dobbiate, devano (debbano)**
essere:	**sia,** siamo, **siate, siano**
fare:	**faccia,** facciamo, **facciate, facciano**

potere:	**possa,** possiamo, **possiate, possano**
sapere:	**sappia,** sappiamo, **sappiate, sappiano**
stare:	**stia,** stiamo, **stiate, stiano**
uscire:	**esca,** usciamo, **usciate, escano**
venire:	**venga,** veniamo, **veniate, vengano**
volere:	**voglia,** vogliamo, **vogliate, vogliano**

Spero che Lei **sia** in buona salute.	*I hope you are in good health.*
Desidero che tu **vada** dal dottore.	*I would like you to go to the doctor.*
È ora che tutti **siano** responsabili.	*It is time for everybody to be responsible.*
La mamma non vuole che **beviate** vino.	*Mother does not want you to drink wine.*
Dubita che **sappiamo** guidare bene.	*He (She) doubts that we know how to drive well.*
Non crede che **dicano** la verità.	*He (She) does not believe (that) they are telling the truth.*

PRATICA

A. Commenti di un turista di ritorno dall'Italia. Completate le frasi, scegliendo il presente dell'**indicativo** o del **congiuntivo**.

1. Ora sono sicuro che gli Italiani _____ (guidare) pericolosamente.
2. Ho paura che gli stranieri _____ (avere) molti problemi quando _____ (guidare) in Italia.   **3.** È certo che l'Italia _____ (essere) un bellissimo paese.   **4.** Credo che la gente là _____ (sapere) vivere bene.   **5.** Peccato che gli alberghi italiani _____ (essere) così cari.   **6.** Pare che l'economia italiana _____ (andare) meglio.

B. Una donna autoritaria. Marta impone *(imposes)* i suoi desideri a tutti, fratelli e amici. Completate le frasi, esprimendo i suoi desideri.

ESEMPIO   Desidero che tu (stare)...   *—Desidero che tu stia attento.*
                                          o...

1. Non voglio che voi (bere)...   **2.** Desidero che tu non (uscire)...
3. Voglio che tu (fare)...   **4.** Spero che Lisa non (andare)...   **5.** Non desidero che Roberto (venire)...   **6.** Insisto che Marco e Pino (stare)...
7. Non voglio che tu (dire)...   **8.** Spero che tu non (volere)...

C. Opinioni personali. Rispondete a turno alle seguenti domande incominciando la frase con **Credo** o **Non credo**.

ESEMPIO   Le donne italiane guidano meglio degli uomini?
                Credo (Non credo) che guidino meglio degli uomini.

1. Che cosa bevono gli Italiani?   **2.** Devono pagare molto per le cure mediche?   **3.** È facile guidare nelle città?   **4.** In quali mesi vanno in vacanza gli Italiani?   **5.** La benzina è più cara negli Stati Uniti o in Italia?   **6.** Molti Europei vengono in vacanza negli Stati Uniti?
7. Sanno tutti parlare inglese?   **8.** Possono viaggiare nei paesi dell'Unione Europea senza passaporto?

D. Siete d'accordo o no? In coppie, a turno, uno fa un'affermazione e l'altro esprime la sua opinione usando un verbo di dubbio o di certezza, e dicendo perché.

ESEMPIO　—*Faccio dello sport ogni giorno.*
　　　　—*Non credo che tu faccia dello sport ogni giorno perché sei troppo pigro(a).*
　　　　—*Sono certo(a) che fai dello sport perché ti preoccupi della tua salute.*

E.　Il testamento del vecchio conte di Altavilla. Completate la storiella con le forme appropriate del **congiuntivo.**

Cara moglie,
Queste sono le mie ultime volontà. Spero che tu _____ (seguire) tutte le mie istruzioni. Desidero che tu _____ (dare) il tappeto del mio studio alla cameriera perché mi ha sempre servito bene. Voglio che tu _____ (regalare) la mia collezione di francobolli al mio maggiordomo *(butler)* per la sua fedeltà e che tu _____ (pagare) al giardiniere la somma di un milione di euro.

Preferisco che il cugino Cosimo _____ (avere) il mio orologio d'oro *(gold)* e che le zie Rosa e Linda _____ (ricevere) tutte le bottiglie di vino della mia cantina. Spero che così loro _____ (consolarsi) della mia morte. Desidero che il mio castello, i miei mobili, le mie cinque macchine e tutte le mie proprietà _____ (andare) al mio autista che mi è stato amico fedele per quarant'anni. A te, cara moglie, che hai protestato per quarant'anni, lascio i miei occhiali e la mia dentiera *(dentures)*. Spero che tu ne _____ (essere) contenta.

Tuo Alfredo

—Che cosa ne pensi? Non credi che l'amministrazione abbia fatto felici gli ambientalisti con quei fiori?

17.3　Il congiuntivo passato

1.　The past subjunctive (**congiuntivo passato**) is a compound tense formed with the present subjunctive of the auxiliary verb **avere** or **essere** + *past participle* of the main verb.

	studiare		**partire**	
Franco crede	che io **abbia**		che io **sia**	
	che tu **abbia**		che tu **sia**	**partito(a)**
	che lui/lei **abbia**	**studiato**	che lui/lei **sia**	
	che noi **abbiamo**		che noi **siamo**	
	che voi **abbiate**		che voi **siate**	**partiti(e)**
	che loro **abbiano**		che loro **siano**	

Spero che **abbiate ascoltato** il telegiornale.　*I hope you listened to the TV news.*

Non penso che i miei genitori **siano** già **arrivati.**　*I don't think my parents have arrived yet.*

2.　The **congiuntivo passato** is used when the verb of the main clause is in the present tense and requires the subjunctive, and the subordinate clause expresses an action that precedes the action of the main clause.

COMPARE:
Mi dispiace che zia Teresa non **venga** oggi.　*I'm sorry Aunt Teresa is not coming today.*

Mi dispiace che zia Teresa non **sia venuta** ieri.	*I'm sorry Aunt Teresa didn't come yesterday.*
Ho paura che non ti **piaccia** questo film.	*I'm afraid you will not like this movie.*
Ho paura che non ti **sia piaciuto** il film di domenica.	*I'm afraid you did not like last Sunday's movie.*

3. When the subject of the main verb and the subject of the subordinate verb are the same, the past infinitive is used.

Past infinitive: **avere** or **essere** + *past participle* of the verb

Spero di **aver(e) fatto** tutto.	*I hope I did everything.*
Siamo contenti di **essere ritornati.**	*We are happy we came back.*
Crede di **averla vista.**	*He thinks he saw her.*

PRATICA

A. Avvenimenti del giorno. Il signor Fanti sta leggendo alcune notizie alla moglie e aggiunge ogni volta il suo commento.

ESEMPIO   Il presidente ha fatto un discorso davanti al Senato.
(Pare che...)
Pare che il presidente abbia fatto un discorso davanti al Senato.

1. I Verdi hanno presentato il loro programma per la protezione dell'ambiente. (Sono contento che...)   **2.** Delle squadre di volontari *(volunteers)* hanno pulito le spiagge sporche *(dirty)*. (Pare che...)   **3.** Il rappresentante del Governo italiano non è andato al Convegno *(Conference)* mondiale di ecologia. (È un peccato che...)   **4.** L'Opec ha deciso di aumentare il costo del petrolio. (Mi dispiace che...)   **5.** La fabbrica X ha inquinato l'acqua di una parte della città. (Pare che...)   **6.** Alcune persone della Legambiente *(enviornmental league)* sono partiti per studiare la situazione. (È bene che...)

B. Parlando di amici. Commentate quello che è successo la settimana scorsa. Sostituite il **congiuntivo passato** al **congiuntivo presente**.

1. Spero che Giovanni trovi un buon posto.   **2.** Siamo contenti che anche lui traslochi.   **3.** Mi dispiace che Franca non venga con noi alla festa di domenica.   **4.** È possibile che sia ammalata.   **5.** Peccato che Marina e Lisa partano per la Svizzera.   **6.** Non credo che i loro genitori siano contenti della loro partenza.

C. Commenti. Filippo parla di Antonio e Marcello, e Gabriella risponde con qualche commento. Seguite l'esempio.

ESEMPIO   Antonio, ritornare ieri dalla Sicilia/Sono contenta...
—*Antonio è ritornato ieri dalla Sicilia.*
—*Sono contenta che sia ritornato presto (o che il viaggio sia stato breve).*

1. Antonio, trovare la nonna migliorata/Sono felice...
2. Antonio, rinunciare all'idea del motorino/È bene...
3. Marcello, dargli lezioni di guida con molta pazienza/Non credo...
4. Antonio, imparare subito a guidare/Non sono sicura...
5. Marcello, cercare buone occasioni di macchine usate/Dubito...
6. Marcello, non trovare niente d'interessante/Mi dispiace...
7. Antonio, dimagrire di alcuni chili/È bene...

D. Sentimenti *(feelings)*. Esprimete quello che queste persone sentono. Di due frasi formatene una usando **di** + **infinito** o **che** + **congiuntivo**.

> ESEMPIO   Paolo è contento. È guarito.
> *Paolo è contento di essere guarito.*
> Paolo è contento. Suo padre è guarito.
> *Paolo è contento che suo padre sia guarito.*

1. Ho paura. Non ho capito la domanda.   **2.** Gabriella è felice. Filippo ha vinto mille euro al Totocalcio.   **3.** Mi dispiace. Ho dimenticato di telefonarti.   **4.** Antonio è contento. È riuscito all'esame di guida.   **5.** Sono felice. I miei genitori sono venuti a trovarmi.   **6.** Mi dispiace. Tu non ti sei divertito.

E. Che bugiardo(a)! Vi piace esagerare quando parlate di voi, ma gli amici non vi credono. In coppie, completate le frasi usando il **congiuntivo presente** o **passato**.

> ESEMPIO   Domani partirò.../Non credo...   Ieri ho visto.../Dubito...
> —*Domani partirò per*   —*Ieri ho visto Elvis.*
> *Roma.*   —*Dubito che tu l'abbia*
> —*Non credo che tu parta*   *visto.*
> *per Roma.*

1. Il fine-settimana scorso ho vinto.../È impossibile...   **2.** Per Natale i miei zii mi regaleranno.../Ho paura...   **3.** Il mese scorso sono andato(a).../Non credo...   **4.** Due anni fa sono stato(a).../Non è possibile...   **5.** L'estate prossima mio padre mi darà.../Non penso...   **6.** L'estate scorsa ho guadagnato.../Non credo...   **7.** Ho partecipato a una gara di... e ho ricevuto.../Mi sembra impossibile...   **8.** Fra qualche anno sarò.../Dubito...

F. Notizie piacevoli e spiacevoli. In coppie, scambiatevi alcune vostre notizie su quello che vi è successo.

> ESEMPIO   —*Mi sono divertito(a) molto a Capodanno.*
> —*Sono contento(a) che tu ti sia divertito(a).*
>
> —*Io e mio fratello abbiamo avuto un incidente di macchina.*
> —*Mi dispiace che voi abbiate avuto un incidente di macchina.*

17.4   Suffissi con nomi e aggettivi

Una chiesetta di montagna.

In Italian, the meaning of a noun or an adjective can be altered by attaching a particular suffix. The suffix is added after the final vowel of the word is dropped. The most common suffixes are:

1. **-ino(a); -etto(a); ello(a),** conveying smallness or endearment.

fratello	fratell**ino** (*dear little brother*)
Luigi	Luig**ino** (*dear little Luigi*)
casa	cas**etta** (*cute little house*)
vino	vin**ello** (*light but good wine*)

2. **-one (-ona, -oni, -one),** conveying largeness, weight, or importance.

naso	nas**one** (*huge nose*)
dottore	dottor**one** (*well-known doctor*)
pigro	pigr**one** (*very lazy*)

3. **-accio (-accia, -acci, -acce),** conveying a pejorative connotation.

parola	parol**accia** (*dirty word*)
ragazzo	ragazz**accio** (*bad boy*)
tempo	temp**accio** (*very bad weather*)

   ### NOTE:

   The choice of suffixes is idiomatic and cannot be made at random. It is best that you limit their use to examples you read in reliable sources or hear from native speakers.

PRATICA

A. **Variazioni.** Aggiungete a ogni parola in corsivo il **suffisso** necessario per rendere *(to convey)* il significato della frase.

   1. un *tempo* con molta pioggia
   2. un *libro* di mille pagine
   3. il *naso* di un bambino
   4. un *ragazzo* grande e grosso
   5. una *villa* piccola e carina
   6. due lunghe *giornate* faticose
   7. il *giornale* dei piccoli (bambini)
   8. un *ragazzo* cattivo
   9. le grosse *scarpe* da montagna
   10. un *professore* molto famoso
   11. una brutta *parola*

B. **Che cosa significa?** Date l'equivalente inglese delle espressioni in corsivo.

   1. Hanno comprato *una macchinetta rossa.* **2.** Vai alla spiaggia? *Porta l'ombrellone!* **3.** Antonio ci ha raccontato *una storiella divertente.* **4.** Se voglio i libri dell'ultimo scaffale, *ho bisogno della scaletta.* **5.** *Era una serataccia* fredda, con vento e pioggia. **6.** Ho incontrato Marcello: *era con una biondina.* **7.** Un ragazzo come te non dovrebbe leggere quel *giornalaccio.* **8.** Nel giardino ci sono due *alberelli di mele.*

Per finire

Arte e medicine in una vecchia farmacia veneziana.

La nonna è ammalata

Antonio è andato in Sicilia a trovare nonna Caterina che è ammalata da molti mesi.

ANTONIO	Come ti senti, nonnina?
NONNA	Eh, figlio mio, non troppo bene. Mi fanno male tutte le ossa e **faccio fatica a** camminare.
ANTONIO	Ma non hai chiamato il medico?
NONNA	Ma sì, Tonino, il dottor Gaetani è venuto molte volte l'inverno scorso.
ANTONIO	E che cosa ti ha detto **allora** il medico?
NONNA	Mi ha detto che ho l'artrite e mi ha trovato la pressione alta.
ANTONIO	Che cosa ti ha ordinato?
NONNA	Delle iniezioni. Mi ha dato anche delle pillole per calmare un po' il dolore e controllare la pressione. Mi ha raccomandato anche di stare a dieta.
ANTONIO	E la cura non ha fatto niente?
NONNA	Credo che mi abbia fatto bene. Sto ancora facendo delle iniezioni, ma che vuoi, ragazzo mio, gli anni sono tanti...
NONNO	Tua nonna parla sempre di anni e mi sembra che ascolti troppo i medici. Dovrebbe ascoltare me e bere questo vinello rosso dell'Etna. **L'hai assaggiato?**
ANTONIO	Sì, lo trovo ottimo. E della tua **vigna,** nonno?
NONNO	No, questo me l'ha dato un mio amico. Che ne dici, Tonino, non ti pare che ci sia dentro il fuoco dell'Etna?
ANTONIO	Hai ragione, nonno. Incomincio già ad avere caldo.

I find it difficult to

at that time

Have you tasted it?
vineyard

NONNO È quello che dico sempre a tua nonna: due bicchieri di vino al giorno e **ti levi il medico d'intorno.** Ma lei ha la testa dura e preferisce ascoltare i dottori.

you keep the doctor away

NONNA Non ascoltare tuo nonno, Antonio. Sai che a lui piace sempre **scherzare!**

to joke

COMPRENSIONE

1. Perché Antonio è andato a trovare nonna Caterina?
2. Come si sentiva la nonna?
3. Che cosa le faceva male?
4. Cosa le ha detto il medico che l'ha visitata? Che medicine le ha ordinato?
5. Il medico ha detto che poteva mangiare tutto quello che voleva? Cosa doveva fare?
6. Secondo la nonna, quale sarebbe la vera ragione dei suoi disturbi *(ailments)*?
7. Secondo il nonno, cosa dovrebbe fare la nonna per guarire?
8. Quale proverbio ripete sempre il nonno?
9. Perché, secondo lui, la nonna ha la testa dura?
10. Che cosa piace fare sempre al nonno?

CONVERSAZIONE

1. Com'è la Sua salute? Che medicina prende quando ha mal di testa?
2. Lei può mangiare tutto o deve stare a dieta? Compra prodotti biologici *(organic)*?
3. Che cosa pensa Lei dei medici? Ha fiducia in loro *(Do you trust them)*?
4. Se il Suo medico Le ordina una medicina, che cosa fa Lei? E se Le dà un consiglio?
5. È d'accordo Lei con il proverbio del nonno di Antonio? Cosa pensa Lei della filosofia del nonno?

Adesso scriviamo!

Salviamo l'ambiente

È la settimana ecologica all'università. È stato chiesto a tutti gli studenti di compilare un questionario come il seguente. Rispondi anche tu alle domande del questionario. Poi usa le tue risposte come base per scrivere una breve lettera all'editore del giornalino dell'università.

A. Il questionario

1. Vieni a scuola in macchina da solo(a)?	Sì	No	Qualche volta
2. Vieni a scuola in bicicletta?	Sì	No	Qualche volta
3. Vieni a scuola a piedi?	Sì	No	Qualche volta
4. Usi i mezzi di trasporto pubblici?	Sì	No	Qualche volta
5. Ricicli la carta?	Sì	No	Qualche volta
6. Ricicli l'alluminio?	Sì	No	Qualche volta

7. Ricicli la plastica?　　　　　　　　Sì　No　Qualche volta
8. Ricicli il vetro?　　　　　　　　　　Sì　No　Qualche volta
9. Spegni le luci nelle stanze non in uso?　Sì　No　Qualche volta
10. Chiudi il rubinetto *(faucet)* dell'acqua
　　mentre ti lavi i denti?　　　　　　Sì　No　Qualche volta
11. Cosa altro fai per aiutare l'ambiente?

B. Adesso usa le tue risposte per scrivere una lettera di tre paragrafi.

- *Primo paragrafo:* riassumi le risposte che hai dato al questionario. Comincia così: Egregio editore del giornalino dell'università, la lettera che segue tratta dell'inchiesta *(survey)* «Salviamo l'ambiente». Io vengo a scuola in macchina solo quando piove, e di solito uso...

- *Secondo paragrafo:* parla di quello che dovresti e vorresti fare. Comincia così: dovrei riciclare l'alluminio e il vetro. Vorrei anche...

- *Terzo paragrafo:* suggerisci dei provvedimenti *(measures)* alla comunità universitaria.
  Comincia così: Penso che ogni studente abbia la responsabilità di...
  Oppure: È necessario che tutti...
  Finisci così: Con la speranza che Lei pubblichi la mia lettera, Le porgo i miei più cordiali saluti. (firma)

Adesso che hai finito la tua lettera, controlla di aver scritto tutte le parole correttamente. Controlla l'accordo tra il verbo e il soggetto e tra il nome e l'aggettivo. Ti sei ricordato(a) di usare il congiuntivo?

Alla fine, con un compagno (una compagna), leggete le vostre lettere. I vostri propositi *(resolutions)* personali sono simili? Che cosa suggerisce il tuo compagno (la tua compagna) alla comunità universitaria? Pensi che sia un suggerimento fattibile *(feasible)?*

Attività supplementari

Un bicchiere di vino fa bene
Chi beve mezzo litro di vino al giorno, tre bicchieri, non importa se di rosso o di bianco, riduce almeno del 25 per cento la probabilità di essere colpito da infarto cardiaco. Questo è il risultato di numerosi studi condotti, in tutta Italia, dagli esperti nutrizionisti e cardiologi della Nutrition foundation of Italy. Secondo le ricerche, la quantità quotidiana ideale di alcol deve essere pari a circa 40-50 grammi.

A. Sono benefici o dannosi? Discutete gli effetti del vino sulle persone e quelli del fumo sulle persone e sull'ambiente. Parole utili: il cuore *(heart)*, i polmoni *(lungs)*, il monossido di carbonio, le sostanze inquinanti.

B. Avete mai pensato di diventare naturalisti o ambientalisti? Leggete le due descrizioni e discutete quale attività vi interesserebbe di più.

I DIFENSORI DELLA NATURA

Naturalisti

Corso di laurea. Durata: 4 anni
Esami: 23+inglese

Obiettivi: conservazione della natura e delle sue risorse; didattico

Impiego professionale: educazione ambientale (visite guidate in parchi naturali e musei); direzione parchi e riserve naturali; restauro ambiente e monumenti culturali.

Ambientalisti

Corso di laurea. Durata: 5 anni
Esami: 28+lingua straniera

Obiettivo: formazione manager dell'ambiente

Impiego professionale: in amministrazioni pubbliche con competenza ecologica; in settori privati (società che si occupano di raccolta e elaborazione dei dati ambientali).

Come si dice in italiano?

1. Mr. and Mrs. Smith arrived in Rome yesterday and rented a Fiat.
2. Mr. Smith's wife was afraid that he might have problems with the traffic and was telling him: "Go slowly! Pay attention!"
3. "If you must complain so much (**così tanto**), next time I prefer that you stay home."
4. Unfortunately, Mrs. Smith was right: at a busy (**di grande traffico**) intersection, they had an accident.
5. Mr. Smith broke his leg, and his wife hurt her neck.
6. So, half an hour later, the two were at the emergency room (**Pronto Soccorso**), where the doctor put a cast on (**ha ingessato**) Mr. Smith's leg.
7. "Mr. Smith," said the doctor, "I think you need this medication for the pain."
8. "Doctor," Mrs. Smith said, "I'm afraid I need something for my neck."
9. "I believe my nurse (**infermiera**) has already prepared the medication for you."

GUARDIAMO!

Salute e ecologia

Luigi non si sente troppo bene ed Alessandra l'accompagna dal dottore. Luigi è un po' impaziente e nervoso.

SITO WEB

Per fare più pratica con gli argomenti culturali e i punti grammaticali del **Capitolo 17,** vai a vedere il sito *Ciao!* a *http://ciao.heinle.com.*

Vedute d'Italia

Prima di leggere

Bicycling, in Italy as in North America, has become popular as a means of staying fit and also helping the environment. Both factors come into play in this article by an Italian journalist, Paolo Brosio, who took up the sport as therapy after a severe ankle injury. As you read Brosio's narrative, see if you can identify with his *nuovo grande amore*, his love of bicycling. Have you ever become as attached to a sport as he did?

La bicicletta

Nei primi mesi del 1996 nasce in me un nuovo grande amore: la bicicletta. A quarant'anni **scopro** la passione di **pedalare,** il **gusto della fatica dura,** semplice e pulita. La bicicletta incarna tutto questo. Mai prima di quel periodo ero stato **sfiorato** dall'idea di praticare questo sport. Tutto comincia quando nella primavera del 1996 **mi procuro una distorsione grave con rottura dei legamenti della caviglia.**

    È il dodici maggio e sono allo stadio comunale di Pavia per una partita di calcio di **beneficenza** contro la nazionale della **Guardia di Finanza. Mi toccano due mesi di gesso** e poi la fisioterapia. La bicicletta **mi consente,** in questa fase, di recuperare il tono muscolare. Acquisto due biciclette, una per me e una per la mia fidanzata Olivia. Sono due «city bike», cioè una versione particolare adatta per girare in città, soprattutto a Milano, dove **si pedala** con difficolta tra pavè e **rotaie dei tram.** Comincio a girare per la città in bici in mezzo al traffico **folle,** allo smog. Girare per Milano è una **follia,** nessuno rispetta i ciclisti ma io, **testardo come un mulo,** non **rinuncio** alla pedalata. **Mi impegno a lottare** per una migliore **viabilità** e per la costruzione di **piste ciclabili.**

    Giro per l'Europa in continuazione e **mi rendo conto** che Milano è forse l'unica grande metropoli europea che non ha **collegamento** per i ciclisti nel centro. Amsterdam, Parigi, Londra, Madrid e New York hanno trovato il modo di collegare i parchi cittadini al centro e alle **zone periferiche.** Con questo sistema, gli amministratori hanno verificato un **calo** del traffico e dello smog.

I discovered/bicycling
the pleasure of hard work
touched
I twisted my ankle badly and tore the ligaments
benefit game
financial police/I ended up in a cast for two months/enabled me
one pedals
tram rails
crazy
madness/stubborn like a mule
relinquish/I undertake to fight/ road conditions/bicycle lanes
I go around/I realize
connections
outskirts
decrease

Paolo Brosio, from: «Schiusmi, ai em en italian giornalist». Copyright 1997 Gruppo Ugo Mursia Editore S.p.A., Milano.

Alla lettura

Rileggi l'articolo un'altra volta e completa le seguenti attività.

A. Completa le seguenti frasi con le informazioni dal testo.

1. Il gionalista scopre il piacere di andare in bicicletta...
2. Comincia ad andare in bicicletta quando...
3. La bicicletta lo aiuta a...
4. Milano è una città...
5. Milano è forse l'unica grande città a...

B. Ora parla della tua opinione personale dopo aver letto l'esperienza del giornalista come ciclista.

1. Puoi capire la sua grande passione di andare in bicicletta? Hai mai provato una passione simile per uno sport? Perché sì o perché no?
2. Quando decide di lottare per la costruzione di piste ciclabili a Milano, pensi che sia stato motivato da interessi personali o da preoccupazioni ambientali?

I problemi ecologici in Italia

Da diversi anni l'Italia si preoccupa della necessità di difendere l'ambiente. Il partito politico dei Verdi, il ministero dell'ambiente e le varie associazioni che si sono formate hanno contribuito a rendere gli Italiani **consapevoli** dei problemi ecologici. Un piccolo paese come l'Italia, con le molte industrie, l'alta densità della popolazione e un patrimonio artistico da difendere deve trovare soluzioni di vario tipo per risolvere il problema **inquinamento.** La maggior parte delle città italiane cercano di trovare delle soluzioni al problema dell'inquinamento e del traffico anche con piccoli **provvedimenti.** Per esempio, in alcune città italiane, recentemente, si poteva solo circolare a **targhe** alterne: una settimana le macchine la cui targa finiva con un numero **dispari,** una settimana le macchine con un numero **pari.** Questa e altre iniziative, anche piccole, come il riciclaggio delle **immondizie secche e umide,** l'uso obbligatorio della **benzina verde** dal 2002, stanno aiutando gli Italiani nella lotta contro l'inquinamento per la difesa dell'ambiente.

aware

pollution

measures
license plates
odd
even
wet and dry trash
unleaded gas

COMPRENSIONE

1. Chi ha contribuito a rendere gli Italiani più consapevoli dei problemi ecologici?
2. Anche l'alta densità della popolazione minaccia la natura. Come?
3. Qual è una delle soluzioni che alcune città italiane hanno trovato recentemente per diminuire il traffico?

Culture a confronto

1. Confronta i modi in cui gli Italiani cercano di preservare e difendere l'ambiente con quelli della zona in cui vivi. In che cosa sono simili? In che cosa sono diversi?
2. Pensi che il problema inquinamento sia lo stesso in Italia come nell'America del Nord? Perché sì o perché no?

Vocabolario

Nomi

l'antibiotico	antibiotic
l'artrite *(f.)*	arthritis
l'aspirina	aspirin
il calmante	sedative
il cuore	heart
la cura	treatment; care
la depressione	depression
il dente	tooth
la diagnosi	diagnosis
il disturbo	ailment; trouble
il dolore	pain, ache
l'incidente	accident
l'incrocio	intersection
l'infermiere(a)	nurse
l'influenza	flu
l'iniezione *(f.)*	injection
il malato, la malata	sick person; patient
l'osso *(pl.* le ossa)	bone
il (la) paziente	patient
il peso	weight
la pillola	pill
la pressione	blood pressure
la ricetta	prescription
il sintomo	symptom
il termometro	thermometer
il vetro	glass

Aggettivi

benefico	beneficial
biologico	organic
dannoso	harmful
duro	hard
medico	medical

Verbi

calmare	to calm
controllare	to check; to keep under control
curare	to treat
dubitare	to doubt
ingessare	to put in a cast
migliorare	to improve
ordinare	to prescribe
raccomandare	to recommend
visitare	to examine

Altre espressioni

a causa di	because of
avere fiducia	to trust
avere la testa dura	to be stubborn
avere la tosse	to have a cough
bisogna *(impers.)*	it is necessary
Che cosa è successo?	What happened?
Che fifone!	What a chicken!
Come andiamo?	How are we doing?
(È un) peccato...	too bad . . .
fare fatica a (+ *inf.*)	to find it difficult to
pare *(impers.)*	it seems
prendere il raffreddore	to catch a cold
può darsi *(impers.)*	it may be
sano come un pesce	as healthy as a horse (lit. *fish*)
sembra *(impers.)*	it seems
stare a dieta	to be on a diet

Arte e teatro

Firenze. Visitatori alla galleria degli Uffizi.

Punti di vista

Musica operistica o musica elettronica? (CD 7, TRACK 13)

Giuseppe Piccoli e tre suoi amici hanno messo insieme un piccolo gruppo rock che ha un certo successo. Giuseppe suona la chitarra elettrica, e gli altri tre suonano la **batteria,** il piano e la chitarra. Oggi i quattro ragazzi sono a casa di Giuseppe e suonano i loro strumenti un po' troppo entusiasticamente. Dopo un paio d'ore la mamma entra nel soggiorno.

drums

Eros Ramazzoti.

MAMMA Giuseppe... Giuseppe! Adesso dovreste smettere di suonare, prima che mi venga un gran mal di testa.

GIUSEPPE Ti prego, mamma, **lasciaci** suonare ancora un po'. E poi... lo sai che adesso mi chiamo Paco Pank!

let us

MAMMA Paco Pank? Che bisogno avevi di cambiarti il nome? Giuseppe Mangiapane non ti andava bene?

GIUSEPPE Se il mio nome d'arte fosse Giuseppe Mangiapane, come potrei essere famoso nel mondo del rock?

MAMMA Beh, famoso... è troppo presto per dirlo. Ricordati che riesce solo chi ha talento.

GIUSEPPE In questa casa nessuno mi capisce! A papà, per esempio, piace solo la musica operistica e non vuole ascoltare **nient'altro.** Però se un giorno diventerò famoso, **grazie alla** musica rock, tu e papà sarete **orgogliosi** di me.

nothing else
thanks to
proud

MAMMA Va bene, ma per il momento sarei contenta se tu suonassi meno **forte;** mi sembra che questo sia **fracasso,** non musica.

loud
loud noise

GIUSEPPE È inutile discutere con voi! Siete rimasti all'epoca di Giuseppe Verdi.

COMPRENSIONE

1. Cos'hanno messo insieme i quattro amici? Quali strumenti suonano?
2. Cosa fanno oggi? Dove?
3. Paco Pank è un nome vero o un nome d'arte? Qual è, in questo caso, il nome vero?
4. Perché ha deciso di cambiarsi il nome Giuseppe?

5. Per diventare famoso, basta che Giuseppe si cambi il nome o ci vuole qualcos'altro? Che cosa?
6. Piace a suo padre la musica rock? Perché no?
7. Cosa vuole la madre di Giuseppe, per il momento?
8. Qual è, secondo Giuseppe, il problema dei suoi genitori per quanto riguarda (regarding) la musica?
9. Lei sa chi era Giuseppe Verdi?

Studio di parole   Le arti e il teatro

MOSTRA D'ARTE—PITTURA E SCULTURA

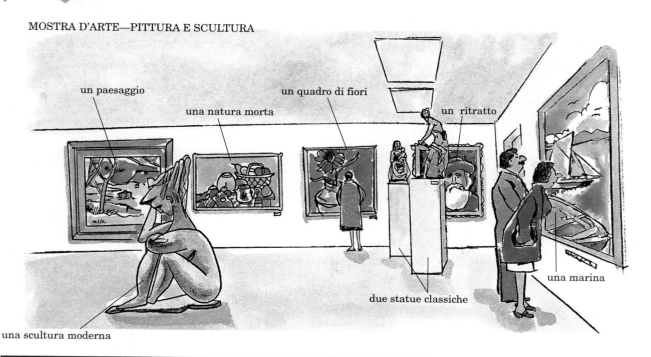

un paesaggio

una natura morta

un quadro di fiori

un ritratto

una marina

due statue classiche

una scultura moderna

l'architettura architecture
l'architetto (m. & f.)
   architect
il pittore, la pittrice painter
lo scultore, la scultrice
   sculptor, sculptress
lo stile style
   classico,
   barocco,
   moderno

l'affresco fresco
l'autoritratto self-portrait
l'acquerello watercolor
la caricatura caricature
disegnare to draw
dipingere to paint
scolpire (-isc-) to sculpt

A TEATRO

i palchi

il sipario

il cantante

la galleria

il palcoscenico

i musicisti

il direttore d'orchestra

il pubblico

la musica
  **classica, operistica,
    sinfonica, leggera**
la sinfonia symphony
la canzone song
strumenti musicali
  il pianoforte
  il violino violin
  il violoncello cello
  il flauto flute
  la tromba trumpet
  la chitarra guitar
  la batteria drums
  **il compositore, la
    compositrice** composer
comporre (*p.p.* **composto**) to
  compose

l'opera **(lirica)**
il coro chorus
la commedia play, comedy
la tragedia tragedy
l'atto act
la scena scene
il comico comedian
il commediografo
  playwright
recitare to act, to play a
  part
applaudire to applaud
fischiare to boo (*lit.,* to
  whistle)
il pubblico audience
la platea orchestra seats

Informazioni | L'opera

L'opera nacque in Italia alla fine del Cinquecento e Claudio Monteverdi è uno dei più grandi compositori italiani. Ma è a Napoli che l'opera diventò quella che il mondo definisce oggi «opera italiana». Napoli si identificò con il «bel canto», la melodia cantata. Fra i grandi maestri napoletani del Seicento e del Settecento furono Stradella, Scarlatti e Pergolesi. Dall'Italia l'opera italiana partì alla conquista del mondo ed influenzò geni come Mozart, che scrisse opere italiane di stile e di libretto.

Il periodo del bel canto continuò a fiorire nell'Ottocento con Rossini, Bellini e Donizetti. Questo secolo fu dominato tuttavia dal genio drammatico di Giuseppe Verdi. Il grande musicista fu insuperabile nella creazione di arie e di cori che accompagnano grandi scene drammatiche. Basti ricordare di lui alcune opere come *Rigoletto, Il Trovatore, La Traviata, Aida* e *Otello*.

Alla fine del secolo l'opera si fece più realista, e Giacomo Puccini, autore della *Bohème,* ne fu l'interprete più popolare. Da allora altri compositori hanno scritto opere, ma nessuno si è avvicinato al successo di Verdi e di Puccini.

L'opera italiana.

APPLICAZIONE

A. Rispondete alle seguenti domande.

1. Che cosa compose Beethoven?
2. Paganini era un famoso musicista dell'Ottocento. Quale strumento suonava alla perfezione?
3. Louis Armstrong suonava il flauto o la tromba?
4. Milioni di turisti visitano la Cappella Sistina in Vaticano. Perché?
5. Chi era Botticelli?
6. Che tipo di quadro è *La Gioconda (Mona Lisa)?* Dove si trova?
7. Che cosa rappresenta una natura morta?
8. Cosa fa il pubblico alla fine di una rappresentazione?

B. Autori e opere *(works)*

1. Abbinate gli elementi delle due colonne in una frase completa, scegliendo la forma appropriata dei verbi **scrivere, comporre, scolpire, dipingere.**

Shakespeare	*La Bohème*
Michelangelo	*La Gioconda*
Giuseppe Verdi	la sinfonia «*Le quattro stagioni*»
Puccini	*La Pietà*
Leonardo da Vinci	*Amleto*
Vivaldi	*L'Aida*

2. Shakespeare era uno scrittore. Dite cos'erano gli altri artisti. Identificate anche il genere delle loro opere.

C. Conversazione

1. Lei sa suonare qualche strumento? Se sì, quale? **2.** Ha mai suonato in un'orchestra o in un gruppo? **3.** Quale musica e quali cantanti preferiscono i Suoi genitori? E Lei? **4.** Le differenze di gusti e di opinioni sono frequenti fra la vecchia generazione e la nuova? Per esempio, su che cosa la Sua famiglia e Lei non vanno d'accordo? **5.** Lei crede che la musica sia importante nella vita? Spieghi la Sua risposta.

D. Quali festival? In coppie, considerate i festival e situate nelle rispettive regioni le città in cui hanno luogo. Poi dite a quale o a quali festival vi piacerebbe assistere, e perché.

FESTIVAL DELLE ARTI

FIESOLE *Estate fiesolana,* arti varie, Giugno-Agosto

FIRENZE *Maggio musicale fiorentino,* Maggio-Giugno

MESSINA *Film internazionale,* Luglio

NAPOLI *Musica internazionale,* Maggio
Canzone napoletana a Piedigrotta, Settembre

PERUGIA *Musica jazz,* Luglio-Agosto

ROMA *Opera alle Terme di Caracalla,* Estate

SIRACUSA *Teatro antico,* Maggio-Giugno

SPOLETO *Festival dei due Mondi,* arti varie, Giugno-Luglio

TAORMINA *Film internazionale-Teatro,* Giugno, Agosto

VENEZIA *Festival del film internazionale,* Agosto-Settembre

VERONA *Film internazionale-Opera,* Giugno, Estate

Se tu fossi pittore... Luisa has been taking an art course and must do a painting of her own as an assignment. She is trying to decide what to paint and asks her older brother Alberto for advice. Listen as he makes various suggestions; then answer the following questions.

Comprensione

1. Che cosa deve fare Luisa per lunedì? A chi ha domandato aiuto?
2. È pittore Alberto? Se fosse pittore, che cosa dipingerebbe? **3.** Quali elementi dovrebbe avere l'angolo *(corner)* di giardino che Alberto consiglia di disegnare? **4.** Luisa segue il consiglio del fratello? Perché? **5.** Alberto le suggerisce una seconda idea. Quale? **6.** Alla fine, Alberto che cosa ha detto di dipingere? **7.** Crede Lei che Luisa abbia veramente talento artistico?

Dialogo

Preferenze. Se voi foste pittori, che tipo di quadro dipingereste? In piccoli gruppi, scambiatevi le vostre opinioni sul tipo di pittura e sui pittori che preferite.

Punti grammaticali

18.1 Congiunzioni + congiuntivo

—Ti lavo la macchina purché tu mi dia i soldi per andare a vedere i burattini.

1. The following conjunctions *must* be followed by the subjunctive:

affinché, perché	*so that*
benché, per quanto, sebbene	*although*
a meno che... (non)	*unless*
prima che	*before*
purché	*provided that*
senza che	*without*

Scrivimi una nota **affinché** me ne **ricordi.**	*Write me a note so that I will remember it.*
Compra i biglietti **a meno che** Paolo (non) li **abbia** già **comprati.**	*Buy the tickets unless Paolo has already bought them.*
Oggi vado a una mostra di pittura astratta, **benché** la **capisca** poco!	*Today I'm going to an exhibit of abstract art, although I don't understand it very well!*
Ritorniamo a casa **prima che** **piova.**	*Let's go home before it rains.*

2. The prepositions **per, prima di,** and **senza** + *infinitive* are used instead of **affinché (perché), prima che,** and **senza che** when the subject of both clauses is the same. Compare:

Lavoro **per pagarmi** gli studi.	*I work (in order) to pay for my studies.*
Lavoro **perché tu possa** continuare gli studi.	*I work so that you'll be able to continue your studies.*
Telefonami **prima di uscire.**	*Call me before going out.*
Telefonami **prima che io esca.**	*Call me before I go out.*
Partono **senza salutarci.**	*They leave without saying good-bye to us.*
Partono **senza che noi** li **salutiamo.**	*They leave without our saying good-bye to them.*

PRATICA

A. Benché... A turno, fatevi le seguenti domande.

> **ESEMPIO** Vai spesso a teatro?/i biglietti essere cari
> —*Vai spesso a teatro?*
> —*Sì, benché i biglietti siano cari.*

1. Canti quando fai la doccia?/essere stonato(a) come una campana (*tone deaf*) **2.** Ti piace l'arte astratta?/non capirla molto **3.** Andrai in vacanza quest'anno?/non avere molti soldi **4.** Ti piace la musica di Puccini?/preferire quella di Verdi **5.** Fai tutti i compiti per il corso di italiano?/trovarli difficili **6.** Ti piacciono le nature morte?/piacermi di più i quadri di paesaggi

B. Notizie incomplete. Completate le seguenti frasi.

1. Stasera il Teatro Nuovo chiuderà a meno che il personale non (rinunciare) _____ allo sciopero.
2. L'attore americano X parteciperà al Festival di Spoleto purché i dirigenti (pagargli) _____ le spese di viaggio.
3. Il marchese e la marchesa Marelli di Mirandola organizzeranno una festa prima che la stagione lirica (finire) _____.
4. Il tenore X canterà anche domani a meno che non (sentirsi) _____ peggio.
5. Le sale della galleria sono bene illuminate (*lighted*) perché i visitatori (potere) _____ vedere meglio i quadri.

C. Quale congiunzione? Unite i due frammenti di frase, usando la congiunzione appropriata.

> **ESEMPIO** Paolo esce stasera—abbia il raffreddore.
> *Paolo esce stasera benché abbia il raffreddore.*

1. Ti presto cinque euro—tu me li restituisca presto.
2. Ritorneremo dall'opera—voi andiate a letto.
3. Il signor Ricci continua a lavorare—i figli possano andare all'università.
4. Stasera vedremo una commedia di Dario Fo—l'abbiamo già vista l'anno scorso.
5. Il professore parla ad alta voce—tutti lo capiscano.
6. Leggo ancora—sia l'una di notte.

D. Intervista. Immaginate di essere un(a) giornalista (G) e di fare le seguenti domande ad una soprano (S) straniera che ha appena finito di cantare l'*Aida* in Italia. Completate le domande e rispondete in modo personale.

G. Signora, quando pensa (*to leave*) _____ Milano?
S. ...
G. Le dispiace (*that the opera season is already finished*) _____?
S. ...
G. Desidera (*to work again*) _____ con il direttore d'orchestra Muti?
S. ...
G. È vero che Lei partirà (*without visiting*) _____ altre città italiane?
S. ...
G. (*Before arriving*) _____ in Italia, come immaginava Lei questo paese?
S. ...
G. Suo marito verrà a raggiungerLa (*to join you*) (*before you leave*) _____?
S. ...
G. Grazie, signora, e i miei migliori auguri di buon viaggio!
S. ...

E. Pensieri sciolti (*unrestrained*). Completate le frasi con immaginazione e logica e confrontatele con quelle del vostro compagno.

1. Ho intenzione di comprarmi un vestito benché...
2. Andrò al concerto purché...
3. D'inverno mi piace sciare sebbene...
4. In caso di bisogno, aiuto gli amici senza che...
5. Di sera guardo la tivù a meno che...

18.2 L'imperfetto del congiuntivo

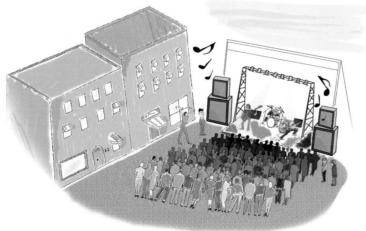

Elisabetta sperava che il concerto non finisse più!

1. The imperfect subjunctive (**imperfetto del congiuntivo**) is formed by adding the endings **-ssi, -ssi, -sse, -ssimo, -ste, -ssero** to the infinitive form of the verb after dropping **-re.**

   che io **parlassi** = *that I spoke, might speak, would speak*

		parlare	**leggere**	**dormire**
Volevano	che io	parla**ssi**	legge**ssi**	dormi**ssi**
	che tu	parla**ssi**	legge**ssi**	dormi**ssi**
	che lui/lei	parla**sse**	legge**sse**	dormi**sse**
	che noi	parla**ssimo**	legge**ssimo**	dormi**ssimo**
Era bene	che voi	parla**ste**	legge**ste**	dormi**ste**
	che loro	parla**ssero**	legge**ssero**	dormi**ssero**

2. The imperfect subjunctive is governed by the same verbs and conjunctions that govern the present and past subjunctive. It expresses an action that is *simultaneous* with or *subsequent* to that of the main clause and is used when the verb of the main clause is in a *past tense* or in the *conditional*.

Lisa desiderava che suo figlio **diventasse** musicista.	*Lisa wanted her son to become a musician.*
È uscito benché **piovesse.**	*He went out although it was raining.*
L'attrice era felice che i giornalisti l'**intervistassero.**	*The actress was happy that the journalists would interview her.*
Vorrei che voi mi **ascoltaste.**	*I would like you to listen to me.*
Il regista sperava che gli attori **andassero** d'accordo.	*The film director was hoping that the actors would get along.*

The following verbs are irregular in the imperfect subjunctive:

essere:	**fossi, fossi, fosse, fossimo, foste, fossero**
dare:	**dessi, dessi, desse, dessimo, deste, dessero**
stare:	**stessi, stessi, stesse, stessimo, steste, stessero**
fare:	**facessi, facessi, facesse, facessimo, faceste, facessero**
dire:	**dicessi, dicessi, dicesse, dicessimo, diceste, dicessero**
bere:	**bevessi, bevessi, bevesse, bevessimo, beveste, bevessero**

Mi piacerebbe che tu mi **facessi** la caricatura.	*I would like you to draw my caricature.*
Il regista sperava che il tenore **stesse** meglio.	*The director hoped the tenor would feel better.*
Ha letto una commedia di Dario Fo sebbene **fosse** mezzanotte.	*He read a comedy by Dario Fo although it was midnight.*

3. **The if clause. Se** + imperfect subjunctive is used to describe a hypothetical situation in the present or the future that is possible but unlikely. The present conditional is used to express the outcome.

Se **avessi** tempo, **seguirei** un corso di pittura.	*If I had the time, I would take a course in painting.*
Se **fossi** milionario, **farei** il giro del mondo.	*If I were a millionaire, I would take a trip around the world.*

NOTE:

In a real or probable situation, the *if* clause is *always* in the indicative.

Se **mangi** troppo, **ingrassi.**　　*If you eat too much, you get fat.*
Se **andremo** a Roma,　　　　　*If we go to Rome, we will visit the*
　visiteremo i Musei Vaticani.　　*Vatican Museums.*

PRATICA

A. Trasformazioni. Mettete le frasi al passato, secondo l'esempio.

　ESEMPIO　　Ho paura che lui sia malato.
　　　　　　Avevo paura che lui fosse malato.

1. Ho paura che la farmacia sia chiusa.　**2.** È una bella giornata benché faccia freddo.　**3.** È necessario che tu vada in biblioteca.　**4.** Devo comprare un televisore, sebbene costi molto.　**5.** È bene che non beviamo troppo.　**6.** Il padre si sacrifica affinché i figli si istruiscano.　**7.** Sono contenta che i miei genitori siano d'accordo con me.

B. Speranze. Incominciate ogni frase con **Luisa sperava che...,** e fate i cambiamenti necessari.

　ESEMPIO　　qualcuno invitarla ad un recital di poesie
　　　　　　Luisa sperava che qualcuno l'invitasse ad un recital di poesie.

1. il suo ragazzo regalarle un CD di Andrea Bocelli　**2.** esserci una stagione teatrale interessante　**3.** la sua amica dare una festa　**4.** il vestito rosso andarle bene　**5.** qualcuno dirle «sei bella!»　**6.** le tasse universitarie *(tuition)* essere meno costose　**7.** il professore essere di buon umore *(in a good mood)* e dare a tutti un bel voto

C. Volere non è potere. In coppie, domandatevi cosa vorreste cambiare, se fosse possibile.

　ESEMPIO　　Se tu potessi cambiare le cose, cosa vorresti cambiare? il
　　　　　　weekend durare...
　　　　　　Vorrei che il weekend durasse tre giorni. o...

1. la vita essere...　**2.** i professori dare...　**3.** mio padre capire...　**4.** gli amici dire...　**5.** mia sorella non leggere...　**6.** i corsi finire...　**7.** la televisione eliminare...　**8.** i film essere...

D. Desideri. Che cosa vorresti dalla vita? Incomincia con **Vorrei che...** Ogni studente esprime un desiderio.

E. Se... Completate le seguenti frasi, usando il congiuntivo del verbo in parentesi.

　1. Potrei trovare facilmente lavoro se io _____ (conoscere) l'informatica.
　2. Se quel tenore _____ (cantare) meglio, il pubblico non lo fischierebbe.
　3. Compreremmo dei biglietti di platea se _____ (costare) di meno.
　4. Se noi non _____ (avere) lezione oggi, inviteremmo il professore al caffè.
　5. Che cosa direste se noi _____ (fare) una festa?
　6. Se tu _____ (divertirsi) di meno, avresti dei voti migliori.

F. Se... In coppie, a turno, completate le seguenti frasi con un po' di fantasia.

1. Se mi piacesse la musica... **2.** Se avessi una bella voce... **3.** Se sapessi scrivere con facilità... **4.** Se fossi in Italia d'inverno... **5.** Se mi invitassero al ristorante Pappagallo di Bologna... **6.** Se non ci fossero più esami...

G. Cosa faresti se...? In coppie, a turno, chiedetevi cosa fareste se ne aveste la possibilità, il tempo, i soldi, ecc.

ESEMPIO essere in Italia
—*Cosa faresti se tu fossi in Italia?*
—*Andrei a visitare le Cappelle Medicee a Firenze.*

1. avere un mese di vacanza **2.** tuo nonno darti un sacco di soldi **3.** un grande commediografo chiederti di recitare in una sua commedia **4.** essere architetto **5.** un amico italiano invitarti all'opera all'Arena di Verona **6.** un musicista dirti che hai del talento musicale

H. Conversazione. Rispondete con frasi complete alle seguenti situazioni ipotetiche; poi spiegate la ragione della vostra scelta.

1. Se tu avessi uno yacht, dove andresti? **2.** Se tu potessi scegliere, dove vorresti vivere? **3.** Se tu ricevessi in eredità *(inheritance)* un quadro di De Chirico,* che cosa ne faresti? **4.** Se tu fossi pittore, che cosa dipingeresti? **5.** Se tu potessi rivivere un anno della tua vita, quale sceglieresti? **6.** Se tu fossi il presidente degli Stati Uniti, cosa faresti per prima cosa? **7.** Se tu avessi una bacchetta magica *(magic wand),* quali cose ti piacerebbe avere?

18.3 Il trapassato del congiuntivo

TEATRO DELLE MARIONETTE

LE AVVENTURE DI PINOCCHIO
di Carlo Collodi

—Guarda! Ci sono ancora «Le Avventure di Pinocchio». Stasera portiamo Luigino.
—D'accordo. Credevo che i marionettisti fossero già partiti.

---

*Giorgio de Chirico (1888–1978). One of the most outstanding Italian painters of our century, he gave impetus to the surrealist movement and influenced many contemporary artists, including the Spanish painter Salvador Dalí.

1. The pluperfect subjunctive (**trapassato del congiuntivo**) is a compound tense. It is formed with the imperfect subjunctive of **avere** or **essere** + *past participle* of the main verb.

	dormire			partire	
Non era vero	che io	avessi		fossi	
	che tu	avessi		fossi	partito(a)
	che lui/lei	avesse	dormito	fosse	
	che noi	avessimo		fossimo	
	che voi	aveste		foste	partiti(e)
	che loro	avessero		fossero	

2. The pluperfect subjunctive, like the imperfect subjunctive, is used when the verb of the main clause is in a *past tense* or in the *conditional*. However, the pluperfect subjunctive expresses an action that occurred *prior* to the action of the main clause.

Non sapevo che Marco Polo **avesse scritto** *Il Milione* in prigione.	*I did not know Marco Polo had written* Il Milione *in prison.*
Benché i Fiorentini l'**avessero mandato** in esilio, Dante continuò ad amare Firenze.	*Although the Florentines had sent him into exile, Dante continued to love Florence.*

3. **The if clause. Se** + *pluperfect subjunctive* is used to describe a hypothetical situation in the past that did not occur (a "contrary-to-fact" situation). The past conditional is used to express the outcome.

Se **avesse avuto** più talento, **sarebbe diventata** una grande scultrice.	*If she had had more talent, she would have become a great sculptor.*

PRATICA

A. **Un'amica curiosa.** Jane è con Gabriella e Filippo e sta facendo loro una serie di domande. Completate secondo l'esempio.

ESEMPIO Sapete se Antonio ha già preso la patente? Sì? Credevo che non l'*avesse* ancora *presa.*

1. Gabriella, hai telefonato a Liliana? No? Speravo che tu le _____ già _____. **2.** Come mai Liliana non è ancora ritornata a casa? Pensavo che a quest'ora _____ già _____. **3.** Sapete se ha già ricevuto la lettera dagli Stati Uniti? No? Come mai? Speravo che l'_____ già _____. **4.** Filippo, sai se Marcello ha già trovato una macchinetta per Antonio? Sì? Credevo che non l'_____ ancora _____. **5.** Come? Non avete ancora visto *Il Postino,* il film che ha avuto così tanto successo? Mi pareva che l'_____ già _____. **6.** Avete già letto la rivista *Trekking?* No? Credevo che l'_____ qualche settimana fa.

B. Pensieri di un compagno di studi. Completate mettendo l'infinito **al congiuntivo passato** o **trapassato,** secondo il caso.

1. Dubito che Paolo (finire) _____ gli studi l'anno scorso. **2.** Pensavo che Marco (andare) _____ in biblioteca ieri. **3.** È un peccato che Fulvio non (venire) _____ a teatro con me domenica scorsa. **4.** Sarebbe stato meglio che (accompagnarmi) _____: mi sarei divertito di più. **5.** Mi dispiace che mio fratello (rompersi) _____ una gamba quando è andato a sciare. **6.** Avevo paura che (rompersi) _____ anche un braccio.

C. Se... Che cosa avrebbero fatto le seguenti persone?

ESEMPIO   Se fossi stato a Firenze, (vedere) il *Davide*.
            Se fossi stato a Firenze, avrei visto il Davide.

1. Se avessimo avuto tempo, (visitare) la galleria d'arte moderna. **2.** Se tu mi avessi aspettato, (noi uscire) insieme. **3.** Se io fossi arrivato in orario alla stazione, non (perdere) il treno. **4.** Se lui avesse studiato il Rinascimento, (imparare) molto sull'arte italiana. **5.** Se tu avessi cercato attentamente, (trovare) il libro perduto. **6.** Se io non avessi dimenticato il tuo indirizzo, ti (scrivere) una cartolina. **7.** Se Gabriella non fosse stata ammalata, (andare) a teatro.

D. Situazioni ipotetiche. In coppie, a turno, fatevi delle domande usando la forma ipotetica al passato, e partendo dagli elementi suggeriti.

ESEMPIO   avere una bella voce
            —*Che cosa avresti fatto se tu avessi avuto una bella voce?*
            —*Avrei preso lezioni di canto. E tu?*

1. perdere il lavoro **2.** essere al verde per le vacanze **3.** andare al mare **4.** litigare con il tuo ragazzo (la tua ragazza) **5.** essere a Venezia durante l'estate **6.** ... **7.** ...

18.4 Il congiuntivo: uso dei tempi

—Peccato che tu non abbia visto i mosaici di Ravenna.
—Se avessi avuto più giorni di ferie, sarei andato a vederli volentieri.

The following chart summarizes the relationship between verb tenses in the main clause and the dependent clause in the subjunctive.

Main clause	Subordinate clause
present, future, imperative	present subjunctive (simultaneous or future action) past subjunctive (prior action)
all past tenses, conditional	imperfect subjunctive (simultaneous or future action) pluperfect subjunctive (prior action)

Now look at the following examples:

Sono contento che Lei **venga** stasera.	I am happy you are coming tonight.
Sono contento che Lei **sia venuto** ieri sera.	I am happy you came last night.

Sarà bene che tu **parta** presto.	It will be good if you leave soon.
Sarà bene che tu **sia** già **partito** prima del suo arrivo.	It will be good if you have already left before he arrives.

Spegni la tivù prima che tuo padre **s'arrabbi.**	Turn off the TV before your father gets mad.
Compra due biglietti, a meno che non li **abbiano** già **venduti** tutti.	Buy two tickets unless they have already sold them all.

Era meglio che **studiasse** l'italiano.	It was better for him to study Italian.
Era meglio che **avesse studiato** l'italiano.	It was better for him to have studied Italian.

Aveva paura che lo **licenziassero.**	He was afraid they might fire him.
Aveva paura che **avessero deciso** di licenziarlo.	He was afraid they had decided to fire him.

In quel momento ho pensato che il treno **fosse** in ritardo.	At that moment I thought the train was late.
In quel momento ho pensato che il treno **fosse** già **arrivato.**	At that moment I thought the train had already arrived.

Vorrei che tu **seguissi** i miei consigli.	*I would like you to follow my advice.*
Vorrei che tu **avessi seguito** i miei consigli.	*I wish you had followed my advice.*

PRATICA

A. **Dialogo tra madre e figlio.** Completate mettendo l'infinito **al congiuntivo presente** o **imperfetto**, secondo il caso.

    F. Mamma, partirò benché (fare) _____ brutto tempo. Non mi piace, ma è necessario che io (andare) _____.

    M. Sei veramente ostinato. Preferivo che tu (restare) _____ a casa, ma se proprio bisogna che tu (partire) _____, va' pure. Vorrei almeno che (metterti) _____ l'impermeabile.

    F. Non preoccuparti! Ti telefonerò non appena arriverò perché tu (potere) _____ stare con il cuore in pace.

B. **Pensieri.** Liliana va a trovare la mamma. Ecco i suoi pensieri mentre sta andando alla stazione ferroviaria. Completate le frasi con il **congiuntivo passato** o **trapassato**.

    1. È un peccato che Lucia non _____ (venire) al concerto di ieri sera.

    2. Mi ha detto che era stanca, sebbene _____ (essere) in vacanza due giorni.

    3. Vorrei che anche lei _____ (sentire) l'orchestra dell'Angelicum: ha suonato magnificamente!

    4. Spero che mia madre _____ (curarsi) della brutta influenza che aveva e che ora stia meglio.

    5. Spero che il treno non _____ (già, partire).

C. **Il robot I.C.P.** Riscrivete la storiella cambiando i tempi dal **presente** al **passato.** Incominciate con: **L'anno scorso...**

Lo scrittore Carlo Speranza manda all'editore il suo primo romanzo, intitolato *Il robot I.C.P.,* perché glielo pubblichi. Si tratta di una storia di fantascienza. I due personaggi principali sono uno scienziato, il dottor Ivan Inventovich, e il suo assistente. Il professore vuole che il suo assistente lo aiuti a perfezionare il modello di un robot: il cameriere perfetto. È importante che l'esperimento riesca perché il professore spera che tutto il mondo riconosca finalmente il suo genio *(genius).* I.C.P. è un cameriere perfetto. La mattina prepara il caffè prima che i due uomini si alzino. A mezzogiorno cucina senza che glielo domandino. La sera non va a letto a meno che non abbia lavato i piatti. Tutto va bene finché *(until)* un giorno un transistor di I.C.P. non funziona. I.C.P. deve fare la frittata *(omelette),* ma invece di rompere due uova, rompe la testa al professore e al suo assistente.

Per finire

Dario Fo, bravo attore del suo teatro.*

La commedia è finita

Liliana ha ricevuto una borsa di studio che le permetterà di studiare per un anno negli Stati Uniti. Oggi gli amici si sono riuniti per festeggiare l'avvenimento, prima che lei parta. Infatti hanno organizzato una serata in suo onore: l'hanno invitata al Teatro Nuovo dove si rappresenta una commedia di Pirandello perché sanno che le piace andare a teatro. Dopo la rappresentazione, ci sarà una cenetta elegante al ristorante Biffi.

Uscendo dal teatro, gli amici discutono la commedia che hanno visto, *Sei personaggi in cerca d'autore.*

LUCIA   Mi è piaciuta molto l'idea dei sei personaggi che escono dal pubblico e **salgono** ad uno ad uno sul palcoscenico.   **go on**

MARCELLO   Sì, ma perché?

ANTONIO   Se tu avessi studiato meglio Pirandello, avresti capito perché.

LILIANA   Be', bisognerebbe parlare della filosofia di Pirandello, che non è molto semplice.†

FILIPPO   La storia che ognuno dei sei personaggi ha raccontato era molto deprimente. Chissà perché è stata chiamata commedia. Questa è una vera tragedia familiare.

GABRIELLA   Ehi, anche noi siamo sei personaggi, ognuno con una sua storia!

ANTONIO   In cerca d'autore?

GABRIELLA   A proposito, Liliana, se visiterai la California, va' a salutare le due signore che sono state gentili con noi.

ANTONIO   Be', veramente, con me non sono state tanto gentili. Mi hanno descritto brutto e con il naso storto.
     (Coro di proteste.)

---

*Dario Fo (1926–) received the Nobel Prize for literature in 1997. His plays satirically portray the injustices of society.

†Luigi Pirandello (1867–1936) is internationally famous for his plays, which dramatize the difficulties of knowing what is reality and what is illusion. Pirandello was awarded the Nobel Prize for literature in 1934.

LUCIA	E io? Per loro sono una brava cuoca e basta.
MARCELLO	Cosa dovrei dire io? Mi hanno presentato come un bel ragazzo superficiale.
LILIANA	E io? Sembra che viva solo per lo studio e la carriera!
GABRIELLA	Ma insomma, perché ci lamentiamo? L'hanno fatto scherzando, ma con affetto.

> (Dopo la cenetta al Biffi gli amici si abbracciano affettuosamente.)
> Buon viaggio, Liliana!
> Arrivederci all'anno prossimo.
> Scrivici presto!
> Ciao!
> Ciao!

COMPRENSIONE

1. Dove andrà Liliana? Perché?
2. Che cosa hanno deciso di fare i suoi amici, prima che lei parta?
3. In che modo passeranno la serata?
4. Che cosa fanno all'uscita dal teatro?
5. Da quale parte del teatro sono saliti sul palcoscenico i personaggi della commedia?
6. È comica questa commedia di Pirandello?
7. Che paragone fa Gabriella fra gli amici e i personaggi della commedia?
8. Chi dovrebbe andare a salutare in America Liliana?
9. Chi sono, secondo voi, le due signore?

CONVERSAZIONE

1. Ha mai recitato Lei in una commedia? Quale? Che parte ha fatto?
2. Se Lei fosse un attore (un'attrice), preferirebbe recitare una parte drammatica, comica o sentimentale? Perché?
3. Lei ha mai visto o letto un'opera teatrale di Pirandello? Quale? In italiano o in inglese? Saprebbe citare qualche commediografo americano e qualcuna delle sue opere?
4. Se un amico (un'amica) dovesse partire per un lungo viaggio, come festeggerebbe Lei la sua partenza? L'inviterebbe a teatro? O che cosa farebbe?
5. Lei va qualche volta a teatro con gli amici? Perché? Che cosa va a vedere?
6. Ha letto Lei qualche tragedia di Shakespeare? Quale o quali?

✎ Adesso scriviamo!

Un'opera d'arte

L'Italia è un paese ricco d'arte: la sua architettura prestigiosa, i suoi dipinti e le sue sculture sono conosciuti in tutto il mondo. Pensa al *Davide* di Michelangelo al museo dell'Accademia a Firenze, o alla *Nascita di Venere* di Botticelli agli Uffizi, anche a Firenze. I quattro dipinti raffigurati nelle foto sono delle opere italiane tra le più famose. Il primo è di Botticelli (1447–1515) È un particolare della *Primavera*. Il secondo è *Donna dagli occhi blu* di Modigliani (1884–1920). Il terzo è il *Bacco* di Caravaggio (1571–1610). Il quarto è *Ettore e Andromaca* di De Chirico (1888–1978). Quale ti piace di più?

1.

2.   3.   4.

A. Scegli una delle opere raffigurate nelle foto. Fai una ricerca su Internet o in biblioteca per trovare delle informazioni sulla vita e sulle opere dell'artista.

B. Per organizzare la tua relazione rispondi alle seguenti domande.

1. In che periodo è vissuto l'artista dell'opera d'arte che hai scelto?
2. Dove è vissuto per la maggior parte della sua vita?
3. È questa una delle sue opere maggiori? Puoi nominarne delle altre?
4. Perché questo artista è importante?
5. Perché ti piace quest'opera d'arte? Perché l'hai scelta?

C. Scrivi tre paragrafi. Nel primo paragrafo organizza le tue risposte a domande 1–3. Presenta le informazioni che hai trovato sulla vita e le opere dell'artista. Nel secondo paragrafo organizza la tua risposta al numero 4. Spiega le ragioni per cui questo artista è conosciuto. Concludi, nel terzo paragrafo, con la tua risposta al numero 5, spiegando la ragione per cui hai scelto quest'opera. Ti piacerebbe vedere delle altre opere di questo artista?

D. Ora che hai finito la tua descrizione controlla che tutte le parole siano scritte correttamente e che l'accordo tra il soggetto e il verbo, il nome e l'aggettivo siano corretti. Presenta la tua relazione alla classe, o con un gruppo di compagni. Quale dei quattro artisti era più conosciuto dai tuoi compagni? Qual è l'opera preferita dalla maggior parte degli studenti? Qual è quella che è piaciuta di meno? Perché?

Attività supplementari

A. Parliamo di musica. In piccoli gruppi, ogni studente parla del tipo di musica che preferisce (classica, operistica, jazz, popolare, ecc.) e racconta quando l'ascolta, dove, se va all'opera o ai concerti, se ha una collezione di dischi (cassette o CD) e chi è il suo (la sua) cantante preferito(a). Se uno studente suona uno strumento musicale, specifica quale, da quanto tempo lo suona e se fa parte di un gruppo.

B. Un avvenimento *(event)* **artistico.** Descrivete l'un all'altro una vostra esperienza: un'opera alla quale avete assistito o un concerto che avete ascoltato.

C. Intervista. Immaginate che Liliana e una sua amica siano già ritornate dai loro studi in America. Due studentesse faranno la loro parte. Gli altri studenti chiederanno informazioni sulla loro esperienza americana.

Come si dice in italiano?

1. One day a friend told Michelangelo: "Too bad you did not marry. If you had married, you would have had children and you would have left them your masterpieces." The great sculptor answered: "I have the most beautiful wife. My children are the works of art I will leave; if they are great, I will live for a long time."
2. While Michelangelo was painting *The Last Judgment* **(Il Giudizio Universale),** a cardinal **(cardinale)** bothered him **(gli dava fastidio)** every day. Michelangelo got angry at **(con)** the cardinal and, since he was painting hell, decided to put him there. The cardinal went to the pope to complain, but the pope answered him: "If you were in purgatory **(purgatorio),** I could do something for you, but no one can free **(liberare)** you from hell." Whoever **(Chi)** looks at *The Last Judgment* can see the portrait of the cardinal in the left corner **(nell'angolo di sinistra).**

GUARDIAMO!

A teatro o al museo?

I quattro amici cercano di fare programmi per la serata. Ci vuole molto tempo per prendere una decisione su che cosa fare?

SITO WEB

Per fare più pratica con gli argomenti culturali e i punti grammaticali del **Capitolo 18,** vai a vedere il sito *Ciao!* a *http://ciao.heinle.com.*

Vedute d'Italia

Prima di leggere

The following passage is from *La famiglia dell'antiquario,* a play by the first important Italian playwright, Carlo Goldoni (1707–1793). During his childhood in Venice, Goldoni became fascinated with the *commedia dell'arte*, a form of theater in which professional actors improvised the plot on the basis of an outline they were given. It featured stock characters who wore readily recognizable masks.

Although Goldoni modified and reformed the *commedia dell'arte,* it influenced many of his plays. In this scene from *La famiglia dell'antiquario,* for example, one of the characters is Colombina, the clever, astute young maid from the tradition of the *commedia dell'arte.* Notice her short, humorous exchanges with Doralice, the buildup of tension between them, and Doralice's response to her impertinence at the end, all of which reflect earlier traditions.

Carlo Goldoni wrote his plays in the Venetian dialect. Some of the words and expressions in this passage are typical of the dialect. For example, *son* is used instead of *sono* (this is also a literary form); *La* is used instead of *Lei;* and *accio* (from *a* and *cio*) is used instead of *affinché.*

Il Teatro Olimpico.

La famiglia dell'antiquario

Scena ottava

Doralice e poi Colombina

DORALICE	[...]	
COLOMBINA	Il signor **contino** mi ha detto che la **padrona mi domanda,** ma non la vedo. È forse andata via?	young count/mistress of the household/requested my services
DORALICE	Io sono la padrona che ti domanda.	
COLOMBINA	Oh! mi perdoni, la mia padrona è l'illustrissima signora contessa.	
DORALICE	Io in questa casa non son padrona?	
COLOMBINA	Io servo la signora contessa.	
DORALICE	Per domani mi farai una **cuffia.**	bonnet
COLOMBINA	Davvero che non posso servirla.	
DORALICE	Perché?	
COLOMBINA	Perché ho da fare per la padrona.	

DORALICE	Padrona sono anch'io e voglio essere servita, o **ti farò cacciare via.**	I will have you sent away
COLOMBINA	Sono dieci anni ch'io sono in questa casa.	
DORALICE	E che vuoi dire per questo?	
COLOMBINA	Voglio dire che forse **non le riuscirà** di farmi andar via.	you will not succeed
DORALICE	**Villana! Malcreata!**	Peasant girl! Ill-mannered girl!
COLOMBINA	Io villana? **La** non mi conosce bene, signora.	(Lei *in Venetian dialect*)
DORALICE	Oh, chi è **vossignoria?** Me lo dica, **acciò** non manchi al mio debito.	your ladyship/so that
COLOMBINA	Mio padre vendeva **nastri e spille** per le strade. Siamo tutti mercanti.	ribbons and pins
DORALICE	Siamo tutti mercanti! Non vi è differenza da uno che va per le strade, a un mercante di piazza?	
COLOMBINA	La differenza consiste in un poco più di danari.	
DORALICE	Sai, Colombina, che sei una bella impertinente?	
COLOMBINA	A me, signora, impertinente? A me che sono dieci anni che sono in questa casa? Che sono più padrona della padrona medesima?	
DORALICE	A te, sì, a te; e se non mi porterai rispetto, vedrai quello che farò.	
COLOMBINA	Che cosa **farete?**	*voi farete = Lei farà*
DORALICE	Ti darò uno schiaffo (glielo dà e parte).	

Da *La famiglia dell'antiquariato* (1750) di Carlo Goldoni (1707–1793).

Alla lettura

Leggi di nuovo lo scambio di battute tra Doralice e Colombina.

A. Rispondi alle seguenti domande.

1. Chi cerca Colombina?
2. Chi dice di essere Doralice?
3. Che cosa chiede di fare Doralice a Colombina?
4. Perché Colombina si rifiuta?
5. Che cosa fa Doralice alla fine? Perché?

B. Pensa ora all'effetto drammatico della scena che hai letto. Indica se le seguenti frasi sono vere o false, e spiega perché.

1. All'inizio della scena Colombina continua a ripetere di non riconoscere Doralice come padrona. Questo ha un effetto comico.
2. Colombina è una bella impertinente.
3. Colombina è umiliata alla fine quando Doralice le dà uno schiaffo.

La commedia dell'arte

La commedia dell'arte si sviluppò in Italia nella seconda metà del Cinquecento. Essa nacque dall'arte degli attori che improvvisavano le scene di una commedia, seguendo una **trama prestabilita** (lo scenario). I più **abili** si specializzarono in una parte e crearono un **tipo** che aveva **gesti** ed espressioni particolari. Nacquero così le **maschere** che si presentavano al pubblico vestendo il costume e la maschera che le distinguevano. Tutta l'Italia è rappresentata nel teatro delle maschere. Venezia ha dato Pantalone, il tipo del vecchio mercante geloso e anche del padre avaro e tiranno. Di origine veneta è probabilmente anche la più nota delle maschere femminili, Colombina, **servetta** piena di brio e **astuzia**.

given plot
clever
stock character/gestures
masks

young maid/cleverness

Le maschere italiane:
1. Pulcinella
2. Pantalone
3. Colombina
4. Arlecchino
5. Il Dottore

Da Bologna, la città universitaria, viene il Dottore, cioè il pedante a cui piace mostrare la sua erudizione. La maschera napoletana più famosa è Pulcinella, brutto e **amante** delle donne e del vino. Da una città lombarda, Bergamo, è venuto Arlecchino, servitore simpatico **nonostante** i suoi molti **difetti.** Arlecchino è la maschera più facile da riconoscersi per il suo costume **variopinto.**

    La commedia italiana ebbe successo in tutta l'Europa. I suoi **comici, oltre** a saper recitare, si distinguevano come acrobati, ballerini e musicisti. In Francia le loro fantasie e invenzioni ispirarono il grande Molière. Le antiche maschere italiane continuano a vivere per il divertimento dei bambini nel teatro delle marionette. **Inoltre,** i loro costumi ritornano ogni anno durante le feste del Carnevale.

fond

in spite of/shortcomings
multicolored

actors/besides

Furthermore

COMPRENSIONE

1. Dove e in che secolo nacque la commedia dell'arte?
2. Perché la commedia dell'arte si chiama anche commedia delle maschere?
3. Che maschere ha dato il Veneto? Che personaggi rappresentavano?
4. Perché il Dottore è bolognese?
5. Di dov'è Pulcinella e com'è?
6. Qual è la maschera più riconoscibile? Perché?
7. Sapevano soltanto recitare questi attori?
8. Dove e quando si possono ancora vedere le maschere italiane?

Culture a confronto

1. Ti piacerebbe assistere a *La famiglia dell'antiquario?* Perché?
2. Conosci qualche altro drammaturgo famoso italiano? Chi?
3. Ti piacerebbe visitare il teatro alla scala?

Vocabolario

Nomi

l'affetto	affection
l'assistente (*m. & f.*)	assistant
l'avvenimento	happening, event
il capolavoro	masterpiece
il concerto	concert
l'epoca	epoch, era
l'esperimento	experiment
il fracasso	loud noise
la frittata	omelette
la generazione	generation
il genio	genius
il modello	model
la perfezione	perfection
la rappresentazione	performance
il successo	success
il talento	talent
il tema	theme
il tenore	tenor

Aggettivi

artistico	artistic
astratto	abstract
comico	comical, funny
deprimente	depressing
drammatico	dramatic
familiare	of the family
orgoglioso	proud
ostinato	stubborn
sentimentale	sentimental
teatrale	theatrical, of the theater

Verbi

assistere	to attend
dare fastidio	to bother
lamentarsi	to complain
rappresentare	to stage
rimanere (*p.p.* rimasto)	to remain
riunirsi	to gather
sembrare	to look like
smettere di (*p.p.* smesso)	to stop (doing something)

Altre espressioni

ad uno ad uno	one by one
affettuosamente	affectionately
affinché (perché) (*+ subj.*)	so that
a meno che (*+ subj.*)	unless
andare d'accordo	to get along
avere luogo	to take place
benché (*+ subj.*)	although
borsa di studio	scholarship
entusiasticamente	enthusiastically
far(e) venire il mal di testa	to cause a headache
galleria d'arte	art gallery
grazie a	thanks to
lezioni di canto	singing lessons
nome d'arte	stage name
opera d'arte	work of art
per quanto (*+ subj.*)	although
poiché	since
prima che (*+ subj.*)	before
purché (*+ subj.*)	provided that
sebbene (*+ subj.*)	although
senza che (*+ subj.*)	without

Appendices

Appendix 1: Verb tenses (recognition only)

1.1 Futuro anteriore

1. The **futuro anteriore** *(future perfect tense)* expresses a future action taking place before another future action. It is a compound tense formed with the future of the auxiliary **avere** or **essere** + the past participle of the conjugated verb, and is usually introduced by conjunctions such as **se, quando, appena,** and **dopo che.**

    avrò finito = I will have finished

    It is conjugated as follows:

parlare		rispondere		partire	
avrò		avrò		sarò	
avrai		avrai		sarai	partito(a)
avrà	parlato	avrà	risposto	sarà	
avremo		avremo		saremo	
avrete		avrete		sarete	partiti(e)
avranno		avranno		saranno	

Avrò finito alle cinque.	*I will have finished by five.*
Usciremo dopo che **avremo cenato.**	*We will go out after we have had dinner.*
Visiterò la città appena **sarò arrivata.**	*I will visit the city as soon as I arrive.*

2. The future perfect tense also expresses probability in the past.

Che bella macchina ha Luigi! **Avrà ereditato** dallo zio d'America.	*What a beautiful car Luigi has! He must have inherited (money) from his rich uncle in America.*
Com'è abbronzata! **Sarà stata** alla spiaggia.	*How tan she is! She must have been at the beach.*
Non è ancora arrivato? No, **si sarà fermato** con gli amici.	*Hasn't he arrived yet? No, he must have stopped with his friends.*

1.2 Trapassato remoto

1. The **trapassato remoto** *(past perfect)* is a compound tense. It is formed with the **passato remoto (Capitolo 16)** of the auxiliary verb **essere** or **avere** + the past participle of the main verb.

    ebbi parlato = *I had spoken*

    fui partito = *I had left*

parlare		partire	
ebbi		fui	
avesti		fosti	partito(a)
ebbe	parlato	fu	
avemmo		fummo	
aveste		foste	partiti(e)
ebbero		furono	

2. The **trapassato remoto** is used in combination with the **passato remoto** and after conjunctions of time such as **quando, dopo che,** and **appena** *(as soon as)* to express an action prior to another past action. It is a tense found mainly in literary language.

Quando **ebbe finito,** salutò i colleghi e uscì.

When he (had) finished, he said good-bye to his colleagues and left.

Appena **fu uscito,** tutti cominciarono a ridere.

As soon as he (had) left, they all began to laugh.

3. When the subject of the two clauses is the same, the **trapassato remoto** is often replaced by **dopo (di)** + the past infinitive.

Dopo che ebbe mangiato, uscì. *or* **Dopo (di) aver(e) mangiato,** uscì.

1.3 La forma passiva

The passive form is possible only with transitive verbs (verbs that take a direct object). When an active sentence is put into the passive form, the direct object becomes the subject of the new sentence. The subject becomes the agent, introduced by **da.**

The passive form of a verb consists of **essere** (in the required tense) + *the past participle* of the verb. As for all verbs conjugated with **essere,** the past participle must agree with the subject in number and gender.

Active form	Passive form
Nino **canta** la canzone.	La canzone **è cantata** da Nino.
Nino **cantava** la canzone.	La canzone **era cantata** da Nino.
Nino **cantò** la canzone.	La canzone **fu cantata** da Nino.
Nino **canterà** la canzone.	La canzone **sarà cantata** da Nino.
Lisa **ha scritto** il diario.	Il diario **è stato scritto** da Lisa.
Lisa **aveva scritto** il diario.	Il diario **era stato scritto** da Lisa.

Il paziente **è curato** dal medico.

The patient is treated by the physician.

Quelle ville **sono state costruite** dall'architetto Nervi.

Those villas were built by the architect Nervi.

Questo libro **sarà pubblicato** da un editore di Fort Worth.

This book will be published by a publisher in Fort Worth.

1.4 *Fare* + infinito

1. The construction **fare** + *infinitive* is used to express the idea of having something done or having someone do something.

Faccio cantare una canzone.	*I have a song sung.*
Faccio cantare i bambini.	*I have (make) the children sing.*
Faccio cantare una canzone ai bambini.	*I have the children sing a song.*

When the construction has only one object, it is always a direct object.

Fa suonare **un disco.**	*He has a record played.*
Fa suonare **Pietro.**	*He has (makes) Pietro play.*

When there are two objects, the person who performs the action is always the indirect object.

Fa suonare **un disco a Pietro.**	*He has (makes) Pietro play a record.*

2. When the objects are nouns, as above, they *always* follow the infinitive. When the objects are pronouns, they precede the verb **fare.**

Farò riparare **il piano.**	*I will have the piano repaired.*
Lo farò riparare.	*I will have it repaired.*
Farò riparare **il piano a Pietro.**	*I will have Pietro repair the piano.*
Glielo farò riparare.	*I will have him repair it.*
Ho fatto venire **i miei amici.**	*I had my friends come.*
Li ho fatti venire.	*I had them come.*

If **fare** is in the *imperative* (**tu, noi, voi** forms) or in the *infinitive,* the pronouns follow **fare** and are attached to it.

Fa' cantare **i bambini!**	*Have the children sing!*
Falli cantare!	*Have them sing!*
Mi piacerebbe fare dipingere **la casa.**	*I would like to have the house painted.*
Mi piacerebbe **farla** dipingere.	*I would like to have it painted.*

3. The verb **fare** is used in a reflexive form when the subject has the action performed on his/her own behalf. The name of the person performing the action is preceded by **da.** In compound tenses, **essere** is used.

Lisa **si farà** aiutare da Luigi.	*Lisa will have Luigi help her (Lisa will have herself helped by Luigi).*
Lisa **si è fatta** aiutare da Luigi.	*Lisa had Luigi help her (Lisa had herself helped by Luigi).*
Il bambino **si fa** lavare la faccia dalla mamma.	*The child is having his face washed by his mother.*
Il bambino **se la fa** lavare dalla mamma.	*The child is having it washed by his mother.*

Appendix 2: Prepositional usage before infinitives

A. Verbs and expressions + **a** + infinitive

abituarsi	*to get used to*	Mi sono abituato ad alzarmi presto.
aiutare	*to help*	Aiutiamo la mamma a cucinare.
andare	*to go*	La signora va a fare la spesa ogni giorno.
continuare	*to continue*	Continuano a parlare di politica.
divertirsi	*to have a good time*	Ci siamo divertiti a cantare molte canzoni.
essere pronto	*to be ready*	Siete pronti a rispondere alla domanda?
imparare	*to learn*	Quando hai imparato a giocare a tennis?
(in)cominciare	*to begin*	Incomincio a lavorare domani.
insegnare	*to teach*	Mi insegni a usare il computer?
invitare	*to invite*	Vi invito a prendere un espresso.
mandare	*to send*	L'ho mandato a comprare una pizza.
mettersi	*to start*	Mi sono messo(a) a leggere il giornale.
prepararsi	*to get ready*	Ci prepariamo a fare un lungo viaggio.
riuscire	*to succeed*	Sei riuscito a trovare gli appunti d'inglese?
venire	*to come*	Luisa è venuta a salutare i suoi nonni.

B. Verbs and expressions + **di** + infinitive

accettare	*to accept*	Accetti di aiutarlo?
ammettere	*to admit*	Lei ammette di volere troppo.
aspettare	*to wait*	Aspettano di ricevere una risposta.
cercare	*to try*	Cerco di arrivare in orario.
chiedere	*to ask*	Mi ha chiesto di prestargli dei soldi.
consigliare	*to advise*	Che cosa mi consigli di fare?
credere	*to believe*	Crede di avere ragione.
decidere	*to decide*	Ha deciso di fare medicina.
dimenticare	*to forget*	Non dimenticare di comprare della frutta!
(di)mostrare	*to show*	Lucia ha dimostrato di essere generosa.
dire	*to say, to tell*	Gli ho detto di stare zitto.
dubitare	*to doubt*	Dubita di riuscire.
finire	*to finish*	Ha finito di lavorare alle dieci di sera.

lamentarsi	*to complain*	Si lamentano di avere poco tempo.
ordinare	*to order*	Il medico mi ha ordinato di prendere delle vitamine.
pensare	*to think*	Quando pensi di partire?
permettere	*to allow*	Mi permetti di dire la verità?
pregare	*to pray, to beg*	La prego di scusarmi.
preoccuparsi	*to worry*	Si preoccupa solamente di finire.
proibire	*to forbid*	Mio padre mi proibisce di usare la macchina.
promettere	*to promise*	Ci hanno promesso di venire stasera.
raccomandare	*to recommend*	Ti raccomando di scrivermi subito.
riconoscere	*to recognize*	Riconosco di avere torto.
ricordare	*to remember; to remind*	Ricordami di telefonarle!
ripetere	*to repeat*	Vi ripeto sempre di fare attenzione.
scegliere	*to choose*	Perché hai scelto di andare a Firenze?
scrivere	*to write*	Le ho scritto di venire in treno.
smettere	*to stop*	Ho smesso di bere caffè.
sperare	*to hope*	Loro sperano di vederti.
suggerire	*to suggest*	Filippo suggerisce di andare al ristorante.
temere	*to fear*	Lei teme di non sapere abbastanza.
avere bisogno	*to need*	Abbiamo bisogno di dormire.
avere paura	*to be afraid*	Hai paura di viaggiare in aereo?
avere ragione	*to be right*	Hanno avuto ragione di partire presto.
avere torto	*to be wrong*	Non ha torto di parlare così.
avere voglia	*to feel like*	Ho voglia di mangiare un gelato.
essere certo (sicuro)	*to be certain*	Sei sicuro di avere abbastanza soldi?
essere contento (felice)	*to be happy*	Nino, sei contento di andare in Europa?
essere curioso	*to be curious*	Siamo curiosi di sapere la verità.
essere fortunato	*to be lucky*	È fortunata di avere un padre ricco.
essere impaziente	*to be eager*	Lui è impaziente di vederla.
essere libero	*to be free*	È libera di uscire.
essere orgoglioso	*to be proud*	Siamo orgogliosi di essere americani.
essere spiacente	*to be sorry*	Sono spiacenti di non essere qui.
essere stanco	*to be tired*	Sono stanca di aspettare.
è ora	*it is time*	È ora di partire.

Appendix 3: Verb charts

3.1 The auxiliary verbs *avere* and *essere*

SIMPLE TENSES

Infinito (Infinitive)	**avere**		**essere**	
Presente (Present indicative)	ho	abbiamo	sono	siamo
	hai	avete	sei	siete
	ha	hanno	è	sono
Imperfetto (Imperfect indicative)	avevo	avevamo	ero	eravamo
	avevi	avevate	eri	eravate
	aveva	avẹvano	era	ẹrano
Passato remoto (Past absolute)	ebbi	avemmo	fui	fummo
	avesti	aveste	fosti	foste
	ebbe	ẹbbero	fu	fụrono
Futuro (Future)	avrò	avremo	sarò	saremo
	avrai	avrete	sarai	sarete
	avrà	avranno	sarà	saranno
Condizionale presente (Present conditional)	avrei	avremmo	sarei	saremmo
	avresti	avreste	saresti	sareste
	avrebbe	avrẹbbero	sarebbe	sarẹbbero
Imperativo (Imperative)	—	abbiamo	—	siamo
	abbi	abbiate	sii	siate
	ạbbia	ạbbiano	sia	sịano
Congiuntivo presente (Present subjunctive)	ạbbia	abbiamo	sia	siamo
	ạbbia	abbiate	sia	siate
	ạbbia	ạbbiano	sia	sịano
Imperfetto del congiuntivo (Imperfect subjunctive)	avessi	avẹssimo	fossi	fọssimo
	avessi	aveste	fossi	foste
	avesse	avẹssero	fosse	fọssero
Gerụndio (Gerund)	avendo	essendo		

COMPOUND TENSES

Particịpio passato (Past participle)	avuto	stato(a, i, e)

COMPOUND TENSES *(CONTINUED)*

Infinito passato *(Past infinitive)*	avere avuto	essere stato(a, i, e)

Passato prọssimo *(Present perfect indicative)*	ho hai ha abbiamo avete hanno	avuto	sono sei è siamo siete sono	stato(a) stati(e)

Trapassato prọssimo *(Pluperfect)*	avevo avevi aveva avevamo avevate avẹvano	avuto	ero eri era eravamo eravate ẹrano	stato(a) stati(e)

Trapassato remoto *(Past perfect indicative)*	ebbi avesti ebbe avemmo aveste ẹbbero	avuto	fui fosti fu fummo foste fụrono	stato(a) stati(e)

Futuro anteriore *(Future perfect)*	avrò avrai avrà avremo avrete avranno	avuto	sarò sarai sarà saremo sarete saranno	stato(a) stati(e)

Condizionale passato *(Conditional perfect)*	avrei avresti avrebbe avremmo avreste avrẹbbero	avuto	sarei saresti sarebbe saremmo sareste sarẹbbero	stato(a) stati(e)

Congiuntivo passato *(Present perfect subjunctive)*	ạbbia ạbbia ạbbia abbiamo abbiate ạbbiano	avuto	sia sia sia siamo siate sịano	stato(a) stati(e)

Trapassato del congiuntivo *(Pluperfect subjunctive)*	avessi avessi avesse avẹssimo aveste avẹssero	avuto	fossi fossi fosse fọssimo foste fọssero	stato(a) stati(e)

Gerundio passato *(Past gerund)*	avendo avuto	essendo stato(a, i, e)	

3.2 Regular verbs

SIMPLE TENSES

Infinito *(Infinitive)*	-are **cantare**	-ere **ripetere**	-ire **partire**	-ire (-isc-) **finire**
Presente *(Present indicative)*	cant **o** cant **i** cant **a** cant **iamo** cant **ate** cant **ano**	ripet **o** ripet **i** ripet **e** ripet **iamo** ripet **ete** ripet **ono**	part **o** part **i** part **e** part **iamo** part **ite** part **ono**	fin isc **o** fin isc **i** fin isc **e** fin **iamo** fin **ite** fin isc **ono**
Imperfetto *(Imperfect indicative)*	canta **vo** canta **vi** canta **va** canta **vamo** canta **vate** canta **vano**	ripete **vo** ripete **vi** ripete **va** ripete **vamo** ripete **vate** ripete **vano**	parti **vo** parti **vi** parti **va** parti **vamo** parti **vate** parti **vano**	fini **vo** fini **vi** fini **va** fini **vamo** fini **vate** fini **vano**
Passato remoto *(Past absolute)*	cant **ai** cant **asti** cant **ò** cant **ammo** cant **aste** cant **arono**	ripet **ei** ripet **esti** ripet **è** ripet **emmo** ripet **este** ripet **erono**	part **ii** part **isti** part **ì** part **immo** part **iste** part **irono**	fin **ii** fin **isti** fin **ì** fin **immo** fin **iste** fin **irono**
Futuro *(Future)*	canter **ò** canter **ai** canter **à** canter **emo** canter **ete** canter **anno**	ripeter **ò** ripeter **ai** ripeter **à** ripeter **emo** ripeter **ete** ripeter **anno**	partir **ò** partir **ai** partir **à** partir **emo** partir **ete** partir **anno**	finir **ò** finir **ai** finir **à** finir **emo** finir **ete** finir **anno**
Condizionale presente *(Present conditional)*	canter **ei** canter **esti** canter **ebbe** canter **emmo** canter **este** canter **ebbero**	ripeter **ei** ripeter **esti** ripeter **ebbe** ripeter **emmo** ripeter **este** ripeter **ebbero**	partir **ei** partir **esti** partir **ebbe** partir **emmo** partir **este** partir **ebbero**	finir **ei** finir **esti** finir **ebbe** finir **emmo** finir **este** finir **ebbero**
Imperativo *(Imperative)*	— cant **a** cant **i** cant **iamo** cant **ate** cant **ino**	— ripet **i** ripet **a** ripet **iamo** ripet **ete** ripet **ano**	— part **i** part **a** part **iamo** part **ite** part **ano**	— fin isc **i** fin isc **a** fin **iamo** fin **ite** fin isc **ano**
Congiuntivo presente *(Present subjunctive)*	cant **i** cant **i** cant **i** cant **iamo** cant **iate** cant **ino**	ripet **a** ripet **a** ripet **a** ripet **iamo** ripet **iate** ripet **ano**	part **a** part **a** part **a** part **iamo** part **iate** part **ano**	fin isc **a** fin isc **a** fin isc **a** fin **iamo** fin **iate** fin isc **ano**

Simple Tenses *(continued)*

Imperfetto del congiuntivo *(Imperfect subjunctive)*	cant **assi** cant **assi** cant **asse** cant **assimo** cant **aste** cant **assero**	ripet **essi** ripet **essi** ripet **esse** ripet **essimo** ripet **este** ripet **essero**	part **issi** part **issi** part **isse** part **issimo** part **iste** part **issero**	fin **issi** fin **issi** fin **isse** fin **issimo** fin **iste** fin **issero**
Gerundio *(Gerund)*	cant **ando**	ripet **endo**	part **endo**	fin **endo**

Compound Tenses

Participio passato *(Past participle)*	cant **ato**	ripet **uto**	part **ito**	fin **ito**
Infinito passato *(Past infinitive)*	avere cantato	avere ripetuto	essere partito(a, i, e)	avere finito
Passato prossimo *(Present perfect indicative)*	ho hai ha abbiamo avete hanno } cantato	ho hai ha abbiamo avete hanno } ripetuto	sono sei è siamo siete sono } partito(a) partiti(e)	ho hai ha abbiamo avete hanno } finito
Trapassato prossimo *(Pluperfect)*	avevo avevi aveva avevamo avevate avevano } cantato	avevo avevi aveva avevamo avevate avevano } ripetuto	ero eri era eravamo eravate erano } partito(a) partiti(e)	avevo avevi aveva avevamo avevate avevano } finito
Trapassato remoto *(Past perfect indicative)*	ebbi avesti ebbe avemmo aveste ebbero } cantato	ebbi avesti ebbe avemmo aveste ebbero } ripetuto	fui fosti fu fummo foste furono } partito(a) partiti(e)	ebbi avesti ebbe avemmo aveste ebbero } finito
Futuro anteriore *(Future perfect)*	avrò avrai avrà avremo avrete avranno } cantato	avrò avrai avrà avremo avrete avranno } ripetuto	sarò sarai sarà saremo sarete saranno } partito(a) partiti(e)	avrò avrai avrà avremo avrete avranno } finito
Condizionale passato *(Conditional perfect)*	avrei avresti avrebbe avremmo avreste avrebbero } cantato	avrei avresti avrebbe avremmo avreste avrebbero } ripetuto	sarei saresti sarebbe saremmo sareste sarebbero } partito(a) partiti(e)	avrei avresti avrebbe avremmo avreste avrebbero } finito

Congiuntivo passato *(Present perfect subjunctive)*	abbia abbia abbia abbiamo abbiate abbiano	cantato	abbia abbia abbia abbiamo abbiate abbiano	ripetuto	sia sia sia siamo siate siano	partito(a) partiti(e)	abbia abbia abbia abbiamo abbiate abbiano	finito
Trapassato del congiuntivo *(Pluperfect subjunctive)*	avessi avessi avesse avessimo aveste avessero	cantato	avessi avessi avesse avessimo aveste avessero	ripetuto	fossi fossi fosse fossimo foste fossero	partito(a) partiti(e)	avessi avessi avesse avessimo aveste avessero	finito
Gerundio passato *(Past gerund)*	avendo cantato		avendo ripetuto		essendo partito(a, i, e)		avendo finito	

Appendix 4: Irregular verbs

Only the irregular forms are given.

andare   *to go*

present indicative:	vado, vai, va, andiamo, andate, vanno
future:	andrò, andrai, andrà, andremo, andrete, andranno
conditional:	andrei, andresti, andrebbe, andremmo, andreste, andrębbero
imperative:	va' (vai), vada, andiamo, andate, vądano
present subjunctive:	vada, vada, vada, andiamo, andiate, vądano

aprire   *to open*

past participle:	aperto

assųmere   *to hire*

past absolute:	assunsi, assumesti, assunse, assumemmo, assumeste, assųnsero
past participle:	assunto

bere   *to drink*

present indicative:	bevo, bevi, beve, beviamo, bevete, bęvono
imperfect indicative:	bevevo, bevevi, beveva, bevevamo, bevevate, bevęvano,
past absolute:	bevvi, bevesti, bevve, bevemmo, beveste, bęvvero
future:	berrò, berrai, berrà, berremo, berrete, berranno
conditional:	berrei, berresti, berrebbe, berremmo, berreste, berrębbero
imperative:	bevi, beva, beviamo, bevete, bęvano
present subjunctive:	beva, beva, beva, beviamo, beviate, bęvano
imperfect subjunctive:	bevessi, bevessi, bevesse, bevęssimo, beveste, bevęssero
past participle:	bevuto
gerund:	bevendo

cadere   *to fall*

past absolute:	caddi, cadesti, cadde, cademmo, cadeste, cąddero
future:	cadrò, cadrai, cadrà, cadremo, cadrete, cadranno
conditional:	cadrei, cadresti, cadrebbe, cadremmo, cadreste, cadrębbero

chiędere   *to ask*

past absolute:	chiesi, chiedesti, chiese, chiedemmo, chiedeste, chięsero
past participle:	chiesto

chiųdere   *to close*

past absolute:	chiusi, chiudesti, chiuse, chiudemmo, chiudeste, chiųsero
past participle:	chiuso

conoscere *to know*

past absolute:	conobbi, conoscesti, conobbe, conoscemmo, conosceste, conobbero
past participle:	conosciuto

correre *to run*

past absolute:	corsi, corresti, corse, corremmo, correste, corsero
past participle:	corso

dare *to give*

present indicative:	do, dai, dà, diamo, date, danno
past absolute:	diedi, desti, diede, demmo, deste, diedero
future:	darò, darai, darà, daremo, darete, daranno
conditional:	darei, daresti, darebbe, daremmo, dareste, darebbero
imperative:	da' (dai), dia, diamo, date, diano
present subjunctive:	dia, dia, dia, diamo, diate, diano
imperfect subjunctive:	dessi, dessi, desse, dessimo, deste, dessero

decidere *to decide*

past absolute:	decisi, decidesti, decise, decidemmo, decideste, decisero
past participle:	deciso

dipingere *to paint*

past absolute:	dipinsi, dipingesti, dipinse, dipingemmo, dipingeste, dipinsero
past participle:	dipinto

dire *to say, to tell*

present indicative:	dico, dici, dice, diciamo, dite, dicono
imperfect indicative:	dicevo, dicevi, diceva, dicevamo, dicevate, dicevano
past absolute:	dissi, dicesti, disse, dicemmo, diceste, dissero
imperative:	di', dica, diciamo, dite, dicano
present subjunctive:	dica, dica, dica, diciamo, diciate, dicano
imperfect subjunctive:	dicessi, dicessi, dicesse, dicessimo, diceste, dicessero
past participle:	detto
gerund:	dicendo

discutere *to discuss*

past absolute:	discussi, discutesti, discusse, discutemmo, discuteste, discussero
past participle:	discusso

dovere *must, to have to*

present indicative:	devo, devi, deve, dobbiamo, dovete, devono
future:	dovrò, dovrai, dovrà, dovremo, dovrete, dovranno
conditional:	dovrei, dovresti, dovrebbe, dovremmo, dovreste, dovrebbero
present subjunctive:	debba, debba, debba, dobbiamo, dobbiate, debbano
	or deva, deva, deva, dobbiamo, dobbiate, devano

fare   *to do, to make*

present indicative:	faccio, fai, fa, facciamo, fate, fanno
imperfect indicative:	facevo, facevi, faceva, facevamo, facevate, facevano
past absolute:	feci, facesti, fece, facemmo, faceste, fecero
future:	farò, farai, farà, faremo, farete, faranno
conditional:	farei, faresti, farebbe, faremmo, fareste, farebbero
imperative:	fa' (fai), faccia, facciamo, fate, facciano
present subjunctive:	faccia, faccia, faccia, facciamo, facciate, facciano
imperfect subjunctive:	facessi, facessi, facesse, facessimo, faceste, facessero
past participle:	fatto
gerund:	facendo

leggere   *to read*

past absolute:	lessi, leggesti, lesse, leggemmo, leggeste, lessero
past participle:	letto

mettere   *to put*

past absolute:	misi, mettesti, mise, mettemmo, metteste, misero
past participle:	messo

morire   *to die*

present indicative:	muoio, muori, muore, moriamo, morite, muoiono
imperative:	muori, muoia, moriamo, morite, muoiano
present subjunctive:	muoia, muoia, muoia, moriamo, moriate, muoiano
past participle:	morto

nascere   *to be born*

past absolute:	nacqui, nascesti, nacque, nascemmo, nasceste, nacquero
past participle:	nato

offendere   *to offend*

past absolute:	offesi, offendesti, offese, offendemmo, offendeste, offesero
past participle:	offeso

offrire   *to offer*

past participle:	offerto

piacere   *to be pleasing*

present indicative:	piaccio, piaci, piace, piacciamo, piacete, piacciono
past absolute:	piacqui, piacesti, piacque, piacemmo, piaceste, piacquero
imperative:	piaci, piaccia, piacciamo, piacete, piacciano
present subjunctive:	piaccia, piaccia, piaccia, piacciamo, piacciate, piacciano
past participle:	piaciuto

potere   *to be able to*

present indicative:	posso, puoi, può, possiamo, potete, possono
future:	potrò, potrai, potrà, potremo, potrete, potranno
conditional:	potrei, potresti, potrebbe, potremmo, potreste, potrebbero
present subjunctive:	possa, possa, possa, possiamo, possiate, possano

prẹndere   *to take*

past absolute:	presi, prendesti, prese, prendemmo, prendeste, prẹsero
past participle:	preso

rịdere   *to laugh*

past absolute:	risi, ridesti, rise, ridemmo, rideste, rịsero
past participle:	riso

rimanere   *to remain*

present indicative:	rimango, rimani, rimane, rimaniamo, rimanete, rimạngono
past absolute:	rimasi, rimanesti, rimase, rimanemmo, rimaneste, rimạsero
future:	rimarrò, rimarrai, rimarrà, rimarremo, rimarrete, rimarranno
conditional:	rimarrei, rimarresti, rimarrebbe, rimarremmo, rimarreste, rimarrẹbbero
imperative:	rimani, rimanga, rimaniamo, rimanete, rimạngano
present subjunctive:	rimanga, rimanga, rimanga, rimaniamo, rimaniate, rimạngano
past participle:	rimasto

rispọndere   *to answer*

past absolute:	risposi, rispondesti, rispose, rispondemmo, rispondeste, rispọsero
past participle:	risposto

rọmpere   *to break*

past absolute:	ruppi, rompesti, ruppe, rompemmo, rompeste, rụppero
past participle:	rotto

salire   *to go up*

present indicative:	salgo, sali, sale, saliamo, salite, sạlgono
imperative:	sali, salga, saliamo, salite, sạlgano
present subjunctive:	salga, salga, salga, saliamo, saliate, sạlgano

sapere   *to know*

present indicative:	so, sai, sa, sappiamo, sapete, sanno
past absolute:	seppi, sapesti, seppe, sapemmo, sapeste, sẹppero
future:	saprò, saprai, saprà, sapremo, saprete, sapranno
conditional:	saprei, sapresti, saprebbe, sapremmo, sapreste, saprẹbbero
imperative:	sappi, sappia, sappiamo, sappiate, sạppiano
present subjunctive:	sạppia, sạppia, sạppia, sappiamo, sappiate, sạppiano

scẹgliere   *to choose*

present indicative:	scelgo, scegli, scẹglie, scegliamo, scegliete, scẹlgono
past absolute:	scelsi, scegliesti, scelse, scegliemmo, sceglieste, scẹlsero
imperative:	scegli, scelga, scegliamo, scegliete, scẹlgano
present subjunctive:	scelga, scelga, scelga, scegliamo, scegliate, scẹlgano
past participle:	scelto

scẹndere   *to descend*

past absolute:	scesi, scendesti, scese, scendemmo, scendeste, scẹsero
past participle:	sceso

scoprire   *to discover*

past participle:	scoperto

scrivere   *to write*

past absolute:	scrissi, scrivesti, scrisse, scrivemmo, scriveste, scrissero
past participle:	scritto

sedere   *to sit down*

present indicative:	siedo, siedi, siede, sediamo, sedete, siedono
imperative:	siedi, sieda, sediamo, sedete, siedano
present subjunctive:	sieda, sieda, sieda, sediamo, sediate, siedano

spendere   *to spend*

past absolute:	spesi, spendesti, spese, spendemmo, spendeste, spesero
past participle:	speso

stare   *to stay*

present indicative:	sto, stai, sta, stiamo, state, stanno
past absolute:	stetti, stesti, stette, stemmo, steste, stettero
future:	starò, starai, starà, staremo, starete, staranno
conditional:	starei, staresti, starebbe, staremmo, stareste, starebbero
imperative:	sta' (stai), stia, stiamo, state, stiano
present subjunctive:	stia, stia, stia, stiamo, stiate, stiano
imperfect subjunctive:	stessi, stessi, stesse, stessimo, steste, stessero

succedere   *to happen*

past absolute:	successe
past participle:	successo

tenere   *to hold, to keep*

present indicative:	tengo, tieni, tiene, teniamo, tenete, tengono
past absolute:	tenni, tenesti, tenne, tenemmo, teneste, tennero
future:	terrò, terrai, terrà, terremo, terrete, terranno
conditional:	terrei, terresti, terrebbe, terremmo, terreste, terrebbero
imperative:	tieni, tenga, teniamo, tenete, tengano
present subjunctive:	tenga, tenga, tenga, teniamo, teniate, tengano

uccidere   *to kill*

past absolute:	uccisi, uccidesti, uccise, uccidemmo, uccideste, uccisero
past participle:	ucciso

uscire   *to go out*

present indicative:	esco, esci, esce, usciamo, uscite, escono
imperative:	esci, esca, usciamo, uscite, escano
present subjunctive:	esca, esca, esca, usciamo, usciate, escano

vedere *to see*

past absolute:	vidi, vedesti, vide, vedemmo, vedeste, videro
future:	vedrò, vedrai, vedrà, vedremo, vedrete, vedranno
conditional:	vedrei, vedresti, vedrebbe, vedremmo, vedreste, vedrębbero
past participle:	visto (veduto)

venire *to come*

present indicative:	vengo, vieni, viene, veniamo, venite, vęngono
past absolute:	venni, venisti, venne, venimmo, veniste, vęnnero
future:	verrò, verrai, verrà, verremo, verrete, verranno
conditional:	verrei, verresti, verrebbe, verremmo, verreste, verrębbero
imperative:	vieni, venga, veniamo, venite, vęngano
present subjunctive:	venga, venga, venga, veniamo, veniate, vęngano
past participle:	venuto

vincere *to win*

past absolute:	vinsi, vincesti, vinse, vincemmo, vinceste, vinsero
past participle:	vinto

vivere *to live*

past absolute:	vissi, vivesti, visse, vivemmo, viveste, vissero
future:	vivrò, vivrai, vivrà, vivremo, vivrete, vivranno
conditional:	vivrei, vivresti, vivrebbe, vivremmo, vivreste, vivrębbero
past participle:	vissuto

volere *to want*

present indicative:	vǫglio, vuoi, vuole, vogliamo, volete, vǫgliono
past absolute:	volli, volesti, volle, volemmo, voleste, vǫllero
future:	vorrò, vorrai, vorrà, vorremo, vorrete, vorranno
conditional:	vorrei, vorresti, vorrebbe, vorremmo, vorreste, vorrębbero
present subjunctive:	vǫglia, vǫglia, vǫglia, vogliamo, vogliate, vǫgliano

Italian–English Vocabulary

The Italian–English vocabulary contains most of the basic words and expressions used in each chapter. Stress is indicated by a dot under the stressed vowel. An asterisk * following an infinitive indicates that the verb is conjugated with **essere** in compound tenses. The **-isc-** after an **-ire** verb means that the verb requires **-isc-** in the present indicative, present subjunctive, and imperative conjugations.

The following abbreviations are used:

adj.	adjective		*inf.*	infinitive
adv.	adverb		*inv.*	invariable
affect.	affectionate		*m.*	masculine
art.	article		*math.*	mathematics
colloq.	colloquial		*pl.*	plural
conj.	conjunction		*p.p.*	past participle
def. art.	definite article		*prep.*	preposition
f.	feminine		*pron.*	pronoun
fam.	familiar		*s.*	singular
form.	formal		*sub.*	subjunctive

A

a in, at, to
abbasso down with
abbastanza enough, sufficiently
l'abbigliamento clothing, apparel
abbonarsi* to subscribe
abbondante abundant
abbracciare to embrace
l'abbraccio hug
abbronzarsi to tan
l'abitante *(m. & f.)* inhabitant
abitare to live
l'abitazione *(f.)* housing
l'abito dress, suit
abitualmente usually
abituarsi* to get used to
abituato accustomed
l'abitudine *(f.)* habit
accademico academic
accelerare to accelerate
accendere *(p.p. acceso)* to light, to turn on
l'accento accent, stress
accomodarsi* to make oneself comfortable
accompagnare to accompany

l'accordo agreement;
  d'accordo OK, agreed
l'aceto vinegar
l'acqua water;
  l'acqua minerale mineral water;
  l'acqua potabile drinking water
adagio slowly
l'acquisto purchase
adagie slowly
addio good-bye (forever)
addormentarsi* to fall asleep
addormentato asleep
adesso now
l'adulto, l'adulta adult
l'aereo, l'aeroplano airplane
l'aeroporto airport
l'affare *(m.)* business;
  per affari on business;
  È un affare! It is a bargain!;
  uomo (donna) d'affari businessman(woman)
affascinante fascinating
affatto not at all
l'affermazione *(f.)* statement
l'affetto affection;
  con affetto love

affettuoso affectionate
affinché so that, in order that
affittare to rent, to lease
l'affitto rent, rental;
  in affitto for rent
affollato crowded
l'affresco fresco
africano African
l'agente *(m. & f.)* **di viaggi** travel agent
l'agenzia di collocamento employment agency;
  agenzia di viaggi travel agency
l'aggettivo adjective
aggiungere *(p.p. aggiunto)* to add
agire (-isc-) to act
l'aglio garlic
agosto August
aiutare to help
l'aiuto help
l'alba dawn
l'albergo hotel
l'albero tree;
  l'albero genealogico family tree
alcolico alcoholic

alcuni (alcune) some, a few
allacciare (le cinture di sicurezza) to fasten (the seat belts)
allegro cheerful
allenare to coach;
　allenarsi* to practice, to train, to get in shape
l'allenatore, l'allenatrice coach
l'allievo, l'allieva pupil
alloggiare to stay
l'alloggio housing
allora then, well then, so, therefore
　da allora since then
allungare to prolong
almeno at least
le Alpi Alps
l'alpinismo mountain climbing
l'alpinista *(m. & f.)* mountain climber
alto tall, high
altro other
alzarsi* to get up
amare to love
amaro bitter
l'ambientalista *(m. & f.)* environmentalist
l'ambiente environment
l'ambulanza ambulance
americano American
l'amicizia friendship
l'amico, l'amica friend
ammalarsi* to become ill
ammalato ill, sick
ammettere to admit
ammirare to admire
ammobiliato furnished
l'amore *(m.)* love
l'analisi *(f.)* analysis
analogo similar
l'ananas pineapple
anche also, too;
　anche se even if
ancora still, more, again;
　ancora una volta once more;
　non ancora not yet
andare* to go;
　andare d'accordo to get along;
　andare bene to fit;
　andare in bicicletta to ride a bicycle;
　andare in cerca di to go in search of;
　andare al cinema to go to the movies;
　andare in pensione to retire;
　andare a piedi to walk;

andare a trovare to visit a person;
　andare via to go away
l'angolo corner
l'animale *(m.)* animal;
　l'animale domestico pet
annegare to drown
l'anniversario anniversary
l'anno year;
　avere... anni to be ... years old
annoiarsi* to get bored
annullare to cancel
annunciare to announce
l'annunciatore, l'annunciatrice TV announcer
l'annuncio pubblicitario ad
ansiosamente anxiously
l'antibiotico antibiotic
l'anticipo advance;
　in anticipo ahead of time, in advance
antico *(pl.* **antichi**) ancient, antique
l'antipasto appetizer
antipatico unpleasant
anzi on the contrary
anziano elderly
l'aperitivo aperitif
aperto open;
　all'aperto outdoors
apparecchiare to set the table
l'appartamento apartment
appassionato (di) fond (of)
appena as soon as; only
gli Appennini Apennine Mountains
appenninico of the Apennines
l'appetito appetite
applaudire to applaud
apprezzare to appreciate
approssimativamente approximately
l'appuntamento appointment, date
gli appunti notes
aprile April
aprire *(p.p.* **aperto**) to open
arabo Arabic;
　gli Arabi Arabs
l'arancia orange
l'aranciata orange drink
arancione *(inv.)* orange (color)
l'arbitro referee
l'architetto architect
l'architettura architecture
l'argomento subject
l'aria air, appearance;
　aria condizionata air conditioning;
　avere un'aria to look

l'armadietto cabinet
l'armadio wardrobe;
　armadio a muro closet
arrabbiarsi* to get angry
arrabbiato angry
l'arredamento furnishing
arredare to furnish
arredato furnished
l'arredatore, l'arredatrice interior designer
arrivare* to arrive
arrivederci! *(fam.)*;
　ArrivederLa! *(form.)* Goodbye!
l'arrivo arrival
l'arrosto roast;
　l'arrosto di vitello roast veal
l'arte *(f.)* art;
　opera d'arte work of art;
　Le Belle Arti Fine Arts
l'articolo article, item
l'artigianato handicraft
l'artigiano artisan
l'artista *(m. & f.)* artist
artistico artistic
l'artrite *(f.)* arthritis
l'ascensore *(m.)* elevator
l'asciugamano towel
asciugare to dry;
　asciugarsi* to dry oneself
ascoltare to listen to
gli asparagi asparagus
aspettare to wait for
l'aspirina aspirin
assaggiare to taste
l'assegno check
assente absent
l'assicurazione insurance
l'assistente di volo *(m. & f.)* flight attendant
assistere *(p.p.* **assistito**) to attend, to assist
assumere *(p.p.* **assunto**) to hire
astratto abstract
l'astrologia astrology
l'atleta *(m. & f.)* athlete
l'atmosfera atmosphere
attaccare to hang
attento careful;
　stare attento to pay attention
l'attenzione *(f.)* attention;
　fare attenzione to be careful
atterrare to land (plane)
l'attività *(f.)* activity
attivo active
l'atto act
l'attore, l'attrice actor, actress
attraente attractive
attraversare to cross

attraverso across; through
attrezzato equipped
attuale present
attualmente at present
augurare to wish
l'augurio wish;
   Tanti auguri! Best wishes!
l'aula classroom
aumentare to increase
l'aumento increase
l'autista *(m. & f.)* driver
l'autobiografia autobiography
l'autobus *(m.)(pl.* **gli autobus***)*
   bus
l'automobile *(f.)* car
l'automobilismo car racing
l'automobilista *(m. & f.)*
   motorist
l'autore, l'autrice author
l'autorità authority
l'autostop hitchhiking;
   fare
   l'autostop to hitchhike
l'autostrada freeway
l'autunno autumn, fall
avanti straight ahead;
   Avanti! Come in!
avaro stingy
avere to have;
   avere... anni to be . . . years
      old;
   avere un'aria to look;
   avere bisogno (di) to need;
   avere caldo to be hot;
   avere fame to be hungry;
   avere la febbre to have a
      temperature;
   avere freddo to be cold;
   avere fretta to be in a hurry;
   avere dei guasti al motore
      to have a car breakdown;
   avere intenzione (di) to
      intend;
   avere luogo to take place;
   **avere mal di (denti, schiena,
      stomaco, testa, gola)** to
      have a (toothache, backache,
      stomachache, headache, sore
      throat);
   avere paura di to be afraid
      of;
   avere il raffreddore to have
      a cold;
   avere ragione to be right;
   avere sete to be thirsty;
   avere sonno to be sleepy;
   avere torto to be wrong;
   avere la tosse to have a
      cough;
   avere voglia (di) to feel
      like

l'avvenimento event
l'avventura adventure
l'avverbio adverb
avvicinarsi* (a) to get near, to
   approach
avvincente fascinating
l'avvocato, l'avvocatessa
   lawyer
l'azione *(f.)* action
azzurro light blue

B

la bacheca bulletin board
baciare to kiss
il bacio kiss
i baffi mustache
i bagagli baggage, luggage
il/la bagnante bather
il bagnino, la bagnina
   lifeguard
il bagno bath; bathroom;
   fare il bagno to take a bath
il balcone balcony
ballare to dance
il balletto ballet
il bambino, la bambina child;
   little boy, little girl;
   da bambino as a child
la banca bank
il banco stand, counter; student
   desk
la banda band
la bandiera flag
il bar bar;
   bar con tavola calda snack
      bar
la barba beard;
   farsi la barba to shave
la barca boat;
   la barca a vela sailboat
il barista bartender
barocco baroque
basso short, low
bastare to suffice, to be enough
la batteria drums
be' (bene) well
la bellezza beauty
bello beautiful, handsome
benché although
bene well, fine;
   va bene OK, very well;
   è bene che it's a good thing
      that;
   benissimo very well;
   benone! great!
benefico beneficial
la benzina gasoline;
   il distributore di benzina
      gasoline pump;
   fare benzina to fill up;

benzina senza piombo
   unleaded gasoline
bere *(p.p.* **bevuto***)* to drink
la bevanda drink;
   bevanda alcolica alcoholic
      beverage
la biancheria da letto linens
bianco *(pl.* **bianchi***)* white
la bibita soft drink
la biblioteca library
il bicchiere glass
la bicicletta bicycle
la biglietteria ticket office
il biglietto ticket, card;
   biglietto di andata e ritorno
      round-trip ticket
il binario (railway) track
la biologia biology
biondo blond
la birra beer
il biscotto cookie
bisognare to be necessary
il bisogno need;
   avere bisogno di to need
la bistecca steak
blu *(inv.)* dark blue
la bocca mouth
   in bocca al lupo! good luck!
      (lit. in the mouth of the
      wolf!)
bollire to boil
la borsa bag;
   borsa di studio grant,
      scholarship
la borsetta handbag
il bosco wood, forest
la bottiglia bottle
il braccialetto bracelet
il braccio *(pl.* **le braccia***)* arm
bravo good
breve short, brief
il brodo broth
bruno dark-haired
brutto ugly; bad
la bugia lie;
   dire bugie to lie
bugiardo liar
buio dark, darkness
buono good;
   Buon anno! Happy New
      Year!;
   Buon appetito! Enjoy your
      meal!;
   Buona giornata! Have a
      nice day!;
   Buona notte! Good night!;
   Buone vacanze! Have a nice
      vacation!
il burattino puppet
il burro butter
la busta envelope

C

la cabina telefonica telephone booth

cadere* to fall

il caffè coffee, café, coffee shop

il calcio soccer

la calcolatrice calculator

il calcolo calculus

caldo hot;
  avere caldo to be hot;
  fa caldo it is hot (weather)

il calendario calendar

il calmante sedative

calmare to calm

calmo calm

la caloria calorie

la calza stocking

il calzino sock

cambiare to change, to exchange;
  cambiare idea to change one's mind

il cambio change, exchange

la camera room;
  camera da letto bedroom;
  camera singola (doppia) single (double) room;
  camera con servizi room with bath

il cameriere, la cameriera waiter, waitress; maid

la camicetta blouse

la camicia (*pl.* **le camicie**) shirt

il caminetto fireplace

camminare to walk

la campagna country, countryside;
  campagna elettorale election campaign

il campanile bell tower

il campeggio camping;
  fare il campeggio to go camping

il campionato championship

il campione, la campionessa champion

il campo field;
  campo da tennis tennis court

canadese Canadian

il canale channel, canal (Venice)

la candela candle

il candidato, la candidata candidate

il cane dog

i cannelloni stuffed pasta

il canottaggio boating, rowing

il/la cantante singer

cantare to sing

il canto singing

la canzone song

i capelli hair

capire (-isc-) to understand

la capitale capital

il capitolo chapter

il capo head, leader

il Capodanno New Year's day

il capolavoro masterpiece

il capoluogo chief town

il capoufficio boss

il cappello hat

il cappotto winter coat

il cappuccino coffee with steamed milk

le caramelle candies

il carattere temperament

la caratteristica characteristic, feature

il carciofo artichoke

la caricatura caricature

carino pretty, cute

la carne meat

caro dear, expensive

la carota carrot

la carriera career;
  fare carriera to have a successful career

la carrozza car (train), carriage

la carta paper;
  carta geografica map;
  carta di credito credit card;
  carta telefonica telephone card;
  carta d'identità identification card

la cartella chart

il cartello sign

la cartoleria stationery store

la cartolina postcard

il cartone animato cartoon

la casa house, home;
  a casa, in casa at home;
  a casa di at the house of;
  a casa sua at his/her house;

la casalinga housewife

il caso case;
  per caso by any chance;
  secondo il caso according to the case

Caspita! Wow!

la cassa case, cashier's desk

il cassetto drawer

la cassiera cashier

castano brown (eyes, hair)

il castello castle

la catena chain

la cattedra desk

cattivo bad, mean

la causa cause;
  a causa di because of

causare to cause

c'è (ci sono) there is (are)

celebrare to celebrate

celibe (*m.*) unmarried, single

la cena dinner

cenare to have supper

il centesimo cent

cento one hundred

centrale central

il/la centralinista telephone operator

il centro center;
  in centro downtown

cercare to look for;
  cercare di + *inf.* to try (to)

i cereali cereals

certamente certainly

certo certain; (*adv.*) certainly

il cestino basket

che (*conj.*) that;
  che (*pron.*) who, whom, that, which;
    che, che cosa, cosa? what?;
    che... ! what a . . . !
    più... che more . . . than

chi? who?, whom?;
  di chi è? whose is it?

chiamare to call;
  chiamarsi* to be called

la chiave key

chiedere (*p.p.* **chiesto**) to ask (for)

la chiesa church

il chilogrammo kilogram

il chilometro kilometer

la chimica chemisty

il chirurgo surgeon

chissà! who knows!

la chitarra guitar

chiudere (*p.p.* **chiuso**) to close

ciao hello, hi, good-bye

il cibo food

il ciclismo bicycling

il/la ciclista cyclist

il cielo sky

la cifra amount, digit

il cinematografo movie theater

cinese Chinese

la cintura belt;
  cintura di sicurezza safety belt, seatbelt

il cioccolato chocolate

il cioccolatino chocolate candy

cioè that is

la cipolla onion

circa about, approximately

circondare to surround

la circostanza occasion

la città city, town

la cittadinanza citizenship
il cittadino citizen
la civilizzazione civilization
la civiltà civilization
la classe class, classroom
classico classic
il/la cliente customer
il clima climate
il codice postale Zip code
il cognato, la cognata brother-in-law, sister-in law
il cognome last name
la coincidenza coincidence; connection (train, bus)
la colazione breakfast;
  fare colazione to have breakfast
collaborare to collaborate
i collant pantyhose
il/la collega colleague
la collina hill
il collo neck
il colloquio interview
il colore color
il coltello knife
come as, like;
  Come? How?;
  Come sta? *(form. s.)*, **Come stai?** *(fam. s.)*, **Come va?** *(colloq.)* How are you?;
  Com'è? What is he (she, it) like?;
  Come mai? How come?;
  Come si chiama? What is his (her, your, its) name?
il comico comedian;
  comico *(adj.)* comic, funny
la commedia comedy, play
il commediografo playwright
commentare to make a comment
il commento comment
il/la commercialista accountant
il commercio commerce
il commesso, la commessa salesperson
comodamente comfortably
il comodino nightstand
la comodità comfort
comodo comfortable
la compagnia company
il compagno, la compagna companion;
  compagno(a) di classe classmate;
  compagno(a) di stanza roommate
il compenso compensation
competente competent
compiere to have a birthday

il compito homework, task
il compleanno birthday;
  Buon compleanno! Happy birthday!
completamente fully, completely
completare to complete
il completo suit
complicato complicated
comporre *(p.p.* **composto***)* to compose
il compositore, la compositrice composer
comprare to buy
comprensivo understanding, with understanding; comprehensive
comune common
comunicare to communicate
il/la comunista communist
con with
il concerto concert
concludersi* *(p.p.* **concluso***)* to end, to conclude
la conclusione conclusion
condire to dress (salad, food)
condividere *(p.p.* **condiviso***)* to share
la condizione condition
la conferenza lecture
confermare to confirm
confinare to border, to confine
confrontare to compare
la confusione confusion
il congelatore freezer
Congratulazioni! Congratulations!
il coniglio rabbit
il/la conoscente acquaintance
la conoscenza knowledge
conoscere *(p.p.* **conosciuto***)* to know, to meet, to be acquainted with
considerarsi* to consider oneself
consigliare to advise
il consiglio advice
consolare to console
la consonante consonant
il/la consulente consultant
consultare to consult
consumare to consume
il contadino, la contadina peasant; farmer
i contanti cash
contare to count
contento happy, glad; pleased
il continente continent
continuare to continue
il conto check, bill
il contorno (cooked) vegetable

il contrario opposite
il contrasto contrast
il contratto contract
contribuire (-isc-) to contribute
contro against
controllare to check
il controllore conductor
consistere (di) to consist (of)
la conversazione conversation
convincere *(p.p.* **convinto***)* to convince
la coperta blanket; cover
la copia copy
la coppia couple, pair
il coraggio courage;
  coraggio! come on! keep it up!
coraggioso courageous, brave
cordiale cordial
il coro chorus
il corpo body
correggere *(p.p.* **corretto***)* to correct
correre *(p.p.* **corso***)* to run
il corridoio corridor
corrispondere *(p.p.* **corrisposto***)* to correspond
la corsa run, race
il corso course (studies); main street
il cortile courtyard
corto short
la cosa thing
così so;
  così-così so-so;
  così tanto! that much!;
  così... come as . . . as
la costa coast;
  la Costa Azzurra French Riviera
costare to cost;
  quanto costa? how much is it?
il costo cost, price
costoso expensive
costruire (-isc-) to build
il costruttore builder
il costume costume;
  costume da bagno bathing suit
il cotone cotton
cotto cooked
la cravatta tie
creare to create
credere to believe
la crema cream
la crisi crisis
la critica criticism, critique, review
criticare to criticize

il critico critic; (adj.) critical
la crociera cruise;
  fare una crociera to go on a cruise
il cucchiaino teaspoon
il cucchiaio spoon
la cucina kitchen; cooking; cuisine
cucinare to cook;
  cucinare al forno to bake
il cugino, la cugina cousin
cui (pron.) whom, which;
  la ragazza con cui esco the girl with whom I go out
la cultura culture
culturale cultural
il culturismo bodybuilding
cuocere (p.p. **cotto**) to cook
il cuoco, la cuoca cook
il cuore heart
la cupola dome
la cura treatment; care
curare to treat
curioso curious
il cuscino pillow

D

da from, by;
  lavoro da un mese I have been working for a month
d'accordo OK, agreed;
  essere d'accordo to agree
Dai! Come on! (fam.)
dannoso damaging
dare to give;
  dare fastidio to bother;
  dare la mano to shake hands;
  dare un passaggio to give a lift;
  dare del tu (Lei) to use the **tu (Lei)** form
  dare un film to show a movie
la data date (calendar)
il dattilografo, la dattilografa typist
davanti (a) in front of, before
davvero really, indeed
il debito debt
debole weak
decidere (p.p. **deciso**) to decide
la decisione decision
decollare to take off (plane)
dedicarsi* to devote oneself
la delusione disappointment
deluso disappointed
democratico democratic
la democrazia democracy
il denaro money

il dente tooth;
  al dente firm, not overcooked
il dentifricio toothpaste
il/la dentista dentist
dentro in, inside
depositare to deposit;
  depositare un assegno to deposit a check
il deposito deposit;
  deposito bagagli baggage room
deprimente depressing
il deputato, la deputata congressman, congresswoman
descrivere (p.p. **descritto**) to describe
la descrizione description
desiderare to wish, want;
  desidera? may I help you?
il desiderio wish, desire
desideroso eager
la destra right;
  a destra to the right;
  il braccio destro the right arm
detestare to hate
il dettaglio detail
di of, from; **di** + def. art. some, any;
  di chi è? whose is it?;
  di dov'è? where is he/she from?
la diagnosi diagnosis
il dialetto dialect
il dialogo (pl. **dialoghi**) dialogue
dicembre December
dichiarare to declare
le didascalie (f. pl.) (cinema) subtitles
la dieta diet;
  stare a dieta to be on a diet
il dietologo, la dietologa dietician
dietro behind
difendersi* to defend oneself
differente different
la differenza difference;
  a differenza di unlike
difficile difficult
la difficoltà difficulty
diligente diligent
dimagrire (-isc-)* to lose weight
dimenticare to forget
diminuire (-isc-) to diminish; to reduce
dimostrare to show, to express
dinamico dynamic
dipendere (p.p. **dipeso**) to depend;
  dipende (da) it depends (on)

dipingere (p.p. **dipinto**) to paint, to portray
il diploma certificate, diploma
diplomarsi* to graduate from high school
dire (p.p. **detto**) to say, to tell;
  dire di no to say no;
  voler dire to mean
direttamente directly
il direttore, la direttrice director; administrator;
  direttore d'orchestra orchestra conductor
il/la dirigente manager
dirigere (p.p. **diretto**) to manage, to conduct
diritto, dritto (adj.) straight; (adv.) straight ahead
il diritto right
discendere* (p.p. **disceso**) to descend, to go (come) down
il disco (pl. **dischi**) record
il discorso speech
la discoteca discoteque
la discussione discussion
discutere (p.p. **discusso**) to discuss
disegnare to draw
il disegnatore, la disegnatrice designer
il disegno drawing, pattern, plan
disoccupato unemployed
la disoccupazione unemployment
disonesto dishonest
disordinato messy
dispiacere* (p.p. **dispiaciuto**) to mind, to be sorry;
  mi dispiace I am sorry
disponibile available
disposto willing;
  essere disposto to be willing
la distanza distance
distare to be distant, to be far from
distratto absent-minded
il distributore di benzina gasoline pump
disturbare to bother
il disturbo ailment, trouble
il dito (pl. **le dita**) finger;
  dito del piede toe
la ditta firm
il divano sofa, couch
diventare* to become
la diversità diversity
diverso different; several;
  diversi giorni several days
divertente amusing

divertimento amusement;
   buon divertimento! have fun!
divertire to amuse;
   divertirsi* to have fun, to enjoy oneself
dividere (*p.p.* **diviso**) to share, to divide
il divieto prohibition;
   divieto di fumare no smoking;
   divieto di parcheggio no parking
divorziato (a) divorced
il divorzio divorce
il dizionario dictionary
la doccia shower;
   fare la doccia to take a shower
il documentario documentary film
il documento document;
   documento d'identità I.D.
la dogana customs
il dolce dessert, candy; *(adj.)* sweet
dolcemente gradually, gently
il dollaro dollar
il dolore pain, ache
la domanda question; application;
   fare una domanda to ask a question;
   fare domanda to apply
domandare to ask;
   domandarsi* to wonder
domani tomorrow;
   A domani! See you tomorrow!
la domenica Sunday
la donna woman
dopo after, afterward
dopodomani the day after tomorrow
doppio double
dormire to sleep
la dose amount
il dottore, la dottoressa doctor, university graduate
dove where;
   di dove sei? where are you from?
il dovere duty
dovere to have to, must; to owe
la dozzina dozen
il dramma drama, play
drammatico dramatic
la droga drug
il dubbio doubt;
   senza dubbio undoubtedly
dubitare to doubt

dunque therefore; well, now!
il duomo cathedral
durante during
durare* to last
duro hard;
   avere la testa dura to be stubborn

E

e, ed and
eccellente excellent
l'eccesso excess
eccetera et cetera
eccetto except
l'eccezione *(f.)* exception
eccitato excited
ecco...! here is...! here are...!;
   eccomi here I am
l'ecologia ecology
ecologico ecological
l'economia economy
economico economic(al), cheap
economo thrifty
l'edicola newsstand
l'edificio building
l'editore, l'editrice publisher
educato polite
l'effetto effect;
   effetto serra greenhouse effect
efficiente efficient
egoista selfish
elegante elegant, fashionable
eleggere (*p.p.* **eletto**) to elect
elementare elementary
l'elenco telefonico telephone book
l'elettricista electrician
l'elettricità electricity
elettronico electronic
l'elezione *(f.)* election
eliminare to eliminate
entrare* to enter
l'entrata entrance
l'entusiasmo enthusiasm
entusiasta enthusiastic
l'epoca period, era
l'equipaggiamento equipment
l'equitazione *(f.)* horseback riding
l'erba grass
l'eredità inheritance
ereditare to inherit
l'errore *(m.)* error, mistake
esagerare to exaggerate
l'esame *(m.)* exam;
   dare un esame to take an exam
esattamente exactly
esatto exact

l'esclamazione *(f.)* exclamation
l'escursione *(f.)* excursion
l'esempio example;
   ad (per) esempio for example
esercitare to exercise
l'esercizio exercise
esigente demanding
l'esilio exile
esistere* (*p.p.* **esistito**) to exist
esotico exotic
l'esperienza experience
l'esperimento experiment
esperto experienced
esplorare to explore
l'espressione expression;
   espressione di cortesia greetings
l'espresso expresso coffee
esprimere (*p.p.* **espresso**) to express
essere* (*p.p.* **stato**) to be;
   essere d'accordo to agree;
   essere in anticipo to be early;
   essere a dieta to be on a diet;
   essere in orario to be on time;
   essere promosso to be promoted;
   essere in ritardo to be late;
   essere al verde to be broke
l'est east
l'estate *(f.)* summer
esterno exterior
estero foreign;
   commercio estero foreign trade;
   all'estero abroad
estivo *(adj.)* summer
l'età age
etnico ethnic
l'etto(grammo) 100 grams
l'euro *(inv.)* euro (Italian currency)
l'Europa Europe
europeo European
evitare to avoid

F

fa ago;
   un anno fa one year ago
fa caldo (freddo, fresco, bel tempo, brutto tempo) it is hot (cold, cool, nice weather, bad weather);
   fa *(math.)* equals
la fabbrica factory
la faccia face

facile easy
facilmente easily
la facoltà di legge (medicina, ecc.) school of law (medicine, etc.)
i fagiolini green beans
falso false
la fame hunger;
  avere fame to be hungry
la famiglia family
familiare familiar
famoso famous
la fantascienza science fiction
la fantasia fantasy; imagination
fare (*p.p.* **fatto**) to do, to make;
  fare dell'alpinismo to go mountain climbing;
  fare attenzione to pay attention;
  fare gli auguri to offer good wishes;
  fare l'autostop to hitchhike;
  fare il bagno to take a bath;
  fare un brindisi to offer a toast;
  fare il campeggio to go camping;
  fare colazione to have breakfast;
  fare la conoscenza (di) to make the acquaintance (of);
  fare la doccia to take a shower;
  fare una domanda to ask a question;
  fare domanda to apply;
  fare il dottore (l'ingegnere, ecc.) to be a doctor (an engineer, etc);
  fare un'escursione to take an excursion;
  fare bella figura to make a good impression;
  fare la fila to stand in line;
  fare una foto to take a picture;
  fare una gita to take a short trip;
  fare legge (matematica, medicina, ecc.) to study law (mathematics, medicine, etc.);
  fare la pace to make up;
  fare parte (di) to take part (in);
  fare un giro to take a walk or a ride
  fare una passeggiata to take a walk;
  fare una pausa to take a break;

fare presto to hurry;
  fare un regalo to give a present;
  fare sciopero to be on strike;
  fare la siesta to take a nap;
  fare la spesa to buy groceries;
  fare le spese to go shopping;
  fare lo spiritoso to clown around;
  fare dello sport to take part in sports;
  fare una telefonata to make a phone call;
  fare il tifo to be a fan;
  fare le valigie to pack;
  fare un viaggio to take a trip;
  fare una visita to pay a visit;
  farne a meno to do without it;
  farsi* male to hurt oneself
la farina flour
la farmacia pharmacy
il/la farmacista pharmacist
il fascismo fascism
faticoso tiring
il fatto fact; event
il fattore factor, element
la favola fable
il favore favor;
  per favore please
il fazzoletto handkerchief
febbraio February
la febbre fever
fedele faithful; loyal
la fedeltà loyalty
il fegato liver
felice happy
la felicità happiness
Felicitazioni! Congratulations!
la felpa sweatshirt
femminile feminine
le ferie paid annual vacation
fermare to stop (someone or something);
  fermarsi* to stop (oneself)
fermo still, stopped
il Ferragosto August holiday
ai ferri broiled
la ferrovia railroad
ferroviario of the railroad
la festa holiday, party
festeggiare to celebrate
la festività festivity
la fetta slice
il fidanzamento engagement
fidanzarsi* to become engaged
il fidanzato, la fidanzata fiancé, fiancée

la fiducia trust;
  avere fiducia to trust
il figlio, la figlia son, daughter;
  figlio unico, figlia unica only child;
  i figli children
la figura figure;
  fare bella figura to make a good impression
la fila line;
  fare la fila to stand in line
il film movie;
  dare un film to show a movie
filmare to make a movie
la filosofia philosophy
finalmente finally, at last
finanziare to finance
finanziario financial
finché until
la fine end
il fine-settimana weekend
la finestra window
il finestrino window (of a car, bus, train, etc.)
finire (-isc-) to finish, to end
fino a until; as far as
finora until now
il fiore flower
fiorentino Florentine
fiorito flowering
Firenze Florence
la firma signature
firmare to sign;
  firmare una ricevuta to sign a receipt
fischiare to whistle; to boo
la fisica physics
fisico physical
fissare un appuntamento to make an appointment
il fiume river
il flauto flute
il foglio sheet;
  foglio di carta sheet of paper
la folla crowd
fondare to found
la fontana fountain
la forchetta fork
la forma form, shape
il formaggio cheese
formare to form;
  formare il numero to dial
il fornaio baker
i fornelli range (stove)
il forno oven;
  forno a microonde microwave oven
forse maybe, perhaps
forte strong

la fortuna fortune, luck;
  buona fortuna good luck;
  per fortuna luckily
fortunato lucky
la forza strength;
  forza! come on!
la foto(grafia) picture,
    photography;
  fare una foto to take a
      picture
fra between, among, in
la fragola strawberry
francamente frankly, honestly
francese French
il francobollo stamp
la frase sentence
il fratello brother
il freddo cold;
  avere freddo to be cold;
  fa freddo it is cold;
  il caffè freddo *(adj.)* iced
      coffee
frenare to brake
frequentare to attend (school)
fresco cool, fresh
la fretta hurry;
  avere fretta to be in a hurry;
  in fretta in a hurry
friggere to fry
il frigo(rifero) refrigerator
la frittata omelette
fritto fried
frizzante sparkling, carbonated
la frutta fruit
fumare to smoke
il fumatore, la fumatrice
    smoker
il fumetto bubble;
  i fumetti comic strips
il fungo *(pl.* **funghi)** mushroom
funzionare to function
il fuoco *(pl.* **fuochi)** fire
fuori (di) out (of), outside
il futuro future

G

la galleria arcade; gallery;
    balcony;
  la galleria d'arte art
      gallery
la gamba leg
il gamberetto shrimp
la gara race; competition
il gatto cat
la gelateria ice-cream parlor
il gelato ice cream
i gemelli twins
generale general;
  in generale in general
la generazione generation

il genere gender;
  in genere generally
i generi alimentari groceries
il genero son-in-law
generoso generous
il genio genius
il genitore parent
gennaio January
Genova Genoa
la gente people
gentile kind
la geografia geography
geografico geographic
la Germania Germany
il gesso chalk
il ghiaccio ice
già already; yes, sure
la giacca coat, jacket;
  la giacca a vento
      windbreaker
giallo yellow
il Giappone Japan
giapponese Japanese
il giardino garden;
  i giardini pubblici park
la ginnastica gymnastics
il ginocchio knee
giocare (a) to play (a game);
  giocare a carte to play cards
il giocatore, la giocatrice
    player
il giocattolo toy
il gioco *(pl.* **giochi)** game
il giornale newspaper
il/la giornalista journalist
la giornata the whole day
il giorno day;
  buon giorno good morning,
    hello
giovane young;
  il giovane young man;
  i giovani young people
il giovanotto young man
il giovedì Thursday
la gioventù youth
il giradischi record player
girare to turn; to tour;
  girare un film to make a
      movie
il giro tour
la gita trip, excursion, tour;
  la gita scolastica field trip
il giudizio judgment, sentence
giugno June
la giustificazione justification
giusto just, right, correct
gli gnocchi potato dumplings
la gola throat;
  il mal di gola sore throat
il golf sweater (cardigan)
il golfo gulf

la gonna skirt
gotico gothic
governare to rule
il governo government
la grammatica grammar
il grammo gram
grande big, wide, large, great;
  da grande as an adult
grasso fat
grassottello chubby
il grattacielo skyscraper
gratuito free (of charge)
grave grave; serious
grazie thank you;
  grazie a thanks to;
  mille grazie thanks a lot
greco *(pl.* **greci)** Greek
gridare to shout
grigio gray
alla griglia grilled
i grissini breadsticks
grosso huge, big
il gruppo group
guadagnare to earn;
  guadagnarsi* il pane to
      earn one's living
i guanti *(pl.)* gloves
guardare to look at, to watch
guarire (-isc-) to cure, to
    recover
la guerra war
la guida guide, tourist guide;
    guidebook; driving
guidare to drive
il gusto taste; preference
gustoso tasty

I

l'idea idea
ideale ideal
l'idealista idealist
l'idraulico plumber
ieri yesterday;
  l'altro ieri the day before
      yesterday;
  ieri sera last night
ignorante ignorant
ignorare to ignore
illuminare to illuminate, to
    light
imitare to imitate
immaginare to imagine
immaginario imaginary
l'immaginazione *(f.)*
    imagination
immediatamente immediately
imparare to learn
impaziente impatient
l'impazienza impatience
l'impermeabile *(m.)* raincoat

l'impiegato, l'impiegata clerk
l'impiego employment, job
importante important
l'importanza importance
importare to be important, to
matter;
   non importa! never mind!
l'importazione *(f.)* import
impossibile impossible
improvvisamente suddenly
in in, at, to
incantevole charming
incassare to cash
incerto uncertain
l'inchiostro ink
l'incidente *(m.)* accident
l'inclinazione *(f.)* inclination
includere *(p.p. **incluso**)* to
include
incominciare to begin
incontrare to meet
l'incontro encounter; meeting
incoraggiare to encourage
l'incrocio intersection
indeciso undecided; indecisive
l'indicazione *(f.)* direction
indifferente indifferent
indipendente independent
l'indipendenza independence
l'indirizzo address
indispensabile indispensable
indovinare to guess
l'indovinello puzzle; guessing
game
indulgente indulgent
l'industria industry
industriale industrial
inefficiente inefficient
inesperto inexperienced
infatti in fact
infelice unhappy
l'infermiere, l'infermiera
nurse
l'inferno hell
l'inflazione *(f.)* inflation
l'influenza flu
influenzare to influence; to
affect
l'informatica computer science
l'informazione *(f.)* information
l'infrazione *(f.)* violation
l'ingegnere *(m.)* engineer
l'ingegneria engineering
ingessare to put in a cast
l'Inghilterra England
inglese English
ingrassare to gain weight
l'ingrediente *(m.)* ingredient
l'ingresso entrance, entry
l'iniezione *(f.)* injection
iniziare to initiate, to begin

l'inizio beginning
innamorarsi* **(di)** to fall in
love (with)
innamorato *(adj.)* in love
innocente innocent
inoltre besides
l'inquilino, l'inquilina tenant
l'inquinamento pollution
inquinare to pollute
l'insalata salad
l'insegnamento teaching
l'insegnante *(m.& f.)* teacher,
instructor
insegnare to teach
insieme together
insomma in short, in conclusion;
   insomma! for heaven's sake!
intelligente intelligent
l'intenzione *(f.)* intention;
   avere intenzione di (+ *inf.*)
to intend
interessante interesting
interessare to interest;
   interessarsi* **di (a)** to be
interested in
l'interesse *(m.)* interest
l'intermezzo intermission
internazionale international
interno internal, interior,
domestic
l'interpretazione *(f.)*
interpretation
l'intervista interview
intervistare to interview
intimo close, intimate
intitolato entitled
l'intolleranza intolerance
intorno a around
introdurre *(p.p. **introdotto**)* to
introduce
l'introduzione introduction
inutile useless
invece instead
inventare to invent
l'inventore, l'inventrice
inventor
invernale *(adj.)* winter
l'inverno winter
inviare to send
invitare to invite
l'invitato guest
l'invito invitation
irlandese Irish
l'ironia irony
irregolare irregular
irresponsabile irresponsible
iscriversi* *(p.p. **iscritto**)* to
enroll, to register
l'isola island
ispirare to inspire;
   ispirarsi* to get inspired

istruire to educate, to instruct,
to teach;
   istruirsi* to educate oneself
l'istruzione *(f.)* instruction,
education
l'Italia Italy
italiano Italian;
   l'italiano Italian language;
   l'Italiano/l'Italiana Italian
person
   all'italiana in the Italian
way

L

là there, over there
il labbro *(pl. **le labbra**)* lip
il ladro, la ladra thief
il lago *(pl. **laghi**)* lake
lamentarsi* **(di)** to complain
(about)
la lampada lamp
il lampadario chandelier
la lana wool;
   di lana woollen
largo *(pl. **larghi**)* large, wide
lasciare to leave (someone or
something); to quit; to let, to
allow
il latte milk
la lattina can
la laurea university degree
laurearsi* to graduate
il laureato university graduate
il lavabo wash-basin
la lavagna blackboard
il lavandino sink
lavare to wash;
   lavarsi* to wash (oneself)
la lavastoviglie dishwasher
la lavatrice washing machine
lavorare to work
il lavoratore, la lavoratrice
worker
il lavoro work, job;
   lavoro a tempo pieno full-
time job
legale legal;
   studio legale law office
la legge law;
   facoltà di legge law school
leggere *(p.p. **letto**)* to read
leggero light
il legno wood;
   di legno wooden
lento slow
il lenzuolo *(pl. **le lenzuola**)*
sheet
il leone lion
la lettera letter;
   le Lettere humanities

la letteratura literature
il letto bed;
    **letto singolo
(matrimoniale)** single
(double) bed;
    camera da letto bedroom
il lettore, la lettrice reader
la lettura reading
la lezione lesson; class
lì there
la libbra pound
libero free, available; vacant
(apartment)
la libertà freedom
la libreria bookstore
il libro book;
    libro di cucina cookbook
licenziare to fire (employee)
il liceo high school
il limite limit;
    limite di velocità speed limit
il limone lemon
la linea aerea airline
la lingua language; tongue;
    lingue straniere foreign
languages
lirico lyric
la lista list
litigare to fight
il litro liter
il locale room;
    locale *(adj.)* local
la località place
la Lombardia Lombardy
Londra London
lontano (da) far (from)
la luce light; electricity
luglio July
luminoso bright
la luna moon;
    luna di miele honeymoon
il lunedì Monday
lungo *(pl.* **lunghi***)* long; *(adv.)*
along;
    a lungo for a long time
il luogo *(pl.* **luoghi***)* place;
    avere luogo to take place
di lusso deluxe
lussuoso sumptuous

M

ma but
la macchina car, machine,
engine;
    macchina fotografica
camera;
    macchina da presa movie
camera;
    macchina da scrivere
typewriter

la macedonia di frutta fruit
salad
la madre mother
maestoso majestic
il maestro, la maestra
elementary-school teacher
maggio May
la maggioranza majority
maggiore bigger, greater, older;
    la maggior parte most (of)
magico magic
la maglietta T-shirt
il maglione heavy sweater
magnifico magnificent, splendid
magro thin; skinny
mai ever;
    non... mai never
il malato sick person; *(adj.)*
sick, ill
la malattia illness, disease
il male ache;
    male di denti toothache
male *(adv.)* badly;
    non c'è male not bad
maleducato impolite
malgrado in spite of
il malumore bad mood;
    essere di malumore to be in
a bad mood
malvolentieri reluctantly
la mamma mom
la mancanza lack
mancare to miss;
    mi manca la famiglia I miss
my family
la mancia tip;
    dare la mancia to tip
mandare to send
mangiare to eat
la maniera manner
il manifesto poster;
    manifesto elettorale
campaign poster
la mano *(pl.* **le mani***)* hand;
    dare la mano to shake
hands
il manoscritto manuscript
la marca make; brand name
il marciapiede sidewalk
marcio rotten
il mare sea;
    al mare at the seashore;
    il Mar Tirreno Tyrrhenian
Sea
la margarina margarine
il marinaio sailor
il marito husband
la marmellata jam
il marmo marble
marrone brown
il martedì Tuesday

marzo March
la maschera mask; masked
character
maschile masculine
massimo greatest, maximum;
    al massimo at the most
la matematica mathematics
la materia subject (scholastic)
la matita pencil
il matrimonio marriage,
wedding
la mattina, il mattino
morning;
    di mattina in the morning
matto crazy;
    da matti a lot
il mattone brick
maturo mature; ripe
il mazzo di fiori bouquet of
flowers
il meccanico mechanic
la medicina medicine
il medico doctor, physician
medievale medieval
mediocre mediocre
il Medio Evo Middle Ages
meglio *(adv.)* better
la mela apple
la melanzana eggplant
il melone cantaloupe
il membro member
la memoria memory;
    a memoria by heart
meno less; minus;
    a meno che unless;
    Meno male! Thank God!
la mensa cafeteria
mensile monthly
mentre while
il menù menu
meravigliosamente
wonderfully
meraviglioso wonderful
il mercato market;
    a buon mercato cheap
il mercoledì Wednesday
meridionale southern
mescolare to mix
il mese month
il messaggio message
messicano Mexican
il mestiere trade, occupation
la metà half
la metropolitana subway
mettere to put, to place, to
wear;
    mettersi* to put on, wear;
    mettersi* a to start;
    mettere a posto to put in
order;
    mettere in moto to start *(car)*

la mezzanotte midnight
i mezzi di diffusione mass media
i mezzi di trasporto means of transportation
mezzo *(adj.)* half
il mezzo means; middle;
  per mezzo di by means of;
  il mezzogiorno noon;
  il Mezzogiorno Southern Italy
il miglio *(f. pl.* **miglia)** mile
migliorare to improve
migliore *(adj.)* better
Milano Milan
il miliardario billionaire
il miliardo billion
il milionario millionaire
il milione million
mille *(pl.* **mila)** thousand;
  Mille grazie! Thanks a lot!
la minestra soup
il minestrone vegetable soup
minimo smallest
il ministro *(m. & f.)* minister
minore smaller, younger
il minuto minute
misto mixed
misurare to measure
mite mild
il mobile piece of furniture
la moda fashion;
  di moda fashionable
il modello, la modella model
moderno modern
modesto modest
il modo way, manner;
  ad ogni modo anyway
la moglie wife
molto much, a lot of; *(inv.)* very
il momento moment
la monarchia monarchy
mondiale worldwide
il mondo world
la moneta coin
monetario monetary
il monolocale studio apartment
la montagna mountain
il monte mount
il monumento monument
la moquette wall-to-wall carpet
morire* *(p.p.* **morto)** to die
la morte death
la mostra exhibition
mostrare to show
il motivo motive
il moto motion, movement
la moto(cicletta) motorcycle
il motore motor
il motorino motorscooter
la multa fine

il muratore mason
il muro (exterior) wall;
  le mura city walls
il museo museum
la musica music;
  musica folkloristica folk music;
  musica operistica opera music;
  musica classica classical music;
  musica leggera light music
il/la musicista musician

N

napoletano Neapolitan
Napoli Naples
nascere* *(p.p.* **nato)** to be born
la nascita birth
il naso nose
il Natale Christmas;
  Babbo Natale Santa Claus;
  Buon Natale! Merry Christmas!
la natura nature;
  natura morta still life
naturale natural
naturalmente naturally
la nave ship
nazionale national
la nazionalità nationality
la nazione nation
né... né neither . . . nor
neanche not even
la nebbia fog
  c'è nebbia it is foggy
necessario necessary
negare to deny
negativo negative
il negozio store, shop
nemmeno not even
nero black
nervoso nervous
nessuno nobody, no one, not anyone
la neve snow
nevicare to snow
niente nothing, not anything;
  nient'altro nothing else
il nipote nephew, grandchild;
  la nipote niece, granddaughter;
  i nipoti grandchildren
no no
la noia boredom; *(pl.)* trouble
noioso boring
noleggiare to rent (a car, a bicycle, skis)
il nome noun, name
nominare to name

non not
il nonno, la nonna grandfather, grandmother;
  i nonni grandparents
nonostante in spite of
il nord north
notevole remarkable
la notizia news
noto well-known
la notte night
novembre *(m.)* November
la novità news;
  nessuna novità nothing new
le nozze wedding;
  viaggio di nozze honeymoon trip
nubile *(f.)* unmarried, single
il numero number;
  numero di telefono phone number
numeroso numerous
la nuora daughter-in-law
nuotare to swim
il nuoto swimming
nuovo new;
  di nuovo again
la nuvola cloud;
  avere la testa fra le nuvole to be absent-minded
nuvoloso cloudy

O

o or
obbligatorio compulsory
l'occasione *(f.)* opportunity;
  approfittare dell'occasione di to take advantage of
gli occhiali *(pl.)* eyeglasses;
  occhiali da sole sunglasses
l'occhio eye;
  costare un occhio della testa to cost a fortune;
  dare un'occhiata to take a look
occidentale western
occupare to occupy;
  occuparsi* (di) to occupy oneself with
occupato busy
l'oceano ocean
l'oculista *(m. & f.)* eye doctor
offendere *(p.p.* **offeso)** to offend
l'offerta offer
offrire *(p.p.* **offerto)** to offer
l'oggetto object
oggi today
ogni each, every
ognuno everyone, each one
olimpico Olympic

l'olio oil;
   olio d'oliva olive oil
oltre a besides
l'ombrello umbrella
l'ombrellone beach umbrella
l'onomastico name day
l'onore *(m.)* honor
l'opera work, opera;
   l'opera d'arte work of art;
   cantante d'opera opera
     singer
l'operaio, l'operaia factory
   worker, laborer
operare to operate
l'opinione *(f.)* opinion
oppure or
ora now
l'ora hour, time;
   è ora che it is time that;
   è ora di it is time to;
   le ore di punta rush hours;
   non vedo l'ora I can't wait
orale oral
l'orario schedule;
   in orario on time
l'orchestra orchestra
ordinare to order, to prescribe
ordinato neat
l'ordine order
l'orecchio *(pl.* **le orecchie***)* ear
organizzare to organize
l'orgoglio pride
orgoglioso proud
orientale oriental, eastern
originale original
l'origine *(f.)* origin
l'oro gold;
   d'oro golden
l'orologio watch, clock
l'ospedale *(m.)* hospital
l'ospite *(m. & f.)* guest; host
l'ossigeno oxygen
l'osso *(f. pl.* **le ossa***)* bone
l'ostello per la gioventù youth
   hostel
ostinato stubborn
ottenere to obtain
l'ottimista optimist
ottimo excellent
ottobre October
l'ovest west
l'ozono ozone;
   lo strato dell'ozono ozone
     layer

P

il pacco package, parcel
la pace peace;
   fare la pace to make up
la padella frying pan

il padre father
il padrone owner, boss;
   padrone di casa landlord
il paesaggio landscape, scenery
il paese country; town, village
pagare to pay
la pagina page
il paio *(f. pl.* **le paia***)* pair
il palazzo palace, building
il palcoscenico stage
la palestra gym
la palla ball
la pallacanestro basketball
la pallanuoto water polo
la pallavolo volleyball
pallido pale
il pallone ball (soccer)
la panchina bench
il pane bread
il panino roll;
   panino imbottito sandwich
la paninoteca sandwich shop
la panna cream
i pantaloncini shorts
i pantaloni pants, trousers
le pantofole slippers
il Papa Pope
il papà dad
paragonare to compare
il paragone comparison
parcheggiare to park
il parcheggio parking
il parco park
il/la parente relative;
   i parenti relatives
parere *(p.p.* **parso***)* to seem;
   non ti pare? don't you think
     so?
la parete (interior) wall
Parigi Paris
la parità similarity
parlare to speak, to talk;
   parlare male (bene) di to
     say bad (good) things about
il parmigiano Parmesan
   cheese
la parola word
il parrucchiere, la
   parrucchiera hairdresser
la parte part, role;
   fare la parte to play the role;
   da parte di from
partecipare a to take part in
la partenza departure
particolare particular
partire* to leave, to depart
la partita match, game
il partito political party
la Pasqua Easter;
   Buona Pasqua! Happy
     Easter!

il passaggio ride, lift;
   dare un passaggio to give a
     ride
il passaporto passport
passare to pass, to pass by; to
   spend (time)
il passatempo pastime, hobby
il passato past;
   passato *(adj.)* last, past
il passeggero, la passeggera
   passenger
la passeggiata walk;
   fare una passeggiata to
     take a walk
la passione passion
la pasta dough, pasta, pastry;
   le paste *(pl.)* pastries
la pastasciutta pasta dish
la pasticceria pastry shop
il pasto meal
la patata potato;
   patate fritte fried potatoes
la patente driver's license
paterno paternal
la patria country, native land
il pattinaggio skating
i pattini skates
la paura fear;
   avere paura to be afraid;
   avere una paura da morire
     to be scared to death
il pavimento floor
paziente patient
il/la paziente patient
la pazienza patience;
   avere pazienza to be patient
Peccato! Too bad!
il pedone pedestrian
peggio *(adv.)* worse
peggiore *(adj.)* worse
la pelle skin; leather
la penisola peninsula
la penna pen
pensare to think;
   pensare a to think about;
   pensare di *(+ inf.)* to plan,
     to intend (to do something);
   penso di sì I think so
il pensiero thought
il pensionato senior citizen
la pensione pension;
   boardinghouse;
   andare in pensione to
     retire
la pentola pot
il pepe pepper
per for;
   per *(+ inf.)* in order to;
   per caso by any chance
la pera pear
perché why; because

pẹrdere (*p.p.* **perduto, perso**) to lose, to waste (time);
   perdersi* to get lost
perfetto perfect
la perfezione perfection
il perịcolo danger
pericoloso dangerous
la periferia outskirts, periphery
il perịodo period (time)
Permesso? May I come in?
permẹttere (*p.p.* **permesso**) to allow
però but, however
la persona person
il personạggio character
la personalità personality
personale personal
pesante heavy
la pesca peach; fishing
pescare to fish
il pesce fish;
   pesce fritto fried fish
la pesịstica weightlifting
il peso weight
il/la pessimista pessimist
pettinarsi* to comb one's hair
il pẹttine comb
il pezzo piece;
   un due pezzi a two-piece suit
il piacere (*m.*) pleasure;
   con piacere with pleasure, gladly;
   per piacere please;
   Piacere! Pleased to meet you!
piacere* (*p.p.* **piaciuto**) to like, to be pleasing
piacẹvole pleasant
il pianeta planet
piạngere (*p.p.* **pianto**) to cry, to weep
il piano floor; plan
il pianterreno ground floor
il piano(forte) piano
la pianta plant; map (of a city)
la pianura plain
il piatto dish;
   primo piatto first course;
   secondo piatto second course
la piazza square
piccante spicy
pịccolo little, small
il piede (*m.*) foot;
   a piedi on foot
il Piemonte Piedmont
pieno (di) full (of);
   fare il pieno to fill up (with gasoline)

la pietra stone
pigro lazy
la pịllola pill
il pilota pilot
la piọggia rain
piọvere to rain
la pipa pipe
la piscina swimming pool
i piselli peas
il pittore, la pittrice painter
pittoresco picturesque
la pittura painting
più more;
   non più no longer;
   più o meno more or less;
   più... di more . . . than
piuttosto rather
la platea orchestra section (theater)
poco little, few;
   un po' di some; a little bit of
il poema poem
la poesia poetry; poem
il poeta, la poetessa poet
poi then, afterwards
poiché since
la polenta cornmeal mush
polịtico political
la polịtica politics
il poliziotto policeman
il pollo chicken;
   pollo allo spiedo rotisserie chicken;
   pollo arrosto roast chicken
la polpetta meatball
la poltrona armchair; orchestra seat (theater)
il pomerịggio afternoon
il pomodoro tomato
il pompelmo grapefruit
il ponte bridge
popolare popular
popolato populated
la popolazione population
il pọpolo people, population
la porta door
il portafọglio wallet
portare to carry, to bring; to wear; to take
il portinạio concierge
il porto port, harbor
le posate silverware
possịbile possible;
   il meno possịbile as little as possible
la possibilità possibility
il postino mailman
la posta post office; mail
postale (*adj.*) post, mail;
   cassetta postale mailbox;
   cọdice postale zip code

il posto place, seat, position
il potere power
potere to be able to, can, may;
   può darsi it could be
pọvero poor
Poverino! Poor thing!
pranzare to have dinner
il pranzo dinner;
   sala da pranzo dining room;
   l'ora del pranzo lunch (dinner) time
praticare to practice a sport
prạtico practical
preciso precise
la preferenza preference
preferịbile preferable
preferire (-isc-) to prefer
preferito favorite
il prefisso area code (*phone*)
pregare to pray; to beg
il pregiudịzio prejudice
Prego! Please!, You're welcome!, Don't mention it!
il prẹmio prize, award
prẹndere (*p.p.* **preso**) to take, to pick up;
   prẹndere in giro to tease
prenotare to reserve
la prenotazione reservation
preoccuparsi* (di) to worry (about)
preoccupato worried
la preoccupazione worry
preparare to prepare;
   prepararsi* to prepare oneself, to get ready
la preparazione preparation
prescrịvere (*p.p.* **prescritto**) to prescribe
presentare to introduce;
   presentarsi* to introduce oneself
presente (*adj.*) present
la presenza presence
il presidente, la presidentessa president
prestare to lend
la pressione pressure;
   la pressione del sạngue blood pressure
presso in care of (c/o)
il prẹstito loan
presto early, fast, soon, quickly;
   il più presto possibile as soon as possible;
   (Fa') presto! Hurry up!;
   A presto! See you soon!
la previsione forecast
prezioso precious
il prezzo price

prima *(adv.)* before, earlier, first;
    prima di *(prep.)* before;
    prima che *(conj.)* before
la primavera spring
primo first
principale main; leading
privato private
privilegiato privileged
probabile probable
la probabilità probability
il problema *(pl.* **problemi)** problem
il produttore, la produttrice producer
la produzione production
la professione profession
il/la professionista professional man/woman
il professore, la professoressa professor, teacher
profondo deep
il profumo perfume, scent
progettare to plan
il progetto project, plan
il programma *(pl.* **programmi)** program; schedule
il programmatore, la programmatrice programmer
il progresso progress
proibire (-isc-) to prohibit
promettere *(p.p.* **promesso)** to promise
la promozione promotion
il pronome pronoun
pronto ready;
    Pronto! Hello! *(telephone)*
il pronto soccorso emergency room
proporre *(p.p.* **proposto)** to propose
il proposito purpose, intention;
    a proposito by the way
la proposta proposal
il proprietario, la proprietaria owner
proprio *(adv).* exactly, indeed
la prosa prose
il prosciutto cured Italian ham
prossimo next
il/la protagonista main character
proteggere *(p.p.* **protetto)** to protect
protestare to protest, to complain
provare to try, to try on
il proverbio proverb
la provincia province

prudente prudent, cautious
la psicologia psychology
lo psicologo, la psicologa psychologist
pubblicare to publish
la pubblicità advertising
il pubblico public, audience; *(adj.)* public
il pugile boxer
il pugilato boxing
pulire (-isc-) to clean
pulito clean
il pullman tour bus
punire (-isc-) to punish
il punto point;
    punto di vista point of view;
    in punto on the dot
puntuale punctual
purché provided that (+ *sub.*)
pure by all means
purtroppo unfortunately

Q

il quaderno notebook
il quadro painting, picture;
    a quadri checked
qualche some
qualcosa something;
    qualcos'altro something else
qualcuno someone
quale? which?; which one?
la qualifica qualification
la qualità quality
quando when;
    da quando? since when?
quanto how much;
    per quanto although;
    quanto a concerning, as for;
    quanto tempo fa? how long ago?
il quarto quarter (of an hour)
quarto fourth
quasi almost
quello that
la questione question, issue, matter
questo this
qui here
il quotidiano daily newspaper

R

la racchetta da tennis tennis racket
raccomandare to warn
la raccomandazione recommendation
raccontare to tell, to relate
il racconto short story, tale
radersi* *(p.p.* **raso)** to shave

la radio radio
la radiografia X-ray
raffreddare to cool
il raffreddore cold (virus);
    prendere il raffreddore to catch a cold
il ragazzo, la ragazza boy, young man; girl, young woman; boyfriend, girlfriend
raggiungere *(p.p.* **raggiunto)** to reach, to arrive
la ragione reason;
    avere ragione to be right
il ragioniere, la ragioniera accountant
rallentare to slow down
rapido *(adj.)* fast, quick;
    il rapido express train
il rapporto relation
rappresentare to represent; to stage (theater)
la rappresentazione performance (theater)
raramente rarely, seldom
raro rare
il re, la regina king, queen
reagire to react
il/la realista realist
la realtà reality
la reazione reaction
recente recent
recentemente recently
recitare to perform; to play (a part)
la recitazione recitation, performance
la referenza reference
regalare to give a present
il regalo gift, present
la regione region
il/la regista movie director
il registratore tape recorder
la regola rule
il regolamento regulation
regolare regular
le relazioni internazionali international relations
rendersi* conto *(p.p.* **reso)** to realize
il reparto department (store)
la repubblica republic
repubblicano republican
il requisito requirement
respirare to breathe
responsabile responsible
la responsabilità responsibility
restare* to stay, to remain
restituire (-isc-) to return (something)
il resto change (money); remainder

la rete network
riassumere to summarize
il riassunto summary
la ricchezza wealth
ricco (*pl.* **ricchi**) rich
la ricerca research
la ricetta recipe; prescription
il ricettario cookbook
ricevere to receive
la ricevuta receipt
riciclare to recycle
riconoscente grateful
riconoscere to recognize
ricordare to remember;
   ricordarsi* to remember
il ricordo memory, souvenir
ridere (*p.p.* **riso**) to laugh
rifare il letto to make the bed
i rifiuti garbage
la riforma reform
la riga (*pl.* **righe**) line;
   a righe striped
rimanere (*p.p.* **rimasto**) to
   remain
rimproverare to scold, to
   reproach
il Rinascimento Renaissance
il ringraziamento thanks;
   il giorno del Ringraziamento
      Thanksgiving
ringraziare to thank
rinunciare (a) to renounce
riordinare to put in order
riparare to repair, to fix
ripassare to review
ripetere to repeat
riposante relaxing
riposare to rest;
   riposarsi* to rest
riscaldare to warm
riscuotere (*p.p.* **riscosso**) to
   cash
riservato reserved
il riso rice; laughter
la risorsa resource
il risotto creamy rice dish
risparmiare to save
il risparmio saving
rispettare to respect
rispondere (*p.p.* **risposto**) to
   answer, to reply
la risposta answer, reply
il ristorante restaurant
ristrutturare to restore, to
   remodel
il risultato result, outcome
il ritardo delay;
   in ritardo late
ritirare to withdraw
ritornare to return, to come
   back

il ritorno return
il ritratto picture, portrait
ritrovare to find again
la riunione reunion, meeting
riunirsi* (-isc-) to gather
riuscire* (a) to succeed (in)
rivedere (*p.p.* **rivisto**) to see
   again
la rivista magazine
rivolgersi (*p.p.* **rivolto**) to turn
   to, to address
la roba stuff
Roma Rome
romano Roman
romantico romantic
il romanzo novel;
   **romanzo rosa (giallo, di
      fantascienza, di
      avventure)** love story
      (mystery, science-fiction,
      adventure)
rompere (*p.p.* **rotto**) to break;
   rompersi* un braccio to
      break an arm
rosa (*inv.*) pink
la rosa rose
rosolare to sauté, to brown
rosso red
rovinare to ruin; to damage
rubare to steal
il rumore noise
il ruolo role
russo Russian

S

il sabato Saturday
la sabbia sand
il sacchetto bag
il sacco bag, sack;
   sacco a pelo sleeping bag;
   un sacco di a lot of
sacrificarsi* to sacrifice oneself
il saggio essay
la sala living room;
   la sala da pranzo dining
      room
il salario salary
il sale salt
salire* to climb, to go up, to get
   on
il salmone salmon
il salone hall
il salotto living room
la salsa sauce
le salsicce sausages
saltare to jump; to skip
la salumeria delicatessen
salutare to greet, to say good-
   bye;
   salutarsi* to greet each other

la salute health
il saluto greeting;
   saluti cordiali cordial
      regards;
   distinti saluti sincerely
salvare to save; to rescue
il salvataggio rescue
Salve! (*colloq.*) Hello!
i sandali sandals
sano healthy;
   sano come un pesce as
      healthy as a horse
sapere to know, to know how (to
   do something)
la Sardegna Sardinia
satirico satirical
sbadigliare to yawn
sbagliarsi* to make a mistake
sbagliato wrong, incorrect;
   è sbagliato it is wrong
lo scaffale shelf
la scala ladder; staircase
scambiare to exchange
lo scambio exchange
la scampagnata picnic
lo scapolo bachelor
scapolo single (male)
la scarpa shoe;
   scarpe da tennis tennis
      shoes
gli scarponi da montagna
   hiking boots
la scatola box
scegliere (*p.p.* **scelto**) to choose
la scelta choice
la scena scene
scendere* (*p.p.* **sceso**) to
   descend, to come down; to get
   off
la scherma fencing
scherzare to joke
lo scherzo joke
la schiena back
lo sci (*inv.*) ski;
   lo sci acquatico water skiing;
   lo sci di discesa downhill
      skiing;
   lo sci di fondo cross-country
      skiing
sciare to ski
lo sciatore, la sciatrice skier
scientifico scientific
la scienza science;
   le scienze politiche political
      science;
   le scienze naturali natural
      sciences
lo scienziato scientist
scioperare to strike
lo sciopero strike;
   fare sciopero to go on strike

scolastico scholastic
scolpire to sculpt, to carve
lo scompartimento compartment
la sconfitta defeat
sconosciuto unknown
scontento unhappy
lo sconto discount;
   sconto del venti per cento twenty-percent discount
lo scontrino fiscale receipt
la scoperta discovery
scoprire (*p.p.* **scoperto**) to discover
scorso last;
   il mese scorso last month
lo scrittore, la scrittrice writer
la scrivania desk
scrivere (*p.p.* **scritto**) to write;
   scrivere a macchina to type
lo scultore, la scultrice sculptor
la scultura sculpture
la scuola school;
   scuola elementare elementary school;
   scuola media junior high school
la scusa excuse
scusarsi* to apologize;
   Scusa! (*fam. s.*); **Scusi!** (*form. s.*) Excuse me!
se if;
   anche se even if
sebbene although
secco dry
il secolo century
secondo according to; (*adj.*) second
sedersi* to sit down
la sedia chair;
   sedia a sdraio beach chair
segnalare to signal
il segnale signal; sign
segnare to score (sports)
il segretario, la segretaria secretary
la segreteria telefonica answering machine
il segreto secret
seguente following
seguire to follow, to take (a course)
il semaforo traffic light
sembrare to seem
il semestre semester
semplice simple
sempre always
il senatore, la senatrice senator

il senso sense, meaning; direction;
   senso unico one-way (direction)
sentimentale sentimental
il sentimento feeling
sentire to hear, to feel, to smell;
   sentirsi* bene (male) to feel well (sick)
   sentir dire to hear say
senza (*prep.*) without;
   senza che (*conj.*) without
i senzatetto homeless people
separare to divide;
   separarsi* to separate, to part
la separazione separation
la sera evening;
   la (di) sera in the evening
la serata evening (duration)
sereno clear (weather)
seriamente seriously
la serie series
serio serious
servire to serve;
   servirsi* (di) to use
il servizio service;
   i doppi servizi two baths
il sesso sex
la seta silk
la sete thirst;
   avere sete to be thirsty
settembre September
settentrionale northern
la settimana week;
   fra una settimana in a week
il settimanale weekly magazine
severo strict
sfavorevole unfavorable
la sfilata fashion show
la sfortuna bad luck
sfortunato unfortunate
sì yes
si va? shall we go?;
   si mangia bene qui one eats well here
sia... che both . . . and
siccome since, because
Sicilia Sicily
siciliano Sicilian
sicuro sure; safe
la siesta siesta, nap;
   fare la siesta to take a nap
la sigaretta cigarette
significare to mean
il significato meaning
la signora lady, Mrs., ma'am
il signore gentleman, Mr., sir
la signorina young lady, miss
il silenzio silence

la sillaba syllable
il simbolo symbol
simile similar
simpatico nice, likeable
la sincerità sincerity
sincero sincere
la sinfonia symphony
la sinistra left;
   a sinistra to the left
il sintomo symptom
il sistema (*pl.* **sistemi**) system
situato situated, located
la situazione situation
smettere (*p.p.* **smesso**) to stop
snello slim, slender
socialista socialist
la società society, company
socievole sociable
la sociologia sociology
soddisfatto satisfied
soffrire (*p.p.* **sofferto**) to suffer
soggiornare to stay (in a hotel)
il soggiorno (la sala) living room; stay, sojourn
la sogliola sole (*fish*)
sognare to dream
il sogno dream
solamente only
i soldi money;
   un sacco di soldi a lot of money
il sole sun;
   c'è il sole it is sunny;
   prendere il sole to sunbathe
solito usual;
   al solito as usual;
   del solito than usual;
   di solito usually, generally
la solitudine loneliness
solo (*adj.*) alone; (*adv.*) only;
   da solo by oneself
soltanto only
la somma sum, total; addition
il sonno sleep;
   avere sonno to be sleepy
sopra above, on top of
il/la soprano soprano
soprattutto above all
la sorella sister
sorgere (*p.p.* **sorto**) to rise
sorprendere (*p.p.* **sorpreso**) to surprise
la sorpresa surprise
sorpreso surprised
sorridere (*p.p.* **sorriso**) to smile
sotto under, below
sottolineare to underline
spagnolo Spanish
la spalla shoulder
lo spazio space

spazioso spacious

lo spazzolino da denti toothbrush

lo specchio mirror

speciale special

lo/la specialista specialist

specializzarsi* (in) to specialize (in)

la specializzazione major (studies)

specialmente especially

spedire (-isc-) to send; to mail

spegnere (*p.p.* **spento**) to turn off

spendere (*p.p.* **speso**) to spend

sperare to hope

la spesa expense;
　fare la spesa to go (grocery) shopping

spesso often

spettacolare spectacular

lo spettacolo show, performance; sight

lo spettatore, la spettatrice spectator

la spiaggia beach

spiegare to explain

la spiegazione explanation

gli spinaci spinach

spiritoso witty, funny

sporco dirty

lo sportello (teller) window

sportivo athletic, sporty

sposare to marry;
　sposarsi* to get married

sposato(a) married

lo sposo, la sposa groom, bride;
　gli sposi newlyweds

la spremuta di frutta fruit smoothie

lo spumante sparkling wine

lo spuntino snack

la squadra team

squisito exquisite, delicious

lo stadio stadium

la stagione season;
　di mezza stagione in between seasons

stamattina this morning

la stampa press, printing

stancare to tire;
　stancarsi* to get tired

stanco tired;
　stanco morto dead tired

la stanza room

stare* to stay;
　stare attento to be careful;
　stare bene to be well, to feel well;
　stare a dieta to be on a diet;
　stare male to feel ill;

stare per to be about to;
　stare zitto to be quiet

stasera this evening, tonight

statale of the state

lo stato state

la statua statue

la stazione station

la stella star

stesso same;
　lo stesso the same

lo stile style

lo/la stilista designer

lo stipendio salary

lo stivale boot

la stoffa fabric

lo stomaco stomach

la storia history; story

storico historical

storto crooked

la strada street, road

stradale of the street or highway

straniero (*adj.*) foreign

lo straniero, la straniera foreigner

strano strange

stretto narrow, tight

lo strumento instrument;
　strumento musicale musical instrument

lo studente, la studentessa student

studiare to study

lo studio study; study room

studioso studious

stupendo magnificent, splendid

stupido stupid

su above, on top of;
　Su! Come on!

subito immediately

succedere (*p.p.* **successo**) to happen;
　Cos'è successo? What happened?

il successo success

il succo juice;
　succo d'arancia orange juice

il sud south

il suffisso suffix

il suggerimento suggestion

suggerire (-isc-) to suggest

il suocero, la suocera father-in-law, mother-in-law

suonare to play an instrument, to ring

il suono sound

superare to exceed (speed); to overcome

superficiale superficial

la superficie area

superiore superior

il supermercato supermarket

surgelato frozen

lo svago amusement

lo svantaggio disadvantage

la sveglia alarm clock

svegliarsi* to wake up

la svendita sale

lo sviluppo development

la Svizzera Switzerland

svizzero Swiss

T

la taglia size

tagliare to cut;
　tagliarsi* to cut oneself

le tagliatelle pasta cut into thin strips

il talento talent

tanto much, so much;
　Così tanto! That much!;
　tanto... quanto as much as

il tappeto rug

tardi late;
　è tardi it is late

la tasca pocket

la tassa tax;
　tassa universitaria tuition

il tassì (*inv.*) taxi, cab

il tassista cab driver

la tavola, il tavolo table;
　A tavola! Dinner's ready!;
　tavola calda snack bar;
　tavola da pranzo dinner table;
　tavolo da disegno drawing table;
　il tavolino end table;
　tavolino da tè coffee table

la tazza cup

il tè tea

teatrale theatrical, of the theater

il teatro theater

la tecnica technique

tedesco (*pl.* **tedeschi**) German

la telecamera TV camera

il telecomando remote control

il/la telecronista newscaster

il telefilm TV movie

telefonare to phone

la telefonata phone call;
　telefonata interurbana long-distance phone call;
　telefonata a carico del destinatario collect phone call

il telefono telephone;
　telefono cellulare (telefonino) cellular phone

il telegiornale TV news
il telegramma telegram
il teleromanzo soap opera
il telespettatore, la telespettatrice TV viewer
la televisione television;
alla televisione on TV
televisivo pertaining to television
il televisore TV set
il telo-bagno beach towel
il tema (*pl.* **temi**) theme, composition
temere to fear
la temperatura temperature
il tempo time; weather;
a tempo pieno full-time;
a tempo ridotto part-time;
Che tempaccio! What bad weather!
Che tempo fa? What is the weather like?
la tenda tent;
montare la tenda to pitch the tent
le tende curtains
tenere to keep, to hold
il tenore tenor (singer);
il tenore di vita way of life; standard of living
la tentazione temptation
la teoria theory
terminare to finish, to end
il termine term
il termometro thermometer
la terra earth, ground, land;
per terra on the floor, on the ground
il terremoto earthquake
terribile terrible
terribilmente terribly
il territorio territory
la tesi di laurea doctoral dissertation
il tesoro treasure;
tesoro! (*affect.*) honey, sweetheart
la tessera membership card;
la tessera sanitaria medical card
la testa head
il tetto roof
il Tevere Tiber river
il tifo (sports) enthusiasm;
fare il tifo per to be a fan of
tifoso fan
timido timid, shy
la tinta color; dye;
in tinta unita solid color
tipico typical
il tipo guy; type, kind

tirare to pull;
tirare vento to be windy
il titolo title;
il titolo di studio college degree
la tivù (*colloq.*) television
il topo mouse;
Topolino Mickey Mouse
Torino Turin
tornare to return;
Ben tornato! Welcome back!
la torre tower
la torta cake; pie
torto wrong;
avere torto to be wrong
toscano Tuscan
la tosse cough
il totale total
il Totocalcio soccer lottery;
schedina del Totocalcio soccer lottery ticket
la tovaglia tablecloth
il tovagliolo napkin
tra (*or* **fra**) between, among;
tra un'ora in one hour
tradizionale traditional
la tradizione tradition
tradurre (*p.p.* **tradotto**) to translate
la traduzione translation
il traffico traffic
la tragedia tragedy
il tram streetcar
la trama plot
tramontare to set (sun, moon)
il tramonto sunset
tranquillo quiet
traslocare to move (to another place)
il trasloco moving
la trasmissione transmission, broadcasting
il trasporto transportation
trattare to treat; to deal with;
trattarsi* to have to do with;
si tratta di it has to do with
la trattoria restaurant
il treno train;
perdere il treno to miss the train
il trimestre quarter (academic year)
triste sad
il trofeo trophy
la tromba trumpet
troppo too much
la trota trout
trovare to find;
trovarsi* to find oneself; to be situated
truccarsi* to put on makeup

il trucco makeup
il/la turista tourist
turistico pertaining to tourism;
la classe turistica economy class
il turno turn
la tuta overall;
la tuta da ginnastica sweatsuit
tutti, tutte everybody, all;
tutti e due both
tutto (*adj.*) all, every; the whole;
tutto (*pron.*) everything;
tutti (*pron.*) everybody, all;
tutto il giorno the whole day

U

ubbidire (-isc-) to obey
ubriaco drunk
l'ufficio office;
l'ufficio postale post office
uguale equal
ultimo last
umido humid
l'umore (*m.*) humor, mood;
essere di buon (cattivo) umore to be in a good (bad) mood
unico unique;
figlio unico only child
l'unificazione (*f.*) unification
l'uniforme (*f.*) uniform
l'unione (*f.*) union
unire (-isc-) to unite
unito united
uno one (number);
un, uno, una (*art.*) a, an
l'università university
universitario (*adj.*) university-related
l'uomo (*pl.* **gli uomini**) man
l'uovo (*pl.* **le uova**) egg;
le uova strapazzate scrambled eggs
urgente urgent
usare to use, to take
l'usanza custom
usato used, secondhand
uscire* to go (come) out
l'uscita exit
l'uso use
utile useful
l'uva grapes

V

la vacanza vacation, holiday
la valigia (*pl.* **valigie** *or* **valige**) suitcase;
fare le valigie to pack

la valle valley
la valuta currency
il vantaggio advantage
vantaggioso advantageous
vantare to boast
il vaporetto waterbus (in Venice)
variabile variable
variare to vary
la varietà variety
vario varied
variopinto multicolored
la vasca (da bagno) (bath)tub
il vaso vase
vecchio old
vedere (*p.p.* **visto, veduto**) to see
il vedovo, la vedova widower, widow
vegetariano vegetarian
la vela sail;
　barca a vela sailboat;
　fare della vela to sail
veloce fast
la velocità speed;
　limite di velocità speed limit
vendere to sell
la vendita sale;
　in vendita for sale
il venerdì Friday
Venezia Venice
veneziano Venetian
venire* (*p.p.* **venuto**) to come
il vento wind;
　tira vento it is windy
veramente truly; really, actually
il verbo verb
verde green;
　essere al verde to be broke
la verdura vegetables
la vergogna shame;
　Che vergogna! What a shame!
la verità truth
vero true;
　È vero! That's right!
versare to pour

il verso line (of poetry);
　verso (*prep.*) toward
vestirsi* to get dressed
il vestito dress; suit
i vestiti clothes
il veterinario veterinarian
la vetrina shop window, display window
il vetro glass
via (*adv.*) away, off
la via street, way
viaggiare to travel
il viaggiatore, la viaggiatrice traveler
il viaggio trip, voyage;
　viaggio d'affari (di piacere) business (pleasure) trip;
　viaggio di nozze honeymoon;
　Buon viaggio! Have a nice trip!
la vicinanza vicinity
vicino (*adv.*) close, nearby;
　vicino a (*prep.*) near
il vicino, la vicina neighbor
il videoregistratore videorecorder
vietato (entrare, fumare, ecc.) prohibited (entrance, smoking, etc.)
il vigile (urbano) city police officer
la vigna vineyard
la vignetta drawing, cartoon
il villaggio village
il villeggiante vacationer
la villeggiatura summer vacation
vincere (*p.p.* **vinto**) to win
il vino wine
viola (*inv.*) purple
la violenza violence
il violino violin
il violoncello cello
la visita visit
visitare to visit; to examine
la vita life
la vitamina vitamin
il vitello veal;
　arrosto di vitello roast veal

la vittoria victory
Viva! Hurrah!
vivere (*p.p.* **vissuto**) to live
vivo alive, living
il vocabolario vocabulary; dictionary
la vocale vowel
la voce voice;
　ad alta (bassa) voce in a loud (low) voice
la voglia desire;
　avere voglia di to feel like
volentieri gladly; willingly
volere to want;
　voler dire to mean;
　volersi* bene to love each other;
　ci vuole, ci vogliono it takes
il volo flight
la volontà will, willingness
la volta time;
　una volta once;
　(c'era) una volta once upon a time;
　due volte twice;
　qualche volta sometimes;
　ogni volta every time
le vongole clams
votare to vote
il voto grade; vote;
　un bel (brutto) voto a good (bad) grade
il vulcano volcano
vuoto empty; vacant

Z

lo zaino backpack
lo zero zero
lo zio, la zia uncle, aunt
zitto silent;
　sta' zitto! be quiet!
la zona zone, area
lo zoo zoo
lo zucchero sugar
la zuppa di verdure vegetable soup

English–Italian Vocabulary

A

to be able to potere
about circa, di
above sopra, su;
   above all soprattutto
abroad all'estero
absent assente
abstract astratto
abundant abbondante
academic accademico
to accelerate accelerare
to accept accettare
accident l'incidente (m.)
to accompany accompagnare
according to secondo
accountant il ragioniere, la
   ragioniera
act l'atto;
to act (a role) recitare
activity l'attività
actor l'attore
actress l'attrice
ad l'annuncio pubblicitario
address l'indirizzo
to admire ammirare
to admit ammettere (p.p.
   ammesso)
adult l'adulto, l'adulta
advance l'anticipo;
   in advance in anticipo
advantage il vantaggio
advantageous vantaggioso
adventure l'avventura
advertising la pubblicità
advice il consiglio
to advise consigliare
affection l'affetto
affectionate affezionato
to be afraid avere paura
African africano
after dopo
afternoon il pomeriggio
afterward poi
again ancora
against contro
age l'età
ago fa;
   How long ago? Quanto
    tempo fa?
to agree essere* d'accordo
air l'aria

air conditioning l'aria
   condizionata
airline la linea aerea
airplane l'aereo, l'aeroplano
alarm clock la sveglia
alive vivo
all tutto
to allow permettere (p.p.
   permesso), lasciare
almost quasi
alone solo (adj.; adv.)
along lungo;
to get along andare d'accordo
already già
also anche
although benché (+ subj.)
always sempre
American americano
among fra (or tra)
amount la dose, la cifra
amusement il divertimento, lo
   svago
amusing divertente
analysis l'analisi (f.)
ancient antico
and e
animal l'animale (m.)
anniversary l'anniversario
to announce annunciare
announcer l'annunciatore,
   l'annunciatrice
annoyed seccato
anonymous anonimo
another un altro
answer la risposta
to answer rispondere (p.p.
   risposto)
antique antico
anyway ad ogni modo
apartment l'appartamento;
   studio apartment il
    monolocale
to apologize scusarsi*
to appear apparire* (p.p.
   apparso)
to applaud applaudire
applause l'applauso
apple la mela
to apply fare domanda
appointment l'appuntamento
to appreciate apprezzare
to approach avvicinarsi*

April aprile
arcade la galleria
architect l'architetto
architecture l'architettura
architectural architettonico
area la superficie;
   area code il prefisso
to argue litigare
arm il braccio (pl. le braccia)
armchair la poltrona
around intorno (a), verso
arrival l'arrivo
to arrive arrivare*
art l'arte (f.)
artichoke il carciofo
article l'articolo
artistic artistico
as come;
   as soon as appena
to ask domandare, chiedere
   (p.p. chiesto)
asleep addormentato;
   to fall asleep
    addormentarsi*
at a, in, da (at the house of);
   at least almeno
athlete l'atleta (m. or f.)
athletic sportivo
to attend assistere;
   to attend a course seguire,
    frequentare
attention l'attenzione (f.)
to attract attirare
attractive attraente
audience il pubblico
August agosto
aunt la zia
author l'autore, l'autrice
autobiography l'autobiografia
automobile l'automobile (f.)
autumn l'autunno
available libero, disponibile
away via

B

backpack lo zaino
bad cattivo;
   Too bad! Peccato!
bag la borsa; il sacchetto;
   handbag la borsetta;
   sleeping bag il sacco a pelo

balcony il balcone, la galleria
ball la palla; il pallone **(soccer)**
ballet il balletto
bank la banca
bartender il barista
basketball la pallacanestro *(f.)*
bath il bagno;
   to take a bath fare il bagno;
   bathroom la stanza da
     bagno;
   bathtub la vasca da bagno
to be essere* *(p.p. stato)*;
   to be able to potere;
   to be acquainted with
     conoscere;
   to be bad for fare male a;
   to be born nascere;
   to be broke essere al verde;
   to be called (named)
     chiamarsi*;
   to be careful stare* attento;
   to be on a diet essere* a
     dieta;
   to be distant distare;
   to be a doctor (a lawyer,
     etc.) fare il dottore
     (l'avvocato, ecc.);
   to be enough bastare;
   to be a fan (of) fare il tifo
     (per);
   to be in a hurry avere
     fretta;
   to be necessary bisognare;
   to be . . . years old (afraid,
     cold, hot, hungry, thirsty,
     right, wrong, sleepy)
     avere anni (paura, freddo,
     caldo, fame, sete, ragione,
     torto, sonno)
beach la spiaggia;
   beach chair la sedia a sdraio
beard la barba
beautiful bello
beauty la bellezza
because perché;
   because of a causa di
to become diventare*;
   to become ill ammalarsi*
bedroom la camera da letto
beer la birra
before *(prep.)* davanti a; prima
   di *(conj.)*, prima che (+ *subj.*)
to begin (in)cominciare
beginning l'inizio
behind dietro
to believe credere (a)
bell tower il campanile
to belong appartenere
below sotto
beneficial benefico
besides inoltre

between tra *(or* fra)
bicycle la bicicletta
big grande;
   bigger maggiore
bill il conto
billion il miliardo
biology la biologia
birth la nascita
birthday il compleanno;
   Happy Birthday! Buon
     compleanno!
bitter amaro
black nero
blackboard la lavagna
blond biondo
blouse la camicetta
blue azzurro
boat la barca
body il corpo
to boil bollire
bone l'osso *(pl.* le ossa)
book il libro
bookstore la libreria
boot lo stivale
to border confinare
bored: to get bored
   annoiarsi*
boredom la noia
boring noioso
born: to be born nascere* *(p.p.*
   nato)
boss il capoufficio
to bother dare fastidio
bottle la bottiglia
bouquet il mazzo (di fiori)
boy, boyfriend il ragazzo
box la scatola
boxer il pugile
boxing il pugilato
bread il pane;
   breadsticks i grissini
to brake frenare
to break rompere *(p.p.* rotto);
   rompersi*
breakfast la colazione;
   to have breakfast fare
     colazione
brick il mattone
bright luminoso
brilliant brillante
to bring portare
broke: to be broke essere al
   verde
brother il fratello;
   brother-in-law il cognato
brown castano, marrone
to build costruire (-isc-)
builder il costruttore
building l'edificio; il palazzo
bulletin board la bacheca
bus l'autobus *(m.)*;

bus stop la fermata
   dell'autobus
business l'affare *(m.)*
busy occupato
but ma, però
butter il burro
to buy comprare
by da

C

cab il tassì *(inv.)*
cafeteria la mensa
cake la torta
calculator la calcolatrice
calculus il calcolo *(math.)*
calendar il calendario
to call chiamare;
   to be called chiamarsi*
calm calmo
camera la macchina fotografica
camping il campeggio;
   to go camping fare il
     campeggio
can (to be able) potere
can la lattina
to cancel cancellare, annullare
candidate il candidato
candies le caramelle
capital la capitale
car l'auto(mobile) *(f.)*, la
   macchina;
   car racing l'automobilismo
carbonated frizzante
careful attento;
   to be careful stare attento
carpet il tappeto
to carry portare
car (train) la carrozza
to cash incassare;
   pay cash pagare in contanti
cashier il cassiere, la cassiera
castle il castello
cat il gatto
cathedral il duomo
cause la causa
to celebrate festeggiare
cellar la cantina
central centrale
century il secolo
certain certo
chain la catena
chair la sedia
chalk il gesso
champion il campione, la
   campionessa
change il cambiamento; la
   moneta
to change cambiare;
   to change one's clothes
     cambiarsi*;

to change one's mind
cambiare idea
channel il canale
chapel la cappella;
   Sistine Chapel la Cappella
   Sistina
chapter il capitolo
character il personaggio
charity la beneficenza
cheap economico
check il conto; l'assegno
to check controllare
cheerful allegro
cheese il formaggio
chemistry la chimica
chicken il pollo
child il bambino, la bambina;
   (pl.) i bambini, i figli;
   only child il figlio unico, la
    figlia unica;
   grandchild il/la nipote;
   as a child da bambino
Chinese cinese
chocolate il cioccolato;
   chocolate candy il
    cioccolatino
choice la scelta
to choose scegliere *(p.p.* scelto*)*
Christmas il Natale
church la chiesa
cigarette la sigaretta
citizenship la cittadinanza
city la città
civilization la civiltà, la
   civilizzazione
clams le vongole
class la classe, la lezione
classmate il compagno, la
   compagna di classe
clean pulito
to clean pulire (-isc-)
clear sereno
clerk l'impiegato, l'impiegata
client il/la cliente
climate il clima
to climb salire
clock l'orologio;
   alarm clock la sveglia
to close chiudere *(p.p.* chiuso*)*
closet l'armadietto
clothes i vestiti
clothing l'abbigliamento
cloudy nuvoloso
clown il pagliaccio
to clown around fare lo
   spiritoso
coach l'allenatore, l'allenatrice
to coach allenare
coast la costa
coat la giacca;
   winter coat il cappotto

coffee, coffee shop il caffè
cold freddo;
   to be cold avere freddo;
   it is cold fa freddo;
   to catch a cold prendere il
    raffreddore
to collaborate collaborare
colleague il/la collega
to come venire* *(p.p.* venuto);
   to come back ritornare;
   to come down discendere*
    (p.p. disceso);
   to come in entrare;
   Come on! Dai!
comedian il comico
comedy la commedia
comfort la comodità
comfortable comodo
comic comico
comment il commento
common comune
to communicate comunicare
Communist comunista
company compagnia, ditta,
   azienda
to compare paragonare
competition la competizione, la
   gara
to complain lamentarsi* (di)
completely completamente
complicated complicato
to compose comporre *(p.p.*
   composto)
composer il compositore, la
   compositrice
compulsory obbligatorio
computer science l'informatica
concert il concerto
concierge il portinaio
conclusion la conclusione
condition la condizione
to confirm confermare
confusion la confusione
Congratulations!
   Congratulazioni!
congressman, congresswoman
   il deputato, la deputata
connection (train, plane) la
   coincidenza
to consider considerare;
   to consider oneself
    considerarsi*
consideration la
   considerazione
to consist (of) consistere (di)
to console consolare
to consume consumare
consultant il/la consulente
continent il continente
continually continuamente
to continue continuare

contract il contratto
contrary il contrario;
   on the contrary anzi
to control controllare
conversation la conversazione
cook il cuoco, la cuoca;
   to cook cucinare
cooking la cucina
cookie il biscotto
cool fresco
to cool off raffreddare
cordial cordiale
corner l'angolo
to correct correggere *(p.p.*
   corretto)
to correspond corrispondere
   (p.p. corrisposto)
cornmeal mush la polenta
corridor il corridoio
cost il costo
to cost costare
costume il costume
cotton il cotone
couch il divano
cough la tosse
to count contare
country il paese; la patria;
   countryside la campagna
couple la coppia
courage il coraggio
courageous coraggioso
course il corso, la classe
cousin il cugino, la cugina
covered coperto
crazy pazzo;
   to go crazy impazzire*
cream la crema
crisis la crisi
critic il critico *(m.* or *f.)*
to criticize criticare
crooked storto
to cross attraversare
crowded affollato
cruise la crociera
to cry piangere *(p.p.* pianto)
cup la tazza
to cure guarire
curious curioso
currency la valuta
curtain la tenda; il sipario
customer il/la cliente
customs la dogana
to cut tagliare;
   to cut oneself tagliarsi*
cute carino

D

dad il papà
to damage rovinare
damaging dannoso

to dance ballare
danger il pericolo
dangerous pericoloso
dark buio;
   dark-haired bruno
date la data; l'appuntamento
daughter la figlia;
   daughter-in-law la nuora
day il giorno, la giornata;
   the next day il giorno dopo
dear caro
death la morte
debt il debito
December dicembre
to decide decidere (p.p. deciso)
decision la decisione
to declare dichiarare
deep profondo
defeat la sconfitta
defect il difetto
to define definire (-isc-)
degree il titolo di studio
delicatessen la salumeria
delicious delizioso, squisito
deluxe di lusso
democracy la democrazia
dentist il/la dentista
departure la partenza
to depend dipendere*;
   it depends (on) dipende (da)
deposit il deposito
to deposit depositare
depressing deprimente
to descend (di)scendere* (p.p.
   disceso)
to describe descrivere (p.p.
   descritto)
description la descrizione
designer lo/la stilista
desk la scrivania
dessert il dolce
detail il dettaglio
to detest detestare
development lo sviluppo
to dial formare il numero
dialect il dialetto
dialogue il dialogo
diary il diario
dictionary il vocabolario
to die morire* (p.p. morto)
diet la dieta;
   to be on a diet stare a dieta,
     essere a dieta
dietician il dietologo, la
   dietologa
difference la differenza
different differente
difficult difficile
difficulty la difficoltà
digit la cifra

diligent diligente
dinner la cena, il pranzo;
   dining room sala da pranzo;
   to have dinner cenare,
     pranzare
direction l'indicazione (f.)
directly direttamente
director il direttore, la
   direttrice
disadvantage lo svantaggio
disappointment la delusione
discovery la scoperta
to discuss discutere (p.p.
   discusso)
discussion la discussione
disease la malattia
dish il piatto
dishonest disonesto
dishwasher la lavastoviglie
distance la distanza
distant distante;
   to be distant distare
district il quartiere
to divide dividere (p.p. diviso)
divorced divorziato
to do fare (p.p. fatto)
doctor il dottore, la dottoressa;
   il medico
document il documento
documentary il documentario
dog il cane
dollar il dollaro
dome la cupola
door la porta
doubt il dubbio
to doubt dubitare
downtown il centro; in centro
dozen la dozzina
draperies le tende
to draw disegnare
drawer il cassetto
drawing il disegno
dream il sogno
to dream sognare
dress l'abito, il vestito;
   to get dressed vestirsi*
to dress vestire
drink la bevanda
to drink bere (p.p. bevuto)
drinking water l'acqua
   potabile
to drive guidare
driver l'automobilista (m. or f.)
driving la guida
drunk ubriaco
dry secco
to dry asciugare;
   to dry oneself asciugarsi*
during durante
duty il dovere

E

each ogni
ear l'orecchio (pl. le orecchie);
   earache mal d'orecchio
early presto
to earn guadagnare;
   to earn one's living
     guadagnarsi* il pane
earth la terra
Easter la Pasqua
eastern orientale
easy facile
to eat mangiare
ecological ecologico
economy l'economia
to educate istruire (-isc-)
education l'istruzione (f.)
egg l'uovo (pl. le uova)
either . . . or o... o
election l'elezione (f.)
electricity l'elettricità
elegant elegante
elementary elementare
elevator l'ascensore
to eliminate eliminare
to embrace abbracciare
emergency room il pronto
   soccorso
emotion l'emozione (f.)
employee l'impiegato,
   l'impiegata
employment l'impiego;
   employment agency
     l'agenzia di collocamento
empty vuoto
to encourage incoraggiare
end la fine
to end finire (-isc-)
engagement il fidanzamento
engineer l'ingegnere (m.)
engineering l'ingegneria
England l'Inghilterra
English inglese
to enjoy godere;
   to enjoy oneself divertirsi*;
   Enjoy your meal! Buon
     appetito!
enough abbastanza;
   to be enough bastare
to enroll iscriversi* (p.p.
   iscritto)
to enter entrare* (in)
entertaining divertente
enthusiastic entusiasta
entire intero
entitled intitolato
equal uguale
equality l'uguaglianza, la
   parità

error l'errore *(m.)*
especially specialmente
ethnic etnico
euro l'euro *(inv.)* (Italian currency)
Europe l'Europa
even perfino;
   not even neanche, nemmeno
evening la sera, la serata;
   Good evening! Buona sera!;
   this evening stasera
event l'avvenimento
every ogni *(inv.)*;
   everybody ognuno;
   everyone ognuno
exact esatto
exactly esattamente
exam l'esame *(m.)*;
   to take an exam dare un esame
example l'esempio;
   for example ad esempio, per esempio
to exceed superare
excellent eccellente, ottimo
except eccetto
exception l'eccezione *(f.)*
to exchange (money) cambiare
excursion l'escursione *(f.)*
excuse la scusa;
   Excuse me! Scusi! Scusa!
exercise l'esercizio
exhibition la mostra
to exist esistere* *(p.p.* esistito)
expense la spesa
expensive caro, costoso
experience l'esperienza
experienced esperto
experiment l'esperimento
expert esperto
to explain spiegare
explanation la spiegazione
to explore esplorare
to express esprimere *(p.p.* espresso)
expression l'espressione *(f.)*
eye l'occhio
eye doctor l'oculista *(m. or f.)*
eyeglasses gli occhiali *(pl.)*

F

fable la favola
face la faccia
fact il fatto;
   in fact infatti
factory la fabbrica
fair giusto
faithful fedele
fall l'autunno

to fall cadere*
familiar familiare
family la famiglia
family tree l'albero genealogico
famous famoso
fan tifoso;
   to be a fan (of) fare il tifo (per)
fantastic fantastico
far (from) lontano (da)
farmer il contadino, la contadina
fascinating affascinante, avvincente
fascism il fascismo
fashion la moda
fashionable di moda, alla moda
fast rapido, veloce
fat grasso
father il padre;
   father-in-law il suocero;
   grandfather il nonno
favor il favore
favorable favorevole
fear la paura, il timore
to fear temere
February febbraio
to feel sentire, sentirsi*;
   to feel like avere voglia di
feeling il sentimento
feminine femminile
fencing la scherma
festivity la festa
fever la febbre
few pochi(e);
   a few alcuni(e)
fiancé, fiancée il fidanzato, la fidanzata
field il campo
to fill riempire;
   to fill it up (with gas) fare il pieno
final definitivo
finally finalmente
to finance finanziare
to find trovare
fine la multa
finger il dito *(pl.* le dita)
to finish finire (-isc-)
fire il fuoco;
   fireplace il caminetto
to fire licenziare
firm la ditta
first *(adj.)* primo, *(adv.)* prima
fish il pesce;
   fried fish pesce fritto
to fish pescare
to fit andare bene
flag la bandiera
flaw il difetto

flight il volo;
   flight attendant *(m. & f.)* l'assistente di volo
floor il pavimento; il piano
Florence Firenze
flour la farina
flower il fiore
flu l'influenza
flute il flauto
fog la nebbia
to follow seguire
following seguente
fond (of) appassionato (di)
food il cibo
foot il piede;
   on foot a piedi
for per
to forbid proibire (-isc-)
foreign straniero
foreigner lo straniero, la straniera
to forget dimenticare
fork la forchetta
fountain la fontana
frankly francamente
free libero, gratuito
freeway l'autostrada
freezer il congelatore
French francese
fresco l'affresco
Friday il venerdì
fried fritto
friend l'amico, l'amica
friendship l'amicizia
from da, di
frozen surgelato
fruit la frutta;
   piece of fruit il frutto;
   fruit smoothie la spremuta di frutta
to fry friggere
full pieno
fun il divertimento;
   to have fun divertirsi*
to function funzionare
furious furioso
furnishing l'arredamento
furniture i mobili *(pl.)*;
   piece of furniture un mobile

G

to gain guadagnare;
   to gain weight ingrassare
gallery la galleria;
   art gallery la galleria d'arte
game il gioco, la partita
garbage i rifiuti
garden il giardino

garlic l'aglio
gasoline la benzina;
   gasoline pump il
      distributore di benzina
to gather riunirsi* (-isc-)
gender il genere
general generale
generally in genere
generous generoso
genius il genio
gentleman il signore
geography la geografia
German tedesco
Germany la Germania
to get prendere;
   to get along andare d'accordo;
   to get bored annoiarsi*;
   to get engaged fidanzarsi*;
   to get lost perdersi*;
   to get mad arrabbiarsi*;
   to get married sposarsi*;
   to get near avvicinarsi* (a);
   to get sick ammalarsi*;
   to get tired stancarsi*;
   to get up alzarsi*;
   to get used to abituarsi* (a)
gift il regalo
girl la ragazza;
   little girl la bambina;
   girlfriend la ragazza
to give dare;
   to give back restituire (-isc);
   to give a present regalare;
   to give a ride dare un
      passaggio
glad contento
glass il bicchiere
glasses gli occhiali;
   sunglasses occhiali da sole
gloves i guanti *(pl.)*
to go andare*;
   to go back ritornare*;
   to go camping fare il
      campeggio;
   to go down scendere*;
   to go in entrare*;
   to go near avvicinarsi*;
   to go out uscire*;
   to go shopping fare la spesa
      (le spese);
   to go up salire*
gold l'oro
good buono, bravo;
   Good-bye! Arrivederci! *(fam.)*;
      ArrivederLa! *(form.)*; Ciao!;
   Good night! Buona notte!
government il governo
grade il voto
to graduate laurearsi*;
   diplomarsi*
grammar la grammatica

grandfather il nonno;
   grandmother la nonna;
   grandparents i nonni
grapes l'uva
grass l'erba
grateful riconoscente
gray grigio
great grande
green verde
to greet salutare
greeting il saluto;
   greetings tanti saluti
grill la griglia
grilled alla griglia
groom lo sposo
group il gruppo
to grow crescere*
to guess indovinare
guest l'ospite *(m. or f.)*,
   l'invitato, l'invitata
guide la guida
guilty colpevole
guitar la chitarra
gulf il golfo
guy il tipo
gym la palestra
gymnastics la ginnastica

H

hair i capelli;
   dark-haired bruno
hairdresser il parrucchiere, la
   parrucchiera
half la metà, mezzo *(adj.)*
hand la mano *(pl.* le mani);
   to shake hands dare la mano
handkerchief il fazzoletto
handsome bello
to happen succedere* *(p.p.*
   successo)
happiness la felicità
happy felice;
   Happy Easter! Buona
      Pasqua!;
   Happy New Year! Buon
      Anno Nuovo!
hard duro
to hate detestare, odiare
to have avere;
   to have a birthday compiere
      gli anni
   to have breakfast fare
      colazione;
   to have dinner cenare;
   to have fun divertirsi*;
   to have a headache
      (toothache, stomachache,
      backache, sore throat)
   avere mal di testa (denti,
   stomaco, schiena, gola);

Have a nice day! Buona
   giornata!;
Have a nice vacation!
   Buone vacanze!;
   to have to dovere
head il capo, la testa
health la salute
to hear sentire
heart il cuore
heavy pesante
hell l'inferno
hello buon giorno, salve, ciao;
   pronto **(telephone)**
help l'aiuto;
to help aiutare
here qui;
   Here is . . . ! Ecco... !
hero l'eroe *(m.)*
high alto
hill la collina
to hire assumere *(p.p.*
   assunto)
historical storico
history la storia
to hit colpire (-isc-)
hitchhiking l'autostop *(m.)*
to hitchhike fare l'autostop
holiday la festa, la vacanza
home la casa;
   at home a casa
homeless people i senzatetto
homework il compito
honeymoon la luna di miele
to hope sperare
horse il cavallo
hospital l'ospedale *(m.)*
hot caldo;
   to be hot avere caldo;
   it is hot fa caldo
hotel l'albergo
hour l'ora;
   rush hour le ore di punta
house la casa;
   at the house of a casa di;
   at his/her house a casa sua
housewife la casalinga
how? come?;
   How much? Quanto?;
   How are you? Come sta?
      (form. s.), Come stai? *(fam.*
      s.), Come va?;
   How come? Come mai?
however comunque, però
huge grosso
humid umido
hundred cento *(inv.)*
hunger la fame;
   to be hungry avere fame
hurry la fretta;
   to be in hurry avere fretta;
   in a hurry in fretta

to hurt oneself farsi* male
husband il marito

I

ice il ghiaccio;
  ice cream il gelato
  ice-cream parlor la
    gelateria
idea l'idea
ideal ideale
if se
ignorant ignorante
ill (am)malato;
  to become ill ammalarsi*
illness la malattia
imagination l'immaginazione
  (f.)
to imagine immaginare
immediately immediatamente
impatience l'impazienza
impatient impaziente
impolite maleducato
importance l'importanza
important importante
impossible impossibile
to improve migliorare
in in, a; fra
to include includere (*p.p.*
  incluso)
included compreso
increase l'aumento
to increase aumentare
indeed davvero, veramente
independent indipendente
indulgent indulgente
industrial industriale
inelegant inelegante
inexperienced inesperto
inflation l'inflazione *(f.)*
information l'informazione
  (f.)
ingredient l'ingrediente *(m.)*
inhabitant l'abitante *(m.)*
to inherit ereditare
inheritance l'eredità
to initiate iniziare
injection l'iniezione *(f.)*
ink l'inchiostro
inn la pensione, l'albergo
insensitive insensibile
inside dentro, in
instead (of) invece (di)
instrument lo strumento
insurance l'assicurazione *(f.)*
intellectual intellettuale
intelligent intelligente
to intend avere intenzione di,
  pensare di
intention l'intenzione *(f.)*
interest l'interesse *(m.);*

to be interested in
  interessarsi* a
to interest interessare
interesting interessante
interior designer l'arredatore,
  l'arredatrice
intersection l'incrocio
interview il colloquio
intolerance l'intolleranza
to introduce presentare;
  to introduce oneself
    presentarsi*
to invent inventare
to invite invitare
Irish irlandese
island l'isola
issue la questione
Italian italiano;
  Italian language l'italiano
Italy l'Italia
item l'articolo

J

jacket la giacca
January gennaio
Japan il Giappone
Japanese giapponese
job il lavoro;
  full-time job lavoro a tempo
    pieno;
  part-time job lavoro a tempo
    ridotto
to joke scherzare
journalist il/la giornalista
joy la gioia
juice il succo;
  orange juice il succo
    d'arancia
July luglio
to jump saltare
June giugno
just *(adj.)* giusto; *(adv.)* appena

K

to keep tenere;
  to keep up to date
    aggiornarsi*
key la chiave
to kill uccidere (*p.p.* ucciso)
kilogram il chilo (chilogrammo)
kilometer il chilometro
kind gentile; il genere
king il re
kiss il bacio
to kiss baciare
kitchen la cucina
knee il ginocchio (*pl.* le
  ginocchia)
knife il coltello

to know conoscere (*p.p.*
  conosciuto), sapere;
  to know how sapere;
  Who knows! Chissà!
knowledge la conoscenza

L

lack la mancanza
ladder la scala
lady la signora
lake il lago
lamp la lampada
land la terra
to land (a plane) atterrare
landlord, landlady il padrone,
  la padrona di casa
landscape il paesaggio
language la lingua;
  foreign language la lingua
    straniera
large largo, grande
last ultimo, scorso
to last durare
late tardi;
  to be late essere in ritardo
to laugh ridere (*p.p.* riso)
laughter il riso
law la legge
lawyer l'avvocato,
  l'avvocatessa
lazy pigro
to learn imparare
leather il cuoio, la pelle
to leave lasciare, partire*
lecture la conferenza
left la sinistra, *(adj.)* sinistro;
  to the left a sinistra
leg la gamba
legal legale
to lend prestare
less meno
lesson la lezione
to let lasciare
letter la lettera
library la biblioteca
license (driver's) la patente
lie la bugia
to lie dire una bugia
life la vita;
  still life la natura morta
lifeguard il bagnino, la
  bagnina
lift il passaggio;
  to give a lift dare un
    passaggio
light la luce; *(adj.)* leggero;
  traffic light il semaforo
to light accendere (*p.p.* acceso)
like come
to like piacere (*p.p.* piaciuto)

limit il limite;
    speed limit il limite di velocità
line la fila;
    to stand in line fare la fila
lip il labbro (*pl.* le labbra)
to listen to ascoltare
liter il litro
literature la letteratura
little piccolo
to live abitare, vivere (*p.p.* vissuto)
liver il fegato
London Londra
long lungo;
    for a long time a lungo
to look (at) guardare;
    to look (+ *adj.*) avere un'aria;
    to look for cercare;
    to look like assomigliare a
to lose perdere;
    to get lost perdersi*;
    to lose weight dimagrire
lot (a lot) molto, un sacco (di)
love l'amore (*m.*);
    to be in love (with) essere innamorato (di);
    love (closing a letter) con affetto
to love amare
low basso
luck la fortuna;
    bad luck la sfortuna;
    Good luck! Buona fortuna!, In bocca al lupo!
luckily per fortuna
lucky fortunato
lyric lirico

M

mad: to get mad arrabbiarsi*
magazine la rivista
magnificent stupendo
to mail spedire (-isc-)
main principale
major (studies) la specializzazione
majority la maggioranza
to make fare (*p.p.* fatto);
    to make the acquaintance fare la conoscenza;
    to make an appointment fissare un appuntamento;
    to make a movie girare un film;
    to make up fare la pace
man l'uomo (*pl.* gli uomini)
to manage dirigere (*p.p.* diretto)

manager il dirigente
manifest il manifesto
manner la maniera
map la carta geografica;
    la pianta (di una città)
marble il marmo
March marzo
market il mercato
marriage il matrimonio
to marry sposare;
    to get married sposarsi*;
    married sposato
masculine maschile
mask, masked character la maschera
mass media i mezzi di diffusione
masterpiece il capolavoro
match (sports) la partita
mathematics la matematica
mature maturo
May maggio
may potere;
    it may be that può darsi che
maybe forse
meal il pasto
mean cattivo
to mean significare, voler(e) dire
meaning il significato
means il mezzo;
    by means of per mezzo di;
    means of transportation i mezzi di trasporto
meat la carne
meatball la polpetta
mechanic il meccanico
medicine la medicina
medieval medievale
to meet conoscere (*p.p.* conosciuto); incontrare
meeting la riunione
memory la memoria
message il messaggio
messy disordinato
meter il metro
midnight la mezzanotte
mild mite
mile il miglio (*pl.* le miglia)
milk il latte
million il milione
millionaire il milionario
minute il minuto
mirror lo specchio
misadventure la disavventura
miss signorina
to miss sentire la mancanza (di);
    to miss the train perdere il treno
mistake l'errore (*m.*)

mister signore
to mix mescolare
mixed misto
model il modello, la modella
modern moderno
modest modesto
mom la mamma
moment il momento
Monday il lunedì
monetary monetario
money il denaro, i soldi
month il mese
monthly mensile (*adj.*)
monument il monumento
mood l'umore;
    to be in a good (bad) mood essere di buon (cattivo) umore
moon la luna
more più; ancora, di più
morning il mattino, la mattina;
    in the morning di mattina;
    this morning stamattina;
    Good morning! Buon giorno!
mother la madre;
    mother-in-law la suocera;
    grandmother la nonna
motive il motivo
motorcycle la motocicletta
motorist l'automobilista (*m.* or *f.*)
mountain la montagna
mountain climbing l'alpinismo
moustache i baffi
mouth la bocca
to move traslocare
moving il trasloco
movie il film;
    to go to the movies andare al cinema
movie theater il cinema
much molto;
    too much troppo
multicolored variopinto
museum il museo
mushroom il fungo
music la musica;
    opera music musica operistica;
    folk music musica folcloristica
musician il/la musicista
must dovere

N

name il nome;
    last name il cognome
napkin il tovagliolo
Naples Napoli

narrow stretto
nation la nazione
nationality la nazionalità
naturally naturalmente
nature la natura
Neapolitan napoletano
near vicino;
   to get near avvicinarsi*
neat ordinato
necessary necessario;
   to be necessary bisognare
neck il collo
need il bisogno
to need avere bisogno di
neighbor il vicino, la vicina
nephew il nipote
nervous nervoso
never mai
nevertheless ciò nonostante
new nuovo;
   What's new? Cosa c'è di
   nuovo?
news la notizia
newscaster l'annunciatore,
   l'annunciatrice
newspaper il giornale
newsstand l'edicola
next to vicino (a);
   next week la settimana
   prossima
nice simpatico
niece la nipote
night la notte;
   Good night! Buona notte!;
   last night ieri sera;
   nightstand il comodino
no no
nobody nessuno
noise il rumore
noon il mezzogiorno
northern settentrionale
nose il naso
not non
notebook il quaderno
notes gli appunti
nothing niente
to notice notare
noun il nome
novel il romanzo
November novembre
now adesso, ora
number il numero;
   phone number il numero
   telefonico
nurse l'infermiere, l'infermiera

O

to obey ubbidire (-isc-)
object l'oggetto
to obtain ottenere

occasion la circostanza
to occupy occupare
ocean l'oceano
October ottobre
of di
to offend offendere (*p.p.*
   offeso)
offer l'offerta
to offer offrire (*p.p.* offerto)
office l'ufficio;
   Post Office la Posta
often spesso
oil l'olio
OK, very well va bene
old vecchio
Olympic olimpico
on su, sopra
once una volta;
   once upon a time c'era una
   volta;
   once more ancora una volta
onion la cipolla
only solo *(adv.),* solamente,
   appena, soltanto
open aperto
to open aprire
opera l'opera
opinion l'opinione *(f.)*
opportunity l'occasione *(f.)*
opposite il contrario
optimist ottimista
or o
oral orale
orange l'arancia;
   orange *(color)* arancione
   (inv.);
   orange juice il succo
   d'arancia
   orange smoothie la
   spremuta d'arancia
order l'ordine *(m.);*
   in order to per;
   in order that affinché
to order, to put in order
   riordinare
to organize organizzare
oriental orientale
origin l'origine *(f.)*
original originale; l'originale
   (m.)
other altro
out fuori
outdoors all'aperto
outside fuori
outskirts la periferia
oven il forno;
   microwave oven il forno a
   microonde
to owe dovere
owner il proprietario, la
   proprietaria

P

to pack fare le valigie;
   backpack lo zaino
package il pacco
page la pagina
pain il dolore
to paint dipingere (*p.p.* dipinto)
painter il pittore, la pittrice
painting la pittura, il quadro
pair il paio [*pl.* le paia]
palace il palazzo
pants i pantaloni
paper la carta
parents i genitori
park il parco
to park parcheggiare
parking lot il parcheggio
particular particolare
party (political) la festa; il
   partito
to pass passare
passenger il passeggero, la
   passeggera
passport il passaporto
past il passato; passato *(adj.)*
pastry il pasticcino
patience la pazienza
patient paziente
to pay pagare;
   to pay attention fare
   attenzione;
   to pay a visit fare visita
paycheck lo stipendio
peace la pace
peach la pesca
pear la pera
peas i piselli
peasant il contadino, la
   contadina
pedestrian il pedone
pen la penna
pencil la matita
peninsula la penisola
pension la pensione
people la gente;
   some people alcune persone
pepper il pepe
perfect perfetto
perfectly alla perfezione
to perform rappresentare,
   recitare
performance la
   rappresentazione
perfume il profumo
perhaps forse
period il periodo
person la persona
personality la personalità
pessimist pessimista
pet l'animale domestico

pharmacy   la farmacia
philosophy   la filosofia
phone   il telefono;
   phone call   la telefonata;
   collect call   telefonata a
      carico del destinatario
to phone   telefonare
phone book   l'elenco telefonico
photograph   la foto(grafia)
physician   il medico
physics   la fisica
picnic   la scampagnata
picture   la fotografia, il quadro
picturesque   pittoresco
pie   la torta
pillow   il cuscino
pilot   il pilota
pineapple   l'ananas
pink   rosa (inv.)
place   il luogo, il posto
to place   mettere
plan   il progetto
to plan   progettare, pensare (di
   + inf.)
play   la commedia, il dramma
to play an instrument
   suonare;
   to play a game   giocare;
   to play a part   recitare;
player   il giocatore, la giocatrice
playwright   il commediografo,
   la commediografa
pleasant   piacevole
please   per piacere, prego
pleasure   il piacere;
   with pleasure   con piacere,
      volentieri;
   My pleasure!   Il piacere è
      mio!
plot   la trama
plumber   l'idraulico
plus   più
pocket   la tasca
poem   il poema
poet   il poeta
poetry   la poesia
point   il punto;
   point of view   il punto di
      vista
police   la polizia
policeman   il poliziotto
polite   educato
political   politico
politics   la politica
pollution   l'inquinamento
poor   povero
popular   popolare
popularity   la popolarità
populated   popolato
portrait   il ritratto
position   il posto

possibility   la possibilità
possible   possibile;
   as little as possible   il meno
      possibile
postcard   la cartolina
poster   il manifesto;
   electoral poster   il manifesto
      elettorale
post office   l'ufficio postale
pot   la pentola
potato   la patata;
   fried potatoes   le patate
      fritte;
   potato dumplings   gli
      gnocchi
to pour   versare
practical   pratico
to practice   allenarsi*;
   esercitarsi*
to pray   pregare
precious   prezioso
precise   preciso
to prefer   preferire (-isc-)
preferable   preferibile
preference   la preferenza
to prepare   preparare
to prescribe   prescrivere (p.p.
   prescritto)
prescription   la ricetta
present   il regalo
present   (adj.) attuale
president   il presidente, la
   presidentessa
press   la stampa
pretty   carino
price   il prezzo
print   la stampa
private   privato
privileged   privilegiato
prize   il premio
probable   probabile
problem   il problema
producer   il produttore, la
   produttrice
production   la produzione
profession   la professione
professor   il professore, la
   professoressa
program   il programma
to prohibit   proibire (-isc-)
project   il progetto, il piano
to promise   promettere (p.p.
   promesso)
prompter   il suggeritore
pronoun   il pronome
proposal   la proposta
protest   la protesta
to protest   protestare
provided   purché
proud   orgoglioso
psychology   la psicologia

public   il pubblico
publicity   la pubblicità
to publish   pubblicare
publisher   l'editore (m.),
   l'editrice (f.)
to pull   tirare
punctual   puntuale
to punish   punire (-isc-)
puppet   il burattino
purchase   l'acquisto
purple   viola (inv.)
purpose   il fine
to put   mettere (p.p. messo);
   to put on   mettersi*;
   to put on makeup
      truccarsi*;
   to put in order   riordinare

Q

qualification   la qualifica
quality   la qualità
quarrel   il litigio
to quarrel   litigare
quarter   il trimestre, il quarto
question   la domanda;
   to ask a question   fare una
      domanda
quiet   tranquillo;
   to be quiet   stare zitto
to quit   abbandonare, lasciare

R

race   la gara, la corsa
radio   la radio
rain   la pioggia
to rain   piovere
raincoat   l'impermeabile (m.)
rare   raro
rather   piuttosto
to react   reagire (-isc-)
to read   leggere (p.p. letto)
reader   il lettore, la lettrice
reading   la lettura
ready   pronto
reality   la realtà
to realize   rendersi* conto (p.p.
   reso)
really   davvero
reason   la ragione
receipt   la ricevuta, lo scontrino
to receive   ricevere
recently   recentemente
recipe   la ricetta
to recite   recitare
to recognize   riconoscere (p.p.
   riconosciuto)
record   il disco;
   record player   il giradischi
to recover   guarire (-isc-)

red rosso
referee l'arbitro
reform la riforma
refrigerator il frigo(rifero)
region la regione
regular regolare
relation la relazione;
 international relations le relazioni internazionali
relationship il rapporto, la relazione
relative il/la parente
to remain rimanere* (*p.p.* rimasto), restare*
remarkable notevole
to remember ricordare, ricordarsi*
remote control il telecomando
Renaissance il Rinascimento
to renounce rinunciare
renowned noto, famoso
rent l'affitto
to rent affittare;
 to rent (a car) noleggiare
to repair riparare
to repeat ripetere
to reply rispondere
to reproach rimproverare
republic la repubblica
requirement il requisito
to remodel ristrutturare
research la ricerca
reservation la prenotazione
to reserve prenotare
to rest riposarsi*
restaurant il ristorante, la trattoria
result il risultato
to retire andare in pensione
retiree il pensionato, la pensionata
return il ritorno
to return ritornare*; restituire (-isc-) **(to give back)**
reunion la riunione
rice il riso
rich ricco
ride il passaggio;
 to give a ride dare un passaggio
to ride a bicycle (a horse) andare in bicicletta (a cavallo)
riding (horses) l'equitazione (*f.*)
right giusto;
 to be right avere ragione;
 to the right a destra
ring l'anello
river il fiume
road la strada

role la parte;
 to play the role (of) recitare la parte (di)
romantic romantico
Rome Roma
roof il tetto
room la camera, il locale, la stanza;
 living room il soggiorno (la sala);
 bedroom la camera da letto;
 hotel room with bathroom camera con servizi
roommate il compagno, la compagna di stanza
rose la rosa
rowing il canottaggio
rug il tappeto
run la corsa
 to run correre (*p.p.* corso)

S

sacrifice il sacrificio
to sacrifice sacrificarsi*
sad triste
safety la sicurezza; la salvezza;
 safety belt la cintura di sicurezza
sailing: to go sailing andare in barca
sailor il marinaio
salad l'insalata
salary lo stipendio
salesperson il commesso, la commessa
salmon il salmone
salt il sale
same stesso
sand la sabbia
sandals i sandali
sandwich il panino imbottito;
 sandwich shop la salumeria, la paninoteca
sarcastically sarcasticamente
satisfied soddisfatto
Saturday il sabato
sauce la salsa
sausage la salsiccia
to sauté rosolare
to save risparmiare; salvare
saving il risparmio
to say dire (*p.p.* detto);
 to say good-bye, to say hello salutare
scene la scena
schedule l'orario
scholarship la borsa di studio
scholastic scolastico
school la scuola;

elementary school la scuola elementare;
 junior high school la scuola media;
 high school il liceo
science la scienza;
 political science le scienze politiche
scientist lo scienziato
to scold rimproverare
to score segnare
to scream gridare
to sculpt scolpire
sculptor lo scultore, la scultrice
sculpture la scultura; la statua
sea il mare
serious grave
season la stagione
seat (theater) il posto, la poltrona
seated seduto
second secondo; il secondo
secret il segreto
secretary il segretario, la segretaria
to see vedere (*p.p.* visto, veduto)
to seem parere, sembrare
selfish egoista
to sell vendere
semester il semestre
senator il senatore, la senatrice
to send mandare, inviare
sensitive sensibile
sentence la frase
September settembre
serious serio
to serve servire
to set (the table) apparecchiare (la tavola)
several diversi(e)
sex il sesso
shape la forma
to share dividere, condividere (*p.p.* diviso, condiviso)
sharp (time) in punto
to shave radersi* (*p.p.* raso)
sheet (of paper) il foglio (di carta)
shelf lo scaffale
ship la nave
shirt la camicia
shoe la scarpa;
 hiking shoes gli scarponi da montagna;
 tennis shoes le scarpe da tennis
shop il negozio
shopping: to go shopping fare le spese;
 to go grocery shopping fare la spesa

short basso, breve
shorts i pantaloncini
to shout gridare
show la mostra, lo spettacolo;
  to show (di)mostrare
  to show a movie dare un film
shower la doccia;
  to take a shower fare la doccia
Sicilian siciliano
Sicily la Sicilia
sick ammalato
sidewalk il marciapiede
sign il cartello
to sign firmare
signal il segnale
to signal segnalare
signature la firma
silence il silenzio
silent silenzioso
silk la seta
similar simile
similarity la parità
simple semplice
since siccome; da quando
sincerity la sincerità
to sing cantare
singer il/la cantante
single nubile (**woman**); celibe, scapolo (**man**)
sink il lavandino, il lavabo
sir signore
sister la sorella;
  sister-in-law la cognata
to sit sedersi*
situation la situazione
size la taglia
skates i pattini
skating il pattinaggio
to ski sciare
skier lo sciatore, la sciatrice
skiing lo sci (inv.)
to skip saltare
skirt la gonna
sky il cielo
skyscraper il grattacielo
sleep il sonno;
  to be sleepy avere sonno
to sleep dormire
slice la fetta
slim snello
slippers le pantofole
slow lento
to slow down rallentare
slowly adagio
small piccolo
to smile sorridere (p.p. sorriso)
to smoke fumare
snack lo spuntino;
  snack bar la tavola calda
snow la neve

to snow nevicare
so così;
  so much così tanto;
  so that affinché (+ subj.)
soccer il calcio
sociable socievole
socialist socialista
sock il calzino
sofa il divano
solitude la solitudine
some alcuni (alcune), qualche, di + def. art., un po' di
someone qualcuno
something qualcosa
sometimes qualche volta
son il figlio;
  son-in-law il genero
song la canzone
soon presto;
  as soon as possible appena possibile;
  See you soon! A presto!
sorry spiacente;
  to be sorry dispiacere (p.p. dispiaciuto)
soup la minestra;
  vegetable soup il minestrone
south il sud; il Mezzogiorno
southern meridionale
souvenir il ricordo
Spanish spagnolo
sparkling frizzante
to speak (about) parlare (di)
special speciale
specialist lo/la specialista
specially specialmente
spectator lo spettatore, la spettatrice
speech il discorso
speed la velocità
to spend spendere (**money**) (p.p. speso); passare (**time**)
spicy piccante
splendid splendido, magnifico
spoon il cucchiaio
sporty sportivo
spring la primavera
square la piazza
stadium lo stadio
stage il palcoscenico
to stage rappresentare
stamp il francobollo
to stand in line fare la fila
to start incominciare
state lo stato
station la stazione
statue la statua
to stay restare*, stare; alloggiare, soggiornare
steak la bistecca
to steal rubare

still fermo; ancora (adv.)
stingy avaro
stocking la calza
to stop smettere (p.p. smesso); fermare, fermarsi*
store il negozio
story la storia;
  short story il racconto
straight diritto, dritto;
  straight ahead avanti diritto
strange strano
strawberry la fragola
street la strada;
  street corner l'angolo della strada
strength la forza
strict severo
strike lo sciopero
to strike scioperare
strong forte
stubborn ostinato
student lo studente, la studentessa
studio (apartment) il monolocale
studious studioso
study lo studio
to study studiare
stuff la roba
style lo stile
subject l'argomento, il soggetto
subtitles le didascalie
subway la metropolitana
to succeed (in) riuscire* (a)
success il successo
suddenly improvvisamente
to suffer soffrire (p.p. sofferto)
sugar lo zucchero
to suggest suggerire (-isc-)
suit il completo;
  bathing suit il costume da bagno
suitcase la valigia
summary il riassunto
summer l'estate (f.)
sumptuous lussuoso
sun il sole
Sunday la domenica
sunglasses gli occhiali da sole
sunny: it is sunny c'è il sole
supermarket il supermercato
supper la cena;
  to have supper cenare
sure sicuro, certo; già
surface la superficie
surgeon il chirurgo
surprise la sorpresa;
to surprise sorprendere;
  surprised sorpreso
  to surround circondare
sweater il maglione

sweatsuit la tuta da ginnastica
sweet dolce
to swim nuotare
swimming il nuoto;
  swimming pool la piscina
system il sistema

T

table il tavolo, la tavola;
  coffee table il tavolino
tablecloth la tovaglia
to take prendere (*p.p.* preso),
  portare;
  **to take a bath (a shower, a
    walk, a ride, a trip, a
    picture, a break)** fare il
    bagno (la doccia, una
    passeggiata, un giro, un
    viaggio, una foto, una pausa);
  to take care of curare;
  to take a class seguire un
    corso;
  to take off (plane) decollare;
  to take part (in) partecipare
    (a);
  to take place avere luogo;
  it takes ci vuole, ci vogliono
to talk (about) parlare (di)
tall alto
to tan abbronzarsi*
tape recorder il registratore
taste il gusto
tasty gustoso, saporito
tax la tassa
tea il tè
to teach insegnare
teacher il maestro, la maestra
team la squadra
telegram il telegramma
telephone il telefono;
  telephone book l'elenco
    telefonico;
  telephone booth la cabina
    telefonica;
  telephone operator il/la
    centralinista
to telephone telefonare
television la televisione;
  TV set il televisore;
  TV news il telegiornale
to tell dire (*p.p.* detto);
  raccontare
tenant l'inquilino, l'inquilina
tent la tenda
terrible terribile
thank you grazie;
  Thank God! Meno male!
  thanks il ringraziamento;
  Thanksgiving il giorno del
    ringraziamento
  thanks to grazie a

to thank ringraziare
that che; quello;
  that is cioè
theater il teatro;
  movie theater il cinema
then allora, poi;
  since then da allora
theory la teoria
there là, lì;
  there is c'è;
  there are ci sono
therefore perciò
thesis la tesi
thief il ladro, la ladra
thin magro
thing la cosa
to think (of) pensare(a)
thirsty: to be thirsty avere sete
this questo
thought il pensiero
thousand mille, *(pl.)* mila
through attraverso
Thursday il giovedì
ticket il biglietto;
  round-trip ticket il biglietto
    di andata e ritorno;
  ticket window la
    biglietteria
tie la cravatta
tight stretto
time il tempo; la volta; l'ora;
  it is time è (l')ora di;
  to be on time essere in
    orario
timid timido
tip la mancia
tire la gomma;
  flat tire gomma a terra
to tire stancare, stancarsi*
tired stanco
tiring faticoso
title il titolo
to a, in da
today oggi
together insieme
tomato il pomodoro
tomorrow domani;
  the day after tomorrow
    dopodomani
tonight stasera
too anche;
  too much troppo;
  Too bad! Peccato!
tooth il dente;
  toothache mal di denti;
  toothbrush lo spazzolino da
    denti;
  toothpaste il dentifricio
topic (for discussion)
  l'argomento
tour il giro, la gita;
  tour bus il pullman

to tour girare
tourist il/la turista
towel l'asciugamano
toward verso
tower la torre
town il paese, la città
toy il giocattolo
trade il mestiere
traffic il traffico;
  traffic light il semaforo
tragedy la tragedia
train il treno
to train allenarsi*
tranquil tranquillo
travel il viaggio;
  travel agency l'agenzia di
    viaggi
to travel viaggiare
traveler il viaggiatore, la
  viaggiatrice
to treat curare
treatment la cura
tree l'albero
trip il viaggio;
  business (pleasure) trip
    viaggio d'affari (di piacere);
  to take a trip fare un
    viaggio;
  Have a good trip! Buon
    viaggio!
trousers i pantaloni
trout la trota
true vero
truly veramente
trumpet la tromba
trunk (of a car) il portabagagli
truth la verità
to try cercare di + *inf.;*
  to try on provare
T-shirt la maglietta
tub la vasca
Tuesday il martedì
tuition la tassa universitaria
to turn girare;
  to turn on accendere (*p.p.*
    acceso);
  to turn off spegnere (*p.p.*
    spento)
to type scrivere a macchina
typist il dattilografo, la
  dattilografa
typewriter la macchina da
  scrivere

U

ugly brutto
umbrella l'ombrello;
  beach umbrella
    l'ombrellone
uncertain incerto
uncle lo zio

undecided indeciso
under sotto
to understand capire (-isc-)
unemployed disoccupato
unemployment la disoccupazione
unfavorable sfavorevole
unfortunately purtroppo
unhappy infelice, scontento
union l'unione (f.)
university l'università
unknown sconosciuto
unless a meno che (+ subj.)
unlucky sfortunato
unpleasant antipatico
until (prep.) fino a, (conj.) finché;
  until now finora
unwillingly malvolentieri
urgent urgente
use l'uso;
  to use usare;
  to get used to abituarsi*
useful utile
useless inutile
usual solito;
  usually di solito;
  as usual come al solito

V

vacant libero, vuoto
vacation la vacanza;
  summer vacation la villeggiatura;
  vacationer il villeggiante
valley la valle
variable variabile
vase il vaso
veal il vitello;
  roast veal arrosto di vitello
vegetables la verdura;
  cooked vegetables il contorno
Venice Venezia
verb il verbo
very molto
victory la vittoria
video recorder il videoregistratore
view la vista
village il villaggio
vineyard la vigna
violin il violino
visit la visita
to visit visitare, esaminare, andare a trovare
vocabulary il vocabolario
voice la voce;
  in a loud voice ad alta voce;
  in a low voice a bassa voce
vote il voto
to vote votare

vowel la vocale
voyage il viaggio

W

to wait (for) aspettare
waiter il cameriere
waitress la cameriera
to wake up svegliarsi*
walk la passeggiata;
  to take a walk fare una passeggiata
to walk andare a piedi, camminare
wall il muro, la parete
wallet il portafoglio
to want volere
war la guerra
wardrobe l'armadio
warm caldo
warmly calorosamente
to wash lavare;
  to wash oneself lavarsi*
to waste (time) perdere (tempo)
watch l'orologio
to watch guardare
water l'acqua;
  drinking water l'acqua potabile;
  water polo la pallanuoto
way il modo;
  anyway ad ogni modo
weak debole
wealth la ricchezza
to wear mettere, mettersi*; portare
weather il tempo;
  weather forecast le previsioni del tempo
wedding il matrimonio
Wednesday il mercoledì
week la settimana
weekend il fine-settimana
weight il peso;
  to lose weight dimagrire (-isc-)
welcome benvenuto
well be' (bene);
  to be well stare bene
western occidentale
what? che? che cosa? cosa?
when quando
where dove
wherever dovunque
which quale; che
while mentre
white bianco
who, whom che, il quale;
  who?, whom? chi?
whoever chiunque
whole tutto;
  the whole day tutto il giorno

whose? di chi?
why perché
wide largo
widow, widower la vedova, il vedovo
wife la moglie
willingly volentieri
to win vincere (p.p. vinto)
wind il vento
window la finestra, la vetrina (shop)
wine il vino
winter l'inverno
wish il desiderio, l'augurio
to wish desiderare, augurare;
  I wish vorrei
with con
without senza, senza che (+ subj.)
witty spiritoso
woman la donna
to wonder domandarsi*
wonderful meraviglioso
wonderfully meravigliosamente
wood il bosco; il legno
wool la lana
word la parola
work il lavoro, l'occupazione (f.);
  work of art l'opera d'arte
to work lavorare
worker l'operaio, l'operaia
world il mondo;
  worldwide mondiale
worry la preoccupazione
to worry preoccupare, preoccuparsi* (di);
  worried preoccupato
Wow! Caspita!
to write scrivere (p.p. scritto)
writer lo scrittore, la scrittrice
wrong sbagliato;
  to be wrong avere torto

Y

yawn sbadigliare
year l'anno;
  to be . . . years old avere... anni;
  New Year's Day il Capodanno
yellow giallo
yes sì
yesterday ieri;
  the day before yesterday l'altro ieri
yet eppure;
  not yet non ancora
young giovane;
  young lady signorina;
  young man giovanotto
youth hostel l'ostello per la gioventù

Index

Photo Credits

liant Photography; **389 R** Sandro Vannini/Corbis; **391** Bob Handelman/ Stone/Getty Images; **392** Reuters NewMedia Inc./Corbis; **395** AFP/Corbis; **404** Archivo Iconografico, S.A./Corbis; **407** P. Cipelli/Marka/Stock Boston; **409 T** Erich Lessing/Art Resource; **409 BL** Nimatallah/Art Resource; **409 BM** Museum of Modern Art, Paris/Art Resource; **409 BR** Art Resource; **411** Bettmann/Corbis

All photographs not otherwise credited are owned by Heinle. We have made every effort to trace the ownership of all copyrighted material and to secure permissions from the copyright holders. In the event of any question arising regarding the use of any material, we will be pleased to make the necessary corrections in future printings.

Text Credits

152 G.E. Mordan: from "Aspettare la mamma", in *Prime parole dal mondo*, first grade reader, Cetem, Milano 1993; **180–182** from "Toscana, dove vivere e un quotidiano elogio della natura", in *Panorama* N.3. yr. XL, del 17.i.2002: 44–45, Arnoldo Mondadori Editore, Milano; **206** from "La febbre dell'euro", in *Gente* N.3. yr XL VI, del 17.i.2002: 68–69, Hacette Rusconi Editore, Milano; **230–236** from "Moretto: Un personaggio che mi e rimasto dentro", in *La Repubblica*, del 7.iii.2001: internet, Manzoni Editore, Milano; **262** Jacaranda Falck: from "Son cavalli da passerella", in *L'Expresso* N.3. yr XL VIII, del 17.i.2002: 64–67, Gruppo Editoriale, Roma; **292–293** from "Lo studio della Nielson", in *Panorama* N.1. yr. XL, del 3.i.2002: 31–36, Arnoldo Mondadori Editore, Milano; **324–327** from "Inverno tutto italiano" and " Per interrompere l'inverno", in *Gente*, N.3. yr XL VI and N.7. yr XL VI, del 17.i.2002 and 14.ii.2002: 107 and 107, Hacette Rusconi Editore, Milano; **354–356** Natalia Ginzburg: from "La Casa", in *Mai devi domandarmi*, a short story collection in *Opere* vol. ii, Einaudi-Modadori, Torino, 1987; **384–386** Maria Pia Quaglia: from "Eurispes: per le donne piu lavoro e piu studio, niente parita", at It.news@yahoo.com, del 8.iii.2002; **453–455** from "L'estate dei pazzi sport", in *La Nazione*, N.61. yr CLIII, del 25.xi.2001: 33, Quotidiano, Milano; **494–486** Paolo Brosio: from "Schiusmi ei em an Italian giornalist: La bicicleta", Gruppo Ugo Mursia Editore, Milano 1997.